Das Neuseeland-Lesebuch

Alles, was Sie über Neuseeland wissen müssen

2., aktualisierte und erweiterte Auflage
© 2012 MANA-Verlag, Eichhorster Weg 80, Haus C, 13435 Berlin
Das Werk ist in allen seinen Teilen urheberrechtlich geschützt.
Jede Verwertung außerhalb der engen Grenzen des Urheberrechtsgesetzes
ist ohne Zustimmung des Verlages unzulässig.
Dies gilt insbesondere für Vervielfältigungen, Übersetzungen,
Mikroverfilmungen und die Einspeicherung und Verarbeitung
in elektronischen Systemen.

Umschlaggestaltung, Layout und Satz:
MANA-Verlag
Redaktion: Patrick Pohlmann, Jürgen Boldt
Gedruckt in der EU
Bibliografische Informationen der Deutschen Bibliothek:
Die deutsche Bibliothek verzeichnet diese Publikation in der Deutschen Nationalbibligrafie;
detaillierte bibliografische Daten sind im Internet abrufbar unter
http://dnb.ddb.de.

ISBN 978-3-934031-45-6

Sie finden unser gesamtes Programm unter
www.mana-verlag.de

Dörthe und Volker Heyse

Das Neuseeland-Lesebuch

Alles, was Sie über Neuseeland wissen müssen

Inhalt

2 Das menschliche Antlitz Neuseelands.....92

3 Die Fundamente des Landes 174

4 Das Verhältnis von Pakeha und Maori ... 204

5 Natur und Umweltschutz 250

6 Der Einfluss der Religionen 316

7 Neuseeland heute: Ethnische Vielfalt.... 334

Einleitung

Der ungarische Nobelpreisträger Albert von Szent Györgyi bemerkte einmal: „Eine Entdeckung macht man, wenn man sieht, was jeder gesehen hat, und dabei denkt, was noch niemand gedacht hat."

Wenn Sie „Neuseeland" hören, woran denken Sie dann? Was wissen Sie über dieses „Land der langen weißen Wolke", das „Letzte Paradies" oder das „Land am Ende der Welt", das mit einer Fläche von 268.676 Quadratkilometern nur etwa ein Viertel kleiner ist als Deutschland? Wir befragten mehr oder weniger zufällig 37 Personen unterschiedlicher Altersgruppen, die noch nicht in Neuseeland waren, nach ihren spontanen Einfällen zu diesem Land. Am meisten wurden genannt: „Neuseeland besticht durch die natürliche Vielfalt" und „Dort ist die Natur anscheinend noch völlig intakt". An zweiter Stelle kamen Assoziationen wie „Sehr weit weg und weitgehend unbekannt" oder „Kleine Schafnation und very british". Schließlich wurde auch folgende Meinung geäußert: „Da gibt es wohl auch große Probleme mit den Ureinwohnern – so wie die in den USA." Ganz anders verhielt es sich natürlich mit den Leuten, die schon einmal in Neuseeland waren (und zu einem großen Teil gern wieder hinfahren würden – „wenn es nicht so arg weit weg wäre"). Allerdings überwogen bei ihnen viele Assoziationen zu Geografie, Flora und Fauna, „dem angenehmen Menschen-

schlag und der Unkompliziertheit des Alltagslebens"; nur wenige konnten auch etwas über Maori, die wechselhafte Geschichte und gesellschafts- und wirtschaftspolitische Details dieses faszinierenden Landes berichten.

In den letzten Jahren wurden in Deutschland viele Bücher über Neuseeland geschrieben; wunderschöne thematische Bildbände liegen vor, Kalender, CDs. Über Einzelhändler werden neuseeländische Kunstgewerbe-Artikel, Honig, Wein und vieles andere mehr angeboten. Was jedoch lange fehlte, war ein Buch, das wichtige Details aus Geschichte und Gegenwart des Landes sammelt, das differenziert über den Alltag berichtet – und auch ein wenig Klatsch parat hat: ein Buch zum schnellen Eindringen in den Alltag und in die Mentalität der Neuseeländer, ein aktuelles und kurzweiliges Lesebuch – damit man mitreden kann.

Wussten Sie beispielsweise, dass Neuseeland bis vor kurzem von Frauen regiert wurde? Alle höchsten Staatsämter waren zwischen März 2005 und August 2006 mit Frauen besetzt und auch die Maori, die ersten Einwohner, hatten bis 2006, vierzig Jahre lang, ein weibliches Oberhaupt. Der Anteil an Frauen im Parlament beträgt auch ohne Frauenquote über 30 Prozent.

Wussten Sie außerdem, dass das Durchschnittsalter in Neuseeland nur bei rund 34 Jahren (in Deutschland dagegen bei 42) liegt?

Ist Ihnen bekannt, dass mehrere Nobelpreisträger aus diesem Land stammen?

Können Sie sich einen Ortsnamen mit 85 Buchstaben vorstellen? Bitte, einen solchen Ort auf einem 300 Meter hohen Hügel gibt es tatsächlich. Er liegt zwischen Hastings und Dannvirke in der südlichen Hawke's Bay und heißt: Taumatawhakatangihangakoauauotamateaturipukakapikimaungahoronukupokaiwhenuakitanatahu. Und wollen Sie wissen, was dieser Maori-Name bedeutet? „Der Felsgipfel, auf dem Tamatea, der Mann mit den dicken Knien, der hinunterglitt, hinaufkletterte und Berge verschlang, bekannt als der Landfresser, auf einer Flöte seiner Geliebten vorspielte." Sie finden diesen Namen in fast keinem Neuseeland-Reiseführer ausgeschrieben, sondern nur die Abkürzung „Taumata".

Wussten Sie, dass die Einwegspritze aus Neuseeland kommt? Sie wurde von Colin Murdoch erfunden, ebenso wie das Gewehr mit Beruhigungspfeilen für Tiere.

Ist Ihnen bekannt, dass der größte Teil unseres importierten Hirsch- und Lammfleisches aus Neuseeland stammt? Aber von Sir Edmund Percival Hillary, dem Erstbesteiger des Mount Everest, haben Sie doch bestimmt schon gehört? Wussten Sie, dass der weltbekannte Wiener Architekt, Maler und Naturgestalter Friedensreich Hundertwasser 20 Jahre seines Lebens in Neuseeland verbrachte? Erinnern Sie sich, dass die „Britten", eines der schnellsten und schönsten Motorräder, von dem Neuseeländer John Britten in der heimischen Garage handgefertigt

wurde und dass der Ingenieur C. F. Hamilton den Jet-Boot-Motor erfand?

Können Sie sich vorstellen, dass es in ganz Neuseeland keine Schlangen, Füchse oder – mit Ausnahme der Katipo – keine giftigen Spinnen gibt, dafür aber circa 70 Millionen Possums – ein Mekka für Kleinpelz-Jäger.

In Neuseeland – das liest man in fast jedem Reiseführer – leben zurzeit rund 4 Millionen Menschen und über 30 Millionen Schafe. Wussten Sie aber, dass heute 14 Prozent der Einwohner Maori sind und dass sie über eigene Medien und eine eigene Universität verfügen?

Wussten Sie, dass die Sonnenseite eines Hauses nicht nach Süden, sondern nach Norden gerichtet ist? Wenn der Vermieter oder das Exposé von „northern exposure" spricht, dann können Sie davon ausgehen, dass es in diesen Räumen sehr warm werden kann.

Und es gibt noch viel, viel mehr an interessanten Einzelheiten, die außerhalb des Landes wenig oder nicht bekannt sind, aber das Land erklären und uns nahe bringen können.

Die Autoren dieses Buches haben während mehrerer Neuseeland-Aufenthalte recherchieren, beobachten und viele interessante Gespräche führen können. Das alles schlug sich in dem vorliegenden kurzweiligen Lesebuch über die Geschichte, Gegenwart und Zukunft, über das Leben der Menschen, über den Naturreichtum und die Bemühungen um seine Erhaltung, über Kreativität und

Humor in diesem interessanten Land nieder.

Was unterscheidet dieses Buch von den vielen anderen Büchern über Neuseeland? Es sind im Wesentlichen vier Aspekte:

Wir gehen dem Pulsschlag dieses jungen Landes nach, das – geschichtlich gesehen – gerade erst gelernt hat, auf eigenen Füßen zu stehen, und schildern seine kreative Suche nach sich selbst, nach einer einheitlichen kulturellen Identität. Wir betrachten dabei anhand vieler Beispiele das Verhältnis zwischen den verschiedenen ethnischen Gruppen, insbesondere natürlich das zwischen Pakeha (weißen Einwanderern und deren Nachfahren) und Maori (Erstbesiedlern und deren Nachfahren) – und zwar unter verschiedensten Aspekten und in allen relevanten Bereichen des Lebens. Diese Differenziertheit vermissten wir in den uns zugänglichen deutschsprachigen Veröffentlichungen.

Wir vergleichen dieses geografisch von allen anderen Staaten so entfernte Land auf den verschiedensten Gebieten (Bildung, Wirtschaft, Umgang mit Senioren, Umwelt etc.) mit anderen Ländern, insbesondere Deutschland, um nachzuweisen, wie nah es uns dennoch ist.

Wir durchleuchten die kurze, aber aufregende und einmalige (Einwanderer-) Geschichte dieses Landes, spüren noch auf Schritt und Tritt ihren Atem und sind überrascht von der scheinbar unbe-grenzten menschlichen Kraft, durch die in historisch so kurzer Zeit ein ehemals fast unbewohntes Land zu der heutigen Blüte und internationalen Ausstrahlung kommen konnte.

Wir vergleichen scheinbar neuseeland-typische Entwicklungen mit solchen andernorts und kommen zu erstaunlichen Zusammenhängen, Zahlen und Erkenntnissen, die uns das Schreiben dieses Buches sehr kurzweilig werden ließen und – so hoffen wir – auch vielen unserer Leser „Aha-Erlebnisse" vermitteln werden.

Volker und Dörthe Heyse

Die Tompson Street in Wellington

Kapitel 1

Das moderne Gesicht
Neuseelands

*Blick auf Auckland, Neuseelands
Wirtschaftsmetropole*

Das moderne Gesicht
Neuseelands

Ökonomische Freiheit

„Hokey Pokey" – Vanilleeis mit Sahnebonbonstückchen – gehört zu den sogenannten „Kiwiana" – den Dingen, die das neuseeländische Nationalgefühl ausmachen

Folgt man dem Index of Economic Freedom der nach eigenem Bekunden konservativen Heritage Foundation und des „The Wall Street Journal" aus dem Jahr 2011, so ist Neuseeland auf Platz 4 der Rangliste der wirtschaftlich liberalsten Länder – noch vor den USA (Rang 9) und Deutschland (Rang 23). 179 Länder wurden bewertet und platziert. Der Index bewertet die ökonomische Freiheit und Flexibilität eines Landes nach zehn Kriterien, wie etwa Staatsschulden, Regierungseingriffe in die Wirtschaft oder Geld- und Handelspolitik.

Die wirtschaftlich liberalsten Länder haben ein etwa doppelt so hohes Pro-Kopf-Einkommen wie die „beinahe liberalen" Länder. Gesetzeshürden, komplizierte Steuergesetze, eine hohe Steuerlast sowie eine einengende Wirtschaftspolitik (hohe Hürden und Bürokratie gegenüber dem Mittelstand, zu hohe bürokratische und finanzielle Hürden gegenüber Gründungswilligen u.a.) behindern in vielen Ländern der Erde sowohl die Unternehmen als auch die Bürger, die mehr Verantwortung übernehmen wollen. Dazu gehört auch Deutschland mit dem Rangplatz 18 – gefolgt von Bahrain (20), Zypern (22), Litauen (23) und El Salvador (24).

In dem Weltmarktbericht „Doing Business in 2006 – Creating Jobs" vom September 2005 wurde Neuseeland im weltweiten Vergleich „easiest place to do business" und damit Gesamtsieger. Dieser Spitzenplatz fußte insbesondere auf folgenden Kriterien:

- Einfachheit, um Grund und Boden registrieren zu lassen
- Größte Sicherheit für Investoren
- Geringe Kosten bei der Entlassung von Arbeitskräften
- Einfachheit, als Investor zu klagen
- Regulierung der Haftbarkeit von Geschäftsführern und geschäftsführenden Gesellschaftern
- Höchstmaß an Transparenz bei Insideraktionen

Zwei Beispiele machen den Unterschied zwischen Neuseeland und Deutschland besonders deutlich:

Wellington ist nach Auckland die zweitgrößte Wirtschaftsmetropole Neuseelands. Sie erschien auf der Ranking-Liste „Mercer Quality of Living Survey" 2010 auf dem 12. Platz. Auckland landete auf dem 4. Platz

Beispiel 1: Gründungsvoraussetzungen

Nehmen wir einen neu eröffneten Handwerksbetrieb mit sechs Beschäftigten. Grundsätzlich kann in Neuseeland jeder einen solchen Betrieb eröffnen, gleich welcher Vorbildung. Die Behörden prüfen anfangs nur, ob die hygienischen und Sicherheitsbedingungen eingehalten werden. Über die Qualität der Dienstleistungen und Produkte entscheidet der Markt. Den Behörden ist es egal, welches Produkt, welches Sortiment angeboten wird, welche Öffnungszeiten gewählt werden und wie das Personal zusammengesetzt ist. Da der eigene Arbeitsmarkt kaum qualifizierte Mitarbeiter bietet, können – bei Nachweis mehrfacher ergebnisloser Anzeigen im Land – auch Arbeitskräfte zeitweilig aus dem Ausland angeworben werden (zum Beispiel gut ausgebildete Arbeitslose).

So dauert es in Neuseeland maximal 12 Tage, um eine Firma zu gründen, in Deutschland dagegen 45 (Quelle: Focus 24/2005). Während in Neuseeland zwei Schritte für eine Firmengründung notwendig sind und nur Kosten von rund 75,00 US$ für die Gründung anfallen, sind es im Jahr 2005 in Deutschland neun Schritte und umgerechnet 1.568,66 US$.

Gründungsfreundlicher Weltmeister ist übrigens Australien mit zwei Tagen Gründungsdauer, zwei notwendigen Antragsschritten, 600,02 US$ Gründungskosten und ohne Mindestkapitaleinlage. Der neuseeländische Gründer muss mit keiner Zwangsmitgliedschaft in Kammern, keinen berufsständigen Niederlassungsbeschränkungen rechnen. Er muss keine Meisterprüfung ablegen u.v.a.m. Alle Waren und Dienstleistungen unterliegen – ohne Ausnahme – einer Mehrwertsteuer von 12,5 Prozent.

Die National Bank of New Zealand, 1872 in London gegründet und seit 1978 mit Hauptsitz in Wellington, versorgt traditionell vor allem Landwirte und kleinere Unternehmer mit günstigen Krediten

Beispiel 2: Steuern

Wie sieht es mit den Steuern aus? Das neuseeländische Steuerrecht wurde mit der Reform von 1984 enorm vereinfacht und damit auch die Buchführung der Unternehmen und die Abgaben. Kleine Unternehmer und Selbständige benötigen für ihre Buchhaltung und Steuerabrechnung circa eine halbe Stunde pro Monat. Und diese Arbeit kann auch an eine private Buchhaltungsfirma delegiert werden. Wenn keine Nebeneinnahmen existieren, hat man überhaupt keinen direkten Kontakt zum Finanzamt und braucht auch keinen Lohnsteuer- und Jahresausgleich zu machen.

Die jährliche Steuererklärung kann man selbst erledigen und ein Formular via Internet am Bildschirm ausfüllen. Prinzipiell unterliegen in Neuseeland alle Einnahmen den gleichen Steuersätzen – und zwar ohne jegliche Ausnahmen. Für Einnahmen von bis zu 38.000 neuseeländischen Dollar zahlt man 19,5 Prozent Steuern, bei über 38.000 bis 60.000 NZ$ 33 Prozent und bei Einkünften darüber hinaus 39 Prozent. Früher gab es allerdings Spitzensätze bis zu 61 Prozent. Für das Ausfüllen dieser Steuerklärung benötigt man wiederum nur circa eine Stunde!

Das alles spricht anscheinend für ein Gründer-Mekka Neuseeland und viele Fakten können als Lockmittel für weitere Einwanderer gesehen werden. Generell gibt es vor allem für gut ausgebildete junge Menschen vielfältige Möglichkeiten, in Neuseeland als Selbstständige Fuß zu fassen. Die sehr liberale Wirtschaftspolitik verfolgt natürlich auch das Ziel, Neuseeland als Einwanderungsland besonders attraktiv zu machen. Andererseits müssen Einwanderungswillige aber auch die versteckten erschwerenden Seiten sehen und sich diesen Herausforderungen stellen wollen. Von unseren neuseeländischen Gesprächspartnern wurden in diesem Zusammenhang insbesondere als erschwerend hervorgehoben:

- Mit der Entscheidung für einen dauerhaften Wohnsitz in Neuseeland lässt man sich auf den von Europa am weitesten entfernten Lebensmittelpunkt ein und damit auf ein weitgehendes Kappen traditioneller familiärer und freundschaftlicher Beziehungen. Zwar ist man nach circa 30-stündiger Flugzeit von Auckland aus in Frankfurt, aber solche Reisen finden – schon aus Kosten- und Zeitgründen – immer seltener oder gar nicht statt.
- Der Lebensstandard ist niedriger als in Deutschland. Das Pro-Kopf-Jahreseinkommen liegt deutlich unter dem Deutschlands: 15.870,00 $ gegenüber 25.250,00 $. Auch gegenüber dem des nächsten Nachbarn Australien (21.650,00 $) ist es

deutlich niedriger[4]. Das Pro-Kopf-Jahreseinkommen Neuseelands ist eher mit dem von Spanien vergleichbar (16.990,00 $). Hier muss man sich – von Westeuropa kommend – gewaltig umstellen.

- Die sprichwörtliche Gastfreundschaft weicht gegenüber ansässigen Migranten. Misstrauen und zum Teil Neid bei schnellen Erfolgen treten auf; Bekanntschaften werden erschwert.
- Man muss einen Platz zwischen den verschiedenen Kulturen der Maori, Alteingesessenen (weiße Siedler in der vierten bis sechsten Generation), asiatischen und polynesischen Einwandererfamilien finden. Und mitunter begegnet man als Deutscher noch besonderem – historisch verwurzeltem – Misstrauen. Diese Einstellung ist zum Glück aber abnehmend.

Einfach ausgestattete Holzhäuser bestimmen das Bild vieler Orte und Vorstädte und zeugen davon, dass der Lebensstandard in Neuseeland allgemein geringer ist als in Deutschland

Beim Vergleich des Pro-Kopf-Jahreseinkommens und dem damit verbundenen Lebensstandard müssen natürlich neuseeländische Besonderheiten berücksichtigt werden, die auf der anderen Seite zu einer Erhöhung des Lebensstandards beitragen, wie beispielsweise geringe Benzinpreise, niedrige Versicherungsbeiträge (nicht selten lassen Einheimische ihre Autos überhaupt nicht versichern), niedrige Mieten und Heizkosten, niedrige Preise für Grundnahrungsmittel, Kinderförderung und -betreuung…

Fundamentalreformen: Was haben sie gebracht?

Als in den Jahren 1984-90 in Neuseeland in schnellen Schritten Fundamentalreformen in der Wirtschafts- und später auch Arbeitsmarktpolitik durchgeführt wurden, jubelte die Weltpresse und stilisierte Neuseeland zum reformfreudigsten Land der Welt hoch, zum Modell für alle entwickelten Volkswirtschaften im Zeitalter der Globalisierung. Tausende und Abertausende Artikel, Bücher und Doktorarbeiten sind dazu erschienen. Als sich aber in den 1990er Jahren das Tempo der Reformen deutlich verlangsamte, Reformschritte, die eigentlich hätten schon längst kommen müssen, zerredet wurden und sich in der Bevölkerung ein deutlicher Reformüberdruss breit machte, schlug die anfängliche Euphorie in Pessimismus und Häme um und es dominierten in deutschen Zeitungen Berichte wie „Neuseeland: Den Reformkurs nicht durchgehalten" oder „Neuseeland: Unfreiwillige Laborratten noch immer in Markt-Mausefalle gefangen".

Hintergründe der Reformen

Die nachfolgenden Darstellungen sollen informieren und zugleich einiges von dem richtig stellen, was in emotionalen Debatten und anschließenden öffentlichen Darstellungen verkürzt, vereinfacht oder aber auch einfach falsch wiedergegeben wurde. Unsere Darstellungen beziehen sich auf eine eigene breite Literaturanalyse und auf Interviews mit damals maßgeblich Beteiligten, allen voran dem damaligen Finanzminister Sir Roger Douglas. Eine systematische Analyse, auf die ebenfalls zurückgegriffen wurde, lieferte 1999 schon Rolf Caesar.

Auckland, New Market in den 1950er Jahren. Bis Ende der 1960er Jahre war Neuseeland eines der wohlhabendsten Länder der Welt

Wenn wir den Reformprozess in Neuseeland weitgehend objektiv betrachten wollen, dann müssen folgende zwei grundsätzliche Voraussetzungen anerkannt werden:

a) Positive Ergebnisse durchgreifender Reformen können generell nicht in „ein paar Jahren" erwartet werden, sondern brauchen in der Regel zehn bis 20 Jahre. Erfolge kommen quasi auf sehr langen Wellen und benötigen nicht selten die Dauer einer Generation.

b) Die Anpassungs- und Folgekosten werden zwangsläufig umso höher, je länger notwendige Reformen bzw. deren einzelne Schritte hinausgezögert werden.

Für Neuseeland galt nun noch speziell:

- Das Land war Anfang der 1980er Jahre wirtschaftspolitisch so ineffizient, dass es keine Alternative zur raschen und durchgreifenden Umgestaltung des ordnungs- und prozessorientierten Rahmens gab.
- Die Reformen wurden durch Praktiker umgesetzt, die den wirtschaftsliberalen Ideen der „Chicago School" anhingen, einer öko-

nomischen Lehre, die das wirtschaftliche Denken des 20. Jahrhunderts stark beeinflusst hat und heute noch prägt. Ihnen wird bis heute Widerstand und Skepsis insbesondere von Universitätsökonomen entgegengebracht, die vor allem gemäß den Ideen von John Meynard Keynes (1883-1946) ausgebildet sind (Keynes, einer der bedeutendsten Ökonomen des 20. Jahrhunderts, propagierte angesichts der Weltwirtschaftskrise eine gemäßigte staatliche Steuerung marktwirtschaftlicher Prozesse).

Insofern ist es wichtig, die eigene Herkunft und Position zu prüfen, bevor Werturteile über die Reformen gefällt werden.

Bis Ende der 1960er Jahre war Neuseeland eines der wohlhabendsten Länder der Welt. Das Pro-Kopf-Einkommen war zum Beispiel höher als in Deutschland und etwa vergleichbar mit dem der Schweiz. Es gab Vollbeschäftigung und Garantie auf Arbeit sowie ein sehr dichtes soziales Netz. Der Staat war der größte Arbeitgeber. Allerdings war Neuseeland auch ein Land mit einem extrem hohen Regulierungsgrad sowohl durch Preis-, Lohn-, Einfuhr- und Währungskontrollen als auch durch vielfältigste Regulierungen des alltäglichen individuellen Lebens.

Zu Beginn der 1980er Jahre hatte sich die gesamtwirtschaftliche Situation dramatisch verschlechtert und das Land schlitterte einer wahren Katastrophe entgegen. Das hatte insbesondere folgende Ursachen:

- Mit dem Beitritt Großbritanniens zur EG in den 1970er Jahren mussten die bis dato erheblichen Subventionen Neuseelands durch Großbritannien eingestellt werden und ebenso die zollfreien Einfuhren neuseeländischer Produkte. Großbritannien hatte sich nun auch gegenüber den eigenen Dominions der Zollgrenze der EG-Staaten zu unterwerfen. Das traf Neuseeland sehr empfindlich.
- Das Land hatte große Anpassungsprobleme während der beiden internationalen Ölkrisen und danach.
- Wirtschaftliche Krisen in einigen asiatischen Ländern, die zu den bevorzugten Handelspartnern Neuseelands gehörten, verstärkten die Probleme.

Die damalige konservative Muldoon-Regierung reagierte auf diese ungünstigen Wirtschaftsbedingungen mit einer Politik der Importsubstitution mit Exportsubventionen und Importprotektionismus sowie mit kapitalintensiven Großprojekten im Land selbst, mit dem Ausbau des öffentlichen Sektors, direkten staatlichen Interventionen und Kontrollen im privaten Sektor. Finanziert wurde all dies durch Geldschöpfung und über eine wachsende öffentliche Verschuldung. Die Inflationsrate sowie die Arbeitslosigkeit erhöhten sich damals drastisch, begleitet von einem hohen Anstieg der Steuer- und Defizitquoten.

Hinzu kam schließlich eine schwere Zahlungsbilanzkrise im Juli 1984, als nach der Ankündigung vorgezogener Neuwahlen eine massive Spekulation gegen den Neuseeland-Dollar einsetzte und der Notenbank fast die gesamten Devisenreserven raubte.

Die Wahl im Jahre 1984 brachte einen klaren Sieg der Labour Party mit David Lange und zugleich den Wählerauftrag, alles zu tun, um aus dieser katastrophalen Lage herauszukommen.

Ein Zeichen der seit den 1980er Jahren durchgeführten Wirtschaftsreformen sind die Briefkästen unterschiedlicher privater Postdienstleister

Vier Phasen der Reform

Die erste Phase von 1984 bis 1990 war gekennzeichnet von einer weitreichenden Liberalisierung und Deregulierung durch zwei LabourRegierungen. Nach dem Wahlsieg der Konservativen Partei wurden in der zweiten Phase von 1990 bis 1996 die Reformmaßnahmen nicht nur fortgeführt, sondern sogar verschärft. Dagegen brachte die dritte Phase von 1996 bis 1998 nachlassenden Reformeifer und Desorientierungen unter der Koalitionsregierung mit der National Party und der Partei New Zealand. Schließlich begann 1999 die vierte Phase, die sich durch Konsolidierung und leichte Korrekturen durch die LabourRegierung Clark auszeichnet.

Erste Phase 1984-1990

In dieser Phase wurde das Land quasi blitzartig dem freien Markt ausgesetzt. Preis-, Lohn- und Zinskontrollen wurden aufgehoben; der Finanzsektor erfuhr eine Liberalisierung, die Export- und Importrestriktionen wurden beseitigt. Die Regierung strich die meisten Subventionen, angefangen im schwierigsten Bereich – der Landwirtschaft. Die alte Regierung hatte die Landwirtschaft in hohem Maße subventioniert; die Bruttolöhne waren zu 38 Prozent bezuschusst worden. Da die Landwirtschaft aber der wichtigste und größte Wirtschaftssektor war, in dem zwei Drittel aller Einkünfte erwirtschaftet wurden, war diese Subventionspolitik einfach grotesk. Der Steuersatz war in der Folge höher als 60 Prozent gewesen.

In dieser Phase wurde der Höchststeuersatz halbiert; zugleich wurde auch die Mehrwertsteuer zur Kompensation der Ausfälle eingeführt. Die Notenbank verfolgte eine strikte Inflationsbekämpfung. Nahezu alle staatlichen Monopole wurden abgeschafft und die meisten staatlichen Unternehmen privatisiert. Schließlich wurde ab 1987 der gesamte öffentliche Sektor umfassend umgestaltet. Im Zentrum stand die Umwandlung von Verwaltungseinheiten in kommerziell tätige Unternehmen, die Einführung von Anreizsystemen für diese und die Ausrichtung der staatlichen Institutionen auf moderne betriebswirtschaftliche Methoden.

Die Labor-Regierung unter David Lange setzte zwischen 1984 und 1990 das erste große Reformpaket um. Foto: David Lange in den 1980er Jahren im Postamt von Foxton

Der Preis des Übergangs von einer stark subventionierten und regulierten zu einer dem freien Markt ausgesetzten Wirtschaft war sehr hoch, aber unumgänglich. Das traf insbesondere die Landwirtschaft. In diesen Jahren stieg die Selbstmordrate drastisch an und betraf vor allem die Landwirte, Maori und Jugendliche[5]. Ebenfalls nahm die Zahl der Ausreisenden zu, die außerhalb von Neuseeland eine neue Existenz suchten.

Der „Schwarze Freitag" an der New Yorker Börse im Jahre 1987 traf Neuseeland in einer äußerst schwierigen wirtschaftlichen und politischen Situation. Der weltweite Einbruch an den Börsen zwang die Regierung, die Staatsbetriebe, die bislang die größten Arbeitgeber gewesen waren, an Ausländer zu verkaufen. Aufgrund des fehlenden Kapitals gab es kaum neuseeländische Abnehmer. Die mit den Verkäufen verbundenen Massenentlassungen und Umstrukturierungen führten zu großen Widerständen in der Bevölkerung und zur Abwahl der Labour-Regierung.

Zweite Phase 1990-1996

In dieser Phase wurde die Reform von der National Party konsequent fortgesetzt. Man knüpfte an die Schnelligkeit und Tiefe der bis 1988 durchgeführten Maßnahmen an und unternahm Reformschritte auf dem Arbeitsmarkt und in der Finanzpolitik, denen die Labour-Regierung bis dahin ausgewichen war. Das verlorene Reformtempo in den Jahren 1988 bis 1990 hatte letztlich zu hohen Anpassungskosten geführt. Nun erfolgte eine grundlegende Neuregelung des Tarifsystems. Damit war die Aufhebung der gewerkschaftlichen Zwangsmitgliedschaft ebenso verbunden wie die Lohnfestlegungen auf betrieblicher Ebene, allerdings unter Beibehaltung gesetzlicher Mindestlöhne. Die Sozialleistungen wurden eingeschränkt, die Anforderungen für den Anspruch darauf verschärft und das Gesundheits- und Bildungssystem, das bisher unentgeltlich genutzt worden war, wurde dezentralisiert und auf Kostenbeteiligung der Nutzer umorientiert. Außerdem wurden deutliche Senkungen bei der Einkommenssteuer durchgesetzt, um vor allem Familien mit mittlerem Einkommen und einkommensschwache Menschen zu unterstützen.

Schließlich wurden Transparenz und Konsistenz der Entscheidungen von Staat und Kommunen im Bereich der Finanzpolitik erhöht. Staat und Kommunen mussten fortan ihre Haushalts- und Vermögensdaten offen legen und wurden zum Erzielen von Haushaltsüberschüssen verpflichtet.

Insbesondere die überfälligen Reformen in den Bereichen Arbeitsmarkt und Sozialleistungen führten zu weiteren Spannungen und Widerständen.

Dritte Phase 1996-1998

Nach dem Wechsel zu einer Koalitionsregierung Ende 1996 kam es zu einem weitgehenden Reformstillstand. Die regierenden Parteien waren sich zwar prinzipiell einig, dass die Reform fortzuführen sei,

> *Übrigens...*
> *Die zweite Phase der wirtschaftsliberalen Reformen wurde von ihren Gegnern abschätzig „Ruthanasia" genannt, nach der damaligen Finanzministerin der National Party Ruth Richardson. Das Wort setzt sich zusammen aus ihrem Vornamen „Ruth" und „euthanasia" (Sterbehilfe).*

Das Dilworth Building im Zentrum von Auckland

konnten sich jedoch nicht in den Bereichen Finanz- und Sozialpolitik sowie über die zukünftige Rolle des Staates einigen.

Vierte Phase 1999 bis heute

Die vierte Phase begann 1999, als erneut die Labour Party an die Macht kam. Mit der Premierministerin Helen Clark begann eine Zeit der Konsolidierung. Die Wirtschaftskrise 1999 ging auch an Neuseeland nicht vorüber; dennoch erlebte das Land in den 2000er Jahren den langersehnten Aufschwung und konnte auf der Grundlage positiver Wirtschaftsdaten in bis dahin vernachlässigte Gebiete investieren. Keine der einzelnen Reformen wurde rückgängig gemacht, jedoch an einigen Stellen „nachjustiert" bzw. neuen Erfordernissen angepasst. Das betrifft vor allem folgende Bereiche:

• Erhöhung des Arbeitslosengeldes gemäß der Inflation
• Wieder-Einbeziehung der Gewerkschaften beim Aushandeln von Tarifverträgen
• Anhebung des Spitzensteuersatzes von 33 auf 39 Prozent
• Stärkung der staatlichen Grundversorgung im Gesundheits- und Bildungswesen

Reformergebnisse aus heutiger Sicht

In den zurückliegenden 24 Jahren hat sich Neuseeland aufgrund der mutigen Reformschritte von einer der am meisten regulierten Volkswirtschaften zu einer der am meisten deregulierten gewandelt. Es gibt allerdings zwei grundsätzliche Kritikpunkte externer Beobachter. Der erste betrifft die zu späte Inangriffnahme der Arbeitsmarktreformen, die für das lange Ausbleiben erkennbarer Erfolge bei der Beschäftigung und beim Wirtschaftswachstum verantwortlich sei. Diese Reformen hätten bereits in der ersten Phase erfolgen sollen. Die zweite Kritik bezieht sich auf die Stillstandszeit von 1996 bis 1998, die ebenfalls mögliche wirtschaftliche Erfolge verzögert habe.

Dennoch ist es immer einfacher, als unbeteiligter Beobachter und im Nachhinein zu urteilen. Da damals niemand an irgendeinem Ort der Welt ein erprobtes Konzept für radikale Reformen hatte und

Down Town Auckland vom Sky Tower aus gesehen. In der Metropole lebt fast ein Drittel der neuseeländischen Bevölkerung

alles im Veränderungsprozess entwickelt und entschieden werden musste, was diverse Orientierungs- und Kommunikationsprobleme wie auch enorme Risiken für die Entscheider mit sich brachte, ist der Gesamtweg der Reformen aus heutiger Sicht als erfolgreich zu bewerten. Neuseeland ist nach innen und außen hin erwachsen geworden, es gibt ein aufstrebendes Unternehmertum. Auf einigen Gebieten ist Neuseeland sogar weltweit beispielhaft, unter anderem im Umweltschutz, im Bildungswesen und bei der Integration nationaler Minderheiten. Die Reformen selbst wurden trotz aller zwischenzeitlichen Probleme in einer letzlich doch sehr kurzen Zeit und ungewöhnlich umfassend bewältigt.

Wie steht das Land heute da?

Einige aktuelle Beispiele zur Arbeitsmarktpolitik, Wirtschaftslage und Wirtschaftspolitik geben Hinweise auf die derzeitige Situation:
- Gemäß den *Sustainable Governance Indicators* (SGI) 2011 der Bertelsmann Stiftung nimmt Neuseeland unter den OECD-Nationen folgende Ränge ein: Demokratie: 4, Bürgerrechte: 1, Wahlprozess: 1,

Zugang zu Informationen: 9, Rechtstaatlichkeit: 3, Wirtschaft/Arbeit: 11, Arbeitsmarkt: 3, Steuern: 1, Arbeitslosigkeit: 11, Erwerbsquote: 6, Sicherheit: 2.

Das sind wichtige aktuelle Rahmenbedingungen und gleichzeitig Kennzeichen des Entwicklungsstandes insgesamt. Neuseeland hat eine umfassend etablierte Demokratie mit einer flexiblen Migrationspolitik und einer starken, global integrierten Wirtschaft.

- Während die Arbeitslosigkeit in den Jahren 2004 bis 2006 bei Traumwerten von 3,7 bis 3,9 Prozent und im Jahr 2007 bei 4,1 Prozent lag, sprang die Arbeitslosenquote im Jahr 2010 auf 6,8 Prozent (OECD-Durchschnitt der 27 verglichenen Länder 2010: 8,6 Prozent). Dass die Arbeitslosigkeit in Folge der globalen Finanzkrise nicht so stark wie in den meisten anderen OECD-Ländern angestiegen ist, lag vor allem an staatlichen Maßnahmen wie Kreditaufnahme, zeitweiliger Reduzierung der Arbeitszeit (ähnlich der Kurzarbeit in Deutschland), erweiterten Transferleistungen und längerfristigen Maßnahmen zur Reduzierung der Lohnnebenkosten.

- Die Regierung rechnet mit einer schnellen wirtschaftlichen Erholung und einer stetigen Verringerung der Arbeitslosenrate bis 2014 auf 4,6 Prozent. Eine Reform der Sozialgesetzgebung wurde im März 2010 beschlossen. Damit wird der Druck auf Arbeitslose, aktiv Arbeit zu suchen, erhöht.

- Nach Inflationsraten von 2,5 und 2 Prozent in den Jahren 2008 bzw. 2009 wird ab 2012 mit einer stabilen Inflationsrate zwischen 2 und 3 Prozent gerechnet.

- Die Wirtschaft hat die internationale Finanzmarktkrise vergleichsweise unbeschadet überwunden. Neuseeländische Banken waren nicht auf dem US-Hypothekenmarkt aktiv, die Preise für die Hauptexportgüter Nahrungsmittel und Rohstoffe hatten im gleichen Zeitraum stark angezogen und Neuseeland partizipierte deutlich am Wirtschaftsboom in China und Australien. Dennoch gibt es deutliche wirtschaftliche Probleme, die jedoch vor allem hausgemacht erscheinen. Die Regierung plant einen Budgetausgleich schon 2016. So sieht die Regierung insbesondere den Abbau der ausländischen Nettoverschuldung von 90 Prozent des BIP so-

wie des seit Jahren bestehenden Leistungsbilanzdefizits als vor-
dringliche Ziele.

- Die öffentlichen Finanzen entwickeln sich auf der Grundlage der
  neuerlichen Konjunktur besser als 2009 vorhergesagt.

Erfahrungen der Reformer David Lange und Roger Douglas

Nachfolgend werden auszugsweise zwei Interviews wiedergegeben,
die 2003 Ingo Petz mit dem früheren Premierminister David Lange
sowie im November 2004 die Autoren mit dem damaligen Finanzminister Sir Roger Douglas geführt haben.

Auszüge aus einem Interview mit David Lange

Petz: Richard Prebble, einer Ihrer damaligen Minister, empfahl jedem, der Reformen durchführen muss, es schnell zu tun und nicht auf Lobbyisten zu hören, sondern auf Experten.

Lange: Das meine ich auch. Aber: Das Wichtigste an einer Reform ist ihre politische Akzeptanz. Die lieben Wirtschaftstheoretiker mögen gute Ideen haben, aber eine demokratische Gesellschaft ist keine Knetmasse, die man so formen kann, wie es den Eliten gerade in den Kopf kommt. Eine Reform muss von der Mehrheit verstanden werden, sonst gibt es keine Reformen. […]

David Lange (1942-2005), Labor-Premierminister von 1984 bis 1989, Anfang der 2000er Jahre

Petz: Hat sich eigentlich jemand bei Ihnen bedankt?

Lange: Was glauben Sie denn? Viele haben uns gehasst […] Dankbarkeit kann in solch einer außergewöhnlichen Lage, die außergewöhnliche Maßnahmen erfordert, niemand verlangen. Wir waren Sklaven unserer Zeit. […]

Petz: Experten kritisieren, dass die Wirtschaft trotz der Reformen nicht besonders wächst, dafür aber die Kriminalität. Außerdem klafft die Schere zwischen Reich und Arm immer weiter auseinander.

Lange: In allen freien Marktwirtschaften wächst die Kriminalität und auch der Unterschied zwischen Reich und Arm, was nicht schön ist. Das sind aber keine unmittelbaren Auswirkungen unserer Reformen. Die Wirtschaft hätte sich ohne unsere Reformen gar nicht mehr entwickelt. Es kann immer besser sein, aber immer auch viel, viel schlechter…

Petz: Auch die deutsche Regierung diskutiert heute über radikale Reformen. Hätten Sie ein paar Tipps?
Lange: Mut ist der Schlüssel. Und Schnelligkeit. Man kann und sollte nicht immer auf alle hören. Konsens bringt nicht immer die richtige Lösung. Außerdem sollten sich Politiker für das Leben nach der Politik absichern. Wenn eine Krise da ist, dann braucht sie eine kritische

Analyse, womöglich eine radikale Reform. Der Politiker muss sich entscheiden, ob er es für das Land tut oder für sich. Wenn er es für das Land tut, muss er bereit sein, sich politisch das Genick zu brechen. Wer an Macht denkt, dem ist sowieso nicht mehr zu helfen.
Interview mit Sir Roger Douglas

Interview mit Roger Douglas

Heyse: Sir Roger Douglas, seit über 20 Jahren setzen Sie sich weltweit für Reformen ein: 1984 als Finanzminister zusammen mit dem damaligen Premierminister David Lange in Neuseeland, dann als Berater für die Weltbank, als Regierungsberater in Italien, in Russland, in Mexiko und in anderen Ländern. Was würden Sie heute als Ihre wichtigsten Erfahrungen benennen können?

Douglas: Es klingt vielleicht etwas arrogant, wenn ich sage, im Prinzip sind das die Erfahrungen, die ich 1993 in meinem Buch „Unfinished Business" niedergeschrieben habe. Ich habe sie in allen meinen Beratungsprojekten immer wieder bestätigt gefunden. Allerdings würde ich, wenn ich sie noch einmal niederschriebe, sie mit zeitgemäßen Beispielen belegen. Aber der Trend bleibt als solcher. Und ich würde sie ergänzen, so wie ich es in meinem Buch „Completing the circle" getan habe.

Heyse: Wenn Sie die Abstracts Ihrer Reform-Prinzipien benennen sollten, wie könnten diese auf den kürzesten Nenner gebracht werden?

Douglas: Bei Reformen ist vieles Psychologie. Das wichtigste sind couragierte, konsequente Leute, die, wenn sie einmal von der Sinnhaftigkeit eines Lösungsweges überzeugt sind, diesen auch ohne Zögern und ohne falsche Kompromisse gehen. Nichts sonst bringt Resultate, die die Öffentlichkeit mittelfristig auch befriedigen.
Eine wichtige Erfahrung ist, dass es einen Konsens zu wichtigen Entscheidungen zwischen unterschiedlichen Interessengruppen, und mit solchen haben wir es bei Reformen immer zu tun, kaum geben wird, bevor die Reformen gestartet und sie dann einbezogen werden. In Abhängigkeit von den Ergebnissen für die Öffentlichkeit wird – allerdings erst nach der Entscheidung und dem Start – ein gesellschaft-

licher Konsens möglich. Erfolgt die Konsenssuche vor einer solchen Entscheidung, dann werden die Reformen zerredet, zerstückelt, und die Urheber werden gegeißelt.

Heyse: Welche Einzelprinzipien haben Sie herausgearbeitet?

Douglas: Erstes Prinzip: Alles beginnt bei den richtigen Leuten. Sie brauchen für durchgreifende Reformen eine politische Elite, Leute mit einer sehr hohen Qualität. Eine Lösung für das immer wieder vorfindbare Problem mittelmäßiger Politiker auf den verschiedenen Ebenen – in den Ministerien, in den Kommunen usw. – ist nur in Sicht, wenn sich genügend couragierte, gebildete und verantwortungsbewusste Leute mit Visionen finden, die auch bereit sind, etwas wertvolles für ihr Land oder ihre Region zu tun. Dabei kann ihr Name durchaus daraus Schaden nehmen; damit müssen sie zurechtkommen.

Heyse: Neigen Politiker nicht eher dazu, gerade das zu vermeiden und stattdessen immer wieder abzuwägen, was sie noch wagen dürfen, ohne Ansehen zu verlieren?

Douglas: Ja, das stimmt. Und deshalb ist es wichtig, Reformen in großen Paketen zu bewerkstelligen. Es dürfen nicht irgendwann irgendwelche kleinen Schritte gemacht werden. Das gehört zum zweiten Prinzip. Definieren Sie Ihre Ziele klar, unmissverständlich und verfolgen Sie diese in großen Schritten, sonst haben die unterschiedlichsten Interessengruppen Zeit, ihre Anhänger gegen die Reformen mobil zu machen und sie aufzuhalten.

Ernsthafte Strukturreformen sind gleichzusetzen mit politischem Selbstmord. Das merkt man immer dann, wenn Privilegien Schritt für Schritt abgeschafft werden. Paradoxerweise klappt dieses Entziehen von Privilegien aber, wenn die Privilegien vieler Gruppen auf einen Schlag abgeschafft werden. Eine Gruppe verliert Privilegien und will dann auch nicht länger die Kosten der Privilegien anderer Gruppen tragen. Wenn man nämlich einer Gruppe Privilegien entzieht, wird diese Gruppe das als Bestrafung ansehen, weil nun ihre hohen Kosten bleiben und eine Gefahr für sie darstellen. Wird der Gruppe aber klar, dass die Uhr nicht zurückgestellt werden kann, dann beginnt diese Gruppe einzufordern, die Privilegien einer anderen Gruppe, nämlich der, die ihnen hohe Kosten verursacht, ebenfalls abzubauen.

Das ist kein Trick, sondern der lebende Beweis dafür, dass Ökonomie als Ganzes funktioniert und keine Sammlung von Fitzelchen ist. Man muss also den Fäulnisprozess stoppen, noch bevor er beginnt. Das heißt wiederum, die Privilegien auf breiter Flur und ohne Zugeständnisse zu beseitigen und den betroffenen gesellschaftlichen Gruppen genau wie allen anderen eine Chance zu einer konstruktiven Funktion in einer besseren Gesellschaft zu geben.

Das Schwierige war für uns damals als Labour-Regierung, Privilegien nicht nur bei Unternehmern und bei den übersubventionierten Bauern, sondern auch bei den übermächtigen Gewerkschaften, bei staatlichen Einrichtungen und bei den Arbeitern zu streichen. Und die Arbeiter waren selbst keine einheitliche Gruppe. Es gab sehr gut gestellte Arbeiter, die zu Lasten anderer Arbeiter lebten.

Ganz wichtig ist es, dass die Entscheider und die Macher in der Lage sind, die Chancen für eine Nation als Ganzes zu verdeutlichen und zu verbessern, indem man gleichzeitig die verwundbarsten Gruppen der Gesellschaft schützt.

Heyse: Was meinen Sie mit „großen Schritten"?

Roger Douglas, 1984 - 88 Finanzminister im Kabinett von David Lange, beim Gespräch mit Dörthe Heyse

Douglas: Ein drittes Prinzip könnte lauten: Das eingeschlagene Tempo ist von grundsätzlicher Bedeutung. Es ist dann eigentlich unmöglich, in einer Reform zu schnell zu gehen. Nicht das Tempo, sondern die Unsicherheit ist es, die den Erfolg von Reformen gefährdet. Und das Tempo, die schnellen großen Schritte, sind eine wichtige Voraussetzung dafür, dass die Unsicherheit auf dem niedrigsten Niveau gehalten wird. Wenn die Regierung die Privilegien auf breitester Front aufhebt, dann können sich Einzelinteressen kaum gegenüber der Allgemeinheit bremsend durchsetzen.

Damit ist auch ein viertes Prinzip verbunden: Wenn etwas zum Laufen gebracht wurde, dann muss dafür gesorgt werden, dass es weiterläuft. Sorglosigkeit, Verantwortungslosigkeit oder Kompromisse sind in dieser Phase tödlich. Wenn Programme erfolgreich durchgesetzt werden sollen, darf nicht gezögert oder gewartet werden, bis sie vollendet sind! Das Feuer der Reformgegner ist viel ungenauer, je schneller sich das Ziel bewegt, auf das sie schießen wollen.

Heyse: Stehen wir an dieser Stelle nicht vor einem großen Dilemma? Die Öffentlichkeit geht doch nur mit, wenn alle Schritte mit einer großen Glaubwürdigkeit, persönlichen Authentizität der handelnden Politiker verbunden sind. Sind an dieser Stelle nicht eher Staatsmänner als die Alltagspolitiker gefordert?

Douglas: Ja, das kann ich unterstreichen. Ich sprach ja auch schon zu Anfang von notwendigen politischen Eliten, Persönlichkeiten, die einer Vision und großen Verantwortung folgen und um die persönlichen Gefahren wissen.

Mein fünftes Prinzip geht genau auf diese Glaubwürdigkeit ein. Allerdings stellt sich die Frage „Glaubwürdigkeit – worauf bezogen, wofür?" Das öffentliche Bewusstsein der Notwendigkeit von Veränderungen ist die Summe von realistischen Reforminhalten und -schritten plus Glaubwürdigkeit der Regierung. Wenn die Regierung nicht glaubwürdig ist, verweigern sich die Menschen. Damit kommen zusätzlich hohe Kosten für die Wirtschaft auf, die aber vermeidbar wären.

Die Strukturreformen haben ihre eigene Logik. Ein Schritt erfordert unweigerlich einen nächsten, damit ein gutes Resultat für alle herauskommt. Und der Kampf um klare Inhalte und Glaubwürdigkeit ist eigentlich nie ganz zu Ende und nie ganz gewonnen. Das muss die Regierung bei jeder Entscheidung im Auge haben.

Glaubwürdigkeit zurückzugewinnen kann dauern. Wenn einmal das Vertrauen ins Wanken gerät, dann muss das Reformprogramm einen nächsten großen Schritt vorangebracht werden, und zwar sehr schnell.

Und da schließt sich auch ein sechstes Prinzip an: Lass den Hund das Kaninchen sehen. Die Menschen brauchen klare Ziele! Die Menschen folgen dem Reformprogramm nicht, wenn sie nicht wissen, wo es lang geht und wie lange sie für den Weg brauchen. Einen Weg- und Zeitplan zu haben ist darüber hinaus auch wichtig, um eine Art Promoter aufzubauen. Professionelle Analysten können dann ihre unabhängigen Betrachtungen machen und Fortschritte kommunizieren. Das erhöht das Vertrauen der Öffentlichkeit in den Prozess und auch das vormals skeptischer Interessengruppen.

Heyse: Bedingt das nicht auch eine enorme Kommunikation? Wenn ja, dann haben wir quasi die Trias der wichtigsten Anforderungen an sehr gute Führungskräfte vor Augen: Entscheiden und zur Entscheidung stehen, Glaubwürdigkeit, Verständlichkeit und Sicherheit Dritter durch ständige Kommunikation.

Douglas: Man kann das auch so sehen, ja. Mein siebentes Prinzip lautet folgerichtig: Begehe nie den Fehler, der Öffentlichkeit zu wenig Informationen zu geben. Eine Reform wird erst dadurch erfolgreich, dass dem Wähler vertraut wird, er seitens der Politik respektiert und informiert wird. Die Wähler müssen in die Lage versetzt werden, laut zu bewerten, was vor sich geht. Der Öffentlichkeit muss immer wieder gesagt werden, was die gegenwärtigen Probleme sind, wie es dazu kam, welchen Schaden diese Probleme für die persönlichen Interessen anrichten, welche Ziele in welcher Zeit verfolgt werden, welche Kosten und welche Vorteile mit den Aktionen verbunden sind und schließlich, was der Vorteil dieser Reformen gegenüber anderen Reformkonzepten ist.

Die noch fehlenden Prinzipien acht bis zehn haben wiederum etwas mit der menschlichen Größe der Reformer zu tun: Prinzip acht meint: Das öffentliche Vertrauen ruht auf der Gelassenheit der Akteure. Diese müssen auch in schwierigen Zeiten die Ruhe bewahren. Sie dürfen sich durch zahlreiche sehr persönliche Angriffe eben nicht persönlich angegriffen fühlen, sonst werden sie nervös, fahrig, widersprechen sich. Und das sehen die Menschen an ihren Fernsehern oder in der Zeitung sofort und zweifeln an der Glaubwürdigkeit.

Und neuntens muss größte Gerechtigkeit und Interessen-Abstinenz vorherrschen: Eine kranke Wirtschaft kann nicht gesund reguliert werden. Die Regierung kann und darf nur die Rahmenbedingungen dafür schaffen, dass die Vorteile produktiver Aktivitäten sichtbar werden und dass diese der Gesellschaft als Ganzes zugute kommen. Die Regierung ist nicht für bestimmte Interessengruppen da, sondern für die gesamte Bevölkerung! Die Abschaffung der Privilegien ist das Wesentlichste bei einer Strukturreform. Wann immer möglich, sollte die Macht und die Kraft den Menschen zurückgegeben werden – was auch heißt, die Interessengruppen in ihrem Machthunger zu beschneiden.

Heyse: Und das zehnte Prinzip?

Douglas: Das zehnte Prinzip lautet: Fragen Sie sich im Zweifel selbst, warum Sie in die Politik gegangen sind.

Es ist eine Regierung erforderlich, die diszipliniert und ausnahmslos hinter den Entscheidungen steht. Nur ein Abweichler kann das ganze Konzept stören. Diese wehrhaften Leute müssen auch in der Lage sein, im Sinne der Sache konstruktiv mit dem politischen Gegner zusammenzuarbeiten, mit Politikern und Fachleuten, die die Generationen-Verantwortung der Regierung mittragen. Wir haben damals als Labour-Regierung Don Brash, einen Konservativen, als Notenbankchef verpflichtet und er musste für die Geldwertstabilität sorgen.

Bis dahin geschützte, privilegierte Gruppen in der Gesellschaft versuchen auf subtile Weise, Veränderungsprozesse aufzuhalten oder zurückzudrehen, bevor ihre Interessen angegriffen werden. Das gilt auch häufig für Mitglieder des Kabinetts. Vergessen Sie nicht, dass die einzelnen Politiker von Strukturreformen schon deshalb nichts wissen wollen, weil sie den Menschen Freude machen wollen. Und dazu gehört nicht, sie vor schwierige Fragen zu stellen. Vor der Wahl wollen viele Politiker ihr Image aufpolieren. Und wenn sie gewählt sind, versuchen sie das immer weiter, weil sie so ihre Machtposition verlängern wollen. Die Zukunft des Landes interessiert sie im Kern herzlich wenig.

Politiker versuchen weltweit, Reformen zu verhindern und zwar so lange, bis sie ein soziales oder ökonomisches Desaster erreicht haben. Sie öffnen ihren Verstand nicht gegenüber notwendigen Veränderungen, weil sie glauben, dass derartige Aktionen automatisch politische Nachteile für sie selbst oder für die Regierung mit sich brächten. Wenn sie die Krise aber nicht mehr verleugnen können, dann reden sie sich selbst ein, etwas in relativ kurzer Zeit machen zu können und fordern Neuwahlen, um einen Vorteil gegenüber dem politischen Gegner zu erringen. Sie rechtfertigen das, indem sie vorgeben, ihr Gegner wäre nur an eigenen Belangen interessiert und nicht am Wohlergehen des Landes. Sie lenken erneut von den Problemen ab, indem sie Fehler anderer hervorheben und Gerüchte in die Welt setzen. All das muss nicht sein, wenn man Prinzip- bzw. Widerspruchslösungen verfolgt. Solche Lösungen sind der Schlüssel für die Reform. Die allerdings von der Vielzahl der Politiker verfolgten Kompromisslösungen führen nicht ans Ziel und beim Wähler zur Unzufriedenheit.

Heyse: Machen wir einen Sprung von Ihren allgemeinen, internationalen Erfahrungen und spitzen die Frage für Deutschland zu: Ist Deutschland reformierbar?

Douglas: Es ist schwer vorstellbar. Ihre Politiker gehören einerseits zum großen Teil starken Interessengruppen an, vertreten diese im Parlament und vertreten sehr starke persönliche Interessen. Die föderalistische Ordnung bei Ihnen bedingt zudem in der gegenwärtigen Form, dass fast über die gesamte Legislaturperiode einer Bundesregierung auf Länderebene Wahlen stattfinden und damit Rücksichten genommen und Versprechen getätigt werden, die Reformen behindern bzw. verhindern. Viele meiner letzten Worte beim zehnten Prinzip könnten auch hier wiederholt werden. Ich habe das auch anlässlich meines Besuches in Deutschland im Oktober 2004 gesagt.

Sir Roger Owen Douglas. Für seine Wirtschaftspolitik wurde der Begriff „Rogernomics" geprägt. Nach der Wahlniederlage der Labor-Regierung 1990 war Douglas 1993 Mitbegründer der Association of Consumers and Taxpayers, aus der im Jahr darauf – nach der Einführung des gemischten Verhältniswahlrechts in Neuseeland nach deutschem Vorbild – die Partei ACT Newzealand hervorging, die sich für Wirtschaftsliberalismus im Geiste von Douglas einsetzt

Die Bildung ist ein kostbares Gut

Für Bildung wird sowohl staatlicherseits als auch privat viel ausgegeben. Der Anteil für Bildung an den Staatsausgaben liegt seit 1999 kontinuierlich bei 16 Prozent.

Neuseelands offizielle Vision für die schulische Bildung der Kinder lautet: „Sie sollen als kompetent und selbstbewusst Lernende und Kommunizierende aufwachsen, gesund an Körper, Verstand und Geist, sich sicher fühlen durch ein Bewusstsein der Zugehörigkeit und in dem Wissen, dass sie einen wertvollen Beitrag für die Welt leisten" (neuseeländisches Bildungsministerium, 1996).

Seit 1996 gibt es einen Nationalen Bildungsplan für die Arbeit mit Kindern bis zum Alter von fünf Jahren. Er enthält ein bikulturelles Curriculum-Modell (Te Whariki) für Maori-Kinder und Pakeha (Weiße). Damit werden die schulischen Einrichtungsformen in ihrer großen Vielfalt erfasst. Für das Bildungsprogramm, das in seinen Grundaussagen zwar für alle neuseeländischen Bildungseinrichtungen verbindlich ist, in der Umsetzung jedoch den einzelnen Einrichtungen große Autonomie verbürgt, ist das Bildungsministerium zuständig. Die Versorgungs- bzw. Betreuungsquote liegt für die Zielgruppe bei rund 60 Prozent.

Die zentrale Bildungsmaxime der Maori lautet: „Empowerment: Ermächtigung – damit Wissen und Macht mich frei machen". Es gibt vier Grundprinzipien von Te Whariki: Ermächtigung, Ganzheitliche Entwicklung, Familie und Gemeinde sowie Beziehungen.

Fünf pädagogische Grundregeln

Die fünf pädagogischen Grundorientierungen für alle neuseeländischen Schüler lauten: Wohlbefinden, Zugehörigkeit, Partizipation, Kommunikation, Exploration.

Die pädagogischen Ziele für die Herausbildung der Kommunikation lauten zum Beispiel schon für die Kinder bis zur Einschulung:
1) Kinder erleben eine Umgebung, in der sie nonverbale Kommunikationsformen für eine Vielfalt situativer Anforderungen entwickeln.

2) Kinder erleben eine Umgebung, in der sie mündliche Sprach-
kompetenz für eine Vielfalt situativer Anforderungen entwickeln.

3) Kinder erleben eine Umgebung, in der sie die Geschichten und
Symbole ihrer eigenen Kultur und von anderen Kulturen erfahren.

4) Kinder erleben eine Umgebung, in der sie verschiedene Möglichkeiten entdecken und entwickeln, um sich kreativ ausdrücken zu
können.

Das öffentlich gestützte Lernen setzt ein, bevor Kinder ein Jahr
alt sind. Dann können die kleinen „Kiwis" in eine Krippe (creche)
gebracht werden. Kindergärten sind kostenfrei. Die meisten Kinder
zwischen drei und fünf Jahren sind mindestens zwei bis drei halbe
Tage pro Woche dort. Außerdem existieren sogenannte *Playcenter*,
in denen speziell dafür ausgebildete Eltern (*Playcenter Supervisor*)
die Kids betreuen.

Wie ist das neuseeländische Schulsystem aufgebaut?

Es gibt ein Pflichtschulalter. Mit dem fünften Geburtstag wird das
Kind „fließend" eingeschult. Das heißt, am Montag nach dem fünften
Geburtstag kommt das Kind in das Schuljahr 0. Das gilt für Kinder,
die zwischen Juli und Dezember Geburtstag haben. Kinder, die zwischen Januar und Juli fünf Jahre alt werden, kommen direkt in das
erste Schuljahr. Allerdings werden auch Ausnahmen zugelassen. Je
nachdem, wie weit die Kinder sind, können sie in besonderen Fällen
auch noch bis zum siebten Lebensjahr in das Schuljahr 1 aufgenommen werden.

Bis zum 16. Lebensjahr herrscht Schulpflicht. Diejenigen, die weiter lernen wollen, können 13 Schuljahre durchlaufen und sind beim
Abschluss normalerweise 18 Jahre alt.

Auf den ersten Blick ist das dreigliedrige Bildungssystem in Neuseeland mit dem in Deutschland vergleichbar: Primarstufe, Sekundarstufe, Tertiäre Stufe (Erwachsenenakademien, Fachhochschulen, Universitäten). Auch gibt es formal wie in den meisten Bundesländern
Deutschlands 13 Klassen bis zum Abitur. Beim näheren Hinschauen

werden aber interessante Unterschiede deutlich, die nahelegen, dass das neuseeländische Bildungssystem einige Vorteile aufweist:

- Landesweit gibt es – bei allgemein hoher Entscheidungsautonomie der Schulen – dieselben bildungspolitischen und inhaltlichen Auflagen und die dieselben Kriterien für die Schulabschlüsse.
- Das Jahr 0 gewährleistet, dass die Kinder langsam auf die Schule eingestimmt und an sie gewöhnt werden. Dabei werden wichtige Kompetenzen vermittelt, insbesondere kommunikative und interkulturelle.
- Das Schulsystem ist dynamischer und gerechter: Die Schüler können ab dem 11. Schuljahr jährlich die Schule verlassen und spezifische Möglichkeiten des anschließenden Studiums oder des beruflichen Einstieges wählen. Mit der erfolgreichen Beendigung des 11. Schuljahres besitzt der Schüler die Mittlere Reife. Nach dem 12. Schuljahr ist ein Bachelor-Studium an einer Fachhochschule (Polytechnic) oder eine Lehrerausbildung möglich. Mit erfolgreichem Abschluss des 13. Schuljahres ist ein Bachelor- oder ein Masterstudium möglich. Schüler mit einem sehr guten Abschluss nach dem 12. Schuljahr können sich auf Wunsch auch direkt für ein Hochschulstudium bewerben.
- Das neuseeländische Bildungssystem hat zwar Ähnlichkeit mit dem britischen, vollzog aber seit 1947 und mit den Reformen ab 2002 eigenständige Entwicklungen. Auffallend ist hierbei neben den formalen Bildungswegen insbesondere die umfassende Berücksichtigung der Stärken und Schwächen der Schüler im Laufe eines Schuljahres. Es gibt mehr Klausuren, Tests, Aufsätze, Referate und dementsprechende Zwischeneinschätzungen, die auch Kompetenzen berücksichtigen, die über das reine Fachwissen hinausgehen; die Jahresprüfungen und die Endnote auf dem Zeugnis verlieren dadurch ihr (früheres) übermächtiges Gewicht.

Zwei Besonderheiten neuseeländischer Schulen seien hervorgehoben: Zum einen können die Schulen selbst entscheiden, ob ein Schüler, der allgemein gute Noten in verschiedenen Fächern hat, aber in einem Fach durch die Prüfung gefallen ist, in die nächste Klasse versetzt wird. Und in der Sekundarstufe hat man die Möglichkeit, ein nicht bestandenes Fach in der nächsten Klasse zu wiederholen. Es gibt also hier nicht das Enweder-Oder, das wir in Deutschland gewohnt sind.

Der Schultag beginnt übrigens in Neuseeland morgens um 9.00 Uhr und endet in der Regel um 15.00 Uhr. Mit dem späteren Anfang, der auch dem Arbeitsbeginn vieler Organisationen entspricht, kommen die Lehrer auch der biologischen Leistungskurve der Schüler entgegen. In Deutschland wird die Frage nach dem günstigsten Anfang ebenfalls – allerdings noch sehr zaghaft – gestellt.

Klassenraum in der Kerikeri Highschool

Positiv auf die Leistungsentwicklung wirken auch die kleineren Klassenverbände und die sehr moderne Ausstattung der Schulen, insbesondere mit Computertechnik. In Neuseeland lernen die Kinder schon früh, mit Standard-Softwareprogrammen umzugehen, später dann mit spezifischen Softwareprogrammen in den einzelnen Fächern. Außerdem gibt es kaum Frontalunterricht. Die Schüler sollen sich durch eigene kritische Auseinandersetzung den Lehrstoff erarbeiten und die Fähigkeit zum Problemerkennen und -lösen einzeln und in Teams entwickeln.

Neben den klassischen schulischen Fächern gibt es eine Vielzahl von Kursen, die belegt werden können. Unterschiede zu deutschen Schulen werden auch hinsichtlich der praxisorientierten Ausbildung und der ganzheitlichen Kompetenzentwicklung deutlich. Das Bildungssystem vertritt den Anspruch der Allgemeinbildung sowie der umfassenden Vorbereitung auf einen später sicheren Platz in der Gesellschaft. Sicherheit heißt in diesem Sinne „lebenslange Lernbereitschaft" und „frühzeitiges Erkennen und Ausformen der eigenen Fähigkeiten und Stärken". So erhalten die Schüler in der Sekundarstufe eine breite Ausbildung in Theorie und Praxis. Im Fach Technologie entwickeln die Schüler beispielsweise an Maschinen handwerkliche Fähigkeiten. Im Fach Grafikdesign wird der erweiterte Umgang mit (Macintosh-)

Computerprogrammen gelernt, im Fach Fahrzeugtechnik können wichtige Mechaniker- und Elektrikerfähigkeiten erworben werde. Zum anderen wird sehr viel für die körperliche sowie musisch-künstlerische Förderung der Schüler getan: Spezielle Sportarten können sowohl als eigene Fächer gewählt oder im Rahmen von Sport- und Arbeitsgemeinschaften ergänzend belegt werden. Analog können künstlerische Fähigkeiten ausgebildet werden. Besonders sportlich oder musisch talentierte Schüler werden in vielen Schulen auch speziell gefördert.

Was auch auffallend ist: Es gibt für jede Schule, jeden Schultyp Uniformen. Dahinter stehen als stärkste Argumente die Nivellierung von möglichen sozialen Statusvorteilen, die Erziehung zu Ordnung und Disziplin im öffentlichen Auftreten und die Identifikation mit der Schule und der Schulgemeinschaft. Eine Nation, die durch den hohen Stellenwert von Sport fairness-erprobt ist, hat natürlich auch an jeder Schule Disziplin-Verantwortliche, die prefects mit dem head prefect als Chef. Die Mädchen in der Mittelstufe sind übrigens meist bei den Pfadfinderinnen (girl guides) oder organisieren sich auch im kleinsten Ort in Gruppen von zehn oder mehr Mitgliedern. Diese nennen sich dann marching girls.

Wer sich auf eine Prüfung vorbereitet, muss büffeln (swotting). Ist die Prüfung kein Problem gewesen, heißt es lässig: „It was a piss in the hand." Als Abschluss des letzten Schuljahres muss ein Examen (bursary) bestanden werden. Die Besten eines Jahrgangs, circa vier Prozent, erhalten ein Zusatzstipendium.

Auf eine Besonderheit wollen wir noch hinweisen. Neben dem Unterricht in den staatlichen oder privaten Schulen, die zu einem großen Teil von religiösen Organisationen unterhalten werden, ist in Ausnahmefällen auch der Privatunterricht durch ein (staatlich anerkanntes und kontrolliertes) Familienmitglied möglich. Solche Ausnahmefälle liegen vor, wenn zum Beispiel eine Farmerfamilie auf einer entlegenen Insel wohnt, die nicht täglich angefahren wird, und die Eltern ihr Kind nicht zur Schule bringen können. Eine andere Ausnahme wäre, wenn eine Farmerfamilie weit im bergigen Landesinneren der Südinsel wohnt und auch hier ein Schultransport unmöglich ist und auch nicht die Möglichkeit besteht, ein Schulinternat zu besuchen. In solchen

Fällen muss in der Familie nach dem einheitlichen Lehrplan der Einzelunterricht gewährleistet werden. Meist aller 14 Tage erhalten diese Familien Pakete mit dem notwendigen Fernstudienmaterial über die neuseeländische Post zugestellt. In bestimmten Abständen kontrolliert ein Schulinspektor die Einhaltung der schulischen Verpflichtungen und nimmt Leistungskontrollen ab. Kommunikation via Internet wird diese Form der Ausbildung in absehbarer Zeit komplett ablösen.

Neuseeland – laut PISA eines der bildungsstärksten Länder der Welt

Das neuseeländische Schulsystem kann sich sehen lassen! Interessant sind die OECD-Berichte der letzten Jahre. Im Vergleich zu Deutschland und anderen wirtschaftlichen Großmächten der Welt schneidet Neuseeland, zusammen mit Finnland, im Bildungswesen erstaunlich gut ab. Das belegen folgende Daten:

- Bei den Leistungen in Mathematik liegt Neuseeland hinter Japan und Südkorea auf Rang drei (Deutschland: Rang 20).
- In den Naturwissenschaften befindet sich Neuseeland auf Rang sechs (Deutschland: Rang 20).
- Im Lesen belegt Neuseeland wiederum Rang drei (Deutschland: Rang 21).
- Im Problemlösen liegt Neuseeland auf Rang vier (Deutschland immerhin auf Rang 13).

Diese positiven Ergebnisse könnten unter anderem dadurch begründet sein, dass die (kaufkraftbereinigten) Gesamtausgaben pro Schüler von der ersten Klasse bis zum 15. Lebensjahr in Neuseeland signifikant höher als in Deutschland sind. Die öffentlichen Ausgaben für Bildungseinrichtungen als Prozentsatz des BIP liegen in Neuseeland bei 6,1 Prozent (Stand 2006).

Im OECD-Vergleich schneidet das Schulsystem Neuseelands gut ab

Weiterhin wird eine große Autonomie der Schulen in den PISA-Studien 2000, 2003 sowie 2006 als ein wesentlicher Faktor für gute Leistungsergebnisse der Schüler erkannt. Die weltweit größte Schulautonomie unter den PISA-Teilnehmerländern ist in Neuseeland zu finden. Im Rahmen einer groß angelegten und konsequent durchgehaltenen Bildungsreform wurde hier bereits 1989 eine autonome Schulreform durchgeführt.

Hier einige weitere Vergleiche: Prozentsatz der SchülerInnen, deren Schulen bei folgenden Aspekten der Schulpolitik und -verwaltung eine gewisse Verantwortung tragen:

	OECD-Durchschnitt	Finnland	Neuseeland
Entscheidungen über die Verwendung des Budgets innerhalb der Schule	94%	99%	100%
Entscheidung über das Fächer- und Kursangebot	71%	95%	100%

In Neuseeland steht ein breites Angebot zur besonderen Förderung leistungsstarker und leistungsschwacher SchülerInnen zur Verfügung. Es geht dabei um eine innerschulische Differenzierung aufgrund umfangreicher Förderungsangebote.
Prozentsatz der SchülerInnen, die eine Schule besuchen, die folgende Unterstützung anbietet:

	OECD-Durchschnitt	Finnland	Neuseeland
Zusatzangebote für leistungsstarke SchülerInnen	35%	78%	59%
Förderangebote in der Unterrichtssprache für leistungsschwache SchülerInnen	71%	80%	94%
Nachhilfe durch Lehrkräfte	72%	93%	93%
Räume, in denen SchülerInnen ihre Hausaufgaben unter fachlicher Anleitung erledigen können	41%	35%	55%

44

Die Ausbildung der LehrerInnen ist in den PISA-Studien zwar nicht explizit analysiert worden, stellt jedoch einen essentiellen Bestandteil des Lernerfolges dar. Auch hier scheint das neuseeländische Modell besonders gut abzuschneiden:

	Finnland	Neuseeland
Ausbildungsmodell	simultan	Creditsystem (Erlernen jeweils einer Einheit: unit)
Ebene	Universität	Private Anbieter, Colleges
Dauer	5,5 Jahre	3-4 Jahre
Zugang	beschränkt	offen
Lehrplanautonomie in der Lehrerausbildung	uneingeschränkte Autonomie	Entwicklung gemeinsamer Standards

In Neuseeland ist seit der Reform des Ausbildungssystems 1989 die Lehrerausbildung sehr stark liberalisiert; sie wird zum Teil durch private Anbieter auf einem sehr hohen Niveau durchgeführt.

Ein Vergleich zeigt, dass die Lehrergehälter in Neuseeland in den letzten zehn Jahren schneller angestiegen sind als das BIP pro Kopf, welches als allgemeiner Wohlstandsindikator gelten kann. In den meisten OECD-Ländern sind die Gehälter langsamer angestiegen oder sogar zurückgegangen.

Neuseeland als eine der bildungspolitischen Trendsetter-Nationen ist Deutschland bei der notwendigen marktorientierten Bildungsreform um Jahre voraus. Das wird vor allem in folgenden Bereichen sichtbar:
- Umsetzung des bildungspolitischen Leitbildes vom „Lebenslangen Lernen"
- Orientierung an „neuen Schlüsselkompetenzen", die insbesondere den veränderten Qualifikationsbedarf der Wissensökonomie zum Ausdruck bringt und hybride Vermittlungs- und Anregungsformen erfordert
- Umstellung der bildungspolitischen Steuerung von einer Input- zu einer Output-Steuerung
- fortschreitende Privatisierung der Bildung, verbunden mit einem kommerziell grenzüberschreitenden Bildungsmarkt

Bildung als hochwertige internationale Dienstleistung ist für Neuseeland ein lukratives Geschäft, das weiter ausgebaut wird. Gegenwärtig lernen und studieren im Land mehr als 60.000 ausländische Schüler und Studenten, insbesondere aus Asien. Die Bedeutung der Bildungsindustrie wächst in Neuseeland, zumal auf diesem Gebiet pro Jahr Milliardengeschäfte mit zunehmendem Erfolg gemacht werden. So zahlen ausländische Schüler Schulgeld, inländische sind davon befreit.

Allerdings führt die Marktorientierung im Bildungswesen nicht nur zu technischen und organisatorischen Veränderungen, sondern vor allem zu einem tieferen kulturellen und ethischen Wandel, dem in erster Linie die LehrerInnen unterworfen sind. Und je mehr Qualität und Quantität der Bildung als Kriterien gesellschaftlichen Wohlstands, gesellschaftlicher Anpassungsfähigkeit an neue Entwicklungen und Anforderungen sowie des individuellen Lern- und Lebensverlaufes an Bedeutung gewinnen, desto größer wird das Risiko für die Benachteiligten der Aus- und Weiterbildung, in eine Abwärtsspirale und in die gesellschaftliche Isolation zu geraten. Das betrifft in Neuseeland die Maori genauso wie die polynesischen Zuwanderer. Trotz umfassender staatlicher Grundlagen und Regelungen gibt es hier ein deutliches Spannungsfeld. Marktförmige Bildungssysteme tragen zwar zu einer Erhöhung der Qualität der Bildungsangebote, zu Wahlfreiheit, Wettbewerb und Autonomie in Bildungssystemen bei, nicht aber zu einer Erhöhung der Chancengleichheit. Obwohl es einige Programme gibt, die speziell auf neue Wahlmöglichkeiten für Maori-Familien abzielen und von diesen auch genutzt werden, haben diese Programme oft eine spezielle regionale Funktion und weisen auf Schichtunterschiede innerhalb der sozialen Gruppe der Maori hin.

Trotz Studiengebühren nimmt die Anzahl der Hochschulabsolventen zu

Neuseeland steht im internationalen Vergleich bei der Jahresstudiengebühr für Inländer im Erststudium nach Japan, Großbritannien und den USA an vierter Stelle. Die Gebühr liegt zwischen 803,00 und 8.981,00 Euro (nach IDW – Institut der Wirtschaftsprüfer) und ist damit vergleichsweise hoch. Studiengebühren richten sich nach den belegten Kursen und den Fakultäten. In der öffentlichen Diskussion wird das sogenannte „Australische Modell" favorisiert. Die Studiengebühren werden nach dem später zu erwartenden Einkommen gestaffelt. Der Staat vergibt großzügig Studienkredite, die später über einen Einkommenssteuer-Zuschlag zurückgezahlt werden. Die Kosten sind damit direkt an die Bildungsrendite gekoppelt und somit in hohem Maße gerecht.

In Neuseeland wird ähnlich wie in den USA und Südkorea überdurchschnittlich viel von der Wirtschaftsleistung in das Bildungswesen, einschließlich der Hochschulbildung, gelenkt. Zugleich wird die Hochschulbildung vorwiegend privat finanziert.

Die 1964 gegründete Universität von Waikato tut sich insbesondere in den Bereichen Computerwissenschaften und Management hervor

Neuseeländische Studenten sind in der Regel sehr jung und beginnen zum großen Teil schon mit 17 Jahren ein Studium. Dabei muss man natürlich beachten, dass es einerseits keine Wehrpflicht gibt und andererseits genügend Studienplätze angeboten werden. Das Studium dauert zunächst bis zum Bachelor sechs Semester bzw. neun Trimester und kann dann bis zum Master fortgesetzt werden. Auch kann man den Bachelor Honours erwerben, wenn der Notendurchschnitt besser als Zwei Minus oder B Minus ist.

Über internationale Austauschprogramme können auch Europäer recht günstig in Neuseeland studieren. Bewerbungsformulare für die Hochschulen gibt es online und die International Offices der Universitäten helfen gern via E-Mail. Auch die Bewerbung für Studentenwohnheime kann mühelos über das Internet erfolgen. Das Visum gibt es beim jeweiligen Immigration Office; in Deutschland wird es innerhalb einer Woche über die Neuseeländische Botschaft in Berlin vergeben.

Die berufliche Bildung

Das Institute of Technology in Wellington (WelTec)

In Neuseeland gibt es kein so straffes System der Berufsausbildung wie in Deutschland; es gibt keine Facharbeiter- und auch keine Meisterausbildungen. Die Berufsausbildung findet überwiegend als „training on the job" statt. Das „Technical and vocational training" wird direkt auf der Arbeitsstelle sowie von den *Institutes of Technology*, von den *Polytechnic*s, von sekundären Schulen, Regierungstrainingsinstituten, zum Teil auch von Universitäten sowie von privaten Ausbildungsanbietern angeboten. Der Regelfall ist das „learning on the job", begleitende berufliche Bildung im Rahmen eines „continuing learning".

Für die Bildung von der frühen Kindheit an bis zur Hochschulausbildung ist das Bildungsministerium (*Ministry of Education*, MoE) zuständig. Es entwickelt nationale Richtlinien für den Bildungsbereich und setzt diese um. Es arbeitet mit weiteren Regierungsorganisationen sowie mit Bildungsanbietern, mit der Wirtschaft und mit den Kommunen zusammen.

Die gegenwärtig wichtigsten bildungspolitischen Ziele des MoE sind:
- hohe Ausbildungsstandards, um allen neuseeländischen Kindern die Voraussetzung für ein erfolgreiches lebenslanges Lernen und damit zur vollen Ausschöpfung der persönlichen Potenziale zu gewährleisten
- die produktive Einbindung der Eltern und der Gesellschaft in die Bildung
- ein hohes Leistungsniveau aller Schulabgänger.

Hierfür soll sich die Bildungsarbeit vor allem auf Bildungsziele ausrichten wie:
- weitere Erhöhung des durchschnittlichen Bildungsstandards als Voraussetzung für eine auch zukünftig hohe wirtschaftliche Konkurrenzfähigkeit Neuseelands
- Schulbesuch aller Jugendlichen bis zum 18. Lebensjahr

- Erlernen eines Nachhaltigkeitsbewusstseins
- Stärkung der Familien und des sozialen Umfelds durch Wertevermittlung und Festigung eines Nationalbewusstseins unter Einbeziehung der Maori-Kultur und polynesischer Kulturen.

Eine wichtige strategische Orientierung zielt darauf ab, dass **alle** Schüler ihr Potenzial verwirklichen können. Das gilt sowohl für leistungsschwächere Schüler, die durch eine gezielte Förderung ihre Möglichkeiten und Leistungen deutlich verbessern sollten, als auch für leistungsstarke Schüler, die ihr Leistungsniveau halten bzw. ebenfalls verbessern sollten.

Im tertiären Bildungsbereich werden die Prioritäten bei den Bildungsanbietern vor allem
- in der weiteren Verbesserung der Qualität der Lehre gesehen,
- in der Sicherung des Zuganges zu einer exzellenten Bildung für alle sowie
- in der Gewährleistung bester Voraussetzungen in der Forschung, Lehre und im Wissenstransfer, um Innovationen auf den unterschiedlichsten Gebieten für eine erfolgreiche Entwicklung Neuseelands zu ermöglichen.

Die strategischen Prioritäten werden in Mehrjahresabständen angepasst oder neu bestimmt und gelten landesweit als verbindlich.

Forschung und Entwicklung

Gibt es nennenswerte Forschung und Entwicklung an diesem eher ländlich geprägten Ende der Welt?

Neuseeland besitzt acht Universitäten mit einer Vielfalt an Forschungsschwerpunkten. Ferner gibt es acht staatliche Forschungsorganisationen, die Grundlagenforschung und angewandte Forschung betreiben.
Daneben gibt es eine Reihe von privaten Forschungseinrichtungen. Das neuseeländische Wissenschafts-, Forschungs- und Technologiesystem arbeitet in einem komplexen und für das Land recht effizien-

ten Netzwerk zusammen. Dabei dominieren die von der Regierung gesetzten Schwerpunkte Biotechnologie und Umweltschutz.

Da es kaum private Großunternehmen wie in Deutschland gibt, ist der Anteil der Wirtschaft an den Ausgaben für Forschung und Entwicklung (FuE) begrenzt und liegt rund 25% unter dem OECD-Schnitt. Dafür ist der öffentliche Anteil um 15% höher; allerdings liegt der FuE-Anteil am Bruttoinlandsprodukt (BIP) nur bei rund 60% des OECD-Mittels.

Neuseeland ist kein stark von Forschung und Entwicklung geprägtes Land, jedoch auf den Gebieten Biotechnologie und Umweltschutz beachtenswerter internationaler Partner. Überhaupt: Auf den Gebieten, wo intensiv geforscht wird, gibt es auch internationale Erfolge und eine Vielzahl internationaler Verbindungen.

Mit 10,8 Forschern je 1.000 Arbeitnehmer liegt zwar Neuseeland deutlich über dem OECD-Durchschnitt, aber das sagt noch nichts über die Forschungseffizienz.
Eine sehr konsequente staatliche Politik zeigt sich beim Aufbau und in der Unterstützung von acht Zentren für Forschungsexzellenz (CoREs) an den staatlichen Universitäten mit den Spezialisierungen

In der nach dem Vorbild der britischen Akademie der Wissenschaften organisierten Royal Societey tauschen rund 20.000 Wissenschaftler und Ingenieure ihre Erfahrungen aus

- Molekulare Ökologie und Evolution
- Molekularbiologie
- Ernährungswissenschaften und Gesundheit
- Technologien für den Umweltschutz
- Wachstum, Entwicklungen bei Mensch und Tier
- Entwicklung der Maori-Kultur
- Fortschrittliche Materialien und Nanotechnologie
- Mathematik und ihre Anwendungen.

Überlebensnotwendig sind die großen Anstrengungen Neuseelands, den Bereich der erneuerbaren Energien maximal auszubauen und die nationale Energieversorgung von fossilen Kohlenstoffen zu lösen. Dazu werden verstärkt Mittel in Forschung und Entwicklung geleitet. So steht Neuseeland in einem Spagat zwischen Energiegewinnung mittels geothermaler, mariner, Wind-, Solar- wie auch Bioamasse-Anlagen und der Bewahrung der Umwelt, der eigenen Ressourcen sowie der sozialen und kulturellen Besonderheiten. Letzteres schließt den Anspruch der Maori ein, Flüsse und Seen nicht zu privatisieren bzw. nicht industriell zu nutzen, sondern als heiliges Kulturgut zu schützen.

Neuseeland hat das Potenzial, gerade auf dem Gebiet der alternativen Energiegewinnung zum Vorbild für andere Länder und zum Exporteur von Technik und Knowhow zu werden, zumal die neuseeländischen Entwicklungen nicht durch Verpflichtungen gegenüber einer Atomlobby behindert werden. Denn Neuseeland ist seit 1985 eine nuklearwaffenfreie Zone und – von der Nuklearmedizin abgesehen – dabei sehr konsequent geblieben. Hier gibt es einen nationalen Konsens durch alle politischen Strömungen hindurch, der als international wegweisend gelten kann.

Die Universtät von Otago in Dunedin ist Neuseelands älteste Universität und hat gemäß einer Untersuchung im Jahr 2006 im Durchschnitt über alle Fächer die höchste Forschungsqualität im Land aufzuweisen. 2010 schrieben sich hier 22.000 Studenten ein

Gibt es Forschungs- und Entwicklungsgebiete, in denen Neuseeland mit seinen nur rund 4,25 Millionen Einwohnern weltweit führend ist?

Ja, durchaus. Hier wäre die Gesundheitsforschung in den Bereichen Neurobiologie, Kanzerogenese, Neurologie und Kardiologie, Radiologie und Nuklearmedizin zu nennen. Ferner brilliert das Land auf dem Gebiet der Meeres- und Polarforschung – was bei der Lage mitten im Pazifik und in relativer Nähe zur Antarktis durchaus nahe liegt. Auf dem Gebiet der drahtlosen Informationstechnologie sowie auf Spezialgebieten der Softwareentwicklung kommt man ebenfalls nicht an Neuseeland vorbei.

In Zukunft wird man noch einiges an Fortschritten der neuseeländischen FuE zu berichten haben.

Breite internationale Zusammenarbeit, insbesondere mit Deutschland

Neuseeland unterscheidet bei der Wahl der Länder für eine wissenschaftlich-technische Zusammenarbeit pragmatisch drei Gruppen:

1. Länder, die technologisch weltweit führend sind. Dazu zählt Deutschland.
2. Länder, mit denen eine strategische Zusammenarbeit im Bereich neuer Technologien sinnvoll erscheint, zum Beispiel Japan, China, Kanada.
3. Länder, die im weiteren Sinne für Neuseeland wichtig sein können, wie Singapur und Chile.

Deutschland ist nach den USA, Australien und Großbritannien der viertwichtigste Kooperationspartner im Bereich der wissenschaftlich-technischen Zusammenarbeit. Die Grundlage für die Koperation wurde mit einem Abkommen über die wissenschaftlich-technische Zusammenarbeit (WTZ) bereits im Jahre 1977 geschaffen.

Seit den 1990er Jahren wurde die bilaterale wissenschaftlich-technische Zusammenarbeit zwischen Neuseeland und Deutschland systematisch ausgebaut, und mit entsprechenden Verträgen und Vereinbarungen zwischen dem Ministerium für Forschung, Wissenschaft und Technologie Neuseelands (MoRST) und dem Deutschen Ministerium für Bildung und Forschung (BMBF) besiegelt. Die Programme umfassen gemeinsame Tagungen, und den Austausch von Wissenschaftlern und Informationen über bedeutsame wissenschaftliche Entwicklungen. Folgende Wissenschaftsbereiche sind an der Zusammenarbeit beteiligt: Biochemie / Biomedizin, Biowissenschaften, Geowissenschaften und Astronomie, Umweltwissenschaften, Mathematische und Informationswissenschaften sowie Physik und Ingenieurswissenschaften.

Im April 2010 hat die von Neuseeland initiierte und von Deutschland maßgeblich unterstützte *Global Research Alliance on Agricultural Greenhouse Gases* (GRA) mit Vertretern aus 29 Ländern in der neuseeländischen Hauptstadt Wellington die Arbeit aufgenommen. Von Deutschland kamen Vertreter des Landwirtschaftsministeriums und der Institute für agrarrelevante Klimaforschung Braunschweig. Und einen Monat später nahm Neuseeland am Petersberger Klimadialog in der Nähe von Bonn teil.

Ein anderes aktuelles Beispiel der engen Zusammenarbeit beider Länder ist die gemeinsame Entwicklung des weltweit größten Solarbootes. Im Mai 2010 unternahm der Katamaran „Tûranor PlanetSolar" (Tûranor bedeutet in einer fiktiven Sprache von Tolkiens *Der Herr der Ringe* „Kraft der Sonne) in der Nähe von Kiel erfolgreich die ersten Navigationsversuche auf hoher See, im Herbst brach es als erstes Solarboot zu einer Weltumrundung auf. Das Boot wurde von einem deutschen Unternehmer finanziert und in Deutschland gebaut, das Design stammt von einem neuseeländischen Unternehmen.

Das Deck des 31 Meter langen Bootes ist fast vollständig mit Solarmodulen bedeckt. Mit zusätzlichen ausklappbaren Panelen verfügt es über etwa 500qm Strom erzeugender Photovoltaikzellen. Der neuseeländische Chefkonstrukteur Craig Loomes und sein Team hatten übrigens 2008 das erste mit Biotreibstoff angetriebene Schiff um den Globus geschickt – es brauchte nur 60 Tage und knapp 24 Stunden. Solche Schiffskonstruktionen dienen der Entwicklung und Erprobung neuer Energien und sind quasi schwimmende Forschungslabore. Mit ihnen verbindet sich auch die Hoffnung, die Entwicklung neuer Schiffsgenerationen im Kleinen wie im Großen anstoßen zu können.

Und noch ein weiteres Beispiel für die Zusammenarbeit: Von der *Alexander von Humboldt-Stiftung* erhält Neuseeland bezogen auf die Einwohnerzahl die höchste Anzahl von Stipendien. So wurden seit 1955 rund 110 Stipendiaten aus Neuseeland in Deutschland gefördert. Wichtige deutsche Förderorganisationen sind auch der *Deutsche Akademische Austauschdienst e.V.*, die *Deutsche Forschungsgemeinschaft*, die *Deutsche Hochschulrektorenkonferenz*, die *Frauenhofer-Gesellschaft* und die *Volkswagenstiftung*. Wir sehen, trotz der großen Entfernung gibt es ein engmaschiges Netz an gemeinsamen Projekten und Forschungsförderungen.

Auch auf anderen Feldern herrscht ein reger Austausch. Seit 2005 gibt es ein deutsch-neuseeländisches Abkommen über die Koproduktion von Filmen. Mehrere Institutionen der deutschen Wirtschaft tragen zur Intensivierung der Handelsbeziehungen und acht deutsche Kulturinstitutionen zur Erweiterung der kulturellen Beziehungen zwischen beiden Ländern bei.

Auch auf sportlichem Gebiet verdichtet sich die Zusammenarbeit. Beispielsweise ist der Handballsport in Neuseeland noch im Aufbau. Der deutsche Trainer der neuseeländischen Nationalmannschaft, Reinhard Zimmer, brachte diese Mannschaft im Mai 2010 zum ersten Mal nach Deutschland und verstärkte danach die Zusammenarbeit.

Die globale militärische Rolle

Die Verteidigung Neuseelands könnte problematisch sein: Zu dem Staat gehören Inseln, die – jeweils von der Hauptstadt Wellington aus betrachtet – Tausende Kilometer entfernt sind und dennoch mit in die Landesverteidigung einbezogen werden müssten. Außerdem hat die Küste des Landes eine Gesamtlänge von 15.134 Kilometern.

Die Ladies Rifle Corps, bekannt als „Wellington Amazons", mit Mitgliedern der Wellington-Miliz um 1900. Die Gewehre waren allerdings Attrappen – die Unterstützung des Südafrika-Kriegs bestand im Fund-Raising

Andererseits liegt Neuseeland weitab im Pazifik. Allein von Australien ist es mehr als 1.500 Kilometer entfernt. Hatte und hat es da überhaupt etwas zu befürchten? Muss es sich militärisch absichern? Eigentlich nicht. 1885 aber befürchtete man einen Überfall Frankreichs und Russlands auf Neuseeland und stellte an der Einfahrt der wichtigsten Häfen moderne Geschütze auf. Insbesondere befürchtete man den Einfall der Russen. Ab 1891 wurden auch dauerhaft zwei britische Kriegsschiffe in den Gewässern um Neuseeland stationiert. Allerdings – so wollte es die Geschichte – konnte nie, nicht einmal in 1.000 Meilen Entfernung, ein russisches Schiff geortet werden.

Zwischen 1880 und 1885 statteten insgesamt 32 Kriegsschiffe Neuseeland Flottenbesuche ab, darunter 11 unter deutscher Flagge. Damals bestanden noch gute Beziehungen zwischen Großbritannien und Deutschland. Im 20. Jahrhundert allerdings gab es das andere Extrem vor den Küsten Neuseelands: In beiden Weltkriegen legten bewaffnete deutsche Handelsschiffe dort Minen, durch die Schiffe versenkt wurden.

Januar 1900: Aufbruch in den Südafrikakrieg auf der Seite Englands

Braucht man down under ein eigenes Militär?

Neuseeland war nie Ziel einer Invasion durch fremde Mächte. Dennoch erhielt das neuseeländische Militär eine große Bedeutung. Warum?

Wenn man die Geschichte Neuseelands und die Mentalität der „Kiwis", die seit mehreren Generationen dort leben, begreifen will, dann ist es unabdingbar, sich mit ihrer kämpferischen Vergangenheit auseinanderzusetzen. Kriegerische Auseinandersetzungen sind eine wichtige nationale Erfahrung Neuseelands; der Kampf war eine ständige Begleiterscheinung im polynesischen Leben – sowohl vor als auch nach der europäischen Besiedlung. Die Maori-Gruppen bekriegten sich untereinander und sicherten sich dadurch neue Landrechte. Die europäischen Kolonialisten kämpften gegen die Maori, um ihnen Land abzuringen. Pakeha und Maori gingen in den Jahren 1899 bis 1902 gemeinsam als Soldaten neuseeländischer Truppen nach Südafrika, um dort die britische imperiale Politik gegen die für ihre Unabhängigkeit kämpfenden Buren zu unterstützen. Erneut kämpften sie gemeinsam in neuseeländischen Kontingenten sowohl im Ersten als auch im Zweiten Weltkrieg an der Seite Großbritanniens in Nordafrika und Europa. Nach dem Zweiten Weltkrieg war Neuseeland an weiteren vier militärischen Aktionen in Südost-Asien beteiligt.

Es scheint ein Widerspruch zu sein, dass das Land einerseits aufgrund seiner geografischen Isolation außer im Zweiten Weltkrieg, als es den Achsenmächten Deutschland, Italien und Japan den Krieg erklärt hatte, nie einen Angriff von außen erwarten musste und andererseits sich in der Geschichte immer wieder an kriegerischen Konflikten beteiligte, die nicht von Neuseeland ausgingen. Das Land hätte eine neutrale Haltung wählen und eine Art Schweiz im Pazifik werden können, es unterstützte jedoch Großbritannien in einer wahrhaft aufopfernden Weise. Diese Haltung resultierte aus dem Bewusstsein, zum Britischen Empire zu gehören, die Krone überall auf der Welt verteidigen zu müssen und einen Blutzoll für die ehemalige Heimat und die zurückgelassenen Familien der Mehrheit der eingewanderten Europäer zu leisten.

Neuseeländische Soldaten im 1. Weltkrieg

So beteiligte sich Neuseeland, das zur Zeit der Burenkriege weniger als eine Million Einwohner zählte, in Südafrika mit rund 6.500 Soldaten. Im Ersten Weltkrieg mobilisierte Neuseeland 120.000 Soldaten; das waren 12 Prozent der Bevölkerung! Über 41.000 von ihnen wurden verwundet und circa 16.500 getötet. Etliche Spätfolgen der deutschen Gifteinsätze in Frankreich und Belgien sind dabei nicht mitgezählt. Im Zweiten Weltkrieg waren es wiederum rund 200.000 Soldaten, die in Nordafrika und Westeuropa eingesetzt waren – ein gewaltiger menschlicher Aderlass für das kleine Land, das am weitesten von den Hauptkriegsschauplätzen entfernt gelegen war.

Bis zum Ende des 20. Jahrhunderts gab es keine neuseeländische Familie, die kein Familienmitglied in all diesen Kriegen verloren hatte. Ein Kriegsveteran beschrieb es so: „Neuseeland hat im Frieden gefrorenes Fleisch exportiert – und lebendes Fleisch im Krieg."[6] Deshalb findet man in jeder neuseeländischen Stadt, in jeder Gemeinde War Memorials, die mit viel Achtung und Liebe gepflegt werden. Es gibt viele Straßen und Plätze, die nach mutigen neuseeländischen Soldaten benannt sind.

Neuseeland hatte bis zum Zweiten Weltkrieg stets bedeutend höhere Rekrutierungskontingente gestellt als die britischen Kolonien bzw. Mitglieder des Commonwealth. Dabei wollte Neuseeland niemals sein Territorium vergrößern oder andere Länder aus irgendwelchen Gründen unterwerfen. Motive für diese starken Engagements waren offenbar[7]:

1.) das schon beschriebene Zugehörigkeitsgefühl zum Britischen Empire und die damit verbundene Loyalität[8]

2.) das „Mit-Dabei-Sein-Wollen-Syndrom", das aus der Abgeschiedenheit des Landes resultierte, aber auch aus der Sorge heraus, „von der Welt zu verschwinden, ohne dass es jemand merkt",

3.) die Strategie der Forward defence (Vorwärts-Verteidigung), der die Erfahrung der eigenen Verwundbarkeit durch potenzielle Aggressoren und die Hoffnung zugrunde liegen, im Ernstfall durch starke Verbündete unterstützt zu werden,

4.) der Wunsch, als ernstzunehmender Partner bei internationalen Konflikten auch in Friedenszeiten internationale Beachtung und Mitsprachemöglichkeiten zu erhalten.

> **Übrigens....**
> Im 1. Weltkrieg fielen 18.052 neuseeländische Soldaten, 41.317 wurden verwundet.

Auf jeden Fall hatten diese großen Kriegsbeteiligungen – zumindest aus heutiger Sicht – für das kleine Land einige positive Auswirkungen:

• Die Beteiligung am Burenkrieg, die Niederlage bei Gallipoli, der Sturm auf Monte Casino im Jahre 1944 bildeten ein Nationalbewusstsein, eine eigene Identität heraus. Dieser Wachstumsprozess hatte die Gleichberechtigung und staatliche Unabhängigkeit gegenüber Großbritannien zur Folge. Die Teilhabe an den für das Britische Empire gefährlichsten Stunden brachte Neuseeland später große politische und wirtschaftliche Vergünstigungen ein.

• Die Rassenkonflikte zwischen Pakeha und Maori gingen durch die gemeinsamen Kriegseinsätze außerhalb Neuseelands deutlich zurück;

die Maori sahen in ihrer eigenen militärischen Beteiligung einen wichtigen Schritt zur Gleichberechtigung in der Gesellschaft.

- Neuseeländische Siedler, die sich den Unbilden der Natur stellen mussten, waren immer Pragmatiker. Sie akzeptierten, dass ihre Interessen auch verteidigt werden mussten. Diese Einstellung entsprach einer Art ziviler Soldatentradition.

Die Maori-Bataillone

Schon im 19. Jahrhundert gab es Maori, die in den Reihen der europäischen Kolonialisten in Neuseeland und in anderen Ländern des Empire als Soldaten kämpften. Im 20. Jahrhundert wurden den Maori neben dem heute nicht mehr bestrittenen hohen kulturellen (Werte-) Beitrag für die neuseeländische Gesellschaft auch hohe militärische Qualitäten zugeschrieben. Sie kämpften tapfer an allen wichtigen Frontabschnitten und hatten hohe Verluste. Der Maui Pomare, der im Ersten Weltkrieg einer Rekrutierungskommission vorstand, sagte, dass die Maori in jedem Fall an diesem Krieg teilnehmen müssten, schon um der Menschheit zu beweisen, dass sie die besten Soldaten und Staatsbürger seien. Pomare vertrat darüber hinaus die Meinung, dass letzteres am besten dadurch zu beweisen wäre, dass sie sich in alle nationalen Belange – eben auch den Krieg – aktiv einbrächten.

Die Mitglieder einer Maori-Kampfeinheit tanzen einen Haka; Ägypten 1941

Natürlich erhielten die Maori durch ihre Beteiligung am Ersten Weltkrieg noch keine Gleichberechtigung, die Kriegsdienst-Verordnung bewirkte allerdings schon einiges im Bewusstsein der Pakeha, insbesondere im Parlament. Noch mehr erreichten die Veteranen des berühmten Maori-Bataillons, insbesondere die Maori-Offiziere. Sie forderten mit Erfolg die Abschaffung diskriminierender Gesetze und Verordnungen, gewannen den Kampf um Rehabilitierungsansprüche und bestimmten nachdrücklich die Richtung der Nachkriegsentwicklung für die nächste Maori-Generation.

Neuseeländer im Soldatenrock

Die neuseeländischen Truppen im Ersten und Zweiten Weltkrieg werden in den wenigen Beschreibungen, die bisher aufgearbeitet wurden, als eine Art Amateur-Soldaten beschrieben, die ihre eigenen Regeln hatten und sich auch äußerlich in ihrer Kleidung sowie in ihren Verhaltensweisen zum Beispiel von den Engländern unterschieden. J. C. Reid charakterisierte sie als „lakonisch, gutmütig, zupackend, mit deutlichem Selbstvertrauen, immer für einen Kampf bereit. Sie provozierten aber niemanden, waren ernsthaft und im Umgang eher unkompliziert. Sie liebten den Krieg nicht, sahen aber ein, dass es ein schmutziger Job war, der getan werden musste – und zwar gut." Der neuseeländische General deutscher Abstammung Freyberg[9], der die alliierten Truppen auf Kreta befehligte, kann ergänzend hinzugezogen werden. Von einem alliierten Offizier befragt, warum die neuseeländischen Soldaten nicht salutierten, entgegnete er: „Nein, das machen sie nicht. Aber wenn sie ihnen zuwinken, dann werden sie in jedem Fall zurückwinken."

Das Denkmal für die ANZAC-Truppen auf der Halbinsel Gallipoli, Türkei

Der ANZAC Day

Ein wichtiger Tag bei der Findung einer eigenen neuseeländischen Identität ist der *ANZAC Day*, der 25. April 1915. ANZAC geht auf Australian and New Zealand Army Corps zurück und erinnert an den I. Weltkrieg. Doch wie kam es zu der Hervorhebung dieses Tages?
Im Jahre 1915 landeten britische Truppen auf der türkischen Halbinsel Gallipoli vor Istanbul. Strategisch war in der damaligen Situation ein britischer Angriff auf die Meerenge bei Istanbul durchaus ein logisch begründetes Unternehmen. Zielsetzung war die Öffnung dieser Verbindung zwischen dem Mittelmeer und dem Schwarzen Meer für Material- und Truppentransporte des britischen Heeres. Nebenbei sollte die Türkei mit ihrer großen Präsenz im Nahen Osten und der damit einhergehenden Bindung der britischen Heeresgruppen in Nahost zur Kapitulation gezwungen werden. Angeheizt wurde diese Orientierung durch den damaligen griechischen Regierungschef Venizelos, der die Türken unter Aufbringung von 90.000 Soldaten endgültig besiegen wollte; der letzte Krieg zwischen beiden Ländern war gerade einmal zwei Jahre zuvor beendet worden.

Friedenszeichen, die am Anzac-Day 2009 in Wellington niedergelegt wurden

Politische Fehleinschätzungen, zu langes Zögern, personelle Fehlbesetzungen und Intrigen innerhalb der militärischen Führung führten jedoch bei der Landung der britischen Truppen auf Gallipoli zu einem grenzenlosen Fiasko, obwohl die Türken zu dieser Zeit militärisch ausgesprochen schwach waren: Ihre Hauptmacht war in Kämpfe mit Russland verwickelt und die westlichen Grenzen konnten nur schwach verteidigt werden. Die auf die Landung folgende Schlacht war also einerseits wie keine andere von der Inkompetenz des englischen Offizierskorps gekennzeichnet, andererseits aber war der erstmalige Einsatz der australischen und neuseeländischen Kampfverbände einmalig mutig und sie erwiesen sich gegenüber den Briten als mindestens ebenbürtig. Doch was passierte im Einzelnen?

Neuseeländische Soldaten kampieren an der sogenannten Anzac Cove; Galliploli 1915

Nach neun Monaten Kampf ohne nennenswerten Geländegewinn zogen sich die Briten schließlich von den Dardanellen zurück. Zuvor war Winston Churchill wegen der wachsenden Kritik an der Gallipoli-Kampagne zurückgetreten. Die Briten hatten 43.000 Tote zu beklagen, die Türken 55.000; auf beiden Seiten gab es über 250.000 Verwundete. Bei circa 800.000 Soldaten auf beiden Seiten war das eine Verlustrate von etwa 43 Prozent. Neben den physisch Verwundeten hatte damals fast jeder zweite Kriegsteilnehmer auch psychisch Schaden genommen und musste in psychiatrische Behandlung (Offiziere) bzw. in den Gewahrsam der Militärpolizei (Soldaten).

Die Hauptlast hatten nun die australischen und neuseeländischen Soldaten zu tragen. Die ANZAC-Truppen kamen an dieser Stelle zum ersten Mal zum Einsatz. Seitens der Briten wurde an der Schlagkraft der Truppen gezweifelt; sie erwiesen sich aber als vollwertig. Die Neuseeländer sollten Chunuk Bair einnehmen – Teil des Berges Sari Bair auf der Halbinsel Gallipoli. Das Wellington Infanterie Bataillon schaffte dies trotz starker türkischer Gegenwehr. Von den 760 angreifenden Soldaten blieben allerdings nur 70 unverwundet.

In der gesamten Schlacht um Gallipoli war die Zahl der gefallenen ANZAC-Soldaten sehr hoch. Insgesamt starben im Ersten Weltkrieg von den über 330.000 Australiern und Neuseeländern, die zum Kriegsdienst eingezogen worden waren, mehr als 50.000 und über 150.000 wurden verwundet. Bei Kriegsende waren nur noch 140.000 von ihnen kriegsdiensttauglich. Für das Nationalgefühl der Neuseeländer, für die Herausbildung eigener Werte und den Stolz, Neuseeländer zu sein, war jedoch der Krieg und besonders diese Schlacht sehr wichtig. Im Jahre 1916 – ein Jahr danach – wurde der 25. April zum ANZAC-Tag erklärt. Auch heute noch gibt es organisierte Erinnerungsreisen nach Gallipoli.

Die militärische Gegenwart

Seit den 1960er Jahren reift in Neuseeland die Einsicht, dass es besser ist, sich an internationalen friedenserhaltenden Maßnahmen zu beteiligen und das eigene Militärpotenzial auf ein notwendiges Minimum einzuschmelzen. Die Militärdoktrin lautet heute: Selbstverteidigung – ja, Angriffskrieg – nein.

Gegenwärtig unterhält das Land nur eine kleine Berufsarmee mit einer Truppenstärke von 8.600 Uniformierten, 1.920 Zivilisten und 2.100 Reservisten. Hinzuzuzählen ist eine Kompanie Spezialkommandos nach dem Muster der britischen SAS (Special Air Service). Seit 1994 nahm die Truppenstärke jährlich ab; heute entspricht sie nur noch 85

Zwei neue Schiffe der neuseeländischen Marine: links eine Fregatte, rechts ein Mehrzweckschiff

Prozent der damaligen Stärke von 10.072 Mann. Dennoch stellt Neuseeland weltweit Soldaten für UN-Missionen zur Verfügung.

Die Verteidigungsausgaben pro Kopf und Jahr betragen zurzeit 287

War Memorial Hall in Kihikihi

US$. Zum Vergleich: Die USA geben 1.265 US$, Norwegen 881 US$, Australien 709 US$, Großbritannien 710 US$, Frankreich 582 US$, die Niederlande 492 US$, Deutschland 425 US$, die Schweiz 341 US$, Finnland 345 US$, Kanada 301 US$, Österreich 183 US$, die Malediven 126 US$ und die Bermudas 62 US$ aus.

Aufgrund der Insellage benötigt Neuseeland keine schweren Kampfpanzer. Ebenso wenig werden Kriegsschiffe benötigt, deshalb begnügt man sich mit drei Fregatten für Patrouillen. Die Luftwaffe verfügt über 29 Transport-, Trainings- und Überwachungsflugzeuge sowie 14 Transporthubschrauber.

Neuseelands Streitkräfte erfüllen gegenwärtig insbesondere vier Aufgaben:

1) Verteidigung und Schutz der Bevölkerung, des Landes und der Wasserterritorien
2) Zusammenarbeit mit Australien im Rahmen einer Verteidigungspartnerschaft
3) Sicherheitsgarantien im südpazifischen Raum sowie im erweiterten Sinne in der Asien-Pazifik-Region (FPDA – Five Power Defence Arrangements).
4) Zusammenarbeit im Rahmen der Vereinten Nationen: internationale Friedenssicherung und humanitäre Hilfe.

Neuseeländische Militärexperten oder -einheiten waren oder sind im Auftrag der Vereinten Nationen in Israel und Syrien, in Kambodscha, auf dem Sinai, im Rahmen der SFOR-Truppen in Bosnien, Kroatien und im Kosovo im Einsatz. Neuseeland beteiligt sich an UN-Projekten in Sierra Leone, Ost-Timor und auf den Salomon-Inseln und leistete technische und humanitäre Hilfe im Irak.

Ein Rat an alle Touristen: Sie werden in allen größeren Orten Memorial Halls zum Gedenken an die gefallenen Soldaten finden. Würdigen Sie diese in Kenntnis der vielen Opfer, des uneigennützigen militärischen Engagements in der Vergangenheit und der hohen moralischen Bedeutung für die Bevölkerung.

Geringer Einfluss radikaler Gruppen

Zwar gab es Anfang des 20. Jahrhunderts Einflüsse des angelsächsischen Anarchismus, aber es konnten sich keine nennenswerten Strömungen durchsetzen.

Einige Immigranten entfalteten in der „Industrial Workers of the World" (IWW) seit 1908 umfangreiche Aktivitäten und bildeten den militanten Flügel der frühen Gewerkschaftsbewegung. Tom Barker und J.B. King waren während des Generalstreiks 1912-13 insbesondere über ihre Wochenzeitschrift „Industrial Unionist" sehr aktiv. Die IWW führte einige Aktionen im Schulterschluss mit kleinen anarchosyndikalistischen Gruppen durch, wie beispielsweise den Waterfront-Streik. Hier machte vor allem Jock Barnes, ein Bakunin-Anhänger, auf sich aufmerksam.

Auch nach Einsetzen der Wirtschaftsreform von 1984 versuchten zersplitterte anarchistische Gruppierungen, Einfluss auf die Politik zu nehmen, jedoch mit keinem nachhaltigen Erfolg.

Neuseeländische Anarchisten hatten keine eigenen theoretischen und praktischen Konzepte und Methoden, sondern adaptierten im Wesentlichen englische Strömungen. Ein deutscher Immigrant sei hier erwähnt: Werner Droscher, der nach dem spanischen Bürgerkrieg nach Neuseeland ausreiste. Er war sehr aktiv, bezeichnete sich jedoch stets als „einsamen Anarchisten".

In der Gegenwart zeigen sich auch unter den dort ansässigen Muslimen keine radikalen Tendenzen. Im Gegenteil, die neuseeländischen Muslime könnten eher international als Mediatoren wirken.

Das Attentat auf die „Rainbow Warrior" oder: Das große Geheimnis

Die Älteren unter uns erinnern sich bestimmt: Im Juli 1985 war das Greenpeace-Schiff „Rainbow Warrior" auf dem Weg zum Mururoa-Atoll in Französisch-Polynesien10. Frankreich hatte dort zahlreiche unterirdische Atomtests unternommen und die Umweltschutzorga-

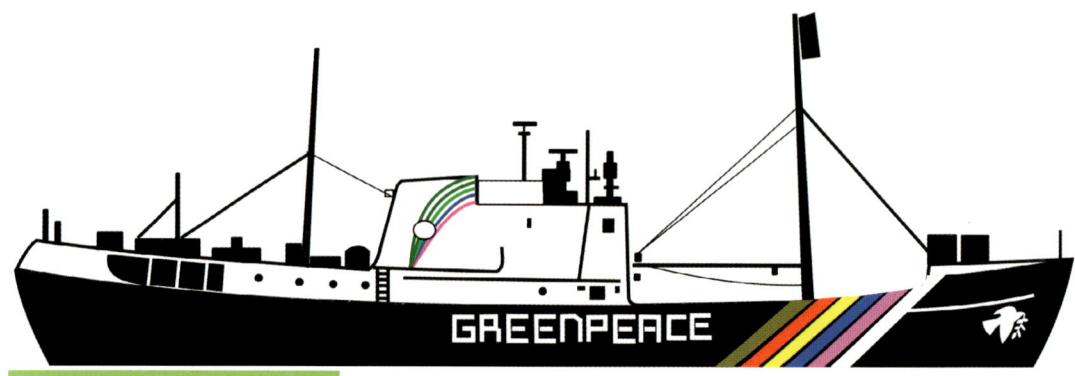

Die erste „Rainbow Warrior"

nisation wollte vor Ort für einen atomwaffenfreien Pazifik demons-trieren. Das Schiff war für einige Tage in den Hafen von Auckland eingelaufen, um Schäden ausbessern zu lassen, die es sich bei der Eva-kuierung des kleinen Volkes der Rongelapesen auf die Insel Mejato zugezogen hatte.

Das Atoll Rongelap, wo diese Menschen gelebt hatten, war durch die Atomtests der USA auf dem nahen Bikini-Atoll stark strahlenverseucht. Der Südpazifik ist – neben der Wüste Nevada und den Testgeländen in Nowaja Semlja und Kasachstan – mit rund 300 Atomexplosionen das am stärksten von Strahlenschäden betroffene Gebiet der Welt. Vor allem Rongelap war von den Auswirkungen der Versuche betroffen Viele Bewohner starben an der Strahlenkrankheit oder erkrankten an Krebs. Sie dienten dem US-Energieministerium wie man heute weiß als Versuchskaninchen – als „beste verfügbare Datenquelle zum Transfer von Plutonium innerhalb eines biologischen Systems". Frau-en brachten „Quallenbabies" ohne Knochen und mit durchsichtiger Haut zur Welt, durch die man die inneren Organe sehen konnte,. Die wiederholten Bitten der Rongelapesen um eine Evakuierung trafen auf taube Ohren der Weltöffentlichkeit. Einzig Greenpeace war ihnen im Jahre 1985 auf eigene Faust behilflich.

Das Attentat

Die „Rainbow Warrior" lag also am 10. Juli 1985 am Marsden Wharf, einem der drei Handelskais im Waitemata Harbour von Auckland.

Greenpeace-Aktivisten aus verschiedenen Ländern des Pazifikraumes waren an diesem Tag eigens in die Stadt gekommen, um das bevorstehende Unternehmen Pacific Peace Voyage zu besprechen. Greenpeace bereitete mit Skippern anderer Segelschiffe eine „Friedensflotte" für die gemeinsame Fahrt nach Mururoa vor. Das aber wurde durch den französischen Geheimdienst vereitelt. Französische Kampftaucher brachten zwei Bomben an der Schiffswand zur Explosion und versenkten das Schiff. Mit der Explosion kam auch der portugiesische Greenpeace-Fotograf Fernando Pereira ums Leben. Das Loch im Schiffsrumpf war so groß, dass bequem ein PKW hindurchgepasst hätte. Der Generator wurde von der ersten Mine völlig zerstört. Die

Das Moruroa-Atoll in Französisch-Polynesien, wo von 1966 bis 1996 188 Atombomben gezündet wurden. (Foto: Satellitenaufnahme der NASA)

zweite Mine beschädigte die Schiffsschraube, die Stevenwelle und das Heckruder, zerbrach den Achtersteven an zwei Stellen und drückte einen Ballasttank völlig ein.

In den darauf folgenden zwei Monaten polizeilicher Ermittlungen in Neuseeland gab es untrügliche Hinweise auf einen von langer Hand vorbereiteten Terroranschlag des französischen Geheimdienstes DGSE (Direction Générale de la Sécurité Extérieure). Zwei als Schweizer Bürger getarnte französische Geheimdienstoffiziere wurden in Neuseeland gefasst und zu zehn Jahren Haft wegen Totschlags bzw. zu sieben Jahren wegen Sachbeschädigung verurteilt. Die anderen Geheimdienstler waren auf dem französischen Schiff Ouvéa und schließlich mit einem ebenfalls französischen U-Boot entkommen.

Wie reagierte Frankreich? Die französische Regierung leugnete bis zum 8. August 1985 hartnäckig jegliche Beteiligung. Nachdem sich jedoch die Spekulationen in der internationalen Presse über eine Regierungsbeteiligung immer mehr verstärkten, sah sich der damalige Präsident François genötigt, formal eine Untersuchungskommission einzusetzen.

Protest gegen das Einlaufen des Atomwaffenkreuzers „Truxton" in den Hafen von Wellington (August 1976)

Diese kam sehr schnell zu dem Ergebnis, dass weder eine Anordnung der Regierung für das Attentat noch eine Beteiligung der DGSE nachgewiesen werden könne. Unter der zunehmenden Beweislast und dem wachsenden Druck der Öffentlichkeit, insbesondere der einflussreichen Tageszeitung Le Monde, wurde eine weitere Untersuchung anberaumt und der Verteidigungsminister Charles Hernu „geopfert". Schließlich gab der damalige Premierminister Laurent Fabius am 21. September 1985 bekannt, dass DGSE-Agenten beauftragt worden waren, die „Rainbow Warrior" zu „neutralisieren" – allerdings „ohne Zustimmung" von Mitterand. Bis heute gibt es in Frankreich keine neutrale öffentliche Untersuchung der Vorfälle.

Einsatz für eine nuklearwaffenfreie Zone

Neuseeland hatte sich zu diesem Zeitpunkt unter dem neuen Premierminister David Lange gerade zur atomwaffenfreien Zone erklärt. Das musste den politischen Interessen von Mitterands Frankreich, das seinen Großmachtanspruch durch eigene Atomwaffen zu unterstreichen versuchte, zuwiderlaufen. So sorgte Frankreich für schwere diplomatische Verstimmungen und Nötigungen. Nach der Verurteilung der beiden Agenten setzte Frankreich Neuseeland wirtschaftlich stark unter Druck und erreichte, dass sie ausgeliefert wurden. Sie sollten ihre Haftstrafe in einem französischen Militärgefängnis absitzen. Stattdessen wurden sie nach etwa zwei Jahren Haft freigelassen, erhielten militärische Auszeichnungen, finanzielle Abfindungen und durften ihre DGSE-Karriere fortsetzen. Schließlich wurde Frankreich jedoch von dem unbeugsamen Neuseeland unter der Vermittlerrolle der UN zu einer Einigung gezwungen: Die französische Regierung entschuldigte sich – formal und unglaubwürdig – und zahlte an die neuseeländische Regierung 13 Millionen Neuseeland-Dollar, etwa 8,2 Millionen Euro. Später zahlte Frankreich außerdem acht Millionen US-Dollar an Greenpeace.

Bis heute wurde der neuseeländischen Polizei die Vernehmung der verantwortlichen DGSE-Agenten verweigert. Mitterand selbst hat sein Wissen stets geleugnet. Er sprach von einer „idiotischen Affäre", von einem „kriminellen und dummen Akt, den Admirale unter sich ausgeheckt haben". Auch Chirac behielt sein Wissen für sich. Erst seit 1997 ist es offiziell: Mitterand gab gegenüber dem damaligen Admiral Lacoste am 15. Mai 1985 die volle Zustimmung zur Auckland-Operation und betonte die Bedeutung der Atomversuche für ihn und Frankreich. Das belegen die handschriftlichen Aufzeichnungen des Admirals aus jener Zeit, die er in seinen Erinnerungen „Un amiral au secret" veröffentlichte.

Am 10. Juli 2005 versammelten sich Hunderte von Menschen auf dem Trocadéro am Eiffelturm und gedachten des Fotografen, der auf der „Rainbow Warrior" umgekommen war. Greenpeace-Aktivisten benannten symbolisch die Nationalbibliothek, die den Namen Mitterands trägt, in Fernando-Pereira-Bibliothek um.

Mit Hilfe der finanziellen Entschädigung Frankreichs gegenüber Greenpeace wurde übrigens die „Rainbow Warrior II" angeschafft. Die seeuntaugliche „Rainbow Warrior" wurde dagegen aus dem Hafen von Auckland an die Küste sechseinhalb Kilometer vor Northland gebracht und im Dezember 1987 feierlich versenkt. Sie dient heute als künstliches Riff und kann von Tauchern besichtigt werden. Das Wrack liegt in circa 25 Metern Tiefe auf Sandboden und leicht auf der Seite. Die Aufbauten sind noch gut erhalten und stark mit Korallen besetzt.

Bei einer Gedenkfeier für Fernando Pereira auf der „Rainbow Warrior II", ebenfalls am 10. Juli 2005, wurde von Tauchern die Skulptur „Friedenstaube mit Olivenzweig" auf dem Wrack platziert.

Das spät entdeckte Weinland

Die weit gereisten Deutschen wissen schon seit langem, dass es hervorragende Weinlagen fernab von Europa gibt: in Chile, Kalifornien, Australien und auch in Neuseeland. Letztere sind noch relativ junge Anbaugebiete, da die Reben erst mit den europäischen Einwanderern im 19. und frühen 20. Jahrhundert in diese Gegenden kamen. Zumeist waren es holländische, französische, deutsche oder dalmatische Einwanderer, die ihr Handwerk weiterführen wollten und zum großen Teil schier unmenschliche Mühen auf sich nahmen, um den Weinanbau möglich zu machen. Heute sind diese Gebiete für Rebensäfte erstaunlicher Qualität bekannt.

Im Vergleich zu den großen italienischen, französischen oder deutschen Weinanbaugebieten nehmen sich die neuseeländischen noch bescheiden aus. Aber wir sollten Neuseeland nicht verkennen: Der Weinexport ist längst als Wachstumssektor ausgemacht, und insgeheim bereiten sich die Winzer auf eine massive Exportoffensive vor. Es werden riesige Ländereien für den Weinanbau nutzbar gemacht, modernste Technologien, Ernte- und Verarbeitungstechnik werden weltweit abgeschaut und eingekauft. Die Dynamik dieses Wirtschaftszweiges lässt sich an den Entwicklungen der zurückliegenden 25 Jahre ermessen. Die Anbautradition ist natürlich älter, jedoch durch viele Widersprüche und Restriktionen gekennzeichnet. Der Missionar Samuel Marsden pflanzte nach Überlieferungen 1819 die erste Rebe, die er aus Australien mitgebracht hatte, in Neuseeland. Er und die englischen Siedler verstanden jedoch nicht viel vom Weinanbau und so wurden schon nach wenigen Jahren die Anbauversuche wieder eingestellt.

Als erste ernstzunehmende Winzer stellten deutsche Siedler ab 1825 Weine für den Eigenbedarf und für den regionalen Markt her. Letzterer war jedoch stark begrenzt, da der

Nachgestellte Szene in einem Weinmuseum: das Winzerhandwerk im 19. Jahrhunderrt

Bierkonsum dominierte. Dann folgten französische Mönche der Gesellschaft Mariens, die ihren eigenen Messwein herstellten und nach 1850 auch Wein verkauften. Der Weinanbau erhielt aber erst im 20. Jahrhundert den entscheidenden Anstoß durch die eingewanderten italienischen und dalmatischen Winzer, die auch einen hohen (europäischen) Qualitätsmaßstab mitbrachten. Erst in den 1990er Jahren kamen die einheimischen Weine in die Supermärkte und wurden zu einem beliebten Massengetränk.

Davor gab es eine Reihe restriktiver Jahre: Im 19. Jahrhundert erreichten die vielen religiös motivierten Kam-

Ein Weinberg in Otago. Die Rebfläche Neuseelands beträgt rund 50.000 Hektar. Neuseeländischer Wein wird heute in die ganze Welt exportiert

pagnen gegen jeglichen Alkohol, dass nur eingetragene Hotels Wein führen durften. Flaschenabfüllungen waren verboten. 1919 sollte eine allgemeine Prohibition per Gesetz durchgesetzt werden. Die Proteste der aus dem Ersten Weltkrieg zurückkehrenden Soldaten konnten das in letzter Minute verhindern. Erst ab 1948 durfte Flaschenwein in speziellen Geschäften verkauft und seit 1960 auch in Restaurants ausgeschenkt werden. Ab 1976 durfte man auch in Restaurants den selbst mitgebrachten Wein gegen ein Entgelt trinken (BYO – Bring-Your-Own-Licence).

Die erste staatliche Förderung des Weinanbaus erfolgte in den 1970er Jahren, um den Landwirten eine neue wirtschaftliche Grundlage zu ermöglichen. Seit 1995 schließlich ist die Gesamt-Anbaufläche von 5.400 Hektar auf rund 10.500 Hektar im Jahre 2007 gestiegen – und die Tendenz hält an. Im gleichen Zeitraum wuchs die Zahl der Winzer von 130 auf 400.

Innerhalb der letzten zwanzig Jahre erreichten die Neuseeländer eine Weinqualität, die sich in Europa über Jahrhunderte entwickeln konnte. Das Erfolgsrezept lautet:

• konsequentes Lernen aus den Erfahrungen der international Besten
• Lernen sowohl aus den Fehlern der anderen relativ neuen Weinan-

baugebiete in Australien, Chile oder Kalifornien als auch aus den eigenen neuseeländischen Fehlern der Vergangenheit
• Suche nach den effizientesten Anbau- und Verarbeitungsmethoden

Letzteres war auch notwendig, da die Lohnkosten relativ hoch sind und nicht etwa durch billige Saisonarbeiter wie in Kontinentaleuropa kompensiert werden können. Deshalb wurde in den zurückliegenden 25 Jahren sehr viel in Weinanbau-, Weinlese- und Weinverarbeitungstechnologien investiert. So gibt es, für den deutschen Betrachter ungewohnt, riesige ebene Weinplantagen mit Drahtgestellen, maschinengerechten breiten Abständen und Netzen so weit das Auge reicht, die vor allem als Schutz gegen Vögel und Unwetter dienen. Die Weinlese kann so mit einem minimalen Einsatz von menschlichen Arbeitskräften erfolgen.

Neuseeland hat für hochwertige Weine eine hervorragende geografische Lage. In den Anbaugebieten herrscht ein kühl-maritimes Klima. Da die Temperatur selten über +25°C steigt, können die Trauben langsam reifen und ein intensives Aroma ausbilden. Allerdings sind die besonderen (steinigen) und nicht sehr ertragreichen Lagen wegen der hohen Erschließungs- und technischen Investitionskosten ebenso preistreibend wie die hohen Lohnkosten. Die gegenwärtig teuren Weine schränken somit noch den internationalen Käuferkreis ein; in den kommenden zehn Jahren kann sich dies jedoch ändern.

Bereits jetzt exportiert Neuseeland seinen Wein in alle Kontinente. Ein wichtiger Abnehmer ist Großbritannien mit rund zwei Dritteln des neuseeländischen Weinvolumens. Deutschland übernimmt immerhin rund sechs Prozent des neuseeländischen Exportweins und die Importe nahmen in den zurückliegenden Jahren zu. Der neuseeländische Sauvignon zählt schon seit Jahren zu den besten seiner Art und international entdeckt man zunehmend die hohe Qualität anderer neuseeländischer Weißweinsorten und des vorzüglichen Rotweins. Übrigens gedeiht in günstigen Lagen sogar der Syrah gut – auch eine Entdeckung der letzten Jahre.
Rund 50 Prozent des neuseeländischen Weins kommen von den Weinbergen der Marlborough-Gegend im Nordosten der Südinsel. Warme Tage, kalte Nächte und steinige Böden sind hier ideal für Sauvignon Blanc und Pinot Noir. Auf der Nordinsel ist die südwestliche Region um Wairarapa bekannt für einen besonders guten Pinot Noir. Die

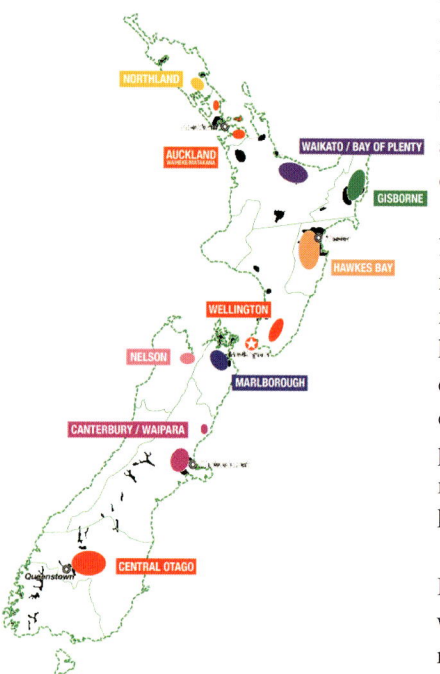

Die neuseeländischen Weinanbaugebiete

Weinanbaugebiete um Gisborne heben sich durch einen exzellenten Chardonnay, Chenin Blanc, Sauvignon Blanc und Semillon ab; unweit von Auckland im Hauraki-Golf wird auf Waiheke Island hervorragender Cabernet Sauvignon und Merlot angebaut. Schließlich muss unbedingt noch die Weingegend in Central Otago im Süden der Südinsel erwähnt werden. Hier gibt es einen Pinot mit einer erstaunlichen Geschmackstiefe. Übrigens ist dieses Gebiet bei Queenstown das südlichste Weinanbaugebiet der Welt!12 Seine Lage am 45. Breitengrad entspricht der des Beaujolais auf der anderen Seite des Globus.

Alles weist darauf hin, dass Neuseeland in Zukunft zu einem internationalen Spezialbieter für hochwertige Weine und der Weinanbau gleichzeitig zu einem wichtigen Exportgaranten wird. Im Vergleich zu den großen internationalen Weinanbietern ist die gegenwärtige Anbaufläche aber noch klein und die wirklich großen Weine können erst von der nächsten Generation erbracht werden. Die gegenwärtigen Rebbestände sind noch sehr jung und „gut Ding braucht Weil". Die Qualität steigt bekanntlich mit zunehmendem Alter.

Interessant ist die Vielfalt: es gibt über 25 angebaute Rebsorten. Wichtig für die Zukunft ist aber auch, dass es gegenwärtig einen wahren Strom an gut qualifizierten Önologen gibt, die nach Neuseeland einwandern, da sie hier eine Chance für eine eigene Selbständigkeit sehen. Sie werden weitere internationale Erfahrungen mit einbringen. Platz für neue Winzer mit innovativen Ideen ist auf jeden Fall ausreichend vorhanden, denn zwischen dem nördlichsten und dem südlichsten Anbaugebiet Neuseelands liegen etwa 1.500 Kilometer und die Vielfalt an Rebsorten und Anbaustilen ist dementsprechend groß.

Muhurangi East Post Office, eines der ältesten Postämter in Neuseeland (eröffnet 1867)

Die besondere Rolle der Post

Heutzutage sind Entfernungen kein Problem mehr. Global communication hat in der kleinsten Siedlung, im entlegensten Weiler seine Entsprechung in Form eines Internet-Cafes. Schulausbildung findet nicht selten als Fernunterricht per Computer oder in sehr entlegenen Gegenden per Lehrmittelpaket statt.

Als 1840 das erste Postamt in Neuseeland eröffnet wurde, waren es Maori-Kuriere, die aufgrund ihrer Landeskenntnisse als Postboten zu

Fuß unterwegs waren und gewaltige Strecken zurücklegten. Einer der Pioniere war Wi Hape Pakau, der laut Überlieferung von 1791 bis 1877 lebte.

Die erste, 72 Kilometer lange Poststrecke befand sich zwischen der Bay of Islands und Hokianga. Bald aber wurde im Zusammenhang mit der Besiedlung eine Route von Auckland nach Port Nicholson (Wellington) eingerichtet. Ein Postbote brauchte für die etwa 700 Kilometer lange Strecke ungefähr einen Monat und schleppte bis zu 30 Kilogramm Post, teilweise durch Feindgebiet. Aber der Mann von der Post hatte von Beginn an einen Sonderstatus und in der Regel freies Geleit.

Betrachtet man die im Laufe der Zeit entstandenen Briefmarken, so sind sie ein Spiegelbild der Maori-Kultur, übermitteln Legenden und unterstreichen das Bestreben einer gemeinsamen Geschichte von Maori und Pakeha. Sie demonstrieren die Neuseeland-Identität aller „Kiwis".

Die Neuseeländer sind bekannt für ihre fantasievollen Postkästen

Heutzutage kann jeder „Postie" – so heißt der Postbote – werden. Kipa Simon zum Beispiel arbeitete viele Jahre bei der New Zealand Post. Nun ist er nach einem Unfall, der unvermeidlichen Kündigung und einer Reihe von Versuchen, einen anderen Job zu finden, in Konkurrenz zu seinem früheren Arbeitgeber getreten. Denn eigentlich hatte er seine Arbeit als Postie gern gemacht, und was hinderte ihn daran, das wieder zu tun, diesmal aber als eigenes Unternehmen. Gesagt, getan. Er gründete eine Firma, sammelte am Nachmittag die Briefe der Taupo-Region ein und lieferte die Post per Moped am nächsten Vormittag aus. Zu Beginn berechnete er 30 Cent pro Brief – zehn Cent weniger als die neuseeländische Post. Über Nacht ist er nicht reich geworden. An seinem ersten Tag hatte er 16 Briefe zu verteilen. Das brachte einen Gewinn von 4,80 NZ$. Seit damals hat sich aber seine Dienstleistung ganz gut herumgesprochen. 400 Briefzustellungen pro Tag sind normal und Kipa Simon hat gut Lachen.

Lachen kann man übrigens auch über die originellen Briefkästen, die teilweise so witzig sind, dass sie von Touristen fotografiert werden. Einige sind wirklich einmalig.

Die Zustellung der Post per Auto, Schiff, Flugzeug oder Hubschrauber ist sehr verlässlich. Innerhalb eines Tages werden Briefe – egal wo auf dem Festland – garantiert ausgeliefert. Dann ist es an den Leuten, ihre Post aus den Briefkästen zu holen, die bei Farmern mitunter kilometerweit von ihrem Wohnhaus an der Straße aufgestellt sind.

Das Land kam auf den Hund

Hunde begleiteten schon die frühesten Einwanderer, die Maori, auf ihren Erkundungen im neuen Land. Sie spielten aber auch bei den ersten europäischen Siedlern eine große Rolle, jedoch nicht als Statussymbol, Familienfreund oder Kuscheltier. Sie waren wichtige Helfer bei vielen Aufgaben. So wurden sie für Kurierdienste eingesetzt, zur Jagd genutzt und bewachten Land und Leute. Es wurde sogar berichtet, dass ein Hund für seinen im Gelände verunglückten Herren Jagd auf Vögel machte und ihn so vor dem Verhungern bewahrte. Eine andere Überlieferung berichtet von einem Farmer, der vom Pferd gestürzt war und schwer verletzt die bitterkalte Nacht nur überlebte, weil ihn sein Hund wärmte.

Denkmal für die Boundary Dogs

Am schwersten hatten es wohl die „boundary dogs", die als Grenzhunde die riesigen Farmen quasi als lebende Zäune bewachten, Schafe zurück- oder Diebe fernhielten. Sie waren an den Grundstücksgrenzen mit langen Laufleinen an Pflöcken festgemacht, wurden mitunter ihr Leben lang nicht abgelöst, schlecht behandelt und waren dennoch ihrem Besitzer treu ergeben. Als Dank und Erinnerung an diese treuen Helfer der Siedler wurde am Lake Tekapo auf der Südinsel ein Denkmal für Hunde errichtet.

Otago liegt im Regenschatten der Südalpen. Von den über 40 Millionen Schafen Neuseelands grast hier, in der braunen Tussock-Graslandschaft, die größte Zahl. Und so benötigen die Farmer auch heute noch Wach- und Hütehunde auf den vielen Schaffarmen. Wenn zum Beispiel 5.000 Merinoschafe von Schäfern zur Sheepstation getrieben werden, arbeiten sie mit den hervorragend abgerichteten Hunden. „Get in behind, boy!", rufen die Schäfer und dabei pfeifen sie schrill und laut. Das Kommando bedeutet für den Hund, auf der Hut zu sein, seinen Platz einzuhalten. Übrigens wird es scherzhaft auch manchmal für Personen verwendet.

Eigentlich brauchen die Schäfer zwei Hunde. Den ersten dirigieren sie zu ein paar Schafen, die etwas außerhalb der Herde stehen und zurückgeholt werden müssen. Der Hund benutzt dann seinen hypnotischen Blick. Aus Erfahrung erkennt er dasjenige der ausgescherten Tiere, das vermutlich seinen starren Blick am wenigsten aushalten wird. Vorsichtig kommt der „eye dog" – auch „strong eyed dog" genannt – näher und fixiert gleichzeitig das von ihm ausgewählte Schaf so intensiv, dass es schließlich seinem Blick nicht mehr standhalten kann und seinem angeborenen Fluchtreflex gehorchend davon läuft – möglichst in die gewünschte Richtung. Genau das ist der Sinn des Ganzen, denn nun werden die restlichen Ausreißer animiert, dem fliehenden Tier zu folgen. Es ist ein ausgeklügeltes System zwischen Mensch, Hund und Schafen, das nur funktionieren kann, wenn Schäfer und Hund völlig aufeinander eingespielt sind.

Der zweite Hund ist im Gelände unterwegs. Er spürt die verstreuten Tiere auf und treibt sie laut bellend zur Herde zurück. Er ist der „huntaway", der die grobe Hütearbeit übernimmt. Es braucht viel Geduld und Zeit, einem Hütehund die nötigen Kommandos anzutrainieren. Hat er ausgelernt, wird ihm vorerst ein erfahrener Artgenosse zur Seite gestellt, der ihm die alten Tricks beibringt. Der Schäfer in der Funktion des „Leittieres" hat die Schlüsselposition inne. Wenn ein trainierter Hund den Besitzer wechseln muss, funktioniert der Übergang nur, wenn eine Tonkassette oder eine CD mit sämtlichen Kommandos und Pfeiftönen mitgeliefert wird.

Bei den dogtrials, einer sehr speziellen Kiwi-Sportart, deren Endkämpfe auch im Fernsehen übertragen werden, kann man nur staunen über die Perfektion, mit der Mensch und Tier zusammenarbeiten.

Alltagsleben – oder: Worauf muss ich mich in Neuseeland einstellen?

Alltagsszene in Mount Eden, einem Stadtteil von Auckland

In Neuseeland prallen verschiedene Welten aufeinander. Wer viel offenen Auges in der Welt herumgekommen ist, wird sich in Neuseeland relativ schnell zurechtfinden und das Alltagsleben als recht „überschaubar" bis „beschaulich" empfinden. Dennoch macht es einen Unterschied, ob man das Land aus den Augen der Pakeha oder der Maori, der Zugereisten aus Polynesien und Südafrika oder aus China betrachtet. Einige Unterschiede für deutsche Besucher oder Einwanderer seien hier erwähnt. Sie sind durch eigene Erfahrungen vor Ort sicher vielfältig zu ergänzen. In den letzten Jahren häufen sich empfehlenswerte deutsche Alltagsberichte von Autoren, die längere Zeit in Neuseeland weilten. Hervorgehoben seien: Schönborn (2009), Falls (2010), Petz (2010), Richter (2011).

Arbeitsalltag

Zum einen muss man sich – frisch aus dem deutschsprachigen Ausland kommend – an das Arbeitsleben gewöhnen. Es ist bedeutend weniger stressig. Die ersten Einwanderungsgenerationen mussten das Land urbar machen, schufteten enorm, ja sie lebten hier quasi, um zu arbeiten. Ihre heutigen Nachkommen arbeiten, um zu leben. Sie arbeiten sehr ziel- und ergebnisorientiert und ohne Umschweife. Sie erkennen schnell Wesentliches und Dringliches und arbeiten somit recht effizient. Sie trennen aber auch sehr scharf zwischen Arbeit und Freizeit und gleichen so Missliebigkeiten in der Arbeit aus. Insofern sind Neuseeländer erfolgsorientierter als Deutsche, die sich häufig über Kleinigkeiten aufregen, alles daransetzen, um Misserfolge zu vermeiden, vorauseilend gehorchen und auch über die Arbeitszeit hinaus an der Arbeit hängen. Das Arbeitsverhalten der Neuseeländer kann als legerer und oberflächlicher empfunden werden, ist es aber nicht. Es ist eben anders. Hinzu kommt das weitgehende Fehlen von Statusansprüchen und -ritualen. Man kommuniziert zumeist auf gleicher Augenhöhe, ist höflich, nicht so direkt und nicht verletzend. Deutsche müssen lernen, sich in ihrer Direktheit und Ungeduld zurückzunehmen und andere Mentalitäten zu akzeptieren. Man hat hier ein anderes Zeitverständnis und steht weniger unter einem permanenten Zwang zum Handeln.

Streetwear — Casual — Business Casual

Smart Casual — Business / Informal — Black Tie / Semi-Formal

Westlicher Dresscode für Männer. Das Business-Outfit ist in Neuseeland eher selten zu sehen

Dresscode und Begrüßung

Abgesehen von Bankern oder Immobilienmaklern trifft man im Alltag kaum jemanden im Business-Outfit. Ganz abgesehen vom *Casual Friday*, dem „zwanglosen" Start ins Wochenende, an dem man schon gleich gar keinen formell Gekleideten im Büro antrifft, gilt legere, zwanglose Bekleidung als angemessenes Outfit. Salopp also, was ja nicht schlampig heißt. Während der vielen von uns durchgeführten Interviews lernten wir bald, dass die von uns aus Deutschland mitgeschleppten Kostüme und Anzüge total fehl am Platz waren. Auch wirklich bedeutende Persönlichkeiten trafen sich mit uns in legerer Bekleidung. So bereiteten wir uns in deutscher Art „gesittet" mit Kostüm und Anzug auf unser Interview mit Sir Roger Dougles vor – und er kam in Shorts und einem sportlichen Hemd zu uns. Das passierte uns anfangs immer wieder.

Wir erlebten diese unkomplizierte Art der Begegnung auch in anderer Form: Spontananfragen für Gespräche mit Bürgermeistern wurden in der Regel innerhalb weniger Stunden positiv beantwortet, und es kam häufig noch am gleichen Tag zu unverkrampften Gesprächen, verbunden mit dem Angebot, sich alle interessierenden Details am Computer anzusehen oder auszudrucken, einschließlich der tagesaktuellen Ein- und Ausgaben der Kommune. Wir saßen nie einer distanziert wirkenden und auf Äußerlichkeiten wert legenden Person gegenüber. Ärzte kamen uns nicht in weißen Kitteln oder mit dem demonstrativ um dem Hals hängenden Stetoskop entgegen; zugleich übernahmen übrigens die hoch qualifizierten Fachpflegekräfte etliche Tätigkeiten, die im deutschsprachigen Ausland dem Arzt vorbehalten sind und genießen hohes Ansehen bei den Patienten…

Eine ausgewanderte Deutsche erzählte von ihrem ersten Deutschlandbesuch nach drei Jahren und ihrer Begegnung mit früheren Freundinnen. Letztere wunderten sich über ihre legere Kleidung und überboten sich gegenseitig mit Geschichten über ihre Schnäppchenjagd nach internationalen Markenartikeln, für die sie weite Strecken fuhren. Unsere Gesprächspartnerin sagte: „Da habe ich kapiert, dass ich in einer anderen Welt lebe und ich woanders meine Wurzeln geschlagen habe. Meine Beziehungen lockerten sich merklich und ich habe mich voll auf meine neue Heimat konzentriert". Sie lebt mit ihrer Familie in der Nähe von Tauranga und betreibt in Tauranga mit ihrem Ehemann eine Fleischerei.

Wundern Sie sich auch nicht, wenn Sie in der Stadt Hamilton am Sonntagmittag einer Familie begegnen, die sich herausgeputzt hat, der Mann mit einem ordentlichen Anzug – und barfuß. Ob Firmenfeier oder private Party, die Regel ist, dass die Herren verhältnismäßig lässig daherkommen, während die Damen etwas eleganter auftreten.

Für Touristen wird oft das Maori-Begrüßungsritual vorgeführt: das sich gegenseitige Berühren mit der Nase und der Maori-Ausdruck „Kiaora". Aber das ist eigentlich im Alltag eher nicht brauchbar.

Aus Deutschland kommend sollte man immer daran denken, nicht jedem sofort die Hand zur Begrüßung entgegen zu strecken. Der Händedruck ist nämlich bei Neuseeländern unüblich. Er kommt zwar unter Männern gelegentlich vor. Aber Frauen gibt man als Mann praktisch nie die Hand.

Auch die hierzulande gängige Anrede mit Titel oder zumindest Herr bzw. Frau plus Nachname (also Mrs. oder Mr. Mayer) ist nicht üblich und wirkt stocksteif.

Ob Respektsperson oder Straßenbekanntschaft, jeder wird ganz einfach mit dem Vornamen vorgestellt und angesprochen. Genauso verfährt man, wenn man sich selbst vorstellt Sicherlich gilt diese Regel nicht für außerordentliche Anlässe, wo internationale Etikette gelten, aber das ist ja nicht das wahre Leben.

Bin ich einer anderen Person vorgestellt worden, sage ich: „Nice to meet you", und der im gesamten englischsprachigen Raum übliche Smalltalk kann beginnen. „Good to see you" für „Schön Dich / Sie zu sehen" ist schon landestypisch.

In der lockeren Sprache des Alltags begrüßt man seine Freunde mit „Gidday!" („Good day!") und fragt weiter: „Eryaguan?" („How are you going?") bzw. „Owsidgown?" („How is it going?").

„Tschüß" heißt „see ya" („see you later"), was keinesfalls wörtlich zu nehmen ist. Deutsche stolpern nicht selten darüber.

Blumen vor den Fenstern auch am Rollheim

Gelegentlich hört man: „I have to shoot through" („ich muss los"). Und wenn Ihnen jemand signalisieren will, dass Sie jederzeit mal eben reinschauen können, heißt das: „Pop in any time you like".

Was in Europa die Bussi-Bussi-Begrüßung mit den unterschiedlichsten Regelungen von einmal rechts, einmal links, links, rechts, links, Wange an Wange oder nur in Andeutung, mit oder ohne echten Bussi gang und gäbe ist, kam irgendwann auch in NZ an, hier als „hug" oder „big hug". Die einfachste Lösung für dieses natürlich nicht auf Anhieb beherrschbare Zeremoniell ist, sein Gegenüber genau zu beobachten und das eigene Verhalten dem des Erfahreneren anzupassen.

Erstes Fußfassen

Deutsche stolpern nicht selten über den vermeintlichen Widerspruch zwischen übermäßiger Freundlichkeit und Gastfreundschaft und den Schwierigkeiten, tiefere menschliche Beziehungen herzustellen. Das ist aber nichts typisch Neuseeländisches, sondern kann auch in den USA und vielen anderen Ländern beobachtet werden. Tatsächlich sind die Kiwis neugierig, spontan, kommunikationsfreudig, solidarisch und an den anderen interessiert. Dieses Interesse ist keineswegs gekünstelt. Das merken vor allem Jugendliche und Touristen und glauben, die Neuseeländer seien grundsätzlich so. Anders ist es natürlich, wenn jemand einwandert. Hier gilt zunächst der alte Grundsatz der individuellen Bewährung. Wenn Einwanderer mit mitgebrachtem Kapital angeben, sich isolieren oder den offenen beruflichen Wettstreit mit Alteingesessenen suchen, gibt es natürlich Abwehrreaktionen. Aber auch das ist nichts Neuseelandspezifisches. Wem es schnell gelingt, im Beruf, im Sportverein, in der Kirche, im Ehrenamt aktiv zu werden und Gemeinsamkeiten mit den Einheimischen aufzubauen, der kommt auch den neuseeländischen Familien schneller näher. Die Kiwis verbringen – zumindest außerhalb der Großstädte – die meiste Zeit in der Familie. Wem es gelingt da hineinzukommen, der kann die besten Freundschaften schließen.

In einem Gespräch mit einem erfolgreichen deutschen Hotelier einer bekannten internationalen Hotelkette, der ein Jahr vor seiner Pensionierung stand, erfuhren wir: Er war zu Anfang seiner internationalen Karriere Hoteldirektor in Auckland. Damals reifte seine Vorstellung von einem Alterssitz an der Ostküste der Nordinsel. Seine spätere Frau, eine Kanadierin, konnte er von seiner Vision überzeugen. Vier Jahre vor seiner Pensionierung bat er den CEO der internationalen Hotelkette um eine Versetzung von New York nach Auckland, verbunden mit einer Gehaltseinbuße von mehr als einem Drittel, mit der Begründung, Zeit für den Aufbau sozialer Beziehungen für seinen Alterssitz zu benötigen. Tatsächlich baute er ganz bewusst unterschiedliche Beziehungsnetze auf, die ihn und seine Frau tragen konnten und ausbaufähig waren: Beziehungen zu Intellektuellen, Gewerbetreibenden, Migranten und Alt-Neuseeländern, zu Menschen mit unterschiedlichen weltanschaulichen Hintergründen. Es ist ihm gelungen, aber er musste zuvor sehr bewusst „investieren". Heute studiert er in seiner Freizeit an einer Universität britische Geschichte, insbesondere das Viktorianische Zeitalter, von dem wir Festländer wenig wissen.

Die Kiwis scheinen das Leben etwas leichter zu nehmen als die Deutschen

Lohn, Miete, Raten im Wochentakt

Aus Deutschland kommend denkt man nicht weiter darüber nach, sondern geht aus Gewohnheit davon aus, dass unser Monatsrhythmus auch in Neuseeland üblich ist.

Das trifft aber oftmals nicht zu. Die meisten Bereiche des öffentlichen

Lebens ticken im Wochentakt, also „weekly", gelegentlich auch zweiwöchentlich, also "fortnighty". Das ist auch bei Miet- und Arbeitsverträgen so, man kündigt zwei Wochen vorher.

Humor im Alltag

Im Vergleich zu den Deutschen scheinen Neuseeländer humorvoller zu sein, wenn Humor vor allem die Fähigkeit bezeichnet, sich selbst zu relativieren, Abstand nehmen zu können, nicht in einen Bierernst zu verfallen. Sie nehmen Vieles leichter und leben mehr in den Tag hinein. Sie improvisieren, sind erfinderisch, trennen schnell zwischen Wesentlichem und weniger Wichtigem und erscheinen Deutschen, die das erste Mal Kontakt mit Kiwis haben, auch dadurch als eigensinnig und auch unzuverlässig. Wahrscheinlich ist das eher auf einen unverkrampften Individualismus zurückzuführen. Für sie Wichtiges wird sehr ernst genommen, weniger Wichtiges kann warten. Auch

Ein gutes Beispiel für neuseeländischen Humor: das „Heim der verlorenen Sohlen". Im Englischen liest sich „sole" (Sohle) wie „soul" (Seele)

hier leben sie letztlich psychisch recht gesund. Aber auch einen weiteren Grund gibt es: Man erinnert sich an die schwere Zeit der Vorfahren und an die ständige Gefahr von Erdbeben und anderen Umweltkatastrophen und hat gelernt, trotzdem gut zu leben.

Gastfreundschaft und Kurzduscher

Neuseeländer sind für ihre sprichwörtliche Gastfreundschaft bekannt. Ob man jemanden länger kennt oder gerade erst dessen Bekanntschaft gemacht hat, spielt dabei keine Rolle. Sofern man einen halbwegs Vertrauen erweckenden Eindruck macht, aufgeschlossen und unkompliziert ist, wird man nicht nur mal eben eingeladen, es kann auch sein, dass man gleich eine Ferienwohnung zur Verfügung gestellt bekommt oder aufgefordert wird, in ein Ferienhaus mitzukommen. Mit der ehrlich gemeinten Aufforderung, sich bitte wie zu Hause zu fühlen, entsteht ganz schnell ein Wohlfühl-Klima, das für den Eingeladenen zu einer ungeahnten Peinlichkeit werden kann, nämlich dann, wenn er sich nach der vielleicht beschwerlichen und langen Anfahrt erst einmal frisch machen will und ausgiebig duscht. Kommt er erfrischt vom Duschen zurück, kann der Gastgeber lächelnd und ganz beiläufig, aber deutlich sagen: „We run short of water". Warum das Wasser mal knapp werden kann und man sparsam damit umzugehen hat, wird klar, wenn man genau hinschaut, wo es denn herkommt. Die meisten Häuser in Neuseeland, auch die Ferienhäuser, haben irgendwo ein Auffangbecken für Regenwasser aus Beton oder Plastik, dessen Kapazität natürlich begrenzt ist. Denn auch wenn es nicht zum Kochen benutzt wird, für alle anderen Verwendungszwecke ist es völlig in Ordnung. Das einzig wichtige ist das Beachten des Pegelstandes, denn Nachschub gibt es erst beim nächsten Regen.

Für Langduscher nicht geeignet: Wassertank in Bluff Hill, Napier

Friedfertigkeit

Neuseeland ist allgemein sehr friedfertig und rangiert in internationalen Vergleichen, zum Beispiel beim „Global Peace Index", in dem die Länder nach ihrer Verwicklung in Konflikte, Sicherheit und Militarisierung aufgelistet werden, immer wieder an den ersten Stellen (Deutschland hingegen zwischen Rang 15-17). Die Kriminalitätsrate ist gering, ebenso die Mordrate. Die Militärausgaben, von denen noch ein nennenswerter Anteil für solidarische internationale Einsätze insbesondere im Rahmen der UNO und bei Naturkatastrophen abzurechnen wären, sind sehr gering. Die ethnische und religiöse Vielfalt existiert friedlich unter einem Dach und das geschichtlich spannungsreiche Verhältnis zwischen Pakeha und Maori ist dabei, sich deutlich zu entkrampfen – auch durch die gemeinsame Suche nach einer gemeinsamen polynesischen Identität bei gleichzeitiger Wahrung der kulturellen Spezifika. Wir haben auf unseren vielen Reisen nur zwei Regionen erlebt, wo die ethnische Vielfalt so friedlich zusammenlebt: Singapur und Neuseeland. Das wird in Singapur durch ein sehr strenges Sanktionssystem abgesichert, in Neuseeland im Rahmen einer vorbildhaften Demokratie und durch frühzeitig anerzogenes freiwilliges Engagement der Bewohner. Natürlich gilt Letzteres auch in hohem Maße für die verschiedenen Einwandergruppen in Australien; allerdings ist hier das Verhältnis zu den Aborigines weiterhin problematisch. Insofern ist Neuseeland hier viel weiter als andere Einwanderungsländer mit indigener Bevölkerung.

Improvisation

Während in weiten Teilen Deutschlands noch das Motto „My home is my castle" zu gelten scheint, richten sich die Kiwis in zum Teil sehr einfachen Holzhäusern ein, die mit Wellblechdächern und Zisternen für das Regenwasser ausgestattet sind; notfalls geben sie sich auch mit alten Bussen oder Eisenbahnwaggons zufrieden. Es gibt Plätze, wo Gebrauchthäuser zum Verkauf angeboten werden, alte Holzhäuser, die man hierher

My home is not my castle: Gebrauchthäuser-Markt

transportiert und auf Böcke gestellt hat. Deutsche würden sie vielleicht noch zum Ausschlachten und zur Gewinnung von Brennholz kaufen, hier warten sie auf Abnehmer, die sie auf das frisch erworbene Grundstück stellen. Denn der Neuseeländer ist ein bescheidener Improvisationskünstler und macht auch aus solchen Häusern noch etwas.

Zwar besteht bei jungen Leuten aus Familien mit gutem Einkommen der Trend, einen längeren Aufenthalt in Australien, in den USA oder in Europa anzustreben; der typische Neuseeländer mit mehreren Generationen hier Ansässiger im Rücken ist jedoch sehr orts- oder regionsgebunden. Wir begegneten immer wieder Leuten, die noch nie auf der jeweils anderen „Großinsel" waren bzw. auf „ihrer" Insel weiter herumgekommen sind. Bei vielen wird erst mit zunehmendem Alter das Bedürfnis stark, das Land genauer zu besichtigen. Wir begegneten auf einer Schifffahrt zur Nordinsel einer Krankenschwester, die sich ihren 25 Jahre währenden Traum erfüllte, einmal so richtig zwei Wochen lang Urlaub zu machen und von der Südinsel auf die Nordinsel überzusetzen. Ein anderes Beispiel ist ein Lehrer, der sich mit seiner Frau nach seiner Pensionierung einen alten Bus kaufte, ihn auf Vordermann brachte und eine drei Monate währende Erkundung Neuseelands unternahm. Andere nehmen mit 55 Jahren eine Auszeit, geben ihren Job auf und touren ein Jahr durch Neuseeland und suchen sich, wenn sie fast mittellos geworden sind, für die nächsten Jahre eine neue Tätigkeit – mitunter während ihrer Reise an einem ganz anderen Ort. Auch das ist Neuseeland.

Stromausfall in North Shore 2007 (Blick Richtung Harbour Bridge, Auckland)

Stromausfall

Verwundert lesen Touristen, die eine Reise nach Neuseeland planen, dass eine Taschenlampe im Gepäck nicht fehlen sollte. Wieso das? Tatsächlich kommt es nicht allzu selten vor, dass plötzlich der Strom ausfällt. Offensichtlich ist das Stromnetz labil und anfällig für Störungen, sonst gäbe es nicht so häufig einen *power cut*, der im übrigen von der Bevölkerung gelassen hingenommen wird. Mag sein, dass Stromausfälle bedingt sind durch die zumindest im ländlichen Raum oberirdisch von Mast zu Mast verlaufenden Stromkabel. Andererseits ist diese uns gelegentlich veraltet erscheinende Technik in einem durch Erdbeben so gefährdeten Land relativ sicher.

Ob Abendveranstaltung, Privatparty oder Business-Meeting, es kann also passieren, dass man plötzlich im Dunkeln sitzt, und während unsereiner in dieser Situation in Panik zu geraten droht und das Schlimmste befürchtet, bleiben die Kiwis ruhig. „Easy, easy" reden sie beruhigend auf uns Fremde ein, was so viel heißt wie: „Keine Panik!".

Ordnung

Als Liebhaber des Land Rover Defender standen wir vor vielen Grundstücken, auf denen uralte Exemplare vor sich hinrosteten und sagten uns „schade um die tollen Sammlerstücke". Überhaupt müssen wir alle deutschen (oft gegenüber dem „Rest der Welt"

Ein uralter, völlig umgebauter Land Rover Defender auf einem Privatgrundstück

übertriebenen) Erwartungen an Ordnung und Akuratesse daheim lassen, wenn wir durch das weite Land reisen. Es hat einen hohen Hygienestand und ist sauber, aber gemessen an deutschen Vorlieben zeigen manche Bewohner eine besondere Form von Nachlässigkeit, wenn es um die Gestaltung von Haus und Garten geht. Auch das muss ein Zugereister erst einmal akzeptieren.

Mit dem Auto unterwegs

Neuseeland ist ein gebirgiges Land mit vielen kurvigen Straßen. Ständig begegnet man Straßenschildern, die das Tempo limitieren oder freigeben und der Fuß des Fahrers ist ständig auf der Bremse. Auch das muss neben der strikten Umorientierung auf den Linksverkehr als Besonderheit beachtet werden. Wenn Sie eine Fahrt mit dem Wohnmobil oder PKW planen, rechnen Sie ruhig doppelt so viel Zeit oder mehr für die Bewältigung der Strecke ein wie in Deutschland. Landeinwärts stoßen Sie auch oft auf unbefestigte Straßen mit einer Schicht Schotter oder Rollsplit. Man nennt sie hier *„metal roads"*. Einige Autovermieter verbieten übrigens die Benutzung solcher Pisten.

Neuseeland verfügt über ein gut ausgebautes Straßennetz (im Bild der Wellington Motorway), im Landesinneren muss man aber auch mit Schotterpisten rechnen

Beachten Sie auch, dass Sie immer wieder einspurige Brücken (*One Lane Bridge*) überqueren müssen, bei denen Sie per Straßenschild die Vorfahrt erhalten oder angewiesen werden, bei Gegenverkehr zu halten. Schlimm ist es, wenn Sie Letzteres nicht beachten und dann mitten auf der mitunter einige hundert Meter langen Brücke einem Laster mit ca. 1.000 PS gegenüber stehen. Oder Sie hängen hinter einem der vielen Wohnmobile mit Touristen, die plötzlich stoppen, um Fotos zu schießen. Das sind Tücken, die man kennen muss. Andererseits macht das motorisierte Reisen auch viel Spaß, wenn Sie nicht hetzen, da die Umgebung – wohin Sie auch schauen – wie aus einem Bilderbuch entnommen erscheint und die Verkehrsdichte überhaupt nicht mit der in Deutschland vergleichbar ist. Es kommt nicht selten vor, dass Sie schon eine Stunde unterwegs und noch keinem Fahrzeug begegnet sind.

Wer ein paar Monate oder ein Jahr in Neuseeland verbringen will, kann das Land mit einem „gebrauchten Japaner" preiswert und schnell erobern. Dabei sind die Kriterien für einen Autokauf andere als bei uns. TÜV-Datum, Vorbesitzer, Garagenwagen, Kilometerangaben oder gar ein Wartungsheft sind nicht von Bedeutung. Das gebrauchte Gefährt muss ganz einfach gefallen und praktisch sein; Baujahr, Getriebe und Preis müssen stimmen. Und es wird berücksichtigt, ob der Wagen „*auto*" (Automatikgetriebe) oder „*manual*" (Handschaltung) ist; die meisten haben heute Automatikgetriebe.

Die neuseeländische Entsprechung für TÜV ist übrigens „WOF" (*Warrent of Fitness*). WOF muss alle sechs Monate absolviert werden und ist preiswert, schnell und läuft verhältnismäßig lässig ab – auch die Profiltiefe der Reifen betreffend.

Der Gebrauchtwagenmarkt ist bedeutend größer als der von Neuwagen. Nach wie vor wird auch eine große Anzahl bereits gebrauchter Wagen aus Japan importiert. Die Marke als Statussymbol ist für die meisten Käufer unwesentlich. Hinzu kommt, dass die wenigsten Autos unfallversichert sind. Aus diesem Grund muss man auch für einen gemieteten Camper eine ordentliche Summe zur Sicherheit hinterlegen.

Dem praktischen Sinn der Kiwis entsprechend, entscheidet man sich beim Autokauf in der Regel für einen Geländewagen (*SUV*) oder für einen Kleinwagen (*City Car*). Wer im Nachhinein Mängel entdeckt und reklamieren will, hat meistens Pech.

Essen

Draußen grillen – *Barbecue* – *Barbeque* – *Barbie* – *BBQ* – ein Nationalvergnügen mit Sättigungs- und Kommunikationscharakter. Marschiert man in einem Supermarkt an den endlos langen Regalreihen entlang, die alles, was man zum Grillen brauchen könnte, offerieren, fällt es einem wie Schuppen von den Augen: Grillen muss ein ganz wesentlicher Bestandteil des neuseeländischen Lifestyles sein. Und in der Tat, es ist ein kulinarisches Selbstverständnis für jedweden Anlass, jeden Feiertag oder eben einfach so im Alltag. Man isst, trinkt und genießt ungezwungen das Leben unter freiem Himmel. Grillkohle kommt relativ selten zum Einsatz, meist wird ein Gas- oder Elektrogrill hergenommen und mit allem belegt, was das Herz erfreut. Von Steaks oder Burger über alle Varianten von Gemüse, Brot und Kartoffeln bis zu Fisch und allen erdenklichen Meeresfrüchten kommt alles zum Einsatz, was möglich ist. Mitgebrachte Salate ergänzen diese Art des geselligen, ungezwungenen Beisammenseins unter freiem Himmel, das dem Kiwi Grundbedürfnis zu sein scheint. Sollten Sie eingeladen werden zu einer „*Plate Party*", bringen Sie bitte auf keinen Fall einen Stapel Teller mit, sondern besser einen mit etwas Essbarem drauf!

Viele Neuseeländer besitzen irgendwo ein kleines Wochenendhaus, die „*bach*". Wenn sich das dann auch noch als am

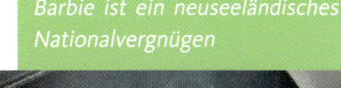

Barbie ist ein neuseeländisches Nationalvergnügen

Meer befindlich herausstellt, womöglich in *Cliff-Top*-Lage und vielleicht *north facing*, kann die Einladung zum *BBQ* zu einem unvergesslichen Erlebnis werden.

Aber egal wo, der Lärm und der unvermeidliche „*barbiesmell*" (Grilldunst) stören niemanden – kein Neuseeländer würde ein *BBQ* als Lärmbelästigung betrachten wollen.

Neben dem deftigen Essen gibt es auch verführerische Kuchen. Wer nach Wien kommt, muss unbedingt die Sachertorte kosten, und mit Deutschland verbindet sich auf diesem Gebiet die Schwarzwälder Kirschtorte. Neuseeland hat die „Pawlowa" oder „Pavlova", die seit 1929 die Hitliste anführt. Das ist eine unglaublich luftige Baisertorte, die mit (und das ist ein „Muss") frischen Früchten farbenprächtig belegt ist. Eine sehr leckere Versuchung! Der Name ist tatsächlich abgeleitet von der russischen Primaballerina Anna Pavlova, die in den 1920er Jahren das neuseeländische Publikum mit ihrer Eleganz begeisterte. In gleichem Maße gilt dies für Australien, weshalb die Aussis das kapriziöse und ebenso sahnige Gebäck gerne als ihre Erfindung in Anspruch nehmen wollen. Es scheint jedoch erwiesen, dass es sich um ein originäres neuseeländisches Kulturgut, respektive die neuseeländische Nationalsüßspeise überhaupt handelt, denn im Jahre 1929 wurde das Rezept für den „*Pavlova cake*" in einem neuseeländischen Kochbuch veröffentlicht und kann demzufolge gar keine australische Erfindung aus dem Jahre 1935 (!) sein, wie gerne behauptet wird. Der australische „Pavlova"-Schöpfer soll übrigens ein gewisser Herbert Sachse gewesen sein.

Der britischen Tradition verpflichtet: Chicken Pie

Tuck in! – Hau rein!

Wir waren mit einem Camper unterwegs und wollten irgendwo zu Abend essen. Die Leute der ländlichen Kleinstadt schickten uns zu einem weitläufigen Flachbau, der mit einem Restaurant auf den ersten Blick keine Ähnlichkeit hatte – eher mit einer Mensa. Gleichzeitig mit uns strömten Trauben von Menschen in das gerade öffnende Lokal und wurden in einem riesigen Saal von einem Platzanweiser per Megaphon platziert. Alle hatten genau wie wir einen Einheitspreis entrichtet, und als Punkt 19.00 Uhr das Buffet eröffnet wurde, erlebten wir eine lebenslustige, hemmungslose Fressorgie, die wir uns vorher nicht hätten vorstellen können. „All you can eat" – ein Neuseeländisches Vergnügen!

Sollte es auch in Neuseeland ein Problem mit gesunder Ernährung geben? *Fish & Chips* (im Lande: „*Shark & Taties*"), das ist klar, muss sein, weil britisch verwurzelte Tradition. Immerhin, die sich bewusst Ernährenden werden mehr. Noch zu viele machen sich jedoch keine Gedanken. Das kann man an Feiertagen erleben, wenn Großfamilien mit Kind und Kegel bei *Kentucky Fried Chicken* (*KFC*, hier: „*Kiwi for chicken*") einfallen und loslegen, als stünde eine Hungersnot bevor.

Die Statistik besagt, dass die Neuseeländer pro Kopf mehr KFC-Produkte verdrücken als jede andere Nation. *Fries*, *chips*, *potato mash* und fette Soßen zum obligatorischen Hühnchen sind ganz einfach angesagt. Das Ergebnis ist Platz zwei auf der Weltrangliste der fettleibigen Nationen.

Zur Ehrenrettung muss allerdings auch erwähnt werden, dass der Prozess hin zu einer bewussten Ernährung deutlich spürbar ist. Das Angebot an leckeren Salaten und überhaupt die Vielseitigkeit der Speisekarten entwickelte sich rasant, seit wir Neuseeland immer wieder mal besucht haben.

Dennoch: Aufgrund der gesundheitlichen Probleme vieler Neuseeländer verfügen die Behörden rigorose Einwanderungsbegrenzungen für Übergewichtige. Das mag zwar einerseits im Widerspruch zum enormen Facharbeitermangel und zur persönlichen Freiheit im Lebensstil jedes Einzelnen stehen. Andererseits möchten die Behörden die steigenden Belastungen des Gesundheitssystems reduzieren und nicht durch übergewichtige Migranten noch erhöhen. Bislang waren gesundheitliche Ausschlussgründe: Dialyseabhängigkeit, Tuberkulose, Störung der Blutgerinnung, Krankheiten mit notwendiger 24-Stunden-Pflege. Still hinzu gekommen ist nun auch die Übergewichtigkeit. Typisch neuseeländisch wurde neuerdings auch im Land angeregt, keine fettleibigen Abgeordneten in den verschiedenen parlamentarischen Gremien zuzulassen.

Einwanderungswillige sollten also beizeiten ihren Lebensstil konsequent umstellen, viel Sport treiben und ggf. eine radikale Schlankheitskur machen.

Rauchverbot ohne „Wenn und Aber"

Neuseeland verbannt seit dem 10. Dezember 2004 die Raucher aus allen Restaurants. Von diesem Tag an mussten sämtliche Restaurantbetreiber, Besitzer von Bars und Cafes die Aschenbecher von den Tischen räumen, denn per Gesetz ist das Rauchen in allen diesen Einrichtungen nun verboten. Wenn Gäste gegen diese neue Verordnung verstoßen, droht ihnen eine saftige Geldstrafe – bis zu 4.000,00 NZ$. Die Besitzer der Bars und Cafes laufen Gefahr, ihre Lizenz zu verlieren, wenn sie nicht unverzüglich eingreifen, sobald gegen die neue Regel verstoßen wird.

So ein Gesetz ist nicht über Nacht plötzlich da, sondern war schon über einen langen Zeitraum in der Diskussion. Deshalb wussten eigentlich alle schon längst Bescheid. Dennoch gibt es auch nach dem Inkrafttreten der Bestimmung entsprechend ausgebildete Umweltbeauftragte, die mit Argusaugen darauf achten, dass sich alle an den Beschluss halten und dass Verfehlungen geahndet werden. Der New Zealand Herald vom 11. November 2004 informierte über ein Forum in Auckland, auf dem unklare Fragen diskutiert werden konnten. Das dabei umstrittenste Thema war die Frage, was genau als Innenraum eines Restaurants definiert wird. Gehört eine überdachte Terrasse dazu, eine Veranda, deren durchsichtige Plastikrollos nur gelegentlich geschlossen werden, und wie ist es mit Vorräumen oder Freisitzen auf überdachten Bürgersteigen? Seit Dezember 2004 sind alle Unklarheiten beseitigt, denn den eindeutigen Informationen nach ist alles das ein offener Raum – und damit Raucherregion –, was nicht überdacht ist und nicht durch zeitweilig schließbare Zip-on-Fenster, Rollos oder Vorhänge geschlossen werden kann.

Sanktionen für Verstöße gegen das Rauchverbot

Eine Veröffentlichung im Weekend Herald vom 27./28. Juni 2005 verwies noch einmal auf die Tatsache, dass das Gesetz in erster Linie ein Lebensgewinn für alle Nichtraucher sei, denn laut Statistik – so das Mitglied des Neuseeländischen Gesundheitsministeriums Damien O`Connor auf der nationalen Rauchfrei-Konferenz – seien pro Jahr 380 Tote durch Passivrauchen zu beklagen.

Da das neue Gesetz auch andere öffentliche Einrichtungen, Büros und Behörden betrifft (ob eine oder mehrere Personen darin arbeiten, spielt keine Rolle), müsste man meinen, hier und da auf Widerstand der Bevölkerung zu stoßen. Dem ist aber eigentlich nicht so. Fragt man die Leute auf der Straße, sind sie mehrheitlich der Meinung, dass das so ganz in Ordnung sei. Wahrscheinlich spielt auch eine Rolle, dass die meisten Neuseeländer sehr gesundheits- und sport-orientiert sind und die Schädlichkeit des Rauchens bewusster reflektieren als andere. In den Tageszeitungen fanden sich bisher nur einige wenige Beiträge, die gegen das Gesetz argumentieren. Die Akzeptanz ist also groß. Nur der Beitrag von John de Bueger im New Zealand Herald vom 15.11.2004 griff eines der auch hierzulande immer wieder hochgehaltenen Argumente auf, das auf der Aussage beruht, die Raucher ersparten dem Staat viele Jahre Rentenzahlung durch ihren früheren Tod. Denn das Rauchen einer Zigarette verkürze nach Berechnungen der Statistiker das Leben eines Menschen um zehn Minuten. Des Weiteren wurde die in Neuseeland sehr hohe Tabaksteuer ins Feld geführt, die genau die Summe einbringen sollte, die für die Behandlung der durch Rauchen verursachten Gesundheitsschäden entstand. Außerdem wurde argumentiert, dass die durch Rauchen hervorgerufenen Gefahren und Gesundheitsschäden inzwischen so bekannt seien, dass es jedem selbst überlassen werden könne, die Risiken abzuwägen. Wen es glücklicher mache, mit Zigaretten zu leben, der solle auch die Möglichkeit dazu haben.

Termin für Rauchfreiheit in Bars

Interessant war aber die weiterführende Diskussion, die auf die „neuen" Gefahren der zu vielen übergewichtigen Jugendlichen abzielte. De Bueger behauptete, dass die jungen Leute von heute eine geringere Lebenserwartung als ihre Eltern hätten, weil Fettleibigkeit, hervorgerufen durch Junk food, und die bekannten Folgeerkrankungen wie Altersdiabetes eine viel ernster zu nehmende Bedrohung als das Rauchen darstellen. Man solle also über eine „Fast-Fett-Steuer" nachdenken, anstatt den Kreuzzug einseitig gegen das Rauchen fortzuführen.

Fragt man heute in Gaststätten oder auf der Straße, ist die Zustimmung zu der neuen Regelung durchgehend sehr groß. Neuseeland kann allerdings generell auf positive Beispiele in Sachen Suchtmittelverbote zurückgreifen. Viele Städte präsentieren bereits seit langem große Schilder am Beginn ihrer Fußgängerzonen, auf denen alkoholfreie Zeiten für diese Bereiche vorgegeben werden.

Kapitel 2

Das menschliche Antlitz
Neuseelands

Die Rekord-Fliegerin Jean Batten
wird 1934 vom Maori-Häuptling
Mita Taupopoki begrüßt

Das menschliche Antlitz
Neuseelands

Persönlichkeiten, die das Gesicht Neuseelands präg(t)en

Um es gleich vorweg zu nehmen: hier soll weder eine Galerie der bisherigen Gouverneure und Premierminister eröffnet, noch eine lückenlose Liste aller im Ausland bekannten Neuseeländer aufgestellt werden. Vielmehr sollen verschiedene Menschen unterschiedlicher Epochen kurz vorgestellt und damit ein nicht alltägliches Kompetenzbild gezeichnet werden. Es ist eine kleine Sammlung von Geschichten über Neuseeländer, auf die die Kiwis besonders stolz sind. Zunächst gibt es einige kurze interessante Fakten und danach ein paar ausführlichere Personenbeschreibungen.

Wussten Sie zum Beispiel, dass...

- die Schiedsrichterpfeife in Neuseeland „erfunden" wurde? Frances William Atack benutzte sie 1884 zum ersten Mal, um ein Spiel zu unterbrechen.
- Alexander Aitken, ein neuseeländischer Mathematiker, fähig war, Brüche in weniger als fünf Sekunden in Dezimalzahlen mit bis zu 26 Stellen hinter dem Komma zu errechnen und zwei neunstellige Zahlen in einer halben Minute im Kopf miteinander zu multiplizieren? Aufgrund seiner sensationellen mathematischen Begabung

wurde er in den 1920er Jahren von britischen Psychologen immer wieder untersucht.

- Harold Williams im Guinness-Buch der Rekorde als größter Linguist der Welt steht? Er beherrschte 58 Sprachen fließend.
- Frau Dr. Agnes Bennett die erste praktizierende Ärztin war, die ein Auto besaß und dieses auch selbst fuhr? Das war 1905. Sie war übrigens auch im Ersten Weltkrieg die erste Offizierin in der britischen Armee.
- Walter Godfrey Bowen mehrfacher Weltrekordhalter im Schafscheren war und im Jahr 1961 innerhalb von neun Stunden 463 Vollwollschafe schor? Sein Bruder Iwan war ebenfalls Weltrekordler in der Schafschur.
- Robert Dickie den weltweit ersten Briefmarkenautomaten erfand? Er wurde auf der Weltausstellung 1909 in Seattle vorgestellt.
- General Sir Charles Fergusson im I. Weltkrieg das 17. Armee-Corps in Frankreich befehligte und von 1918 bis 1920 Militärgouverneur von Köln war?
- der Filmemacher Peter Jackson mit einem fast ausschließlich neuseeländischen Team den Film „Der Herr der Ringe" als Trilogie in Neuseeland drehte?
- Richard William Pearse nachgesagt wird, dass er noch vor den Brüdern Wright mit einem selbst gebauten Flugzeug erfolgreich in der Luft war?
- Katherine Wilson Sheppard eine der wichtigsten Befürworterinnen des Frauenwahlrechtes war? Dieses wurde 1893 zum ersten Mal in Neuseeland durchgesetzt.
- Essie Summers, die „neuseeländische Königin des Liebesromans", 55 Romane schrieb, die in 25 Sprachen übersetzt und in 105 Ländern verlegt wurden?

Peter Jackson, der Regisseur von „Der Herr der Ringe" 2009

Nun aber zu einzelnen Persönlichkeiten:

Ernest Rutherford, Lord Rutherford of Nelson (1871-1937)

Der Name Rutherford steht für eine Reihe herausragender Entdeckungen und den Nobelpreis für eine Untersuchung über den Zerfall der Elemente und die Chemie der radioaktiven Stoffe im Jahre 1908.

Der Atomphysiker Ernest Rutherford erhielt 1908 den Nobelpreis für Chemie

Ernest Rutherford wurde als Sohn eines Farmers in Brightwater (Nelson) geboren und wuchs mit 11 Geschwistern auf. Später heiratete er eine Neuseeländerin aus Christchurch. Er forschte und lehrte an renommierten internationalen Universitäten in Cambridge, Montreal und Manchester. Nach seinem Tod 1937 in England wurde er in der Westminster Abbey beigesetzt.

Neben vielen internationalen Auszeichnungen von Rang wurde ihm allein von 21 Universitäten die Ehrendoktor-Würde verliehen.

Wenn man heute Neuseeländer nach dem Namen Rutherford fragt, erhält man häufig die Antwort: „Er spaltete das Atom." Der bekannte Atomphysiker Niels Bohr hob die Verdienste Rutherfords in seiner Trauerrede folgendermaßen hervor: „Mit dem Tod von Lord Rutherford endete das Leben eines der bedeutendsten Männer der Wissenschaft. Er hob den Stand der Forschung auf eine höhere Stufe. Man wird ihn mehr vermissen als man je einen Wissenschaftler vermisst hat." Und der Biograf John Campbell betonte: „Er ist für das Atom das, was Darwin für die Evolution darstellt, Newton für die Mechanik, Faraday für die Elektrizität und Einstein für die Relativität."

Rutherford wurde insbesondere durch sein Streuexperiment bekannt, mit dem er die Atomkerne im Inneren von Atomen nachweisen konnte. Auf dieser Grundlage entwickelte er das Rutherfordsche Atommodell, nach dem die elektrisch positiven Atomkerne von elektrisch negativen Elektronen umkreist werden. Er führte die erste künstliche Kernreaktion unter einfachsten experimentellen Bedingungen durch. Den Atomkern des Wasserstoffs nannte er „Proton" und er sagte die Existenz des Neutrons[13] voraus.

Rutherford auf dem 100-Dollarschein

1916, während des I. Weltkrieges, behauptete er, dass man aus dem Atom keine Energie gewinnen könne. Er hoffte, dass die Menschheit, solange sie existierte, dazu nicht in der Lage wäre. Einstein sagte später, dass es ein Glück sei, dass

Rutherford die Atombombe nicht mehr erlebte. Sicherlich hätte er sich schuldig und mitverantwortlich für die katastrophalen Zerstörungen und deren Folgen gefühlt. Rutherford hatte ein sehr angenehmes und offenes Wesen. Er förderte viele Studenten, insbesondere neuseeländische, von denen er die Besten für die Arbeit in seinen Forschungsteams gewann.

Rutherford war übrigens nicht der einzige neuseeländische Nobelpreisträger. Erinnert sei auch an:
Maurice Wilkins (Nobelpreis für Physiologie und Medizin, 1962) und Alan G. MacDiarmid (Nobelpreis für Chemie, 2000). Allan Wilson wurde wegen seiner Erfolge bei der biochemischen Erforschung von Evolutionsprozessen für den Chemie-Nobelpreis vorgeschlagen. Als einziger Neuseeländer erhielt er den US-amerikanischen MacArthur „Genius" Award.

Erwähnt sei auch David Russell Lange, der 2003 den Ehrenpreis des Right Livelihood Award („Alternativer Nobelpreis") für sein Engagement gegen Atomwaffen erhielt.

Sir Edmund Hillary (1919-2008)

Sir Edmund Hillary auf dem Höhepunkt seiner Popularität Mitte der 1950er Jahre

Wenn von neuseeländischen Persönlichkeiten gesprochen wird, dann denken viele sofort an Edmund Hillary, eigentlich Edmund Percival Hillary, der zusammen mit dem Sherpa Tenzing Norgay als erster den Mount Everest bezwang. Dadurch wurde er weltweit bekannt. Zur Legende aber wurde er mit dem, was er aus diesem Ruhm machte.

Edmund Hillary verschrieb sich schon als Schüler der Bergsteigerei. Mit 16 Jahren startete er seine alpine Karriere in den neuseeländischen Süd-Alpen und kam bereits damals auf 2.800 Meter Höhe. Er nutzte jede Gelegenheit zum Klettern und galt schon bald als ein brillianter Kletterer. Nachdem er sein Studium an der Universität von Auckland aufgegeben und seinen Kriegsdienst bei der Luftwaffe 1945 schwer verwundet beendet hatte, arbeitete er in der väterlichen Bienenzucht. In der Freizeit widmete er sich weiter dem Klettersport. 1948 gelang ihm zusammen mit Harry Ayres die Erstbesteigung des Mount Cook, auf der Südinsel Neuseelands, über den Südgrat. Hillary beteiligte sich ab 1951 an etlichen Touren im Himalaya-Gebirge. Nach mehreren Ex-

Sir Edmund Hillary auf dem 5-Dollarschein

peditionen Anfang der 1950er Jahre nahm er schließlich im Mai 1953 an der Everest-Expedition von Sir John Hunt teil. Zusammen mit dem Sherpa Tenzing Norgay gelang Edmund Hillary die Erstbesteigung des Mount Everest (8.848 Meter). Damit fand eine Wende im hochalpinen Bergsteigersport statt. Es folgte der Bergsteigertourismus, der die Natur und das Leben des nepalesischen Volkes sowie der Sherpas nachhaltig veränderte.

Die Bezwingung des Mount Everest erfolgte am 29. Mai 1953 – am Krönungstag von Queen Elizabeth II. Das britische Königreich war über die Eroberung des „Dritten Pols" sehr erfreut und erleichtert, nachdem die beiden anderen Pole nicht zuerst durch Bürger des britischen Commonwealth erreicht worden waren. John Hunt und Edmund Hillary wurden nach dieser Erstbesteigung von Königin Elisabeth II. zu Rittern geschlagen und damit in den Adelstand erhoben. „Sie tippte mir sanft mit dem Schwert auf die Schulter und das war es eigentlich", schrieb Edmund Hillary später über die Zeremonie.

Nach 1953 bezwang Hillary noch 23 weitere zuvor nicht erklommene Gipfel. Sein Ziel, den 8.470 Meter hohen Makalu zu besteigen, musste er allerdings wegen mehrerer Rippenbrüche aufgeben. 1958 war er Leiter der British Commonwealth Trans-Antarctic Expedition zum Südpol und erreichte diesen vor seinem Konkurrenten Sir Vivian Fuchs. Nach Amundsen (1912) und Scott (ebenfalls 1912) war er somit der Dritte am Südpol. Zwischen 1961 und 1964 erkundete Hillary mit weiteren eigenen Expeditionen den Himalaya.

1977 erfasste ihn ein Höhenkoller und er beendete seine Bergsteigerkarriere. Das Bergsteigen aber lebt in seiner Familie weiter. Sein Sohn Peter bezwang 1990 ebenfalls den Mount Everest14. Edmund Hillary wechselte in den diplomatischen Dienst und vertrat Neuseeland in Indien, Bangladesch und Nepal. 1991 wurde er UNICEF-Sonderbeauftragter für die Kinder im Himalaya.

Edmund Hillary schrieb außerdem neun Bücher. Mit den Einnahmen aus Filmen, Büchern und Vorträgen sowie den vielen geworbenen Spenden in aller Welt finanzierte er seine gemeinnützigen Projekte in Nepal. Er erhielt viele internationale Auszeichnungen, zum Beispiel den Hosenbandorden und fünf Ehrendoktorwürden. Sein Porträt ist auf der neuseeländischen Fünf-Dollar-Note abgebildet.

Edmund Hillary heiratete im Jahr seines größten Bergsteiger-Erfolges seine große Liebe Louise. 22 Jahre später kam sie zusammen mit einem der drei gemeinsamen Kinder – die Tochter Belinda – bei einem Flugzeugabsturz in der Nähe von Kathmandu in Nepal ums Leben. Edmund Hillary überwand seine tiefe Depression aufgrund dieses persönlichen Verlustes, die er jahrelang mit Alkohol und Tabletten zu betäuben versucht hatte, durch ein vermehrtes soziales Engagement im Himalaya. Seine innere Ruhe fand er jedoch erst wieder durch June, die Witwe des ehemaligen Expeditionskameraden Peter Mulgrew, der 1979 tödlich verunglückt war. Er heiratete June 1989 und seine neue Frau bestärkte ihn in seinem sozialen Engagement.

Edmund Hillary mit Norgay Tenzing, dem Sherpa, mit dem zusammen er den Mount Everest bezwang

Bei der Begehung eines Gletschers in Nepal anlässlich der Suche nach dem ominösen Yeti kam ihm die Idee, sich künftig international für die Sherpas einzusetzen. In vielen Gesprächen mit ihnen erfuhr er, dass diese sich immer wieder um die Zukunft und die Ausbildung ihrer Kinder sorgten. Hillary gründete deshalb den Himalaya Trust, der seitdem 27 Schulen, 12 ländliche Krankenstationen und zwei Krankenhäuser gestiftet hat. Darüber hinaus wurden mehrere Klöster saniert, Brücken gebaut und Wasserleitungen in viele Dörfer gelegt. Außerdem sind vor einigen Jahren vom Trust über eine Millionen Setzlinge für die Aufforstung gestiftet worden.

Für dieses Vorhaben nutzte Edmund Hillary auch seinen Ruhm. Nachdem die erste Schule gebaut war, erhielt Hillary umfangreiche internationale Hilfe. Zwei US-amerikanische Unternehmen ermöglichten ihm, mit zwei erfahrenen Bauexperten in den Himalaya zurückzukommen und die Projekte persönlich in Augenschein zu nehmen. Mit ihm kam auch sein Bruder Rex, der sich ebenfalls sehr für die Sherpas engagiert.

Auch im hohen Alter reisten Sir Edmund Hillary und seine Frau June noch immer durch die Welt, um Spenden für den Himalaya Trust zu sammeln. Dabei war June Hillary eine Art Dynamo für Edmund – ihr Engagement im Fundraising ist unermüdlich.

Auf die Frage nach dem größten Ergebnis seines Lebens sagte Edmund Hillary: „Die Herausforderungen haben sich geändert. Am Anfang war ich der ehrgeizige Expeditionsteilnehmer. Ich fand aber immer größeres Interesse an den Menschen, die in dieser Region leben. Ihnen zu begegnen, erfüllt mich mehr, als irgendwo bergzusteigen... Natürlich waren die Bergbesteigungen und die Pol-Expedition großartige Erfolge. Die größte Herausforderung jedoch und meine eigentliche Lebensleistung ist das, was wir an Projekten für die Sherpas erreicht haben."

Wenn sie nach Nepal kamen, war es das Schönste für ihn und June zu sehen, was aus den von ihnen gegründeten Einrichtungen, was aus den Kindern der ersten Schule geworden war. Sie erlebten Karrieren, die ohne ihr Engagement nie zustande gekommen wären: einheimische Manager im Himalaya Trust, einheimische Lehrer und Ärzte.

Dass die Arbeit des Projektes so erfolgreich verläuft und nicht mehr zu stoppen ist, ist ein gutes Beispiel dafür, was eine kleine Gruppe von Menschen mit einer Vision und großem persönlichen Engagement bewirken kann. Fast immer beginnt eine so beeindruckende Entwicklung mit der festen Überzeugung eines Einzelnen, dass es möglich sei, etwas zu bewegen – entgegen aller Zweifel und Vorbehalte Dritter.

Auf die Frage, was Edmund Hillary jüngeren Menschen mit auf den Weg geben möchte, antwortete er: „Ich weiß wohl, dass junge Leute nicht so gern Ratschläge von den Alten hören wollen. Aber wenn ich denn etwas sagen sollte, dann, dass sie von den vielen Erfahrungen anderer schon etwas mitnehmen sollen. Das spart eigene Lebenszeit! Man muss ja nicht alle Erfahrungen selbst machen. Ich habe als Bergsteiger sehr viel von dem Bergführer Harry Ayres gelernt. Er verfügte über viel Wissen und viele Erfahrungen bezüglich der Berge. Und noch etwas: Man braucht viel Mut, wenn man seine Träume verwirklichen will."

An anderer Stelle sagte er. „Ich bin ein entschlossener, aber sehr einfacher Mensch. Bei allen Erfolgen sollte man die Nächstenliebe nicht vergessen. Erfolge dürfen nicht zu Kopf steigen, sondern sie sollten dazu dienen, der Welt, von der man viel bekommt, auch viel zurückzugeben."

Edmund Hillarys Lebensmaximen waren vor allem:

Sir Edmund Hillary im Jahr 2006

- Steck' dir hohe Ziele; gib dich nicht mit dem Durchschnitt zufrieden. Leichte Siege gibt es nicht.
- Ganz wenige sind geborene Champions. Die meisten Menschen müssen lernen, wie man erfolgreich ist.
- Angst kann ein stimulierender Faktor sein; sie kann dich anspornen, Fähigkeiten zu entwickeln, die du nicht für möglich gehalten hast.

Der ehemalige Bergsteiger war auch nach mehreren Stürzen und einem längeren Krankenhausaufenthalt im Jahre 2006 noch immer frisch, optimistisch, humorvoll und begeisternd. Sowohl Edmund Hillary als auch seine Frau hatten ihre Freude daran, Menschen zu helfen – und auf andere wirkte das ansteckend.

Im Jahr 2001 nahm Edmund Hillary am „5. Symposium für Bergsteiger" im oberbayerischen Bad Tölz teil. Er hielt dort einen Dia-Vortrag zum Thema „Am Anfang war der Everest – die Abenteuer meines Lebens". Im gleichen Jahr erschien auch seine Biografie „Die Abenteuer meines Lebens".

Auch als 85-Jähriger schreckte Edmund Hillary nicht vor dem antarktischen Eis zurück. Er besuchte im November 2005 die Forschungsstation Scott Base, die er fast 50 Jahre zuvor mitgegründet hatte. Dort wollte er eine einsame Nacht im Eis verbringen, wie er dem New Zealand Herald sagte: „Ich genieße einfach die Ruhe und die Schönheit der Gegend."

Der Neuseeländer galt unter den Bergsteigern nicht nur als der „alte, weise Vorreiter", sondern auch als moralisches Vorbild. So kritisierte er 2006 massiv und öffentlich den beidseitig beinamputierten neuseeländischen Bergsteiger Mark Inglis und internationale Expeditionsteams, die den bewusstlosen 34-jährigen Briten David Sharp 300 Meter unterhalb des Mount-Everest-Gipfels einfach liegen und sterben gelassen hatten. Mehr als 40 Bergsteiger waren an ihm vorbeigeklettert. Edmund Hillary entschuldigte sich bei den Angehörigen von David Sharp für das unmoralische Verhalten der Beteiligten.

Edmund Hillary starb am 11. Januar 2008 in Auckland nach einem Herzinfarkt. Er wurde mit einem Staatsbegräbnis beigesetzt und die neuseeländische Ministerpräsidentin Helen Clark würdigte ihn als „legendären Bergsteiger, Abenteurer und Menschenfreund".

Yvette Winifred Williams, verheiratete Corlett (*1929)

Neuseeland stellte zur Olympiade 1952 in Helsinki nur eine sehr kleine Mannschaft, die jedoch mit der damals 23-jährigen Leichtathletin Yvette Williams sehr erfolgreich war. Williams gewann die Goldmedaille im Weitsprung – trotz widrigster Umstände. Sie hatte sich am Morgen des Wettkampfes in der Qualifikationsrunde ein Knie verletzt. Das kleine Neuseeland-Team hatte aber weder einen eigenen Arzt noch einen Physiotherapeuten, so dass sie auf die Behandlung durch britische Fachleute angewiesen war. Am Nachmittag wurde ihr gesagt, dass sie das Knie ständig in Bewegung halten sollte, sonst würde es steif werden. Williams war daraufhin nicht nur physisch, sondern auch psychisch angeschlagen; die ungewohnten finnischen Sommernächte mit nur zwei bis drei Stunden Dunkelheit machten sie zudem sehr müde.

Am nächsten Tag befand sie sich mit sechs anderen Leitathletinnen in der Endrunde. Sie erinnerte sich an ein Buch mit dem Titel „Der Wille zu gewinnen" und dachte an die hohen Erwartungen ihrer Landsleute und an die vielen Trainingsstunden vor der Olympiade. Also sagte sie sich: „Jetzt oder nie" – und sprang die damals sensationellen 6,23 Meter. Als sie auf dem Siegerpodest stand, hörte sie „God Save the Queen" und sah die neuseeländische Nationalflagge. Zur Überraschung aller anwesenden Neuseeländer wurde danach noch „God Defend New Zealand" gespielt. Es war das erste Mal, dass Neuseeland anlässlich einer olympischen Siegesfeier so geehrt wurde.

Williams hatte ihre große Zeit zwischen 1950 und 1954. Neben der Goldmedaille in Helsinki gewann sie in dieser Zeit vier Mal Gold bei den Commonwealth Games und stellte einen Weltrekord im Weitsprung auf. In Neuseeland war sie mehrfach Rekordhalterin im Weitsprung, Kugelstoßen, Diskuswerfen und Speerwurf.

Sonderbrief aus dem Jahr 1952 zu Ehren von Yvette Williams

Es gab und gibt etliche andere neuseeländische Athleten, die Weltrekorde und olympische Medaillen errangen, aus Platzgründen hier aber nicht genannt werden. Beispielhaft sei noch Ian Gordon Ferguson genannt, ebenfalls ein sehr erfolgreicher Athlet, der bei einer einzigen Olympiade – 1984 in Los Angeles – drei Goldmedaillen gewinnen konnte.

Jane Gardner Batten (1909-1982)

Diese weltberühmte Pilotin ist besser unter dem Namen „Jean" bekannt. Sie wurde am 15. September 1909 als einzige Tochter einer Zahnarztfamilie in Rotorua geboren. Später besuchte sie die Schule in Auckland. Seit ihrem achtzehnten Lebensjahr träumte sie davon, allein von Neuseeland nach England zu fliegen. Ihr Fluginteresse wurde durch den australischen Piloten Charles Kingsford Smith noch verstärkt. Sie lernte ihn 1928 kennen und durfte einmal mit ihm fliegen. Kingsford Smith hatte im selben Jahr den ersten Trans-Pazifik-Flug von Amerika nach Australien geschafft. Jane Batten entschied sich daraufhin gegen eine von den Eltern vorausgesagte Karriere als Konzertpianistin.

Während ihr Vater strikt gegen eine Pilotenausbildung in England war, konnte Jean ihre Mutter überreden, mit ihr nach England zu reisen und sie dort bei ihrer Ausbildung zur Pilotin zu unterstützen. Zwei fliegerische Fehlschläge konnten sie nicht davon abbringen, sich ihren Traum zu erfüllen: 1936 gelang ihr der erste Flug von England nach Neuseeland. Zuvor war sie bereits von England nach Indien, von Aus-

Jean Batten beim Besteigen ihres Flugzeugs

tralien nach England und von England nach Brasilien geflogen, immer auf der Jagd nach Rekorden. Aufsehen erregte auch ihre Solo-Überquerung der Tasmanischen See. Das alles geschah zwischen ihrem 25. und 28. Lebensjahr.

Vor ihrem größten Flug von England nach Neuseeland wies sie den Flughafenkommandanten an: „Wenn ich im Meer abstürzen sollte, dann schicken sie niemanden, um mich zu suchen. Ich will nicht, dass andere ihr Leben für mich riskieren." Das sagt viel über den Charakter dieser Frau aus.

In der kurzen Zeit zwischen 1933 und 1937 stellte sie eine Reihe sensationeller Flugrekorde auf und wurde mit vielen internationalen Auszeichnungen bedacht. Sie erhielt mehrfach die begehrte Harmon Trophy, später die Ehrenbürgerschaft der Stadt London und den Chevalier de la Légion d'Honneur. Wenn man in den 1930er Jahren von Neuseeland sprach, dann dachte man zuerst an diese mutige Frau. Wegen ihrer Exzentrik und Zurückgezogenheit wurde sie auch oft als „Greta Garbo des Himmels" bezeichnet.

Jean war in höchstem Maße selbstmotiviert und besessen von der Fliegerei, der sie alles andere unterordnete. Sie war eine Meisterin der Navigation und bereitete sich mit großer Intensität auf jeden Flug vor. Ihr Flug von England nach Neuseeland dauerte nur zehn Tage, 23 Stunden und 45 Minuten. Es sollte 44 Jahre dauern, bis dieser Rekord gebrochen wurde. In den ersten fünf Tagen hatte sie nur sieben Stunden während einiger Kurzstopps geschlafen. Bei ihrer Heimkehr nach Neuseeland sagte sie: „Ich denke, das war der größte Erfolg meines Lebens." Kurze Zeit danach hatte sie einen Nervenzusammenbruch.

Nach 1937 flog Jean nicht mehr. Im II. Weltkrieg warb sie in Neuseeland um Spenden für Kriegsflugzeuge und Waffen. Nach dem

Krieg lebte sie mit ihrer Mutter in Jamaika und Spanien. 1982 siedelte Jean nach Mallorca über, um dort den Rest ihres Lebens zu verbringen. Nur fünf Wochen später starb sie in Palma de Mallorca, wo sie sehr zurückgezogen und verarmt gelebt hatte. Da sie zunächst nicht identifiziert werden konnte, wurde sie in einem unbezeichneten Armengrab beigesetzt. Erst die unermüdliche Detektivarbeit der Dokumentarfilmer Ian und Caroline Mackersey brachte schließlich ihre Todesumstände an den

Willkommen zu Hause! Jean Batten wird in traditioneller neuseeländischer Weise von Maori-Häuptling Mita Taupopoki begrüßt (Rotorua 1934)

Tag. Heute erinnert eine kleine Tafel über dem Grab an die berühmte Fliegerin, deren Name den größten Flughafen Neuseelands ziert.

Sean Fitzpatrick (*1963)

Sean Fitzpatrick war ein sehr erfolgreicher Kapitän der neuseeländischen Rugby-Nationalmannschaft All Blacks. Er ist nicht nur eine, sondern die All Blacks-Legende.

Wenn man die vielen Berichte über ihn liest, könnte man meinen, sein Leben sei immer glücklich verlaufen. Dabei waren Kindheit und Jugendzeit überschattet von seinen Gewichtsproblemen und den daraus resultierenden Sticheleien und Ausgrenzungen. Er war schon immer vom Rugby fasziniert gewesen und wollte ein guter Spieler werden, musste aber erleben, wie viel schwerer ihm das Training fiel als seinen Schulkameraden. Noch heute verfolgen ihn Erlebnisse wie dieses: In der Mittelschule der 1970er Jahre bat ein recht taktloser Lehrer drei Jungen aufzustehen und nach vorn zu treten, damit sie von den anderen Schülern gezeichnet werden können. Einer der drei war Sean Fitzpatrick. Der Lehrer begann, ihn zu hänseln, und sagte: „Seht mal, wie rund Sean ist. Es gibt keine Lücke zwischen seinen Beinen. Er sollte besser einen Cricket-Schläger in die Hand nehmen, um seiner Figur Charakter zu geben."

Wenn ihm damals jemand gesagt hätte, dass er einmal ein weltbekannter Rugby-Spieler werden würde, er hätte es nicht glauben können. Im letzten Jahr der Mittelschule musste er aus der Rugby-Schulmannschaft ausscheiden, weil er zu viel auf die Waage brachte. Sein Vater, Brian, hatte von 1951 bis 1954 bei den All Blacks gespielt. Zwar hatte er seinen Sohn nie willentlich zu einer Rugby-Karriere ermutigt, aber Sean sah in ihm ein großes Vorbild und insofern schmerzte ihn der Abschied vom Rugby umso mehr.

Schließlich stieß er, nachdem er sich in Cricket und weiteren Sportarten versucht hatte, zu einer Rugby-Mannschaft in einer anderen Gewichtsklasse, die kaum Erfolge hatte und deren Coach kein Niveau in die Mannschaft brachte. Sean Fitzpatrick war damals 12 Jahre alt, die anderen bereits 17. Es wurde eine sehr harte Zeit für ihn, dennoch war er froh, überhaupt in einer Mannschaft spielen zu können. Das Team wollte erfolgreich sein, kam aber auf keinen grünen Zweig. Dennoch gab es (sich) nicht auf.

1981 wurden Aucklands Secondary Schoolboys, also sein Team, völlig unerwartet zu den „Spielern des Jahres" gewählt. Sean Fitzpatrick konnte es nicht glauben. Von da an wurde er immer zu Top-Spielen ausgewählt – obwohl er immer noch zu dick war.
An der Universität begann dann seine eigentliche Karriere. Er war damals 18, spielte Rugby sehr einfach und effizient und hatte so nie Probleme mit Verletzungen. Aber wenn er ein Spiel verlor, dann bedrückte ihn das außerordentlich.

Mit 19 wurde er mit dem Auckländer Rugby-Team auf Welt-Tournee geschickt. Schließlich wählte Trainer Colin Meads Fitzpatrick für die All Blacks aus. Das war 1986, zu einer Zeit, als etliche Stammspieler gesperrt waren. Somit hatten die Besten aus dem Nachwuchs eine Chance. Sean Fitzpatrick war dabei und bewährte sich in dem Match gegen Frankreich. Seit diesem Moment wusste er, dass er sich im Team durchsetzen würde, auch wenn er nach der Aufhebung der Sperre erst einmal auf die Reservebank musste.

Für seine Größe von 1,82 Meter und sein Körpergewicht von 117 Kilogramm war er außerordentlich flink und geschickt. Er erfasste blitzartig neue Situationen und Chancen und war im Spiel sehr anpassungsfähig. Er spielte sehr hart und aggressiv, blieb aber immer fair. Mit seiner Power galt er als „Dampframme".

Sean Fitzpatrick spielte 12 Jahre lang bei den All Blacks. Er nahm an 121 internationalen Spielen teil, die er hauptsächlich im Rahmen von 92 internationalen Turnieren bestritt. Damit brach er alle Rekorde. 1992 stieg er zum Kapitän auf und blieb bis 1997 in dieser Funktion. Während dieser Zeit führte er sein Team durch eine Reihe von Siegen, schließlich 1995 zum World Cup nach Südafrika. Dort verloren sie zwar gegen die südafrikanische Rugby-Nationalmannschaft Springboks, aber ein Jahr später besiegten sie diese bei der Drei-Nationen-Meisterschaft.

Fitzpatricks herausragende Fähigkeiten als Kapitän waren: Überzeugungs- und Motivationsfähigkeit (einschließlich der Fähigkeit zur Selbstmotivation), Teamfähigkeit, Aufgeschlossenheit gegenüber Neuem und eigene Innovationsfähigkeit, Konzentrationsfähigkeit und ausgeprägte Umsetzungsfähigkeit. Im April 1998 zog er sich aufgrund einer schweren Knieverletzung aus dem aktiven Rugby-Sport zurück. Seitdem ist er „Rugbyberater" für die BBC und die New Zealand Rugby Football Union (NZRFU).

Sean Fitzpatrick ist verheiratet und hat zwei Kinder. Nach Beendigung seiner All Blacks-Karriere ist er umfassend gemeinnützig tätig. Bei seiner Tätigkeit als Vertriebs-Manager bei Coca Cola (seit 1994) zeigte er großes Organisations- und Akquisitionsgeschick, das er auf seine vielfältige gemeinnützige

Alte Kämpen: Sean Fitzpatrick (Mitte) mit dem argentinischen Rugby-Spieler Hugo Porta (links) und dem englischen Fußballer Andrew Hunt im Londoner Ham Polo Club 2006 bei einer Veranstaltung der Laureus-Stiftung

Arbeit übertragen konnte. So ist er im Fundraising aktiv und organisiert jährlich das Golf-Turnier „Fitzy's Forward Classic" zu gemeinnützigen Zwecken. Das Turnier bringt jedes Jahr 38.000 NZ$ für behinderte Kinder ein.

Sean Fitzpatrick schrieb außerdem zwei Bücher. Für seine sportlichen Erfolge als Spieler wie auch als Kapitän der All Blacks erhielt er viele internationale Auszeichnungen und hat u.a. einen Ehrenplatz in der International Rugby Hall of Fame.

Stephen Tindall (*1951)

Stephen Tindall ist eine der schillerndsten Unternehmerpersönlichkeiten des heutigen Neuseelands. Er begann seine berufliche Laufbahn als Verkäufer in einem mittelgroßen Kaufhaus. 12 Jahre später nahm er sein gesamtes Geld und eröffnete ein eigenes Geschäft. Er nannte es The Warehouse. Der Slogan „Where everyone gets a bargain" („Wo jeder ein Schnäppchen macht") ist Programm. Das Unternehmen ist heute die erfolgreichste Kaufhaus-Kette in Neuseeland und erwirtschaftet einen Jahresumsatz von über einer Milliarde Neuseeland-Dollar.

Was ist sein Erfolgsrezept? In der Schule war Stephen Tindall in den 1960er Jahren nicht gerade erfolgreich. Seit seiner Kindheit wollte er Arzt werden. Die schlechten schulischen Leistungen ließen ihn aber an sich zweifeln. Durch seine sportlichen Leistungen, insbesondere im Schwimmen, war er den anderen Klassenkameraden allerdings ebenbürtig, manchmal sogar überlegen. Das stärkte sein Selbstbewusstsein und führte zu einem guten Verhältnis zu den Mitschülern. Er dachte damals: „Wenn ich es im Schwimmen schaffe, dann schaffe ich es auch an anderer Stelle." Später wollte er Physiotherapeut werden, war aber in den Fächern Mathematik und Physik nicht gut genug. Ein Bekannter der Familie fand, dass er einen guten Sinn für den Handel habe und Physiotherapie nicht das Richtige für ihn sei.

Schließlich fing er in dem Kaufhaus in Auckland an zu arbeiten, das sein Urgroßvater gegründet hatte: im George Court & Sons. Dort verbrachte er die nächsten 12 Jahre und arbeitete sich hoch – ohne familiäre Vergünstigungen. Gleichzeitig bildete er sich in Abendkursen am Auckland Institut of Technology weiter. Was er abends dort lernte, konnte er am Tage auf der Arbeit ausprobieren. Noch heute legt er großen Wert darauf, dass in seinem Unternehmen das Lernen on the job groß geschrieben wird.

Mit 27 Jahren war er Associate Director mit 30 unterstellten Personen. In den letzten drei Jahren seiner Tätigkeit bei George Court konnte er umfangreiche Erfahrungen im Importgeschäft sammeln. Er war viel im Ausland unterwegs und hatte ein gutes Händchen für alles, was sich gut verkaufen ließ.

Sein erstes eigenes Geschäft eröffnete Stephen Tindall kurz vor Weihnachten 1982 in Takapuna. Nachdem er in der Vorweihnachtszeit zeitweilig acht Angestellte gehabt hatte, konnte er nach Weihnachten nur sich und einen Angestellten für die nächsten Monate beschäftigen. Trotzdem eröffnete er ein Jahr später mit großem Risiko das zweite Geschäft in Takapuna, so sehr war er von seinen zukünftigen Erfolgen überzeugt. 1983 kaufte er für die Geschäfte einen gebrauchten Caravan. Dann musste er seine Pensionskasse in Zahlung geben, um die 40.000 NZ$ zusammenzubekommen, damit er das erste Warehouse, den Vorläufer seiner heutigen Kette, eröffnen konnte.

Er investierte viel Geld in ein Computersystem, mit dem er die Lagerbestände anderer Händler managte, bevor er selbst etwas kaufte. Das waren Dinge, die sich in den anderen Läden schlecht verkauften, aber er platzierte sie gut und bot sie geschickt an (etwa wie der Sonderposten-Verkauf in Deutschland). Als sich Ende der 1980er Jahre die Import-Lizenzbedingungen für Neuseeland lockerten, konnte er mehr Artikel frei importieren. Das Warehouse betrieb daraufhin einen freien Direktimport – lange bevor die anderen Warenhäuser dazu übergingen. Stephen Tindall nutzte also schneller als andere die wirtschaftlichen Vorteile und hatte eine großartige Idee mit dem Motto: „Jeder bekommt etwas zu einem guten Preis" bzw. „Einkaufen zum kleinen Preis für alle". Sein Erfolgsprinzip war und ist: Aufkauf von riesigen Mengen, Verkauf mit knappen Gewinnen. Damit sind die Waren für jedermann erschwinglich. Zusätzlich bietet er eine „Geldzurück-Garantie". Gegenwärtig kaufen pro Woche rund 1,5 Millionen Menschen bei The Warehouse ein.

Stephen Tindall

Weitere Prinzipien von Stephen Tindall sind zum Beispiel: Im Warehouse werden weder Zigaretten noch Alkohol verkauft! Vor der Eröffnung einer neuen Filliale gibt es stets Rücksprachen mit den lokalen Behörden, ob sie überhaupt ein Warehouse unterstützen wollen. Immerhin wird jedes Mal mit der Eröffnung eines seiner Geschäfte ein Verdrängungswettbewerb ausgelöst. Konsensorientiert geht Stephen Tindall auch nach innen vor. Die Kommunikation ist sehr offen und es gibt viele soziale Unterstützungen für die Angestellten. Diese erhalten zum Beispiel an ihrem Geburtstag einen freien Tag bei voller Bezahlung. Dadurch haben die Beschäftigten auch kein Interesse an einer gewerkschaftlichen Organisation, da sie ihnen keine (zusätzlichen) Vorteile bringen würde.

Stephen Tindall betreibt heute 121 Geschäfte: 85 Großlager und 36 Papier- und Schreibwarengeschäfte. Gegenwärtig expandiert er nach Australien. Im Jahre 2004 zog er sich aus dem operativen Management zurück und beschäftigt sich seitdem mit privaten Investments, mit der Entwicklung neuer innovativer Geschäftsideen und natürlich mit der Tindall-Stiftung.

Letztere wurde von ihm und seiner Familie 1995 ins Leben gerufen. Damit konnten sie Tausenden von Neuseeländern helfen und bedeutende Umweltschutzprojekte fördern. Die Stiftung hat ihre Wurzeln in einer Organisation namens Alay Buhay („Eine Zukunft bieten"), die von Stephen Tindall und seiner Frau Margaret auf den Philippinen gegründet wurde. Die Tindalls wollten dem Land etwas von ihrem Erfolg zurückgeben, den sie unter anderem durch philippinische Importgüter erzielen konnten. Anfangs wurden einzelne Kinder unterrichtet und ausgebildet, heutzutage sind es rund 2.000 Kinder pro Jahr.

Die Stiftung besitzt inzwischen gut 20 Prozent der Anteile der Warehouse-Gruppe. Im Jahr 2003 erhielt und verteilte sie rund 14,5 Millionen Neuseeland-Dollar. Das Ziel des Ehepaares Tindall ist es, Menschen Hilfe zur Selbsthilfe anzubieten und Neuseeländer zu befähigen, für sich, ihre Familie und ihre Gemeinde zu sorgen. Ihr Motto lautet dementsprechend, nicht die Probleme anderer zu lösen, sondern Hilfestellungen zu geben, damit die Betroffenen sie allein bewältigen können. So vergibt die Stiftung Mittel in drei Richtungen: an Familien, zur Förderung von Auszubildenden und für Umweltprojekte.

Inzwischen wird die Stiftung von vielen Neuseeländern unterstützt. Bei der Gründung mussten Stephen und Margaret Tindall circa 50 Prozent ihrer Zeit für Fundraising und Sponsoring einsetzen. Heute übernehmen das die vielen Freiwilligen. So versetzten die Tindalls andere in die Lage, wiederum anderen Menschen zu helfen – ein schönes Beispiel für initiierte Selbstorganisationsprozesse.

Stephen Tindall hatte in den letzten Jahren weitere wichtige (Ehren-) Ämter inne:

- von 1995 bis 2000 war er Mitglied im Prime Minister's Enterprise Council for P.M. Bolger & P.M. Shipley
- von 2000 bis 2002 Mitglied im New Zealand Science and Innovation Council
- von 2000 bis 2004 Vorsitzender des New Zealand Business Council for Sustainable Development, welches er auch mitgegründet hatte
- seit 2002 ist er Mitglied im Growth & Innovation Advisory Board, seit 2007 sogar Vorsitzender
- ebenfalls seit 2002 ist er Mitglied des World Business Council for Sustainable Development
- seit 2004 ist er Gründungsmitglied des New Zealand Institute
- seit 2006 Vorsitzender des Climate Change Leadership Forum
- seit 2007 Vorsitzender des Broadband Leadership Forum

Außerdem erhielt er verschiedene Auszeichnungen. So ernannte ihn zum Beispiel der New Zealand Herald 1997 zur Business Person of the Year. Im selben Jahr wurde er Officer of the New Zealand Order of Merit. 2007 wurde Tindall schließlich laut Ehrenliste anlässlich des Geburtstages der britischen Königin zum Distinguished Companion of the New Zealand Order of Merit ernannt, in Anerkennung seiner Dienste für die Wirtschaft und die Gemeinschaft. Zwei Universitäten – die Auckland University of Technology (AUT) und die Massey-Universität – verliehen ihm im Jahr 2002 die Ehrendoktorwürde.

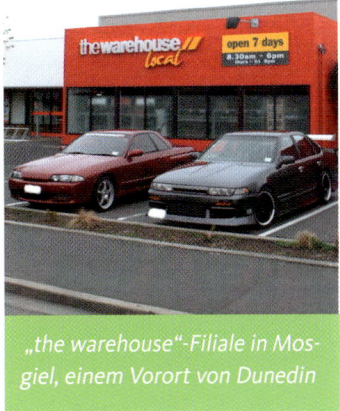

„the warehouse"-Filiale in Mosgiel, einem Vorort von Dunedin

Die Tindalls haben fünf Kinder. Stephen Tindall ist ein kompromissloser Selbstmanager: Er geht täglich um 22.00 Uhr ins Bett und steht um 4.30 Uhr auf. Das ist noch eine Angewohnheit aus seiner aktiven Schwimmerzeit. Außerdem schwimmt er jeden Mittag. Seine Grundmaximen sind:

- Sei dir selbst treu und finde immer eine Balance im Leben. Wenn du außer Balance gerätst, dann suche etwas, das dir einen Halt gibt. Bei Stephen Tindall ist es die Familie.
- Sei stets ehrlich und vertrauenswürdig – auch in deinen Geschäften.
- Sei selbstlos. Das Wichtigste sind die Menschen.

Neben diesen und weiteren Persönlichkeiten, die in Neuseeland als Vorbilder gelten und die öffentliche Moral des Landes maßgeblich geformt haben, gibt es natürlich noch viele andere international bekannte Personen. Man denke zum Beispiel an Keisha Castle-Hughes, die mit ihrer Rolle als Maori-Mädchen in dem Film „Whale Rider" zum Kinderstar aufstieg. Sie war im Alter von 13 Jahren die jüngste Oscar-Anwärterin aller Zeiten.

Keith Urban war als neuseeländischer Country-Sänger schon lange vor seiner Ehe mit Nicole Kidman international angesehen.

Die Erfinder John Britten und Richard Pearse wären genauso hervorzuheben wie die Schriftstellerinnen Elsie Locke, Katherine Mansfield und Gwenda Turner. Verschiedene Komponisten, Bühnenkünstler und viele Sportler könnten ebenfalls genannt werden.

Es wird klar, wie wenig wir über dieses junge, dynamische Land mit seinen wundervollen Menschen wissen.

Friedensreich Hundertwasser (1928 - 2000) und „sein" Neuseeland

Friedensreich Hundertwasser auf seinem Grundstück in Neuseeland 1998

Wussten Sie, dass Friedensreich Hundertwasser das letzte Drittel seines 71 Jahre währenden Lebens in Neuseeland verbrachte? Schon in seiner Jugend hatte er viel Faszinierendes über dieses Land erfahren. Tiefe Kindheits- und Jugenderlebnisse wirken bei uns allen in der einen oder anderen Weise fort. Für Hundertwasser waren es insbesondere die Reisebeschreibungen von Andreas Reischek, der sich im 19. Jahrhundert in Neuseeland aufhielt. Hundertwasser war von der unberührten Natur fasziniert und vor allem von dem Umstand, dass das Land aufgrund seiner geografischen Lage weitgehend unzerstört erhalten war. Er träumte von einem Leben in Neuseeland und fand sich auch als Maler in diesem Lande wieder: in der großen Naturliebe der Einheimischen, in der stets gesuchten Stille und in den immer wiederkehrenden Spiralmotiven, die er auch in den maorischen Ornamenten und Tätowierungen fand. Hundertwasser soll einmal gesagt haben: „Neuseeland ist für mich eine Art gelobtes Land, wo man zurückfinden kann zu den Ursprüngen. Was für die Juden Israel, ist für mich Neuseeland." Und tatsächlich war Neuseeland für ihn die „Insel der verlorenen Wünsche", wie ein gleichnamiges Bild, das hier entstand, nahelegt.

Der Kunstkritiker Pierre Restany erinnerte sich, dass das Jahr 1974 Auslöser für Hundertwassers Entscheidung war, neben der österreichischen auch die neuseeländische Staatsangehörigkeit anzunehmen, in Neuseeland feste Wurzeln zu schlagen und sich von dort aus international in Sachen Ökologie zu engagieren: „Nach der Eröffnung einer Wanderausstellung seines grafischen Werkes in Melbourne kehrt er nach Neuseeland zurück. Das Land findet er mitten in den Vorbereitungen für eine Naturschutzkampagne. Begeistert macht er mit und entwirft das Plakat ‚Conservation Week'. Damit startet er seine erste Plakatkampagne zugunsten des Naturschutzes. Das Plakat ist ein großer Erfolg. Die beispielhafte Resonanz auf seine Arbeit stimmt

Hundertwasser (links) 1965 in Hannover

Hundertwasser nachdenklich. Sie bestätigt ihm die Wirksamkeit der Aufsehen erregenden Tat eines einzelnen für seine Reformstrategie." Hundertwasser fühlte sich in den letzten zwanzig Jahren seines Lebens quasi als Weltbürger in Neuseeland und als Europäer in Wien.

Im Jahre 1974 erwarb Hundertwasser günstig 190 Hektar Boden, zum großen Teil abgeholztes Waldgebiet, Reste von Dschungel, mit vielen Hügeln, Sümpfen und Meeresbuchten. Mit seinem Nachbarn und Freund Dough Shepard machte er dieses ursprüngliche Farmland wieder urbar und gestaltete es gleichzeitig zu einer einmaligen Waldlandschaft um. Beide pflanzten rund 140.000 Baumsetzlinge. Das Anwesen liegt im Kaurinui-Tal an der Waikino Road, circa 20 Autominuten von Kawakawa, einer 2.000 Einwohner zählenden Stadt im Norden der Nordinsel, entfernt. Auf seiner Farm bewohnte Hundertwasser vier Häuser, die in den 26 Jahren seines Lebens in Neuseeland entstanden bzw. erweitert wurden: das ursprüngliche Farmer-Holzhaus; das Bottle-Haus, dessen Fenster aus eingemauerten Flaschen bestehen; den Pigsty, ein um einen Kauristamm herum gebautes Baumhaus, sowie den Mountain Hut, ein sehr kleines Haus, das in einen Berghang hinein gebaut war.

Bis auf das Farmerhaus sind alle Gebäude mit üppigen Grasdächern versehen. Damit verwirklichte Hundertwasser eine für ihn fundamentale architektonische Forderung an natur- und menschengerechtes Wohnen. Eine seiner Maximen war: „Wenn man die Dächer begrünt, dann braucht man keine Angst zu haben vor der sogenannten Zersiedelung der Landschaft: Dann werden die Häuser selbst zu Landschaften werden. Wir sind Gast der Natur." Und: „Ein Haus soll wirklich eine dritte Haut für die Bewohner sein, eine Haut, die sich ständig wandelt und organisch wächst, wie die Körperhaut."15 Nach diesem Motto lebte er in Neuseeland völlig widerspruchsfrei und konsequent. Hundertwasser ließ einen schmalen Kanal ausheben, der in der Nähe seines (Farmer-)Hauses begann und durch den Mangrovensumpf führte. So konnte er während der Flut mit einem Motorboot auf den Flüssen Karetu und Kawaka bis zur Bucht von Opua fahren. In dieser Bucht lag sein in Venedig umgebautes Schiff „Regentag" vor Anker, das von seiner Nachbarfamilie Fagan gewartet wurde.

Baumarchitekt

Hundertwasser realisierte auf seinem Besitz eine Wildnis; er gab das Land seiner ursprünglichen, natürlichen Bestimmung zurück. Bäume waren für ihn das Leben schlechthin. Er brachte das auf den Punkt, als er betonte: „Ein Baum ist das beste Schönheitshindernis [gemeint ist: Schönheit als Hindernis] und der beste Garant gegen Elend und Tod. Einen Baum schneidet man in fünf Minuten um. Zum Wachsen braucht er aber fünfzig Jahre. Das ist das Verhältnis zwischen technokratischer Zerstörung und ökologischem Aufbau. Der Baum ist die beste Investition für die Zukunft. Überall dort, wo der Baum aus dem Zentrum des Lebens und Denkens entfernt wurde, ging auch das Leben der Menschen zugrunde. Überall dort, wo der Baum als Partner des Menschen mit uns lebt, geht es für den Menschen aufwärts."
Er pflanzte fast 150.000 Bäume selbst – über die ganze Welt verstreut.

Welch einen „Kinder"-Reichtum, Lebensreichtum dieser Mann besaß! Georg Christoph Lichtenberg (1742-1799) schrieb in den Sudelbüchern: „Acht Bände hat er geschrieben. Er hätte gewiss besser getan, er hätte acht Bäume gepflanzt oder acht Kinder gezeugt."16 Besonders stolz war Hundertwasser auf seine Kauris, vor allem auf einen circa 1.000 Jahre alten Baum. Er verband die Kauris mit den Mythen der Maori. Nach seinen landschaftsgestalterischen Absichten befragt, sagte er einmal: „Ich möchte vielleicht bezeichnet werden als Magier der Vegetation."

Die Hundertwasser-Toilette in Kawakawa ist ein Touristenmagnet

Frühe Prägungen

Um Hundertwasser und sein ungewöhnliches Leben besser nachvollziehen zu können, muss man sich seiner frühen Prägungen bewusst sein: Er wurde am 15.12.1928 in Wien geboren, als Sohn einer jüdischen Mutter und eines „arischen" Vaters. Die Familie hieß eigentlich Stowasser („sto" bedeutet in den slawischen Sprachen „hundert"). Er war das einzige Kind seiner Eltern. Der Vater starb wenige Monate nach seiner Geburt, seine Mutter heiratete nicht wieder und blieb ganz auf ihren Sohn fixiert; er war alles, was sie hatte. Nach dem „Anschluss" Österreichs an Deutschland kam es 1938 zur Zwangsumsiedlung in die Obere Donaustraße im II. Gemeindebezirk, in die als „jüdisch" abgestempelte Leopoldstadt.

1943 wurden 69 jüdische Familienangehörige mütterlicherseits, auch Tanten und die Großmutter, deportiert und im KZ ermordet. Die Existenz ihres Sohnes, der als „Halbjude" zeitweilig der Hitlerjugend angehören durfte, rettete das Leben Else Stowassers. Ihre Deportation war auf das Datum seiner Volljährigkeit im Jahre 1946 verschoben worden. Dieses Aufeinanderangewiesensein ließ eine starke Bindung entstehen, die bis zum Tode der Mutter im Jahr 1972 anhielt.

Die Hitlerzeit hinterließ unauslöschliche Spuren in der Psyche Hundertwassers. Er trug stets eine schmale Holzschachtel bei sich, eine Art Überlebensgepäck. Der Inhalt war nur den wenigen guten Freunden bekannt: ein gültiger Reisepass, verschiedene ausländische Währungen, Zahnbürste und -pasta, sein Miniaturmalzeug und farbige Reproduktionen seiner Lieblingsbilder. Das war sicher auch ein Ausdruck der seelischen Verletzung, die Hundertwasser in früher Kindheit erfahren hatte. Hinzu kamen die Einschärfungen seiner Mutter in der Zeit der Isolierung: „Sei immer und überall vorsichtig! Sei nicht vertrauensselig! Wir sind allein! Du bist ganz auf dich gestellt! Hör nicht auf andere, tu, was dir selbst richtig erscheint. Verlass dich auf niemanden." Vieles von dem war Hundertwasser zur zweiten Natur geworden und begründete unter anderem seine hohe Sensibilität, seine Halsstarrigkeit, die von vielen empfundene menschliche Unnahbarkeit und seine asketische Lebensweise.

Lebensreformer

Aufgrund seiner frühen Jugenderlebnisse hatte Hundertwasser als Sohn einer jüdischen Mutter und eines christlichen Vaters ein lebenslanges Identifikationsproblem, das sich auch in seinen Werken ausdrückt. Andererseits lebte er seine Zugehörigkeit zu beiden Kulturen heiter aus und fühlte sich als Welt- und Natur-Verantwortlicher, engagierte sich für die Aussöhnung zwischen den Nationen wie zwischen den Menschen und der Natur. Er war Mittler, Brücke, Mahner.

Seine stillen, kräftigen Bilder zeigen uns den Kern von Hundertwassers Wesen: einen Märchen liebenden, naturgläubigen, höchst kreativen, die Lebensspirale beschreibenden Menschen. Die sich nach innen entwickelnde Spirale setzte er der Rückbesinnung gleich, die sich nach außen windende der Reform. Er fand die Spirale zum ersten Mal im Jahre 1953 auf dem über 3.500 Jahre alten und bislang nicht entschlüsselten „Diskos von Phaistos" im Museum von Heraklion auf Kreta: ein Gleichnis des Schicksals, eine Ausweitung ins Unendliche. Später sagte er: „Unsere Erde beschreibt den Verlauf der Spirale, das heißt also, wir gehen im Kreis, aber wir kommen nie wieder an den Ausgangspunkt zurück, der Kreis schließt sich nicht, wir kommen nur in die Nähe des Punktes, wo wir gewesen sind."

Hundertwassers Koru-Flagge, ein Vorschlag für die neuseeländische Nationalflagge auf der Basis eines Maori-Motivs

Hundertwasser galt in der europäischen Öffentlichkeit als Tausend-sassa - durch die Presse, durch viele Jünger, durch verschiedene Provokationen. Selbst war er jedoch immer bescheiden und spendete sein Geld für internationale Umweltprojekte und Stiftungen.

Einige seiner Lebensmaximen, denen er überzeugend nachging, lauteten:

- „Das Paradies ist ja da, wir machen es nur kaputt." Er war stets ein Enthusiast natur- und menschengemäßer Architektur. Seine Architekturprojekte waren deshalb immer eine Brücke zwischen Kunst und Natur. „Natur, Kunst und Schöpfung sind eine Einheit. Wir haben sie nur auseinander gebracht. Wenn wir die Schöpfung der Natur vergewaltigen und wenn wir die Schöpfung in uns selbst vernichten, zerstören wir sie selbst. Nur die Natur kann uns Schöpfung, kann uns Kreativität lehren."

Von Hundertwasser entworfene Briefmarke zum 35. Jahrestag der Verkündung der Menschenrechte (1983)

- „Die privaten Wohnungen von Hundertwasser sind – gleich wo auf der Welt – wie seine Lebensspiralen. Sie folgen dem Wunsch, sich zurückzuziehen, sollen auch Schutz vor anderen geben. Und gleichermaßen sind sie nach außen zu öffnen und fließen quasi in die Natur hinein.
- Er bevorzugte das Arbeitsprinzip der Verlangsamung – und machte alles „sehr langsam", und somit bewusst, besonnen, erlebend. Für die Anreise mit einem alten VW zu einer Tagung in Hamburg brauchte er von Wien bis Hamburg fünf Tage. Er stieg immer wieder aus, erlebte die Natur, Städte und Menschen.
- Er betonte immer wieder die Lebenskultur des Altwerdens, die Bereitschaft, alt zu werden, das Alter anzunehmen (auch das Dritter). So kaufte er stets alte Häuser mit Wildwuchs der Umgebung auf, baute sie bewahrend um und betonte die Spuren des Älterwerdens.
- Ein weiteres Arbeitsprinzip war auch das der Überblendung: Zwei Bilder in einem, von einer Realität in die andere schauend.

Je älter er wurde, desto mehr verließ er die Kunst und widmete sich intensiven Umweltbetrachtungen und -experimenten. In Neuseeland lebte er mit den Zyklen der Natur und baute seine Rolle als Naturschützer und Lebensreformer aus. Für ihn war die Natur viel wichtiger als die Kunst.

Ein wichtiges (Über-)Lebensprinzip in seinen verschiedenen Lebensrollen war: „Paradiese kann man nur selbst schaffen, mit eigener Kreativität, oder von der Natur machen lassen... Wir brauchen Schönheitshindernisse, damit die Welt größer wird. Wenn du und der Nachbar schöpferisch tätig seid, braucht man nicht weit zu reisen, nicht weit zu gehen, denn das Paradies ist um die Ecke."

Hundertwasser wollte schließlich in seinem Paradies begraben werden: „Ich freue mich schon darauf, selbst Humus zu werden, begraben, nackt und ohne Sarg unter einem Baum auf eigenem Land in Ao Tea Roa." Und so geschah es. Er wurde wunschgemäß auf seinem Grundstück in Neuseeland beigesetzt. Auf seinem Grab wächst seither ein Tulpenbaum.

Zeitzeugen

Als Autoren auf der Spurensuche waren wir erstaunt, dass es in der Stadt Kawakawa anscheinend kaum etwas gibt, das an Hundertwasser erinnert – außer der von ihm erbauten und der Kommune geschenkten öffentlichen Toilette und einer kleinen Ausstellung im städtischen Museum, die fast ausschließlich aus gesammelten Zeitungsberichten über Hundertwasser besteht.

Im Geschäft von Petty Meldrum gegenüber der von durchreisenden Touristen besuchten Hundertwasser-Toilette gibt es immerhin ein paar Hundertwasser-Souvenirs und einen englischsprachigen Film über einen Besuch auf seiner Farm. Erst durch die Interviews mit Personen, die ihn zu Lebzeiten kannten und ihm persönlich nahe standen, konnten wir die „Ruhe um die Person Friedensreich Hundertwasser" in Kawakawa und Umgebung verstehen:
Richard Smart, ein aus Südafrika stammender Architekt, war mit seiner Frau und zwei Kindern 1992 mit einem Segelboot nach Neuseeland gekommen. Sie entschlossen sich, in diesem Land zu bleiben, und wurden in der Nähe von Kawakawa ansässig. Hundertwasser suchte damals jemanden, der ihn handwerklich unterstützen und ihm insbesondere bei der weiteren Arbeit an seinem Schiff „Regentag" behilflich sein konnte. So lernten sich die beiden kennen, und Richard Smart arbeitete mit dem Künstler bis zu dessen Tod im Jahre 2000 zusammen.

Petty Meldrum und ihr Mann sind Geschäftsleute in Kawakawa und waren mit Hundertwasser enger bekannt. Sie unterstützten ihn maßgeblich beim Bau der öffentlichen Toilette in Kawakawa.

Faye Christian ist ehrenamtliche Leiterin des Heimatmuseums, ebenfalls in Kawakawa. Sie kannte zwar Hundertwasser nicht persönlich wie die anderen Interviewpartner, hat sich aber in den letzten Jahren sehr intensiv mit seiner Person befasst und auch die wenigen Menschen, die ihn etwas näher kannten, befragt.

Die Einzelinterviews werden nachfolgend als ein Interview wiedergegeben. Das ist möglich, da sich die Beobachtungen nicht widersprachen. Außerdem schließt diese Form Redundanzen weitgehend aus.

Richard Smart, ein Mitarbeiter und Partner von Hundertwasser in Neuseeland mit Dörthe Heyse

Wie ist Friedensreich Hundertwasser in der Öffentlichkeit in Erscheinung getreten und wie bekannt war er hier?

Petty: Er war ein sehr einfacher, bescheidener Mensch. Bis auf ganz wenige Menschen wusste keiner, was das für einer war. Er war für hiesige Verhältnisse recht eigenartig angezogen. Alle hielten seine Ideen für verrückt, und seine Ideen, was er bauen wollte, stießen auf keine Gegenliebe. Das Toilettenprojekt stieß anfangs genau auf die gleiche Ablehnung wie seine Bemühungen, das alte Postamt aus Holz zu erhalten.

Richard: Ja, er fuhr auch ein komisches Auto. Er war eine sehr private Person und kam selten in die Stadt. Wenn er jedoch hierher kam, dann setzte er sich gern in eine Bar, die heute nicht mehr betrieben wird, und trank seinen (neuseeländischen) Kaffee. Er vermied jedoch Bekanntschaften und war im Umgang mit Leuten schwierig. Er galt bei den Einheimischen als komischer Vogel und war nie einer von ihnen. Anfangs versuchte Frederick17, einige alte Gebäude in der Stadt zu retten, was aber bei der Mehrzahl der Menschen hier auf keine Gegenliebe stieß. Er wurde missverstanden.

Faye: Für das Museum war es gut, dass Frederick hier lebte. Er unterstützte das Museum persönlich. Da das Museum auf völlig freiwilliger Basis und ohne jegliche finanzielle Unterstützung betrieben wird, war sein Interesse für uns sehr wichtig. Wichtig für die Stadt waren auch sein Schiff „Regentag" und die neue Toilette, denn es kam etwas über unsere Stadt in die Presse, und das holte Touristen hierher.

Was charakterisierte ihn als Mensch?

Petty: Ihm gefiel es hier, weil ihn keiner kannte. Ihm gefielen die Menschen, das einfache Leben hier. Er kam einfach so nach Neuseeland, als Privatmann. Und solange er lebte, wusste hier keiner, wie berühmt er in Europa und darüber hinaus war.
Frederick war sehr großzügig, ein Idealist, sehr umweltbewusst und naturverbunden. Er vergaß nie seine Ideale und war ein genialer Geist.

Richard: Ja, er wollte allein sein. Er suchte die Einsamkeit und das einfache Leben. Da war nichts Aufgesetztes. Er war ein Mensch, der sehr auf seine Privatsphäre bedacht war, der hier in Neuseeland seine persönliche Lebensweise verwirklichen wollte und konnte.
Er hatte ein feines Gespür dafür, wann seine Ideen nicht ankamen. Er wandte sich dann ab, zog sich zurück, verfolgte jedoch seine Ideen – mitunter sehr störrisch – weiter. Persönlich hat er mich in der ihm eigenen und sehr konsequenten Umweltorientierung fasziniert. Und er beeinflusste meine Art, als Architekt zu bauen.
Frederick wollte hier seine Ruhe haben, und Neuseeland war für ihn ein Stück Paradies. Ihn begeisterte – wie heute viele Touristen – die Langsamkeit im Alltag, die Einfachheit, das Unkomplizierte.
Beim Bau der Toilette gab er zeitweilig seine Zurückgezogenheit auf. Er kam täglich zur Baustelle, änderte hier und da etwas, war immer dabei.
Frederick pflanzte unendlich viele Bäume. Er wollte zurück zur Natur. Er konnte mit Geld nichts anfangen und hatte große Probleme, etwas zu organisieren. Dafür brauchte er stets den Manager aus Wien. Die Wiener entscheiden auch jetzt alles. Und schon zu Lebzeiten trat er all seine Rechte an die von ihm gegründete Stiftung ab.

Sollte die Stadt mehr tun, um Frederick zu ehren?

Petty: Ja. Mein Mann und ich haben auch ein kleines Projekt, so etwas wie eine ständige Ausstellung, und wir arbeiten auch daran. Allerdings bekommen wir weder von der Stadt noch vom Wiener Kunsthaus irgendwelche finanzielle Unterstützung.

Andererseits wollte Frederick wohl auch keine Ausstellung oder etwas anderes über ihn. Als ich etwas von ihm verkaufen wollte, sagte er entrüstet: „Nein, nein, nicht in meiner Stadt!"

Faye: Wir informieren ja über Frederick in unserem Museum. Darüber hinaus muss eigentlich nicht viel mehr in Kawakawa geschehen. Seine öffentliche Bedeutung war hier nicht so groß. Auch würde mehr Engagement viel Geld kosten und das kann hier keiner bezahlen. Frederick hatte hier nur wenige Freunde. Wenn ein Museum oder eine größere Ausstellung jemanden interessieren würde, dann wären es höchstens Touristen aus Europa. Frederick wollte auch nicht, dass seine Farm nach seinem Tod einmal touristisch genutzt wird. Insofern bliebe nur unsere kleine, recht unbedeutende Stadt für irgendwelche Projekte übrig.

Man muss auch realistisch sein: Die Stadt hat vor Frederick eine eigene Geschichte gehabt und hat diese auch nach seinem Tod. Er war ein zweifellos interessanter Gast, ein Durchreisender, der die Stadt jedoch nicht bemerkenswert beeinflusst hat.

Richard: Wir sollten hier nichts institutionalisieren. Vielleicht wird es später einmal ein kleines Zentrum geben, das seine Philosophie, seine Ideen verbreitet. Es kann irgendwo in Neuseeland sein. Die architektonischen Ideen von Frederick sollten mehr bekannt gemacht werden. Noch wird er in Neuseeland belächelt, obwohl er die neuseeländische Architektur außerordentlich inspirieren könnte: durch seine Naturverbundenheit, die Einheit von Natur und Bauen. Wäre Frederick als Neuseeländer in dieser Richtung aktiv geworden, dann hätte er sicher hier einen großen Einfluss gehabt; so aber kam er als Exot nach Neuseeland, sprach nicht die Sprache der Hiesigen und zog sich zurück. Hinzu kommt, dass er in seiner speziellen Art von keinem hier beerbt werden kann. Er war ein einmaliges Individuum. Persönlich bin ich außerordentlich inspiriert worden von der Idee, dass es keine geraden Linien gibt, dass die Natur und viel Farbe in die Architektur integriert werden sollten. Die kleine Stadt Kawakawa jedoch war und ist mit seiner Persönlichkeit völlig überfordert.

Übrigens...

In Warkworth (Northland) werden heute noch Fliesen hergestellt, deren Design von Hundertwasser inspiriert ist. Sie wurden von Chris Southern entworfen, der mit dem Künstler bei dem Toiletten-Projekt zusammengearbeitet hatte, und kommen in ganz Neuseeland als „organic tiles" in den Handel.

Sport und Freizeit werden groß geschrieben

Sport gehört zum alltäglichen Leben eines Neuseeländers. Nicht selten steht die Angelrute oder das Surfbrett neben dem Schreibtisch. Sobald Feierabend ist (oder auch etwas früher), geht es ab ans nächste Ufer. Andere joggen oder sehen sich im Fernsehen eines der aufregenden Cricket- oder Rugby-Spiele an. Menschen, die in einem Job, der es nicht erfordert, Überstunden machen, werden schräg angesehen.

So sieht man auch auf dem Lande nach der Arbeit viele sportlich Aktive. Wo immer man hinkommt, gibt es ein breites Angebot an Sportstätten und Menschen aller Altersgruppen nutzen dieses mit großer Selbstverständlichkeit.

Dieser große Drang zum Sport hat verschiedene Ursachen: Zum einen spielt das geringe Durchschnittsalter sicherlich eine Rolle. Außerdem sind die einmalige Landschaft, das milde Klima, die saubere, unbelastete Umwelt und die stete Nähe zum Wasser oder zu den Bergen Quellen der Sportbegeisterung und ziehen auch viele sportlich aktive Menschen aus aller Herren Länder an. Und schließlich hat der Sport – als eine der wenigen Freizeitvergnügungen der einst armen Siedler –schon seit Siedlungsbeginn der Europäer Tradition. Dieser enge Bezug zum Sport schwappte mit der Masse der britischen Einwanderer nach Neuseeland über – und damit auch die in Großbritannien bevorzugten Sportarten.

Sport wurde in Neuseeland schon immer groß geschrieben

Typische neuseeländische Sportarten sind: Angeln, Joggen, Golfen, Wandern, Windsurfen und Segeln, Paddeln, Skifahren, Ausdauerlaufen, Bowling. Ein beliebter Zuschauersport ist Cricket. Darin gibt es viele internationale Wettbewerbe mit Ländern aus dem Commonwealth. Hinzu kommen Tennis, Pferderennen, Motorsportrennen, Softball, Segelmeisterschaften und natürlich Rugby und Football.

Auch den internationalen Touristen erschließen sich viele sportliche Möglichkeiten, von denen man sonst nur sehnsüchtig träumt: Surfen und Windsurfen an einem der zauberhaften Strände, Kajak-, Kanu- und Paddelbootfahren, Jetboating (rasantes Fahren in einem großen Motorboot), Tauchen, Whitewater Rafting, Segeln, aber auch Bungeejumping, Fallschirmspringen (einzeln und im Tandem), Paragliding, Mountainbiking, Klettern und Höhlenklettern. Die alpine Landschaft der Südinsel bietet außerdem vielfältige Möglichkeiten zum Skifahren und Snowboarden. Die besten Skigebiete sind Coronet Peak, The Remarkables und Mt Hutt.

Wussten Sie schon, dass das Bungeejumping in Neuseeland von A. J. Hackett erfunden wurde und eben von hier aus den Siegeszug um die ganze Welt antrat? Das war im Jahre 1988. Der Betreiber der ersten Bungy18-Plattform in der Nähe von Queenstown, Henry van Asch, ist heute Multimillionär, ebenso der ehemalige Speed-Skimeister und Bungy-Erfinder A. J. Hackett. Heute kommen jährlich rund 500.000 (Abenteuer-) Touristen zur Plattform. Selbstverständlich springen nicht alle. Aber Tag für Tag wagen alle fünf bis zehn Minuten Menschen den Absprung aus der Kabine in 134 Metern Höhe. Nur etwa jeder hundertste Interessierte macht einen Rückzieher. Man kommt mit der Angst und möchte sie hier überwinden. In den gut zwanzig Jahren des Bestehens dieser Anlage gab es keinen tödlichen und kaum einen kleinen Unfall.

Jeder findet in Neuseeland seine sportlichen Herausforderungen

Queenstown nennt sich „Welt-Hauptstadt des Abenteuer-Tourismus" – und das nicht zu Unrecht. Man kann in der Stadt und deren Umgebung fast alle Abenteuersportarten Neuseelands betreiben. In den Bergen nahe Queenstown wurde übrigens ein Teil der „Herr der Ringe"-Trilogie gedreht.

Rugby – ein neuseeländischer Mythos

Die neuseeländischen All Blacks sind unter 160 international registrierten Rugby-Nationalmannschaften die Nummer Eins. Sie sind zum nationalen Mythos geworden, gehören zum festen Bestandteil von Kultur und Wirtschaft und sind zur sichtbaren Brücke zwischen den Maori und den Nachfahren der weißen Einwanderer geworden.

Neuseeland war in den letzten Jahrzehnten meist führend, d.h. auf dem ersten bis dritten Platz, sowohl bei den Rugby-Weltmeisterschaften der Männer als auch der Frauen, bei den Rugby World Cups, beim Tri-Nations Cup und bei den Super-12-Serien vertreten. Im Jahr 2007 allerdings erreichten die All Blacks leider nicht einmal das Halbfinale der Rugby-Weltmeisterschaft in Frankreich.

Rugby-Geschichte kurz erzählt

Rugby wurde im Jahr 1823 von dem englischen Schüler William Webb Ellis in einer spontanen Eingebung „erfunden". Er nahm – so will es die Legende – während eines Fußballspiels den Ball in die Hand und lief mit ihm über das Spielfeld. Seine Mitspieler verfolgten ihn und so entwickelte sich daraus eine völlig neue Ballspielart. Das alles geschah in der mittelenglischen Stadt Rugby, die später dieser neuen Sportart ihren Namen verlieh. Im Volksmund sprach man damals noch von der „Jagd nach dem Ei".
1863 wurde zur Vereinheitlichung der Fußballregeln der Fußballverband FA (Football Association) gegründet. Aufgrund erheblicher interner Dissonanzen im Zusammenhang mit Regeländerungen zogen sich einige Vereine wieder aus dem Verband zurück und gründeten 1871 die Rugby Football Union (RFU). 1895 gab es nochmals eine Ab-

spaltung und die Gründung der Northern Rugby Union (heute: Rugby League). Auch heute noch existieren beide Verbände und damit auch beide Rugby-Varianten nebeneinander. Es gibt internationale Wettkämpfe nach beiden Regeln[19].

Rugby ist vor allem auf den britischen Inseln und in Teilen des Commonwealth (Neuseeland, Australien, Südafrika und einige Pazifikinseln) zu Hause. Darüber hinaus ist es besonders in

Die „All Blacks" um 1905

Frankreich, Italien und Argentinien zum Volkssport geworden. Neuseeland aber ist beim Rugby das, was Brasilien beim Fußball ist: Vorbild und Lehrmeister.

Die neuseeländischen Nationalspieler tragen die schwarze Spielkleidung und es wird oft gesagt, sie werden deshalb „All Blacks" genannt. Der Name ging aber aus einem Missverständnis hervor: Zu Beginn des 20. Jahrhunderts unternahm das neuseeländische Nationalteam seine erste Tour durch England. In einem Sportbericht mokierte sich ein Journalist darüber, dass die Neuseeländer zu defensiv agierten. Er schrieb, die Spieler seien all backs – sie seien alle Verteidiger. In seiner Zeitung stand jedoch am nächsten Tag fälschlicherweise „All Blacks". So war der legendäre Name geboren.

Übrigens war Rugby zwischen 1900 und 1924 viermal Disziplin der Olympischen Spiele. Nun gibt es wieder große Anstrengungen, Rugby in die olympische Familie zurückzuführen.

In Deutschland führt Rugby eher ein Schattendasein. Aber wussten Sie, dass die Vorläufer des 1. FC Nürnberg und der Stuttgarter Kickers Rugby-Vereine waren und dass Deutschland mit dem SC 1880 Frankfurt im Jahre 1900 sogar im olympischen Finale stand und den 2. Platz errang? Wussten Sie außerdem, dass es in fast allen Rugby-Nationen auch Frauenmannschaften gibt?[20]

Und sie tanzten einen Haka

Die neuseeländische Rugby-Nationalmannschaft All Blacks spielt nicht nur ausgezeichnet, sondern ist auch für ihren eigenartigen Tanz vor Beginn eines jeden Spiels weltbekannt, den Haka. Dabei klopfen sich die Spieler auf die Oberschenkel, ihre Sehnen sind gespannt, die Zunge weit herausgestreckt und sie rollen mit den groß aufgerissenen Augen. Dieser uralte Maori-Tanz wurde früher vom Stammeshäuptling vor einem Kampf aufgeführt und sollte die Kampfeslust der eigenen Krieger stärken und dem Gegner Angst einflößen.

Heute führt die gemischte Mannschaft, in der Maori, Pakehas, Tonganer und Fidschianer zusammenspielen, diesen Tanz auf, der zu ihrem Markenzeichen geworden ist. Die psychologischen Effekte dürfen aber auch heutzutage nicht unterschätzt werden: das Aufpeitschen der eigenen Mannschaft und die Einschüchterung des Gegners. Der Text des ursprünglichen Tanzes lautet:

Schlag mit den Händen auf die Oberschenkel.
Strecke die Brust heraus.
Beuge die Knie.
Lass die Hüfte folgen.
Stampfe mit den Füßen so fest du kannst.

AH!
Das ist der Tod.
Das ist der Tod.
Das ist das Leben.
Das ist das Leben.
Das ist der behaarte Mann,
der sich die Sonne griff und sie scheinen ließ.
Ein Schritt nach oben
und noch einer.
Die Sonne scheint.

Anfang der 1820er Jahre soll der bekannte Maori-Krieger und Häuptling Te Rauparaha diesen „Ka Mate!"-Haka auf der Flucht vor Feinden, die ihn töten wollten, komponiert haben.

Drohgebärde zur Einschüchterung des Gegners: Die All Blacks tanzen den Haka beim Spiel gegen Frankreich am 18. November 2006

Zum ersten Mal zelebrierten die All Blacks einen Haka anlässlich ihrer Überseetour im Jahre 1905. Seitdem werden beide in einem Atemzug genannt.

Haka ist der generelle Begriff für alle Arten von Maori-(Kriegs-)Tänzen. Viele Schulteams haben ihren eigenen Haka, der dann mit der akustischen Unterstützung der ganzen Schule getanzt wird. Heutzutage wird Haka auch mit der Variante des Maori-Tanzes in Verbindung gebracht, bei der Männer vor einer Gruppe von Maori stehen und mit kraftvollen Bewegungen etwas vorführen und singen, während die Frauen als Background-Sängerinnen fungieren.

Haka – so sagt man – ist viel mehr als nur irgendein Tanz. Er war ursprünglich ein integraler Bestandteil der Begrüßung und Unterhaltung von Gästen. Er sollte denen Mut machen, die in den Kampf zogen, und gleichzeitig dem Feind Angst einjagen.
Er ist eine Art Symphonie der unterschiedlichsten Körperteile, die die verschiedenen Instrumente darstellen. Jedes Gefühl kann mit einem Körperteil ausgedrückt werden: mit Händen, Armen, Beinen, Füßen, Zunge und Augen. Vor allem darf die Stimme nicht fehlen. Haka ist Ausdruck der Seele, der mit körperlichen Mitteln verdeutlicht wird.

Wenngleich der Haka als Kriegstanz am bekanntesten ist, gibt es in der Maori-Kultur Tänze für die unterschiedlichsten Anlässe – bis hin zu Tänzen bei Beerdigungen. Bei Kriegstänzen trägt man Waffen, bei den anderen Tänzen nicht. Auf einen speziellen Tanz sei hingewiesen, da er einen wichtigen Aspekt der Maori-Kultur unterstreicht. Es ist der „Kaioraora"-Haka, der eigens dem Zwecke dienen soll, Hass zu demonstrieren. Jeder Stamm entwickelte solch einen Hass-Tanz für den Einsatz gegen einen anderen Stamm. Insofern ist es für den betroffenen Stamm eine Ehre, dass für ihn ein solcher Hass-Haka kreiert wurde.

In der ursprünglichen Maori-Kultur spielten die Frauen eine große Rolle bei den Haka-Darbietungen im Rahmen von Zeremonien oder Alltagsunterhaltungen. Im modernen Haka wirken die Frauen meist unterstützend, indem sie in der zweiten Reihe singen, während die Männer in der vordersten Reihe tanzen. So kommt es zu einer harmonischen Balance. Aber es ist nicht ungewöhnlich, dass auch Frauen in der vorderen Reihe tanzen, besonders bei spontanen Hakas im Alltagsleben oder bei Tournee-Vorstellungen im Ausland.

Eine Darstellung der wichtigsten 13 Haka-Figuren stammt aus der Hocken-Bibliothek der Universität von Otago und zeigt die ungeheure körperliche Vielfalt und Kraft, die zum Einsatz kommt.

Der „New Zealand's Cup"

Der *Cup* ist für die Neuseeländer das, was für die Deutschen die Fußballweltmeisterschaft ist. Neuseeland hat den Cup 1995 und 2000 gewonnen. 2003 musste das neuseeländische Team wegen Mastbruch aufgeben; der Cup ging an „Alinghi" verloren, und damit zum ersten Mal nach Europa.

Die Neuseeländer werden quasi am Ufer geboren, und das Meer ist ihr Elixier. Das Land hat eine 15.134 km lange Küste. Dabei wird nur von den beiden großen Inseln ausgegangen und die vielen nah und fern liegenden, kleinen sind nicht berücksichtigt. Ein großer Teil der Freizeit der Neuseeländer spielt sich daher am oder im Meer ab: Angeln, Segeln, Surfen, Motorbootfahren. In Auckland hat – so sagt man – jeder Dritte der 4,4 Millionen Einwohner ein Boot: Ruder- oder Segelboot, Tretboot u.a.

So ist die Cup-Euphorie der Neuseeländer nicht verwunderlich. Im Jahr 2007 wollte das neuseeländische Team die Schmach von 2003 ausmerzen und den Cup wieder nach NZ holen.

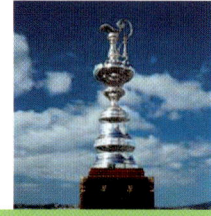

Der begehrte America's Cup, die „Silberne Kanne"

Die einzelnen Syndikate gaben zwischen 2004 und 2007 für Bootsentwicklung, Bootsbau, Training und Wettkampf zwischen 14 und 150 Mio. € aus. Im Vergleich zu den ernsthaften Favoriten Schweiz mit

einem Etat von 120 Mio. € und USA mit 150 Mio. € traten die Neuseeländer als „Emirates Team New Zealand" mit einem deutlich nied-
rigeren Etat von 80 Mio. € an. Der Skipper Dean Barker kommentiert
das so: „Wir müssen mit weniger Geld professioneller arbeiten, dann
können wir den Cup zurückholen".

Die Yachten wurden eigens für die Teilnahme am Cup konstruiert und
gebaut. Namhafte Forscher und Entwickler aus aller Welt tragen dabei
zur Einmaligkeit jedes einzelnen Bootes bei, und die Entwicklung verläuft unter höchster Geheimhaltungsstufe.

Warum solch ein Rummel um den Cup?

Der *America's Cup* ist **das** internationale Groß-Sportereignis. Zum
ersten Mal in der Geschichte des Cups gab es reelle Chancen auf einen
europäischen Sieg im Jahre 2007 auf europäischen Gewässern, und
es gab mehr als vier Milliarden Fernseh- Zuschauer und 60 Stunden
Direktübertragung. Der Cup vereint einerseits Tradition, Innovation
und Lifestyle; andererseits stellt er mittlerweile ein gigantisches Wirt-
schaftsunternehmen dar.

*Neuseeländische Siegesbrief-
marke 1995*

2007 wurden von den elf Teams 706 Mio. € für den erhofften Sieg
ausgegeben. Es ist eine einmalige Mischung aus schwimmender High-
tech, innovativem Materialeinsatz, kreativem Design, höchstem sport-
lich-seglerischen Können und medialem Massenereignis. Der Cup hat
inzwischen die *Formel I* als Publikumsliebling abgelöst.

Der *America's Cup* ist übrigens der älteste regelmäßig durchgeführ-
te sportliche Wettkampf der Welt in der Neuzeit. Alles begann 1851
mit einem Wettrennen vor der südenglischen Isle of Wight um den
„Hundred Sovereigns Cup" (in Amerika als „100 Guineas Cup" bekannt). Es war eine Clubregatta, an der eigentlich nur englische Segler teilnehmen durften. Aber einige Zeit vor dem Rennen hatte eine
Gruppe prominenter Amerikaner die britische Regattaflotte zu einem
Vergleich herausgefordert. Das Ansinnen ließen die arroganten Briten
jedoch unbeantwortet,. Erst als sich die englische Presse darüber lustig
machte, wurde dem amerikanischen Schoner „America" die Teilnahme an der Clubregatta gestattet. Die Amerikaner gewannen schließlich haushoch und ließen die 14 britischen Schiffe hinter sich. Es wird

Start des Schoner-Rennens im Jahr 1901

berichtet, dass die Queen einen Offizier nach dem Namen des zweiten Bootes fragte und dieser lakonisch antwortete: „My Lady, es gibt keinen Zweiten."

Damals waren die großen Lotsen-Schoner die schnellsten Boote. Die Lotsen segelten, wenn Schiffe einliefen, um die Wette, und der erste erhielt den Lotsenauftrag. Seit 1881 segeln Boote mit einem Mast mit Gaffelring und mehreren Vorsegeln.

Der Beginn des America's Cup

Der renommierte *New York Yachting Club* (NYYC), dessen Gründer John Cox Stevens den Bau des eindrucksvollen Schoners „America" in Auftrag gegeben hatte, organisierte einige Jahre später die regelmäßig stattfindende, international offene Regatta mit dem Titel „America's Cup" um die heiß begehrte Trophäe. Letztere war anfangs eine aus reinem Sterling-Silber gegossene Kanne. Sie war ursprünglich 68 Zentimeter hoch und wog 533 Gramm. Heute ist „The Cup" 109,5 Zentimeter hoch und 17,7 Kilogramm schwer.

Das Besondere an diesem Cup ist neben der nun über 150 Jahre alten Tradition auch die Tatsache, dass es

Das Emirates New Zealand Team im Hafen von Valencia 2007

mehr als 130 Jahre lang immer nur einen Sieger gab: den NYYC! Seit den 1960er und 1970er Jahren engagierten sich auch australische und neuseeländische Yachten, und endlich 1983 gewann die Yacht „Australia II". Dann aber heimsten die Neuseeländer zweimal die „silberne Kanne" ein: 1995 und 2000.

Der zweite Cup-Sieg versetzte die Segler-Nation in einen Freudentaumel. Über 70.000 Fans feierten ihre Mannschaft „Black Magic" mit Hupen, Sirenen und Feuerwerk und – so wird berichtet – mit ganzen LKW-Ladungen Sekt. Das Team hätte alle Chancen gehabt, 2003 noch einmal zu gewinnen – wenn es nicht zu dem Mastbruch und damit zum Aus vor der heimischen Küste gekommen wäre.

Dabei hatten die Neuseeländer den großen Heimvorteil und einen wichtigen Vorsprung aufgrund ihrer Vertrautheit mit den Küstengewässern, speziell des Hauraki-Golfs vor Auckland. Dieser hat zwei Tücken: bei schwacher Brise die oft drehenden Winde und bei starkem Wind die kurzen, steilen Wellen.

2002 – 2003 schickte der Düsseldorfer Yachtclub mit der „illbruck" erstmals ein deutsches Team ins Rennen. Finanzierungsprobleme vereitelten jedoch den Start in letzter Minute. 2007 gehörte das „United Internet Team Germany" zu den elf Teams, die sich vor der Küste Valencias mit der Schweizer Yacht „Alinghi" maßen, die 2003 unter dem deutschen Sportdirektor Jochen Schümann den Cup gewonnen hatte.

Rückkehr nach Europa

Im Jahr 2003 also fand der America's Cup vor der Nordküste Neuseelands statt und führte gleich zu drei früher unvorstellbaren Ereignissen: Zum ersten Mal kam kein US-Team ins Finale, zum ersten Mal gewann mit den Schweizern die Crew eines Binnenlandes den Cup, und nach 152 Jahren wurde er wieder nach Europa geholt . Und damit kam eine Welle der Begeisterung für diesen Cup nach Europa – und auch die nächste Austragung im Jahre 2007 in Valencia. Bei diesem 32. Match hatten zehn Teams das Schweizer Team „Alinghi" herauszufordern. Das „Emirates Team New Zealand" machte sich große Hoffnung.

Bis zum Schluss hatte das „Team New Zealand" sehr gute Chancen auf einen neuerlichen Cup-Sieg. Das Finale wurde zum engsten Finalrennen aller Zeiten. In der Schlussphase drehte der Wind um sage und schreibe 110 Grad und sorgte auf der Schweizer „Alinghi" für Chaos mit dem Spinnakerbaum; das „Team New Zealand" ging in Führung. Der Höhepunkt war jedoch das Manöver vor der letzten Wendemarke. Die Schweizer stellten eine Falle, aus der die Kiwis nicht mehr entkommen konnten, ohne das Wegerecht zu verletzen. Dies handelte den Neuseeländern einen *Penalty* ein, und sie brachten ihr Strafmanöver nicht mehr rechtzeitig zu Ende.
Mit gerade einmal einer Sekunde Vorsprung sicherte sich der Titelverteidiger den entscheidenden Sieg über das „Team New Zealand".

Der Sieg der Kiwis

Zwar gab es 2007 den ultimativen *Penalty* und damit die Schicksalssekunde Rückstand gegenüber den Schweizern. Ein Blick hinter die Cup-Kulissen jedoch zeigt, dass es vor allem neuseeländische Profis waren, die in den stärksten Mannschaften das Sagen hatten: die Skipper auf den Booten der Schweizer (Brad Butterworth), der Neuseeländer (Dean Barker) und der US-Amerikaner (Chris Dickson). Und im „Alinghi"-Team mit seinen 107 Mitarbeitern, von denen nur 17 einen Schweizer Pass besitzen, stammen allein 26 (24%) aus Neuseeland – einem Land, das das Segeln und den Wettkampf liebt, was zweifellos eine hervorragende Motivationsgrundlage darstellt.

Einen Tag nach dem Sieg bekannte sich der „Alinghi"-Skipper Brad Butterworth zu seinem Team und wies darauf hin, dass für den 33. Cup mit ihm auch vier weitere neuseeländische Profis für die Schweiz bereitstünden, die nun schon vier Siege im *America's Cup* in Serie errungen haben (zweimal für Neuseeland, zweimal für die Schweiz). Und die Down-Under-Nation ist auch darauf stolz und glücklich über „ihre Jungens".

Das Duell zwischen Alinghi und dem neuseeländischen Team Emirates

Für die Zukunft ist das „Team New Zealand" gut gerüstet. Bereits 2007 haben Toyota als einer der Hauptsponsoren sowie eine Gruppe namhafter Geschäftsleute aus Auckland ihre finanzielle Unterstützung zugesagt. Und auch das neuseeländische Ministerium für Sport und Freizeit ist wieder im Boot.

Wussten Sie übrigens, dass das neuseeländische Team in Vorbereitung auf den 32. *America's Cup* vom deutschen SAP-Mitgründer Hasso Plattner mit rund 10 Millionen Euro unterstützt wurde?

Härter geht's kaum: Sydney Horbart Race

Eine weitere anstrengende Regatta, wenn nicht sogar die härteste, ist das *Sydney Hobart Race*, das alljährlich in Sydney beginnt und in der tasmanischen Hauptstadt Hobart endet. Diese Regatta muss eine Distanz von rund 2.000 km überwinden und ist zwischen Australien und Tasmanien Wind und Wetter von der härtesten Sorte ausgeliefert.

Im Jahre 1945 wurde sie zum ersten Mal durchgeführt. Damals benötigte man noch rund sechseinhalb Tage. 1996 wurde diese Bestmarke von der deutschen Yacht „Morning Glory" mit zwei Tagen und 14 Stunden unterboten. Heute liegt der Rekord bei sage und schreibe einem Tag, 18 Stunden und 40 Minuten.

Bei heftigen Stürmen und nicht selten zwölf Meter hohen Wellen haben schon etliche Segler bei dieser Regatta ihr Leben gelassen.

Neuseeländische Segler nehmen regelmäßig teil und konnten schon etliche Siege mit nach Hause bringen – zuletzt 2009 mit der „Alfa Romeo".

Der bekannteste neuseeländische Segler ist der von der britischen Königin 1995 geadelte Sir Peter Blake, der sowohl zwei Siege bei der Sydney-Horbart-Regatta als auch zwei Siege mit seinen Teams im *America's Cup* einfuhr. Zusammen mit Sir Robin Knox-Johnston holte Peter Blake die „Jules Verne Trophy", als beide mit dem Katamaran „Enza New Zealand" die schnellste Weltumseglung in nur 74 Tagen, 22 Stunden und 17 Minuten absolvierten. Er bekam viele internationale Ehrungen und wurde so auch 1996 in die *America's Cup Hall of Fame* in Bristol auf Rhode Island aufgenommen.

Cricket

Das wohl englischste aller Sportspiele ist Cricket (ursprünglich „Kreckett"), ein Spiel, dass sich auf den ersten Blick einem unvorbereiteten Neuseelandbesucher nicht erschließt. Es wird im ganzen Land gespielt, hat eigene Meisterschaften und internationale Turniere. Auch heute noch gilt Cricket als Inbegriff von Ehrlichkeit und Fair Play. Ebenso wie Australian Football (s.u.) blieb diese Sportart den meisten Deutschen bisher verschlossen. Im Folgenden soll daher kurz auf die wichtigsten Charakteristika der beiden Spiele eingegangen werden.

Das ovale Cricket-Spielfeld

In England spielt man Cricket wohl schon seit dem 15. Jahrhundert; schriftlich wurde es zum ersten Mal Ende des 16. Jahrhunderts erwähnt. Über die Kolonisierung wurde es aus dem Mutterland in alle Länder des Commonwealth getragen, so auch im frühen 19. Jahrhundert nach Neuseeland. Heute wird Cricket in über 100 Ländern gespielt. Auch in Deutschland war Cricket einmal durchaus populär. So hieß der 1891 gegründete erste nationale Ballsportverband „Deutscher Fußball- und Cricketbund". Allein in Berlin spielten Anfang des 20. Jahrhunderts mehr als 25 Mannschaf-

Cricket: Der Schlagmann versucht, den geworfenen Ball zu treffen. Der Mann mit Hut ist ein Schiedsrichter

ten. Später ging das Interesse an Cricket in Deutschland stark zurück; erst in den 1980er Jahren setzte eine leichte Renaissance ein. Heute gibt es in Deutschland rund 50 Vereine und eine Bundesliga mit fünf Staffeln. Ganz anders ist es in Neuseeland. Hier sind Cricket und Rugby die populärsten Spiele, die die Massen bewegen.

Cricket ist ein Fang- und Rückschlagspiel. Es ist eine Mannschaftssportart, dem der amerikanische Baseball am nächsten kommt. In der Halle wird es mit je acht Spielern gespielt, auf dem Platz mit jeweils elf Spielern. Größe und Form des Spielfeldes sind variabel. Das ovale Spielfeld – traditionell eine Rasenfläche – hat einen Durchmesser von circa 100 – 140 Metern und kann durch eine weiße Linie, kleine Flaggen oder andere Markierungen oder einen Zaun begrenzt werden. Die eigentliche Spielbahn mit rund 20 Metern Länge befindet sich in der Spielfeldmitte. An beiden Enden der Spielbahn befinden sich drei senkrechte Holzstäbe, auf denen zwei kurze Querhölzer liegen. Diese dienen als Tore.

Es entfaltet sich ein Fang- und Rückschlagspiel zwischen einer Feld- und einer Schlagmannschaft. Die Schlagmannschaft schlägt den Ball und rennt dann so schnell wie möglich zwischen den beiden Toren hin und her, um Punkte zu sammeln. Die Feldmannschaft versucht derweil, den geschlagenen Ball möglichst schnell zu fangen oder zu stoppen, um dadurch das Punktesammeln des Gegners zu verhindern. Während die Feldmannschaft alle elf (bzw. acht) Feldspieler einsetzt, stellt die Schlagmannschaft nur zwei Spieler auf das Feld.

Die wichtigsten Cricket-Regeln:

Es kommt zu einem Duell zwischen dem Werfer der Feldmannschaft und dem Schlagmann der Schlagmannschaft. Der Werfer schleudert den Cricketball mit ausgestrecktem Arm auf das gegnerische Tor. Der dort stehende Schlagmann versucht nun, den Ball geschickt wegzuschlagen.

Wenn der Schlagmann erfolgreich war, dann können beide Schlagmänner ihre Plätze tauschen und die Schlagmannschaft erhält einen Punkt. Wenn der Schlagmann den Ball nicht trifft und der Ball das Tor umstürzt, wird der Schlagmann vom Feld geschickt. Ein neuer Schlagmann der Schlagmannschaft kommt auf das Feld.

Verzeichnet ein Werfer sechs gültige Würfe, gilt das als „Over" und er wird ausgewechselt.

Das Spiel währt so lange, bis die Schlagmannschaft keinen neuen Schlagmann mehr auf das Feld schicken kann oder bis eine vor dem Spiel gemeinsam festgelegte Anzahl von „Overs" erreicht wurde. Dann tauschen die Mannschaften ihre Rollen: Die Schlagmannschaft wird zur Feldmannschaft und umgekehrt.

Am Ende gewinnt das Team, das in seinen Spieldurchgängen („Innings") mehr erfolgreiche Läufe („Runs") hat als die andere Mannschaft. Neben diesen grundsätzlichen Regeln gibt es spezielle Spielauslegungen.

Die Spieler tragen heutzutage eine Schutzausrüstung, bestehend aus Helm, Handschuhen und Schienbeinschützern. Die Schlagmänner tragen weitere vor Verletzungen schützende Utensilien.

Cricket-Spiele können mehrere Tage dauern. In den 1960er Jahren wurde in England das Ein-Tages-Cricket eingeführt, und 1970 wurde die erste Weltmeisterschaft im One-Day-Cricket, der *Cricket World Cup*, in England ausgetragen.

Neben Männer-, Frauen- und Kindermannschaften gibt es in Neuseeland auch Mannschaften für blinde bzw. stark sehbehinderte Cricket-Spieler und sogar eine Blinden-Nationalmannschaft. Zwischen 1998 und 2011 sind bei drei Blinden-Cricket-Weltmeisterschaften schon zehn Länder gegeneinander angetreten, stets mit erfolgreicher Beteiligung von Neuseeland. Der einzige Unterschied zum normalen Cricket besteht im Ball. Dieser ist bei Blindenmannschaften mit kleinen Kugeln gefüllt und somit beim Schlagen bzw. Auftreffen auf das Tor besser zu hören.

Cricket hat eine eigene Sprache. Die wichtigsten Begriffe sind:

Bat: Schläger. Er besteht aus Weidenholz, ist in der Regel 85 cm lang und besitzt eine Schlagfläche von max. 10,8 cm.

Batsman: Schlagmann

Bowler: Werfer. Es gibt verschiedene Typen. Die *Fast Bowlers* können ihre Bälle auf bis zu 160 km/h beschleunigen!

Dismissal: Ausscheiden eines *Batsman*

Inning: Spieldurchgang

Laws of Cricket: (Internationale) Cricketregeln

Pitch: Helle Spielbahn

Runs: Punkte (erfolgreiche Läufe)

Scorer: Protokollant, der die Punkte zählt. Der Spielbeobachter (*Umpire*) teilt dem *Scorer* per Handzeichen wichtige Spielergebnisse mit.

Striker: derjenige *Batsman*, auf den der Ball von einem Bowler geworfen wird; der zweite *Batsman*, der am anderen Tor steht, ist der *Non-Striker*.

Take a wicket: ein Tor treffen

Wicket: Tor; bestehend aus drei senkrechten Holzstäben (*Stumps*) und zwei Querstäben (*Bails*).

Wicketkeeper: Er steht hinter dem *Wicket* bereit, den Ball mit den Händen zu fangen.

Australian Football

Australian Rules Football

In Neuseeland wurde der Australian Football 1868 eingeführt. Das Spiel weist Ähnlichkeiten mit dem Ballspiel *ki-o-Rahi* der Maori auf. Australien Football wird auch „Aussie Rules" genannt. Es ist ein wahnsinnig hartes und schnelles Spiel und verlangt den Spielern alles ab. Die Spieler sind durchgehend groß und sehr athletisch, ähnlich wie bei unserem Basketball. Drei Anforderungen müssen sie genügen: erstens schnell, zweitens ausdauernd sein und drittens, wie beim Eishockey, kräftig anlaufende Gegner blocken können. In deutschsprachigen Ländern kennt man diese harten Mannschaftssportarten kaum. Zwei Mannschaften à elf Spieler stürzen sich auf Gegner und Ball. Letzterer – oval und vergleichbar mit dem Rugbyball – wird mit großer Genauigkeit über das ovale Feld gespielt. Wenn der Ball zwischen zwei der vier Torposten hindurch geschossen wurde, gibt es Punkte. Sieger ist das Team mit den meisten Punkten nach vier zwanzigminütigen Spielvierteln.

Der Umwelt und dem Gemeinwohl verpflichtet

Die Neuseeländer wachsen mit dem Wissen auf, dass sie täglich mit Erdbeben, aber auch mit Vulkanausbrüchen und Überschwemmungen rechnen müssen. Von Kindheit an werden sie daran gewöhnt und auf solch schwierige Lebenssituationen seelisch wie körperlich vorbereitet. Und – sie kennen den Reichtum an natürlicher Vielfalt, jedoch auch die Verletzbarkeit der Natur.

Insbesondere aufgrund dieser Umstände – aber auch aus dem mentalen Nachklingen der Einwanderungserfahrung, dass ein Einzelner unter diesen Bedingungen wenig Überlebenschancen hatte – lassen sich das ausgeprägte Engagement dieses Volkes starker Einzelgänger für das Gemeinwohl, für die Unterstützung Schwacher, aber auch das überdurchschnittliche (internationale) Eintreten für den Schutz sensibler Öko- und Sozialsysteme erklären.

Für wohltätige oder gemeinnützige Zwecke Geld zu sammeln, immer wieder neue Aktionen ins Leben zu rufen, die für irgendein sinnvolles Projekt Mittel mobilisieren können, kommt überall und über das Jahr gestreut vor. Die Beteiligung der Mehrheit der Bevölkerung ist bewundernswert: Ob Fundraising für die *National Heart Foundation*, ob Sponsoring für eine wichtige gemeinnützige Organisation, den Katastrophen- oder Seuchenschutz, für in Not geratene Familien oder Einzelpersonen; immer finden sich viele begeisterte Mitstreiter für eine beachtliche Radtour, für einen Marathonlauf – was jeweils mit einer intensiven körperlichen, seelischen, aber auch materiellen Vorbereitung verbunden ist. Die Bereitschaft zur Teilnahme an der Vielzahl der „charities" ist groß und gehört von Kindesbeinen an zum Alltag.

Hierfür möchten wir einige Beispiele anführen.
Auf einer unserer Autofahrten über die Nordinsel sahen wir einen älteren Herrn in Sportkleidung joggen. Wir fuhren langsam neben ihm her und verwickelten ihn in ein Gespräch.
„Laufen Sie jeden Tag?"
„Nein, nicht jeden Tag, aber dreimal pro Woche."
„Damit hält man sich jung?"

„Kann sein, aber ich bin auch ohne ständige sportliche Aktivitäten 78 Jahre alt geworden."

„Warum laufen Sie dann jetzt?"

„Ich trainiere für einen Marathon in vier Wochen. Wir machen diesen Lauf – jung und alt –, um damit Spenden für einen zwölfjährigen krebskranken Jungen zusammenzubringen."

„Seit wann trainieren Sie?"

„Seit zwei Wochen. Ich stehe noch am Anfang."

„Machen Sie das zum ersten Mal für andere?"

„Nein, ich habe schon etliches für andere gemacht. Aber solch einen Marathonlauf habe ich das letzte Mal vor – lassen Sie mich nachdenken – etwa 16 Jahren mitgemacht."

„Was machen Sie im Alltag sonst?"

„Ich bin viel draußen. In der Erntezeit bin ich zweimal in der Woche Helfer bei der Kiwi-Ernte."

Wir erlebten etliche solcher Beispiele für den Einsatz des Einzelnen für das Gemeinwohl und für Schwächere.

Ein anderes Beispiel: Viele erfolgreiche Unternehmer, Sportler oder Künstler spenden offenen Herzens und großzügig Geld für gemeinnützige Vorhaben oder engagieren sich schier selbstlos in internationalen Projekten.

Man denke an die Bergsteigerlegende Sir Edmund Hillary, der in Nepal mit seinem *Himalayan Trust* Schulen, Krankenhäuser und Krankenstationen gestiftet hat.

Man denke an den erfolgreichen Unternehmer Stephen Tindall und seine Frau, deren gemeinnützige Tindall-Stiftung phillipinische Kinder ausbildet und in Neuseeland Familien durch Hilfe zur Selbsthilfe unterstützt, Auszubildende fördert und etliche Umweltprojekte (mit-) finanziert.

Und Peter Blake, der bekannte Weltumsegler und Skipper, Mitglied des *America's Cup Hall of Fame*, widmete sich nach seiner aktiven Zeit als Sportler ganz dem Schutz der Natur und setzte sich für den Erhalt der sensiblen Ökosysteme der Antarktis und des südamerikanischen Regenwaldes ein.

Es ließen sich viele Beispiele für solche außerordentlichen Engagements anführen. Der bereits an anderer Stelle diese Buches hervorgehobene Aus- und Anspruch von Edmund Hillary kann als Leitspruch vieler Neuseeländer gelten: „Ich bin ein entschlossener, aber sehr einfacher Mensch. Bei allen Erfolgen sollte man die Nächstenliebe nicht vergessen. Erfolge dürfen nicht zu Kopf steigen, sondern sie sollten dazu dienen, der Welt, von der man viel bekommen hat, auch viel zurückzugeben."

Von Frauen regiert?

In Neuseeland haben Frauen viele wichtige politische Schalthebel in der Hand. Auch sonst ist die Gleichstellung der Geschlechter in Neuseeland im internationalen Vergleich weit vorangeschritten (s. Kasten).

Das Staatsoberhaupt der Neuseeländer: Queen Elisabeth II

Bevor wir darauf näher eingehen, soll die Staats- und Regierungsform kurz umrissen werden: Neuseeland ist eine Parlamentarische Monarchie im Commonwealth. Staatschefin ist die Königin von England. Sie führt seit 1953 die Staatsgeschäfte - allerdings nicht als Königin von Großbritannien, sondern als Königin von Neuseeland. Sie übt ihre Funktion nicht direkt aus, sondern über einen Generalgouverneur, den sie auf Empfehlung des neuseeländischen Premierministers ernennt.

Die exekutive Macht wird von einem zwanzigköpfigen Kabinett ausgeübt, dessen Mitglieder zugleich Parlamentsmitglieder sein müssen. Der Premierminister als Oberhaupt der mehrheitsbildenden Partei ist Vorsitzender des Kabinetts.

Das im Gegensatz zum englischen Mutterland nur aus einer Kammer bestehende Parlament (House of Representatives) hat etwa 120 Mitglieder – abhängig von möglichen Überhangmandaten – und wird alle drei Jahre gewählt. Die letzte Wahl fand am 15. November 2008 statt; die nächste ist auf den 29. November 2011 datiert. Das Wahlrecht hat jeder neuseeländische Bürger ab 18 Jahren.

Seit 1996 gibt es bei den Wahlen eine Mischung aus Personen- und Verhältniswahl – vergleichbar mit den Wahlen zum Deutschen Bundestag. Schon im Jahre 1893 wurde den Frauen das Wahlrecht zugesprochen.

Hellen Clark war von 1999 bis 2008 Ministerpräsidentin

Neuseeland ist seit dem 26. September 1907 de facto und seit dem 25. November 1947 –nach dem Westminster-Statut – auch nominell unabhängig. Als Gründungsjahr gilt 1907.

Kommen wir nun zurück zu der Behauptung, in Neuseeland hätten vorwiegend Frauen die Schlüssel zur Macht in der Hand:

Da ist einerseits die Staatschefin, zurzeit Elizabeth II. Silvia Cartwright fungierte als Generalgouverneurin bis August 2006 als deren Vertreterin und war in diesem Amt zugleich Oberkommandierende der neuseeländischen Streitkräfte. Zuvor war sie Richterin des Obersten Gerichtshofes gewesen.

In der Regierung, die bis November 2008 an der Macht war, wurden viele Funktionen von Frauen ausgeführt. Premierministerin war, nun schon zum dritten Mal hintereinander, Helen Clark. Frauen standen in ihrem Kabinett folgenden Ministerien vor: dem Wirtschaftsministerium, Bauministerium, Kultusministerium, Ministerium für Berufsgenossenschaften (ACC), Ministerium für Verbraucherangelegenheiten, Ministerium für Senioren, Ministerium für Frauenangelegenheiten, Ministerium für Nahrungsmittelkontrollen, Arbeitsministerium, Gesundheitsministerium sowie dem Ministerium für Maori-Angelegenheiten.

Sian Elias ist Präsidentin des Obersten Gerichtshofes. Das größte an der Börse notierte neuseeländische Unternehmen Telecom Corporation hat eine Vorstandsvorsitzende. Auch die ständige Vertretung Neuseelands bei der UN wird von einer Frau geleitet. Und von 1966 bis zu ihrem Tod 2006 war auch das Oberhaupt der Maori eine Frau: die Königin Dame Te Ata.

Die Australier spötteln gelegentlich über den starken Einfluss der Frauen in Neuseeland und sprechen von einem „Petticoat Government".

> ### Geschlechter-Gleichstellung
>
> *Die Gleichstellung der Geschlechter machte in Neuseeland schon sehr früh Schule: Im Jahr 1893 führte es als erstes Land der Welt das aktive Frauenwahlrecht ein.*
>
> *Im alljährlich vom World Economic Forum erstellten Global Gender Gap Index belegte Neuseeland 2010 in Sachen Gleichstellung wiederum den 5. Platz vor den skandinavischen Ländern Island, Finnland, Norwegen und Schweden. Deutschland, im Jahr 2007 noch auf Rang 7, kam nur noch auf den 13. Platz. Bei Stellenbesetzungen besteht zwischen Männern und Frauen nahezu Gleichstand: 2008 waren 47 % der Stellen von Frauen besetzt. Dies funktioniert in Neuseeland ganz ohne Förderprogramme und Frauenquoten.*

Mit den Augen neuseeländischer Teenager

Der Zustand eines Landes, die Widersprüche und die Lebenssituation werden besonders Einheimischen deutlich, die nach Jahren eines Auslandsaufenthaltes wieder in ihr Ursprungsland zurückkehren und frühere Zustände und Entwicklungen mit heutigen vergleichen. Ebenso interessante Einblicke erhalten wir, wenn wir eine Gesellschaft mit den Augen von Jugendlichen betrachten und bewerten.

Stephanie Weaver, Mutter von fünf Kindern und Lehrerin in Wellington, führte im Zeitraum von 2000 bis 2001 zwei Studien zu den Einstellungen von 13 bis 18 Jahre alten neuseeländischen Jugendlichen durch. Sie befragte 50 weibliche und 50 männliche Teenager in umfassenden mündlichen Interviews nach ihren Ansichten zu den Eltern, den Lehrern und der Schule, dem sozialen Zusammenleben, zu eigenen Entscheidungen, zu gesellschaftlichen Werten und zum Teenagerleben allgemein.

Auch wenn das keine repräsentativen Befragungen waren und die vielen ethnischen Minderheiten nicht berücksichtigt wurden, so geben diese Pilotuntersuchungen doch einen guten ersten Einblick in die Wahrnehmungs- und Beziehungswelt von neuseeländischen Teenagern, in ihre Probleme und Sehnsüchte. Es stellt sich heraus, dass ihre Einstellungen zum Leben sich nicht wesentlich von denen junger Leute in anderen westlichen Ländern unterscheiden. Viele Meinungen könnten auch von deutschen Jugendlichen stammen – so nah sind wir uns geistig, obwohl geografisch so fern. Andere sind eher neuseeland-spezifisch und zeigen uns interessante Aspekte des dortigen Alltags.

Hier wollen wir vor allem der Frage nachgehen: Wo liegen die meisten Übereinstimmungen und wo die größten Unterschiede zwischen den Meinungen von Jungen und Mädchen?

Individuelle Werte

Gemeinsam war Jungen wie Mädchen:
- Sie haben vielfache Vorstellungen darüber, wie die Gesellschaft verbessert werden könnte. Im Mittelpunkt solcher Betrachtungen stehen Werte wie Gerechtigkeit und Gleichheit (in einer multikulturellen Gesellschaft) sowie Schutz der natürlichen Umwelt.
- Sie haben wenig Interesse an den traditionellen Religionen, aber vergleichsweise viel an spirituellen Glaubensrichtungen und -gemeinschaften.
- Sie haben manchmal Angst vor Gewalt auf der Straße und massive Angst vor einem persönlichen Versagen in ihrer Ausbildung.
- Sie kennen in ihrem Umfeld Menschen, die für sie als Vorbilder fungieren, legen aber großen Wert auf Selbstverwirklichung und Selbstvertrauen.

- Sie möchten mehr kommunale Anerkennung durch das Bereitstellen von Kommunikationsmöglichkeiten und Räumen für Jugendliche in der Freizeit.
- Ein wichtiges Zukunftsziel für alle sind das Reisen und das Erkunden sowohl in Neuseeland als auch in Übersee.
- Diejenigen, die erfolgreich eine oder mehrere Krise(n) überwunden haben, scheinen einen Sinn gefunden zu haben – im Gegensatz zu den anderen. Krisen können sein: der Verlust eines oder beider Elternteile, Probleme mit der eigenen Gesundheit, Schikanen Dritter oder eine Identitätskrise.

Unterschiede zwischen den Geschlechtern deuten sich insbesondere in zwei Richtungen an:

Neuseeländische Jugendliche: kaum anders als deutsche

- Mädchen thematisierten deutlich stärker als Jungen Fragen des Umwelt- und insbesondere des Tierschutzes.
- Mädchen beklagten intensiver und differenzierter das Fehlen von Gerechtigkeit, Freundlichkeit und Hilfsbereitschaft in der neuseeländischen Gesellschaft. Die zukünftige Entwicklung von Neuseeland sehen die Mädchen vor allem darin, dass es sauberer wird und umweltfreundlicher. Sie schlagen auch offensiver als die Jungen vor, systematisch auf die Verringerung von Machtmissbrauch, Rassismus und Ungleichheit hinzuwirken.
- Jungen ist enorm bewusst, dass Rassismus in Neuseeland sehr verbreitet ist. Gewalt und Wut werden als normaler Teil ihres Lebens gesehen, aber keiner der Jungen hält dies persönlich für gut.
- Viele Jungen kommen mit der Polizei in Kontakt. Sie verstehen, dass Gesetze da sein müssen, und sie akzeptieren, dass sie die Konsequenzen tragen müssen, wenn sie diese Gesetze brechen und festgenommen werden. Insgesamt verübeln die Jungen deutlich Unfairness und Ungleichheit in jeglicher Form (auch bei der Polizei und als Ergebnis von Rassismus).

Teenagerleben

Neuseeländische Teenager
- betonen den Vorzug, in Neuseeland zu leben, und sind stolz darauf.
- empfinden ungerechte Bewertungen ihres Verhaltens und Missver-

ständnisse durch Erwachsene, angefangen in der eigenen Familie, als problematisch.

- wollen, dass man ihnen zuhört und mehr Verantwortung und Vertrauen überträgt. Dazu sei mehr echtes Interesse für die Kinder, mehr Sich-Kümmern-Wollen seitens der Erwachsenen notwendig; ebenso eine positive Einstellung und mehr Möglichkeiten und Zeit zum Zuhören.
- möchten ihre Individualität gewahrt sehen und möchten, dass die Erwachsenen niemals allein aufgrund des Elternhauses darauf schließen, welche Entwicklung der Teenager nimmt, was er denkt und fühlt.
- sehen die neuseeländische Gesellschaft in einem Umbruch, sehen sie differenzierter und für sich selbst schwieriger werden. Sie sind unsicher und fühlen sich häufig missverstanden, wollen aber gemeinsam für eine saubere, faire und sozial aufgeschlossene Gesellschaft hart arbeiten.

Die Mädchen entsprechen tendenziell heute mehr dem traditionellen Rollenbild der Jungen. Sie
- zeigen eine relativ hohe Bereitschaft zu Gewalt.
- konsumieren Alkohol, rauchen und nehmen Drogen.
- freuen sich, wenn sie das Elternhaus verlassen können.
- behalten die größeren Geheimnisse für sich, verschließen sie Dritten gegenüber.
- träumen von einer guten Arbeit und möchten später durch die Welt reisen.

Persönliche Entscheidungen

- Sowohl die Jungen als auch die Mädchen lehnen den Druck, der von Gleichaltrigen ausgeübt wird, ab und waren mindestens einmal davon betroffen.
- Sie waren bereits alle in hohem Maße der Gefahr von Alkohol und Marihuana ausgesetzt und hatten alle Erfahrungen damit. Sie beschreiben, wie einfach es ist, illegale Drogen jeder Art zu beschaffen. Allerdings dominiere der Genuss von Marihuana und andere Drogen werden nur in geringem Ausmaß konsumiert.
- Sie zeigen große Wissenslücken bezüglich der Gefahren beim Sex,

insbesondere in Zusammenhang mit Aids, und verbinden mit „safer sex" fast ausschließlich die Möglichkeit, eine Schwangerschaft zu verhindern.

Unterschiede zwischen den Geschlechtern deuten sich in der Studie mehrfach an:
- Jungen wissen mehr über Drogen und kennen die Risiken. Sie „ziehen" sich bewusster auf Marihuana „zurück".
- Mädchen sind toleranter gegenüber Homosexualität bei beiden Geschlechtern.
- Für Jungen ist es normal, mit 14 Jahren sexuell zu experimentieren.
- Mädchen waren aufgeklärter und dem Thema Sex gegenüber offener. Das Thema „Sicherheit beim Sex" wurde von Mädchen ebenfalls deutlicher akzentuiert.
- Jungen, die sehr zeitaufwändige Hobbys haben (einschließlich Sport und bezahlte Arbeit), neigen deutlich weniger zum Alkohol- und Drogenkonsum.

Soziales Zusammenleben, Probleme, Gefühle

Beide Gruppen von Teenagern gaben an, dass
- sie Sehnsucht nach engeren Beziehungen haben, aber das Vertrauen eher missbraucht als bestätigt wurde.
- sie persönliche Probleme in der Regel für sich behalten und nicht mit Dritten darüber sprechen.
- ernsthafte Gespräche nur selten mit Erwachsenen geführt werden und diese sich auch kaum gegenüber den Kindern öffneten.
- sie sich häufig als „depressiv" einschätzen und das Leben als „sehr schwer" bis hin zu „nicht lebenswert" empfinden.

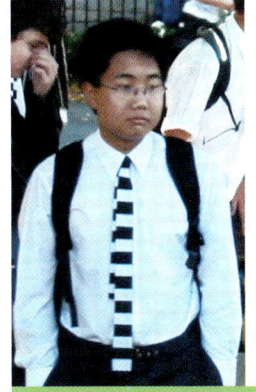

Neuseeländische Schüler tragen Schuluniformen

Unterschiede zwischen den Geschlechtern waren dagegen:

- Mädchen betonten die Wichtigkeit von Freundschaften viel häufiger als Jungen.
- Nur Mädchen sprachen über das Anvertrauen von Geheimnissen und über die Reaktionen Dritter – bis hin zum Verrat von Geheimnissen und die damit verbundenen Enttäuschungen. Jungen hingegen gingen auf dieses Thema überhaupt nicht ein.

- Wenn überhaupt über persönliche Probleme gesprochen wird, dann fällt die erste Wahl bei den Jungen auf die eigene Mutter, bei den Mädchen auf Freunde. Der Vater wird in der Regel nicht hinzugezogen.
- Bei den Mädchen ist der Prozentsatz derjenigen größer, die ernsthaft vorhatten, sich etwas anzutun: sich zu verletzen, aufzuhören zu essen oder gar sich umzubringen. So waren auch bedeutend mehr Mädchen bei irgendeiner Art offizieller Beratung als Jungen.
- Jungen haben eine positivere Sicht auf die Zukunft. Die Mädchen entwarfen hingegen Bilder von der Zukunft, die sich so zusammenfassen lassen: Ihr Blick ist auf einen Planeten gerichtet, der überbevölkert ist und dessen Ressourcen schwinden. Für die Menschen haben sie in diesem Zusammenhang wenig Hoffnung.
- Das Experimentieren mit verschiedenen Verhaltensmustern und Identitäten wird offensichtlich von den Jungen genutzt, um herauszufinden, wer sie sein wollen.
- Mädchen nennen viel häufiger Probleme ihres äußeren Erscheinungsbildes als Jungen und leiden viel mehr unter Essstörungen.

Das Verhältnis zu den Eltern

- Die Kommunikation in der Familie ist sehr gering ausgeprägt.
- Mädchen und Jungen verbringen gern Zeit mit den Eltern, beklagen sich jedoch darüber, dass sich diese zu wenig Zeit für die älteren Kinder nehmen.
- Sie beklagen sich außerdem darüber, dass sich die Eltern zu viele Sorgen um die Kinder machen und ihnen nicht genug zutrauen und erlauben.
- Sie mögen kein unfaires Verhalten in der Familie und erwähnen das Herumnörgeln der Mütter als deren Hauptproblem, was distanziertes Verhalten der Kinder zur Folge hat. Den Vätern gegenüber sind sie negativer eingestellt als gegenüber den Müttern, z.T. sogar ablehnend. Das begründet sich unter anderem dadurch, dass die Väter oft (tagelang) nicht zu Hause sind. Grundsätzlich suchen die Jugendlichen die kontinuierliche Kommunikation zu Hause und reagieren auf unregelmäßiges Ausfragen mit Aversion.
- Sie wünschen sich Väter, die ihr Wissen, ihre Erfahrungen und Informationen mit ihnen teilen, sie beachten, aber auch eine klare,

begründete Führung in der Familie übernehmen.

Der Unterschied zwischen Jungen und Mädchen besteht darin, dass Mädchen weit mehr über die abwesenden Väter enttäuscht und verärgert sind. Sie zeigen auch mehr Unverständnis gegenüber dem, was sie als „Über-Beschützen" charakterisierten. Ferner wird deutlich:

- Ein zu hoher Druck im Elternhaus, gepaart mit fehlendem Interesse seitens der Eltern, insbesondere des Vaters, vertreibt die Jungen aus dem Elternhaus.
- Jungen bevorzugen bei den Erwachsenen lustige Ereignisse und Dinge, die Spaß machen. Für die Mädchen

Schüler des Linwood College in Christchurch

sind der Sinn für Humor, das Zuhören-Wollen und ein entspanntes Verhalten die am meisten geschätzten elterlichen Eigenschaften.

Lehrer und Schule

Sowohl Mädchen als auch Jungen

- haben die gleichen klaren Vorstellungen darüber, was einen guten Lehrer ausmacht. Sie bevorzugen Lehrer, die während der gesamten Unterrichtszeit körperlich präsent sind und ihre Lehrstile und -methoden ändern, damit ihr Fach interessant bleibt. Gute Lehrer sind durchaus streng, bleiben aber bei einer fairen Betreuung und verbreiten keine Angst. Sie sind geduldig, flexibel und zugänglich.
- drücken ein hohes Maß an Unzufriedenheit mit der Schule aus und begründen diese beispielhaft mit einem hohen Maß an Unfairness im Umgang mit den Schülern, im Umgang mit Kindern aus unterschiedlichen Elternhäusern und Ähnlichem. Sie beschweren sich über ständiges Hänseln und Schikanieren, meinen aber, dass das mit steigendem Alter nachlasse.

Unterschiede in den Meinungen sind:

- Jungen erleben anscheinend eine härtere Schulzeit, insbesondere wenn sie Privatschulen oder reine Jungenschulen besuchen.
- Jungen werden lockerer behandelt und weniger oft diszipliniert.
- Mädchen messen einer akademischen Entwicklung mehr Bedeutung bei und engagieren sich in analogen Fächern stärker.
- Mädchen sprechen mehr und differenzierter über den Stress bei verpatzten Prüfungen und nicht erreichten Leistungszielen, aber auch über den eigenen Stress im Verhältnis zu Eltern und Lehrern.
- Jungen bemängeln mehr, dass die sexuelle Aufklärung in der Regel zu spät und unzureichend erfolge. Außerdem bestünden in der Schule keine Möglichkeiten zur Klärung ganz persönlicher Fragen. Die meisten Jungen sind zudem zu stolz (oder verdeckt ängstlich?), um Lehrer und Eltern in Sachen Sexualität zu befragen.

Interessant sind sicher die Gemeinsamkeiten und Unterschiede zwischen den weiblichen und männlichen Teenagern. Interessant ist auch der innere Vergleich beim Lesen zwischen den geschilderten Einstellungen und Verhaltensweisen und den beobachteten bei deutschen Jugendlichen.

In den Studien von Stephanie Weaver wird aber noch ein weiterer Unterschied deutlich, auf den wir zum Schluss dieses Abschnittes noch hinweisen wollen: extreme Unterschiede in den Wertvorstellungen, Einstellungen und Verhaltensweisen der Jugendlichen weisen auf eine deutliche Spaltung der neuseeländischen Gesellschaft hin. Es gibt eine große Kluft zwischen denen, die sich lediglich entscheiden können, ihre Kumpel aufzusuchen oder nicht, und die kaum aus ihrer engeren Umgebung wegkommen und denen, die wählen können, mit ihren Freunden Ski zu fahren und eine größere Reise zu unternehmen. Eine andere Kluft besteht zwischen der Mehrheit derer, die sich auf die Schule, auf die Ausbildung, Prüfungen und auf Sport konzentrieren, und der Minderheit derer, die alkohol- und drogenabhängig sind und ständig versuchen, nicht ins Gefängnis zu kommen und den Umgang mit einer Gang zu lösen.

Es gibt sehr große sozio-ökonomische Unterschiede und Unterschiede im Bildungsniveau. Davon relativ unabhängig gibt es aber auch deutliche Unterschiede, was Eigenmotivation, Lebensenergie und Zukunftsoptimismus der Jugendlichen betrifft.

Das Leben der Senioren

„Im Alter nehme ich mir mehr Zeit für mich und die Gemeinschaft." Das scheint ein zentrales Motto für viele Neuseeländer zu sein.

Bei unserem ersten Neuseeland-Aufenthalt wunderten wir uns, dass auf den Straßen der großen Städte kaum ältere Menschen zu sehen waren. Auch schienen die Ampelschaltungen viel schneller zu sein als in Deutschland und ein langsames Überqueren der Straße kaum zuzulassen. Deshalb gingen wir der Frage nach, wo die Senioren zu finden sind.

Der Anteil der Rentner an der Gesamtbevölkerung ist in Neuseeland relativ gering

Grundsätzlich müssen wir natürlich davon ausgehen, dass Neuseeland in mehrfachem Sinne eine „junge Nation" ist. So beträgt zum Beispiel das Durchschnittsalter 34 Jahre (Stand 2006). Der Anteil der über 65-Jährigen an der Gesamtbevölkerung beträgt 11,8 Prozent (in Deutschland sind es 19,5 Prozent, in Australien immerhin noch 13,1 Prozent); Neuseeland liegt hierbei in der Alterstabelle weltweit an 55. Stelle (Deutschland an fünfter).

Das Rentenalter beginnt offiziell mit 65 Jahren. Allerdings verabschieden sich die Männer im Schnitt ein Jahr vor dem gesetzlichen Rentenalter – ähnlich wie in den USA und Irland.

Das geringe Durchschnittsalter erklärt zu einem Teil die geringe Präsenz von Rentnern im Straßenbild. Dabei muss sicher auch noch berücksichtigt werden, dass das Durchschnittslebensalter der Nicht-Pakeha niedriger ist.

Lebensmöglichkeiten im Alter

Fragt man nach dem Lebensumfeld der Älteren, zeigt sich eine Vielzahl von Möglichkeiten.

149

Manche wohnen bei ihren Familien in einem Mehrgenerationen-Haushalt und machen sich hier irgendwie nützlich – im Haushalt, bei der Farmarbeit oder Enkelbetreuung. Oder sie sind in der Gemeinde tätig, zum Beispiel in der Altenbetreuung. In dieser Gruppe befinden sich vor allem Menschen, die in ländlichen Gegenden wohnen, und Nicht-Pakeha, zum Beispiel Maori.

Ehepaare oder Einzelpersonen, die nicht mit ihren Kindern leben, wohnen überwiegend außerhalb der großen Städte in ihren eigenen Häusern und somit relativ kostengünstig. Sie treiben in der Regel Sport und leisten vielfältige freiwillige Beiträge für die Gesellschaft. Sie akzeptieren das zunehmende Alter und widmen sich Dingen, die ihnen Spaß machen und zu ihrer Selbstverwirklichung beitragen. So sprießen zum Beispiel allerorts kleine Museen aus dem Boden, die größtenteils von Senioren betrieben und durch private Sammlungen bereichert werden. Rentner widmen sich ebenfalls vermehrt der Frage nach der eigenen Herkunft und erarbeiten Chroniken, zum Teil reisen sie in die Ursprungsländer ihrer Vorfahren.

Im höheren Alter werden auch gern mehrmonatige Reisen mit zum Teil recht altertümlich anmutenden Wohnmobilen durch Neuseeland oder Australien unternommen. Während der Berufstätigkeit sind viele Neuseeländer nie von ihrer Insel weggekommen. Nun lernt man in aller Ruhe das ganze Land kennen oder reist nach Übersee.

Die Betätigungsmöglichkeiten für Senioren sind vielfältig

Andere Ehepaare oder Singles wohnen in eigens errichteten Senioren-dörfern, so genannten Retirement Villages, in Seniorenheimen oder in altersgerechten Wohnungen mit umfassender Betreuung. Ferner gibt es eine wachsende Gruppe, der wohlhabende ausländische Senioren angehören, die in Neuseeland investieren, in guter Lage Häuser erwerben und diversen Hobbys nachgehen. Dazu zählen auch Australier, die im Alter die Beschaulichkeit und das gute Klima Neuseelands bevorzugen. Um sich nicht im Müßiggang zu verlieren, sind sie oft noch im Handel (zum Beispiel dem Weinhandel) oder in einer eigenen Pension tätig.

Die Kiwis erhalten vom Staat bei Erreichen des Rentenalters einen einheitlichen Rentensatz. Dieser liegt zurzeit bei monatlich circa 900 Neuseeland-Dollar für eine alleinstehende Person. Viele haben jedoch in der Regel private Zusatzrenten abgeschlossen; zum Teil wurden die Zusatzkosten vom Arbeitgeber mitgetragen. In den letzten zehn Jahren des Arbeitslebens legt man zudem Geld für die spätere Betreuung zurück, um sich damit zum Beispiel in ein Seniorendorf einkaufen zu können.

> **Übrigens...**
> *Die Kiwis erhalten vom Staat einen einheitlichen Rentensatz von etwa 900 NZ-Dollar.*

Das Rentenniveau der Geringverdiener, gemessen am durchschnittlichen Bruttoeinkommen des Landes, blieb übrigens in Neuseeland aufgrund der Einheitsrente vor und nach entsprechenden Reformen gleich und ist höher als das in Deutschland. Das ist einmalig unter den OECD-Ländern. Bezogen auf den Anteil des Bruttolohnes, den ein Durchschnittsverdiener für private Vorsorge aufwenden muss, um die Rente nach OECD-Standard zu erreichen, liegen Deutschland und Neuseeland in etwa gleichauf.

Das Alter wird akzeptiert

Wenn nichts dazwischenkommt, ist Altwerden keine Kunst, dem Pensionsalter einen Sinn zu geben aber schon. Wer es dann noch schafft, möglichst lange unabhängig zu leben, kann sich glücklich schätzen.

Auffallend ist, dass den Kiwis anscheinend die Einstellung fremd ist: „Ich habe mein ganzes Leben lang gearbeitet und habe jetzt das Recht, versorgt zu werden." Viele sind ehrenamtliche Helfer, weil die freiwillige Arbeit ihnen Freude bereitet und das Ansehen hebt. Eigentlich

Manche Senioren ziehen mit kuriosen Wohnmobilen durchs Land

ist es eher normal, dass man etwas Sinnvoles macht und fit bleibt. Fitsein wird auch aus Tradition bewusst als Lebensmaxime angesehen. Schon bei den ersten Siedlern war die Gesundheit bis ins hohe Alter in einer Zeit ohne Sozial- und Rentenversicherung Überlebensvoraussetzung.

Der britische Einfluss ist bei den Pakeha-Senioren unverkennbar, und egal in welchen Ort man kommt, man wird die „Alten" beim Sport treffen. In fast jeder Siedlung gibt es Bowlingbahnen – in Hallen oder im Freien. Die Mitgliedschaft in Sportvereinen und Clubs für Tennis, Golf, Cricket, Segeln, Fischen oder andere Sportarten ist die normalste Sache der Welt – egal in welchem Alter. Schon im Berufsleben heißt Freizeit: Hobbys und Spaß am Sport. Die Arbeit ist nur die eine Seite des Lebens. Workaholics sind in Neuseeland nicht gut angesehen. Und was man ein Leben lang gemacht hat, setzt man natürlich auch im Alter fort, wenn mehr Zeit zur Verfügung steht.

Seniorendörfer

Der Trend zu Seniorendörfern nahm in den letzten zehn Jahren zu. Das mag auch daran liegen, dass diese sich meist in den landschaftlich schönsten Gegenden des Landes befinden.
Am Beispiel der Seniorendorf-Kette „Summerset" möchten wir herausstechende Merkmale und Vorteile dieser Lebensvariante darstellen. Dabei wird auf die Tagebucheintragung der Autorin zurückgegriffen:

„Wir staunten nicht schlecht, als wir am Lake Taupo auf eine Einfamilienhaus-Siedlung stießen, die herrlich begrünt und gepflegt vor uns lag. Das ist Summerset, eine relativ große Siedlung mit unterschiedlich großen Wohnhäusern, mit einem großen Stamm von Servicepersonal, der auf Wunsch die kleinen Gärten, die gemeinschaftlich genutzten Außenflächen und die vielen Freizeiträume instand hält und wartet. Hier gibt es Geschäfte wie in jedem Ort und alle Einrichtungen, die in einer anderen Gemeinde auch zu finden sind. Es ist nur sehr viel unproblematischer, Dienstleistungen im Bedarfsfall auf Zuruf zu ordern. Und die verschiedenen Sportanlagen, von denen man einfach begeistert sein muss, sind den ganzen Tag über gut besucht.

Die Familien mit den Enkelkindern kommen eigentlich eher zu Besuch in einen Freizeitpark mit Kinderspielplätzen als in das, was man in Deutschland unter einem Altersheim versteht. So werben die Seniorendörfer auch mit dem Slogan: „Not just retirement villages... more a way of life" („Nicht nur Seniorendörfer, sondern ein Lebensstil"). Von Summerset aus können die Bewohner ihre Familien und Freunde jederzeit kostenlos anrufen, und Internetanschlüsse sind die normalste Sache der Welt. Für Besucher stehen komfortable Lounges zur Verfügung. Alle Summerset Villages verfügen über Spa-Pools, Barbecue-Plätze, Bowling- und Minigolf-Anlagen, Croquet- und Golfplätze, Shuttle-Services zu Einkaufszentren sowie eine eigene Event-Agentur. Die Senioren können sich in den Villages auch in verschiedenen Arbeitsgemeinschaften betätigen – bis hin zu einem kleinen Hausorchester und einer Theatergruppe. Pflegeeinrichtungen und ärztliche Betreuung, wenn nötig auch in integrierten Krankenstationen, sind Selbstverständlichkeiten.

Zuerst hielten wir das vor uns liegende Objekt am Lake Taupo für total exklusiv und dachten, das wäre nur erschwinglich für sehr gut betuchte Neuseeländer – aber weit gefehlt. Neugierig geworden, erkundigten wir uns und stellten mit großer Verwunderung fest, dass das Leben hier durchaus erschwinglich ist. Die hier wohnenden Senioren gehören allen Bevölkerungsschichten an. Man muss, um hier leben zu können, nur zuvor in Neuseeland berufstätig gewesen sein. Ein Retirement Guide, der jährlich in großer Auflage erscheint, zeigt alle Möglichkeiten auf."

Die Kiwis sind – und das darf nicht vergessen werden – viel umzugsfreudiger als die Deutschen. In diesem Punkt sind sie eher mit den US-Amerikanern zu vergleichen. Insofern ist für sie auch im Alter der Umzug in eine andere Gemeinde nichts Dramatisches.

In der von uns besuchten Summerset-Siedlung gab es folgende Angebote:

- Einzelhäuser zu 245.000 NZ$
- Reihenhäuser zu 240.000 NZ$
- betreute Apartments zu 105.000 NZ$

Die Häuser sind ebenerdig und haben rund 120 Quadratmeter umbauten Raum. Sie bestehen aus einem Wohnzimmer, einem großen Schlafzimmer, Küche und Badezimmer mit Toilette, außerdem gibt es eine Garage. Die Häuser haben eine einheitliche Ausstattung: regulierbare Fußbodenheizung in allen Räumen, Kamin, Herd, Handtuchtrockner, Teppichböden, rutschfesten Boden im Bad, Dusche ohne Stufe, automatische Abfallentsorgung, versenkbare Wäschespinne, Leselicht und Telefon- sowie TV-Anschlüsse im Schlafzimmer, Notrufknöpfe in allen Räumen, Rauchmelder mit Direktanschluss zur Hauptwache und eine automatische Garagenöffnung. Wie kann ein Haus oder eine Wohnung bei Summerset erworben werden? Neben dem Kaufpreis fallen eine einmalige Kaution in Höhe von

Summerset liegt am landschaftlich wunderschönen Taupo-See

3.000 NZ$ an sowie eine Verwaltungs- und Instandhaltungsgebühr in Höhe von 70 NZ$ pro Woche. Letztere beinhaltet gleichzeitig die Kosten für den Gärtner. Darüber hinaus gilt es, eine für die ersten fünf Jahre befristete Managementgebühr in Höhe von 20 Prozent des Kaufpreises zu entrichten, die jährlich mit vier Prozent wieder gutgeschrieben wird.

Senioren-Dörfer und Senioren-Wohngemeinschaften oder Lebensgemeinschaften mehrerer Generationen sind in Deutschland noch eine Ausnahme. Rund 93 Prozent der Rentner wohnen hier zu Hause. Alternative Wohnformen außerhalb der eigenen vier Wände und außerhalb von Pflege- und Altersheimen bilden statistisch noch die Ausnahme und bleiben vorrangig „Besserbetuchten" und Intellektuellen in großen Städten vorbehalten. Demzufolge geht in Deutschland der Trend zu differenzierteren Dienstleistungen für Senioren, die dort bleiben, wo sie schon seit vielen Jahren wohnen.

Agil bis ins hohe Alter

Während in Deutschland darüber gestritten wird, ob das offizielle Rentenalter auf 65, 67 oder 70 Jahre festzulegen sei, schüttelt der Neuseeländer über solche Debatten nur den Kopf. Es gibt nicht wenige Kiwis, die über das Rentenalter hinaus arbeiten – und das nicht nur auf den Farmen. Wie wir erfahren haben, sind viele ältere Neuseeländer zumindest in den Familien, im Handel (zum Beispiel auf den Gemüse- und Flohmärkten), aber auch in ehrenamtlichen Aufgaben tätig.

Darüber hinaus gibt es zum Beispiel folgende Weltrekorde von arbeitsamen Kiwis:
• Sam Lewis praktizierte bis zu einem Alter von 95 Jahren als Rechtsanwalt in Cambridge auf der Nordinsel Neuseelands. Er war bis ins hohe Alter sehr agil, immer auf dem Laufenden und in der Bevölkerung hoch angesehen.
• Paki Withers aus Opotiki erneuerte noch mit 99 Jahren seinen Führerschein, den er für seine engagierte ehrenamtliche Arbeit benötigte. Er starb im Alter von 100 Jahren.
• F.W.W. Dawson aus Whangarei war mit 100 Jahren der älteste praktizierende Arzt der Welt.

Marton – ein Spiegelbild neuseeländischer Kleinstädte

Bei der Suche nach einer „typischen neuseeländischen Kleinstadt" stießen wir auf Marton, wo man eigentlich nur zufällig hinkommt, weil dort „nicht so richtig was los ist". Diese Stadt im Südwesten der Nordinsel ist für eine Darstellung aus verschiedenen Gründen interessant:

Die von deutschen Einwanderern errichtete Kirche von Marton

• In der Stadt leben rund 5.000, im gesamten District etwa 15.000 Menschen. Prägend sind die Landwirtschaft und kleine Gewerbeunternehmen.

• Die Stadt ist vor fast 130 Jahren und somit in der Hauptbesiedlungzeit gegründet worden. Für neuseeländische Verhältnisse ist sie damit schon ziemlich alt.

• Die Stadt wurde anfangs maßgeblich von deutschen Siedlern gestaltet.

Marton erschien uns auch aus folgendem Grund interessant: Die Stadt erlangte im Jahr 1998 traurige Berühmtheit, als sie in europäischen Zeitungen – ausgehend von einem Artikel in der „Zeit" – als „neuseeländische Hauptstadt der Jugend-Selbstmorde" bezeichnet wurde.

Um ein möglichst umfassendes Bild dieser Stadt zeichnen zu können, recherchierten wir im dortigen Museum, besuchten auf den Spuren der ersten Siedler den deutschen Friedhof und befragten den Bürgermeister sowie alte und junge Einwohner der Stadt.

Wie alles begann

Die ersten Siedler kamen 1877. Neben 12 deutschen Familien, die sich hier zunächst niederließen, siedelten sich in der Anfangszeit schottische Einwanderer an, danach Iren, Engländer, Skandinavier und 1906 auch ein polnischer Schneider. Armut, Landmangel und religiöse Auseinandersetzungen in der alten Heimat waren die häufigsten Auswanderungsgründe der damaligen Ankömmlinge. In Neuseeland gab es keine Klassenauseinandersetzungen – und Land war in Fülle da. Auf dem Friedhof kann man noch Namen finden wie Franke, Friedrich oder Meier – und diese auch noch auf neueren Grabsteinen. Auch der derzeitige evangelische Pfarrer trägt einen deutschen Namen. Allerdings gibt es heute keinen deutschen Club mehr und auch keine anderen Begegnungsstätten deutscher Nachkömmlinge. Die deutschen Einwanderer hatten es im 20. Jahrhundert auch in Marton nicht leicht: Während des I. Weltkrieges wurden sie von der einheimischen Bevölkerung misstrauisch behandelt und trauten sich nicht mehr, in der Öffentlichkeit deutsch zu sprechen. In den 1920er Jahren wurde es dann ruhiger um die Deutschen und sie waren in Marton wohl gelitten. Das änderte sich aber während des II. Weltkrieges wieder

Ein Grabstein mit deutschen Namen in Marton

und die Ausgrenzung nahm zum Teil drastische Züge an. Heute gibt es in Marton keinerlei Interesse mehr an der Pflege der deutschen Sprache und an einer Diskussion europäischer Abstammungen.

Marton hieß zunächst Cook Village und ist stolz auf ein Denkmal des Weltumseglers James Cook, das anlässlich der 125-Jahrfeier der Stadtgründung errichtet wurde. Später wurde die Stadt umbenannt und trägt nun den Namen von Cooks Geburtsort.

Gespräch mit Bob Buchanan, dem Bürgermeister von Marton

Bob Buchanan ist seit dem Jahr 2000 Bürgermeister. Er stammt aus einer vergleichbaren Stadt auf der Südinsel. In einem kleinen, aber modern eingerichteten Büro empfängt er uns zu einem Interview, nachdem wir nur eine Stunde zuvor bei seiner Sekretärin spontan vorgesprochen hatten. Ohne große Vorrede und ohne Protokoll kommt man in Neuseeland meist schnell auf den Punkt. Wir wollten in diesem Gespräch etwas über den Rhythmus der Stadt erfahren, das Typische, das Alltägliche. Im Folgenden sind die aussagekräftigsten Passagen wiedergegeben.

Was zeichnet die Stadt für Bewohner und Besucher aus?

Der Bürgermeister von Marton, Bob Buchanan, im Gespräch

Bob Buchanan: Es ist eine sehr ruhige, liebenswerte Stadt. Wir haben keine Parkprobleme, wir benötigen keine Ampeln, es gibt hier keinen großen Verkehr. Zwei Kreisverkehre regeln im Prinzip alles.

Im Vergleich zu Australien haben wir in Neuseeland kurze Entfernungen. Wer etwas Abwechslung braucht, kann in 20 Minuten in Wanganui und in 25 Minuten in Palmerston North sein. Viele Leute fahren hier importierte japanische Autos21. Damit sind sie schnell an jedem Ort. Das Wetter hier ist zum Wohnen perfekt. Es gibt nicht viel Regen, nur 1.000 Millimeter pro Jahr. Die Stadt wurde zwar im Jahre 1950 überflutet, aber das war einmalig. Ansonsten erlauben die Witterungsverhältnisse hier ganzjährig ein gutes Leben. Keine Kälte, weder Eis noch Schnee, und im Sommer keine extreme Hitze.

Aufgrund dieser Vorzüge siedeln sich in unserer Stadt auch gern Rentner an. Grund und Boden ist noch billig; und das teuerste Wohnhaus kostet hier rund 300.000 NZ$22. Und das Leben ist hier auch nicht so kostspielig wie in den großen Städten.

Können Sie uns kurz etwas zur Entstehung der Stadt sagen?

Bob Buchanan: Die Stadt wurde bereits vor 125 Jahren gegründet, also nur 40 Jahre, nachdem die ersten Europäer nach Neuseeland gekommen waren. Die Besiedlung erfolgte damals die Küste entlang und dann entlang der Flüsse landeinwärts. Es gab davor kaum Maori in dieser Gegend und so wurden diese auch nicht von den deutschen, schottischen, englischen und holländischen Siedlern verdrängt.

Die Gegend, wo Marton heute liegt, hieß in der Maori-Sprache Tutaenui, was so viel heißt wie „Dungplatz". Die Siedler aber änderten den Namen in Marton. In der Regel wurden englische Namen vergeben, um zu demonstrieren: „Hier ist jetzt das neue England!"

Wovon leben hier die Einwohner?

Bob Buchanan: Vorwiegend von der Landwirtschaft und der Verarbeitung landwirtschaftlicher Produkte. Und – wie schon gesagt – von unseren Rentnern. Wir wollen auch Leute aus der weiteren Umgebung hierher holen, damit sie ansässig werden oder zu bestimmten Freizeitaktivitäten herkommen. Und wir überlegen uns, welche Freizeitanreize wir noch schaffen können. Angedacht ist zum Beispiel eine Pferderennbahn.

Wie hoch ist bei Ihnen die Arbeitslosigkeit?

Bob Buchanan: Zwischen vier und fünf Prozent. Der Landesdurchschnitt ist niedriger. Sie müssen aber wissen, dass es hier durchaus Arbeit für alle gäbe. Die hier arbeitslos sind, wollen auch nicht arbeiten. Es sind vor allem Aussteiger, vor allem Jugendliche. Die wenigen „normalen" Arbeitslosen müssen sich einmal in der Woche melden und erhalten dann Unterstützung. Die Aussteiger aber halten sich auch daran nicht.

Unter den Aussteigern sind mehrheitlich Maori. Wir haben hier einen Maori-Bevölkerungsanteil von rund 25 Prozent. Sie sind nicht arm und erhalten zum Teil umfassende finanzielle Unterstützungen. Das macht bequem.

Die genannte Arbeitslosenrate muss man also sehr vorsichtig interpretieren. Für uns ist sie kein Problem.

Insgesamt ist die Stadt ausgesprochen ruhig und friedlich. Es gibt keine sozialen Spannungen.

Sehen Sie als Bürgermeister Gebiete, auf denen es zukünftig Veränderungen geben sollte? Was könnte noch besser werden?

159

Bob Buchanan: Eigentlich nichts Wesentliches. Wir leben hier einfach und zufrieden. Außer der Überflutung vor über 50 Jahren gab es hier keine besonderen Ereignisse. Gewiss, es haben im Laufe der Zeit, insbesondere nach den 1980er Jahren, Betriebe geschlossen, aber andere sind entstanden. Sehen Sie sich unsere Häuser und Straßen an. Alles ist in Ordnung. In den Geschäften gibt es alles Notwendige. Wenn man etwas Besonderes haben will, dann fährt man in die nahen großen Städte – und ist am Abend wieder froh, in unserer ruhigen und sicheren Stadt zu sein.

Ich komme gerade von Jugendlichen, mit denen ich gesprochen habe. Sie möchten eine Skateboardbahn aus Beton errichtet haben. Ich glaube, wir kriegen das demnächst hin. Ich kenne fast alle Leute dieser Stadt mit Namen und spreche sie auch an. Und die Leute grüßen mich mit „Hallo Bob". So ist das hier.

In der deutschen Presse konnte man lesen, dass im Jahre 1998 die Selbstmordrate insbesondere bei Jugendlichen in Neuseeland sehr hoch gewesen sein soll. Dabei wurde als Beispiel Marton genannt. Was war damals hier los?

Bob Buchanan: Tatsächlich wuchs zeitweilig die Selbstmordziffer zu dieser Zeit in Neuseeland an. Das Land hatte sehr große wirtschaftliche Probleme und die Reform wirbelte enorm viel auf. Das war ein nationales Problem, jedoch hinsichtlich der Selbstmorde kein spezifisches Problem dieser Stadt.

Ich kenne die Familie der Jane Dunnawhite. Sie und ihr Freund haben Selbstmord aus Liebeskummer verübt. Es gibt auch einen entsprechenden Abschiedsbrief.

Wissen Sie, in einer Zeit, als wir alle in der Talsohle standen, es uns allen in Neuseeland nicht gut ging, hat man das aufgeputscht und von einem – sehr bedauerlichen – Liebeskummerfall zu einem generellen neuseeländischen politisch-sozialen Fall gemacht. Das Entwicklungsproblem Neuseelands wurde auf Marton projiziert. Der Selbstmord fiel zufällig in diese Zeit und ein Journalist stürzte sich auf diese Nachricht und verband sie mit der allgemeinen wirtschaftlichen Lage des gesamten Landes. Weitere Reporter folgten seinem Beispiel: Endlich war etwas gefunden in diesem kleinen langweiligen Land und in dieser geruhsamen Stadt, wo anscheinend die Uhren still standen. Glauben Sie mir, so ist es gewesen. Wäre es anders, dann hätte ich es Ihnen auch gesagt. Fragen Sie irgendwelche älteren Leute auf der Straße, in der Kirche oder sonstwo – man wird es Ihnen bestätigen.

Das heißt, diese Geschichte gab es so gar nicht und sie ist schier erfunden?

Bob Buchanan: Genau so ist es!

Welche Visionen oder Wünsche für die Entwicklung Ihrer Stadt haben Sie persönlich?

Bob Buchanan: Ich habe drei Wünsche: Erstens: Die Stadt soll nach außen noch attraktiver werden und noch mehr Menschen anziehen. Unser Lifestyle soll uns begehrenswert für andere machen. Damit meine ich einen vermehrten Zuzug, eine überschaubare Erhöhung der Bevölkerungszahl und auf keinen Fall einen Rückgang. Es darf aber niemals anonym werden und so menschlich kalt wie in vielen Großstädten, wie New York, London oder auch Berlin.

Zweitens: Wir müssen noch mehr für unsere alten Bewohner tun. Es gibt etliche Institutionen in der Stadt, die sich gerade diesem Thema widmen, und wir haben ebenfalls etliche Fundraising-Projekte. Wir erhalten zum Beispiel keine staatlichen Bauzuschüsse, sondern finanzieren alles privat. Aber die Fürsorge darf nicht begrenzt, sondern muss eher noch erweitert werden. Obenan steht für mich, das Wohlbefinden der alten Leute weiter zu erhöhen. Das schließt eben auch Bauprojekte, die wir gerade beraten, ein.

Drittens: Es soll ruhig und friedlich bleiben wie bisher. Wir brauchen hier keine hektischen Veränderungen, sondern entwickeln die Stadt in kleinen Schritten. Meine Pflicht ist es, dafür zu sorgen, dass die Kontinuität gesichert wird.

Historische Geebäude in Marton

Zum Abschluss des Gespräches bot uns Bob Buchanan an, zu weiteren politischen und wirtschaftlichen Fragen entsprechende neue Statistiken zusammenstellen zu lassen. Er lege Wert auf eine gläserne Verwaltung und habe keine Geheimnisse.

Stimmungen und Meinungen

Während der Mittagszeit liefen wir durch die scheinbar schlafende Stadt und befragten Passanten und einige Gewerbetreibende nach ihrer Meinung zu dieser Stadt.

Gespräch mit einem älteren Herrn (71 Jahre alt):

Was ist aus Ihrer Sicht das Gute an dieser Stadt?
Antwort: Die Leute sind hier sehr freundlich und hilfsbereit. Und es sind alle Geschäfte da. Man kann auch schnell einmal nach Wanganui oder Palmerston North fahren. Da bekommt man alles. Und schöne Frauen gibt es dort. (zwinkert)

Wie können Sie in Ihrem Alter hier Ihre Freizeit verbringen?
Antwort: Früher war ich im Tennisclub. Heute spiele ich regelmäßig Bowling und angele. Und ich unterhalte mich gern, so wie mit Ihnen gerade jetzt.

Und welche Probleme gibt es hier?
Antwort: Wir brauchen noch mehr Einwohner, dann wird das Leben noch interessanter. Werben Sie ruhig in Deutschland für Marton. Wir empfangen jeden mit Kusshand. Sehen Sie, wir haben hier so gut wie keine Arbeitslosigkeit!
Ja, ein Problem habe ich mit einigen Jugendlichen. Die sausen mit ihren Fahrzeugen zu schnell und zu laut durch die Straßen.

Fragen an einen Fleischer in der Hauptstraße:

Was ist aus Ihrer Sicht das Gute an dieser Stadt?
Antwort: Marton ist eine kleine Stadt und das ist o.k. Alle Leute haben hier Arbeit und jeder kennt jeden. Da fühlt man sich recht wohl. Auch der Bowlingclub ist gut.

Und welche Probleme gibt es hier?
Antwort: Marton braucht mehr Einwohner. Und auch mehr Bustouristen, die in meinen Laden kommen.

Fragen an einen Gastwirt:

Was ist aus Ihrer Sicht das Gute an dieser Stadt?
Antwort: Ich bin vor vier Jahren aus London hierher gekommen. Ja, ich fühle mich doch gut hier. Es ist hier unvergleichlich sicherer als in London. Marton ist eine liebenswürdige Stadt. Als ich hierher kam, habe ich dieses Lokal übernommen und auf Vordermann gebracht. Für hiesige Verhältnisse ist es sehr chic, nicht wahr?!
Ich werde hier überhaupt nicht als Zugezogener, als Fremder gesehen! Ich bin ganz schnell komplett akzeptiert worden.

Und welche Probleme gibt es hier?
Antwort: Ein städtisches Wachstum um 500 bis 1.000 Leute täte gut. Arbeitslosigkeit spielt hier überhaupt keine Rolle, genauso Kriminalität. Ich könnte mir vorstellen, dass das Fleischwerk vergrößert und einiges an Kleinindustrie angesiedelt werden kann.

Wie verbringen Sie in Marton Ihre Freizeit?
Antwort: Hier gibt es gute Möglichkeiten für Western dancing, für Line-Dancing, wir haben einen guten Country Club und einen sehr aktiven Crocket-Club hier. Die jungen Leute können Fußball spielen. Außerdem sind sie in wenigen Minuten an den Ufern zweier Flüsse und bis zur Küste brauchen sie 15 Minuten. Wenn Sie Spaß mit Bungyjumping haben wollen, dann müssen Sie circa 40 Kilometer fahren. Wir liegen hier geographisch sehr gut.
Allerdings könnte zum Wohlfühlen noch einiges hinzukommen. Das passiert, wenn wir einen größeren Zuzug auch städtisch verwöhnter Leute bekommen.

Gespräch mit einem Fahrradfahrer (Mittzwanziger):

Was ist aus Ihrer Sicht das Gute an dieser Stadt?
Antwort: Es gibt hier viele Sportmöglichkeiten nach der Arbeit. Ich spiele aktiv Basketball und bin ein passionierter Radfahrer. Das Leben ist hier sehr billig und es macht den Leuten viel Spaß. Sie sind alle

freundlich. Marton ist eine lockere, lächelnde Stadt, finden Sie nicht auch?

Was könnte besser sein?
Antwort: Ein paar mehr Läden wären schön. Und es könnten durchaus ein oder zwei Kinos hierher kommen. Ansonsten fällt mir nichts ein.

Gespräch mit drei Jungen (14 bis 15 Jahre alt):

Wie gefällt es euch in Marton?
Antwort: Ist nicht schlecht hier. Man kennt sich hier gut, alles ist überschaubar.

Was könnte noch besser sein? Habt ihr spezielle Wünsche?
Antwort: Wir wollen mehr Skater-Möglichkeiten, zum Beispiel einen Skater-Park. Überhaupt sollte es für junge Leute noch mehr Sportmöglichkeiten geben – und auch noch mehr Musik.

Was wollt ihr später einmal werden? Habt ihr klare Berufswünsche?
Antwort: Nein, noch nicht. An konkrete Jobs denken wir noch nicht. Aber sie müssen auf jeden Fall Spaß machen und gutes Geld bringen.

Gespräch mit vier 14-jährigen Mädchen (zwei Pakeha, zwei Maori), die von der Schule kamen:

Was gefällt euch an Marton?
Antwort: (Kichern, verlegenes Wegschauen)

Was könnte besser sein?
Antwort: Hier könnte mehr action sein.

Zwei der angesprochenen Mädchen wollen später nach Auckland, da es in Marton „zu langweilig" sei.

Wir sehen an dieser Stadt sehr gut den Unterschied zu den hektischen Großstädten. Hier gehen die Uhren scheinbar sehr langsam; der Alltag verläuft weitgehend harmonisch und sehr überschaubar. Fast möchte man sagen: „Ihr in Europa habt moderne Uhren, wir aber haben die Zeit!"

Die stichelnden Nachbarn

Auf dem sportlichen Feld, insbesondere beim Rugby und Cricket, begegnen sich Neuseeländer und Australier seit gut einem Jahrhundert als „Erzfeinde" und zelebrieren diese unüberbrückbare Rivalität offen. Darüber hinaus sind die Unterschiede – mit Ausnahme der Behandlung ihrer Ureinwohner – eher marginal. Das Verhältnis beider Länder mit all ihren Sticheleien erinnert ein wenig an das von Deutschland und Österreich.

Gemeinsamkeiten von Australien und Neuseeland

- Beide Länder liegen down under, am anderen Ende der Erde, und damit weit entfernt von den politischen, wirtschaftlichen und kulturellen Zentren der Welt.

- Beide waren und sind *very british* aufgrund ihrer mehrheitlich britisch- und irisch-stämmigen Einwanderer. Beide sind Mitgliedstaaten des Commonwealth und unterstehen formal der britischen Krone – allerdings als unabhängige Staaten.

- Nicht wenige australische und neuseeländische Familien, die schon in der dritten bis fünften Generation down under leben, sind miteinander verwandt. Auch heute arbeiten nicht wenige Australier in Neuseeland als Busfahrer, Hotelangestellte, Manager etc. und gehen Partnerschaften mit Neuseeländern ein; in umgekehrter Richtung ist die Bereitschaft zum Ortswechsel noch ausgeprägter. Viele jüngere Neuseeländer ziehen nach Australien, da dort mehr berufliche Chancen und ein größerer Wohlstand zu erwarten sind als im eigenen Land.

- Die gemeinsame Geschichte, die eng an das Mutterland Großbritannien gebunden ist, gemeinsame kulturelle Prägungen und Gedenktage, die Dominanz britischer Kirchen und vieles andere mehr belegen die Verwandschaft beider Nationen. Es darf auch nicht vergessen werden, dass australische und neuseeländische Truppen für England in den Krieg zogen und dabei große Ver-

Neuseeland und Australien: Ähnlichkeiten sind durchaus zu erkennen, aber es gibt auch einige Unterschiede

luste erlitten. Der ANZAC-Day am 25. April jeden Jahres, der an den gemeinsamen, verlustreichen Einsatz in der Schlacht bei Gallipoli im I. Weltkrieg erinnert, zählt zu den wichtigsten staatlichen Feiertagen beider Länder.

Welche Unterschiede fallen andererseits auf?

Übrigens...

Das neuseeländische Englisch ist dem australischen sehr ähnlich, unterscheidet sich aber von ihm durch die andere Betonung einiger Vokale. Die Australier behaupten z.B. gerne die Kiwis würden „fush ‘ n‘ chups" statt „fish and chips" sagen. Der umgekehrte Vorwurf lautet, die Ozzies sagten „feesh ‘n‘ cheeps".
Eine Besonderheit des neuseeländischen Englisch sind der Maori-Sprache entlehnte Wörter. Analog dazu sind auch ins Australian English Aborigines-Ausdrücke eingegangen, die Zahl der Maori-Lehnwörter im neuseeländischen Englisch ist aber deutlich höher.

- Neuseeland ist, was das durchschnittliche Alter der Gesteinsformationen betrifft, jünger als Australien; das zeigt sich unter anderem an dem aktiven Vulkanismus, den Geysiren und Heißwasserseen.

- Australien ist das Land der Weite und der Extreme. Neuseeland ist hingegen kleiner, beschaulicher. Im Gegensatz zu Australien hat Neuseeland keinen tropischen Regenwald (es liegt weiter vom Äquator entfernt als Australien), keine eigentliche Wüste, kein unendliches Outback, kein Korallenriff in der Größe des Great Barrier Reef. Dafür bietet Neuseeland eine erstaunliche landschaftliche Vielfalt auf engstem Raum. An keinem Punkt auf beiden Inseln ist man weit von der Küste entfernt. Die herrlichen weiten Strände befinden sich unweit der Gebirge, der Gletscher oder des subtropischen Regenwaldes. Wenn man Australien touristisch erkunden will, ist man wegen der weiten Entfernungen auf das Flugzeug angewiesen – es sei denn, man bleibt ein halbes Jahr oder länger. In Neuseeland kann man alles bequem mit dem PKW oder einem Van erreichen.

- Beide Länder haben ein hohes Schulniveau und international geachtete Universitäten. Dennoch ist es für neuseeländische Akademiker interessanter, zumindest zeitweilig an einer australischen Hochschule zu unterrichten und zu forschen: Diese sind in der Regel größer und internationaler ausgerichtet, besser ausgestattet, bezahlen bessere Gehälter, und ein erfolgreicher Einsatz in Australien ebnet den Weg für einen internationalen Karrieresprung und erst recht für einen in Neuseeland.

- Die australische Bevölkerung umfasst knapp 19 Millionen Menschen, die neuseeländische rund vier Millionen. Die australische

Wirtschaft ist etwa sieben Mal so groß wie die neuseeländische; Konzerne in einer Größenordnung, wie sie in Australien oft anzutreffen ist, kennt Neuseeland (mit Ausnahme der Milchverarbeitung und der Forstwirtschaft) nicht. Nicht wenige Neuseeländer verdingen sich als Arbeitskräfte im benachbarten Land oder bauen sich dort als Selbständige Existenzen auf, um im Seniorenalter begütert nach Neuseeland zurückzukehren.

- Während die Aborigines schon vor circa 40.000 Jahren den australischen Kontinent besiedelten, kamen die ersten Maori erst vor knapp 800 Jahren nach Neuseeland. Die Maori sind gegenwärtig ganz anders in den neuseeländischen Alltag integriert als die Aborigines in Australien. Auch aus ethnologischer Sicht sind die Maori nicht mit den Aborigines vergleichbar.

Oz und Nz down under. Die unterschiedliche Größe ist nicht der einzige Unterschied

- Mitunter wird das Verhältnis der beiden Länder mit dem zwischen einem „größeren" und einem "kleineren Bruder" oder dem zwischen einem „ärmeren" und einem „reicheren Nachbarn" verglichen. Dabei kann man sich des Eindrucks nicht erwehren, dass seitens der Neuseeländer ein paar Minderwertigkeitsgefühle mitschwingen. Formal bauen sich die Kiwis in solchen Gesprächen mit Hinweisen auf das eigene wunderschöne Land, das gute Klima, den anderen Einwanderertypus[23,] die relative Unbeeinflusstheit der eigenen Regierung[24] und das andere Verhältnis zu den Ureinwohnern wieder auf.

Nähe und Abgrenzung

Bei all den Diskussionen über Gemeinsamkeiten und Unterschiede darf man Folgendes nicht vergessen:

- die in der Geschichte mehrmalig gescheiterten Versuche, Neuseeland Australien ein- und unterzuordnen, und den Stolz der Kiwis auf ihre Eigenständigkeit
- die Angst vieler Neuseeländer (vor allem der Farmer) vor dem Aufkauf durch australische Unternehmen und Banken bzw. global agierende Unternehmen über eine australische Speerspitze
- Australien ist zwar für Neuseeland das nächstgelegene Nachbarland, aber dennoch über 2.500 Kilometer entfernt. Das entspricht in etwa einer Entfernung von Berlin bis Reykjavik (plus zweihundert Kilometer). Außerdem fühlen die Kiwis sich den 4.000 Kilometer entfernten Cookinseln, die mit Neuseeland assoziiert sind, eigentlich mental näher als Australien.

Sehr unterschiedliche Positionen und öffentliche Bewertungen gibt es auf außenpolitischem Gebiet. Während Neuseeland um außenpolitische und militärische Unabhängigkeit bemüht ist, greift die Politik der konservativen australischen Regierung aktiv in die Politik der polynesischen Nachbarländer ein, sei es in Osttimor, Papua Neuguinea oder Fidschi. Diese Politik der aktiven Intervention, eine „Politik mit der Waffe", quasi in der Rolle eines „Hilfssheriffs" der USA im pazifischen Raum, stößt bei vielen Neuseeländern auf Unverständnis bis hin zur lauten Ablehnung.

Nichtsdestotrotz bleiben Fragen der engen wirtschaftlichen und kulturellen Zusammenarbeit hochaktuell. Seit Jahren wird beispielsweise überlegt, eine eigene und vom US$ unabhängige Währung zu schaffen, den so genannten ANZAC-Dollar. Auch die weitere Förderung des bilateralen Handels sowie die Zusammenarbeit auf Drittmärkten sind wichtige Themen.

Eine gewisse Verbundenheit wird auch durch die Flaggengestaltung symbolisiert. Die neuseeländische (oben) und die australische Flagge zeigen beide das Kreuz des Südens

Auf privater Ebene lässt sich folgende interessante Beobachtung machen: Wer von Neuseeland kommend ein oder zwei Jahre in Australien war, wird bewundert. Vielleicht hat man dort gutes Geld verdient, und auf dem Nummernschild des Autos steht Aussie oder Ozzie. Man ist stolz darauf, dagewesen zu sein, und ist gut angesehen, weil man besser verdient und in einem Land war, wo alles größer ist als in Neuseeland. Dennoch kommen viele Rentner gern nach Neuseeland (zurück). Das Klima ist weitaus verträglicher. Und da sie finanziell gut dastehen, geht die Angst bei den Daheimgebliebenen um, aufgekauft zu werden.

Unter den Einwanderern deutscher Abstammung, mit denen wir in Neuseeland sprachen, waren übrigens einige, die in Neuseeland „hängen geblieben" sind. Sie wollten ursprünglich nach Australien auswandern, waren zum Teil auch schon als Touristen oder zeitweilige Arbeitskräfte dort, erhielten aber nicht die Einreiseerlaubnis. Sie blieben dann in Neuseeland, wo die Einreiseformalitäten einfacher sind, um später nach Australien zu ziehen. Eine Familie hat das auch weiterhin vor und sieht Neuseeland für sich nur als Durchgangsstation. Drei andere Familien haben sich nach einigen Jahren erfolgreicher Tätigkeit in Neuseeland entschlossen, dauerhaft zu bleiben.
Bei den europäischen Einwanderern der letzten Jahrzehnte werden anscheinend Fragen nach Gemeinsamkeiten und Unterschieden zwischen beiden neuseeländischen Inseln und Australien viel gleichmütiger beantwortet als von den Ur-Kiwis.

Der Brautzug nach Middlemarch

Middlemarch ist ein heutzutage eher stilles und unbedeutendes, etwa 70 Kilometer von Dunedin entferntes Städtchen in den fruchtbaren Taieri Plains der Südinsel. Seine Vergangenheit war turbulent – so, wie es sich für eine alte Goldgräberstadt gehört. In den Sommermonaten kommen ein paar Touristen in die Wander- und Mountainbike-Region. Einmal im Jahr aber ist hier richtig etwas los. Dann ist Middlemarch Schauplatz für ein Spektakel, das interessanter für die Singles der Südinsel Neuseelands als für Touristen ist.
Irgendwer in der Stadt hatte irgendwann die grandiose Idee, in Middlemarch eine Art Heiratsmarkt ins Leben zu rufen, Treffpunkt vieler alleinstehender Farmer von mehr oder weniger entlegenen Orten, die vielleicht eine Frau finden, aber zumindest die Gaudi als Erinnerung mit nach Hause nehmen wollen. Die unternehmungslustigen Frauen und Mädchen, die natürlich genau wissen, wann der Brautzug nach Middlemarch fährt, bereiten sich gut vor, überlegen sich genau, in welchem Outfit die Reise angetreten werden soll, ob-

Die historische Taieri-Gorge- Eisenbahn: Einmal im Jahr zu Ostern ist sie der „Brautzug" nach Middlemarch

wohl jede sagt, dass es natürlich nur ein Spaß ist. Aber man weiß ja nie...Wer nicht von vornherein mit einer Gruppe in den Zug steigt, lernt spätestens auf der Fahrt Gleichgesinnte kennen. Es geht lustig zu, und das nicht nur, weil die eine oder andere sich ein bisschen Mut antrinken muss.

In Middlemarch, wo inzwischen ein riesiges Partyzelt aufgebaut ist, sind die jungen Männer bereits zur Stelle und der Tanz beginnt sofort nach Ankunft des Zuges. Es heißt, die Zeit zu nutzen, denn nur wenige bleiben die ganze Nacht. Gegen Mitternacht geht es per Bahn wieder fort von Middlemarch, es sei denn, man hat „den" Partner gefunden oder glaubt das zumindest.

Manch eine der am Vortag angereisten Damen ist am nächsten Morgen auch dann noch zu finden, wenn sich kein Traummann mit Farm aufgabeln ließ. Denn es geht noch weiter. Die noch anwesenden Herren werden jetzt verlost und jede der Damen hat die Aufgabe, ein überzeugendes Lunch oder Brunch für den gezogenen Kandidaten auf den Tisch zu zaubern.

Die Gaudi setzt sich fort und das eine oder andere Paar hat sich jetzt mit Sicherheit gefunden. Die anderen kommen im nächsten Jahr wieder, denn das Ganze ist ja eigentlich ein Riesenspaß – und auch wenn man am Ende keinen Partner gefunden hat, so war es doch ein schöner Tag. Die Stadtväter von Middlemarch freuen sich jedenfalls nicht nur über ihre Einnahmen, sondern auch über die Publicity.

Einen analogen Brauch gibt es übrigens seit 22 Jahren in der spanischen Ortschaft Villafrechós in der spanischen Region Kastilien-León. Dort herrscht ein notorischer Frauenmangel. Die jungen Frauen ziehen auf der Suche nach Arbeit und Liebe eher in die Städte. Einmal im Jahr aber kommen mehrere Busse mit bis zu 100 Frauen aller Altersgruppen zum „Treffen der Liebe und Freundschaft". Die Single-Männer zahlen für die Gaudi je 100 Euro, die Frauen einen symbolischen Beitrag von fünf Euro, und der Bürgermeister gibt für Musik, Speisen und Getränke noch einmal 2.000 Euro dazu. Immerhin lag die Quote derer, die danach eine feste Beziehung eingingen, in den letzten Jahren zwischen zehn und zwölf Prozent.

Auch an einem dritten Ort konnte man etwas Ähnliches beobachten: 1985 zogen 120 Frauen in das Pyrenäendorf Plan. 1986 und 1987 wiederholte sich diese „Frauen-Karawane".

Der Bahnhof des 300-Seelen-Örtchens Middlemarch, Endhaltestelle der Museumseisenbahn Taieri Gorge Railway

Typen im Alltag

Den Puls eines Landes spürt man an der Bewegung und dem Auftreten der Menschen. Einige fotografische Impressionen gehen dieser Behauptung nach.

Neuseeländische Originale. Oben der Wizard of New Zealand: Magier, Universitäts-Lehrer, Polit-Aktivist und neuseeländisches Gesamtkunstwerk

Kapitel 3

Die Fundamente
des Landes

Kauri-Stämme werden mit Ochsen zum Sägewerk transportiert (Fotografie vom Anfang des 20. Jahrhunderts)

Die Fundamente
des Landes

Kupe, in der Mythologie mancher Maoristämme der Entdecker Neuseelands. Schnitzerei an einem Hauspfosten, 20.Jhdt.

Maori – die ersten Einwanderer

Wie die Maori nach Neuseeland kamen

Heute weiß man relativ genau, wann die ersten Maori nach Neuseeland kamen. Entgegen den früheren Vorstellungen, dass die ersten Maori vor 1.000 bis 1.300 Jahren die neuseeländische Nordinsel besiedelten, kann heute davon ausgegangen werden, dass dies erst etwa seit dem frühen 14. Jahrhundert geschah. Michael King, ein begnadeter neuseeländischer Historiker, hat diese Geschichtskorrektur in seinem letzten großen Werk „The Penguin History of New Zealand", das im November 2003 in erster Ausgabe erschien und binnen weniger Tage vergriffen war, überzeugend begründet[25].

Radiokarbonmessungen datieren erste Siedlungen auf der Nordinsel – in Northland und an der Coromandelküste. Bei Ausgrabungen stieß man auf Schutzwälle, Feuerstellen, Knochen und Werkzeuge. Zu Tage geförderte Gefäße und Kunstgegenstände, die aus Materialien hergestellt sind, die im Umfeld der Siedlungen nicht zur Verfügung standen, lassen frühe Stammeswanderungen und Handel vermuten.

Niemand weiß genau, woher die Maori kamen. In jüngster Zeit verdichten sich jedoch wissenschaftliche Befunde, die einen interessanten Schluss zulassen: Einer DNA-Studie aus dem Jahr 1998 zufolge stam-

men die Vorfahren der Maori und der anderen polynesischen Ureinwohner aus dem chinesischen Raum. Dies legen auch vergleichende
Sprachstudien nahe, die den Ursprung der Polynesier auf Taiwan
vermuten lassen, denn dort sind alle zehn austronesischen
Sprachfamilien zu Hause – gesprochen von der Minderheit der indigenen Völker. Dagegen wird nur
eine dieser Familien, das Malayo-Polynesi-
sche, zu dem auch Maori gehört, in ganz Polynesien und auf vielen südostasiatischen
Inseln gesprochen.

Die Polynesier kamen mit Ausleger-
kanus nach Hawaii, auf die Osterinsel
und nach Neuseeland. Hawaii und
die Osterinsel wurden schon frühzeitig zu Ausgangspunkten für Entdeckungsreisen an die süd- und mittel-
amerikanischen Küsten.

Das polynesische Dreieck zwischen
Hawaii, der Osterinsel und Neuseeland
ist – genauer betrachtet – der größte Kul-
turraum der Welt. Jeder Schenkel des Drei-
ecks ist circa 7.600 Kilometer lang; das entspricht der Entfernung von Düsseldorf bis Peking
oder von Berlin bis Lesotho oder Brasilia. Die Karte
vermittelt uns einen guten Eindruck von den unendlichen
Weiten des Meeres und der geringen Landmasse in dieser Großregion.

Das polyne-sische Drei-eck im Pazifik: Ha-waii (1), Neuseeland (Aotearoa) (2) und Rapa Nui (3) bilden die Ecken. Im Zentrum liegt Tahiti (5), westlich davon Samoa (4)

Die vielen Inseln im polynesischen Dreieck wurden anscheinend zwischen dem 5. und 14. Jahrhundert quasi von einer Insel zur anderen
besiedelt. Wenn es auf einer Insel zu einer Überbevölkerung kam, zog
ein Teil der Insulaner mit Booten weiter, um neues Land zu entdecken
und zu bevölkern. Man stieß in unbekannte Welten vor, die 1.000 Kilometer oder sogar noch weiter entfernt waren.
Diese gefährlichen Reisen gründeten sich nicht auf Abenteuerlust oder
Gier nach Reichtümern, sondern wurden notwendig wegen der Verar-
mung durch Überbevölkerung und damit Landknappheit und Hunger
sowie durch kriegerische Auseinandersetzungen zwischen den Stämmen. Die Reisen waren offenbar gut organisiert und bezogen Frauen

177

und Kinder ebenso ein wie selbst gezüchtete Pflanzen und Tiere. Es wurde an alles gedacht, was eine Neuansiedlung möglich machte.

Die erkundenden Polynesier waren hervorragende Seeleute. Ohne Kartenkunde und Kompass navigierten sie nach den Sternen, orientierten sich an Wärmegefällen und -strömungen im Meer sowie an den Bewegungen der Fischschwärme und der Fischjäger (Delphine, Haie, Vögel). Dadurch war es ihnen auch möglich, einzelne Inseln wiederzufinden. Heute weiß man außerdem, dass einzelne Boote zu den Ausgangspunkten der Auswanderung zurückkehrten.

Da sich die scheinbare Bahn der Sonne am Himmel auf einer weiten Bootsreise über viele Breitengrade ändert, bevorzugten die Polynesier den verlässlich kreisenden Mond als Zeitmesser, und vertrauen auch heute noch dem Mondkalender.

Die mikronesischen und polynesischen Stämme brachten ihre hochentwickelte Pflanzenbaukultur aus Südostasien und Indonesien über diese großen Distanzen auch nach Neuseeland. Sie mussten ihre Gartenbaukultur den verschiedenen klimatischen Verhältnissen anpassen – und in Neuseeland vieles aufgeben. Dafür spezialisierten sie sich auf die Jägerei.

In ähnlichen Kanus wie diesen Maori-Waka in einer Darstellung von Augustus Earl von 1827 legten die Polynesier große Entfernungen auf dem Ozean zurück

Wir müssen uns einmal vor Augen halten, was damals geschah: Die Entdeckungsreisen von Vasco da Gama und Christoph Kolumbus fanden erst viel später statt und waren nur ein Bruchteil dessen, was die Polynesier viel früher geschafft hatten. Zu Kolumbus` Zeiten war schon der gesamte riesige pazifische Raum von mikronesischen und polynesischen Stämmen besiedelt.

Die Europäer kamen erst in der zweiten Hälfte des 18. Jahrhunderts auf die polynesischen Inseln. Durch Krankheit, Mord und Sklavenhandel wurde die dortige Bevölkerung auf circa 15 Prozent ihrer ursprünglichen Zahl dezimiert – ein kaum zu sühnendes Unrecht.

Die ersten Erschließungen und Besiedlungen durch Europäer in Neu-

seeland erfolgten durch Wahlfangstationen im nordöstlichen Teil der Nordinsel und im nordwestlichen und südlichen Teil der Südinsel. Beschleunigt wurde die Erschließung auf der Nordinsel durch den Holzschlag seit 1780.

Pakeha und andere Einwanderer

Kurzer Abriss der Einwanderungsgeschichte seit dem 18. Jahrhundert

Auswanderer, Einwanderer, Immigranten, Migranten. Allen diesen Begriffen liegt – unabhängig von der Richtung – der Begriff „wandern" (lat. migrare) zugrunde. Migration ist laut DUDEN die „Wanderung, Bewegung von Gruppen im geographischen oder sozialen Raum, die mit einem Wechsel des Wohnsitzes verbunden ist".

Schon in den 1920er Jahren bezeichnete der amerikanische Soziologe Robert E. Park die Migrationsbewegungen als historische Bewegungen, da sie einschneidende Veränderungen und Fortschritte in Zivilisation und Kultur brachten. Er betonte, dass solche Fortschritte ohne die „Wanderungen" der Menschen nicht denkbar wären.

Die Gründe für eine Auswanderung waren zu allen Zeiten vielgestaltig: Hungersnöte oder generelle Armut; Verfolgungen aus Glaubensgründen (in Europa zum Beispiel die Verfolgung der Hugenotten und Waldenser oder der Juden); Überbevölkerung oder Kriege und Kriegsfolgen. Aber auch nicht wenige Menschen wanderten aus, weil sie entweder schnellen Reichtum erwarteten (zum Beispiel Gold- und Diamantensucher) oder eine „bessere Welt an anderer Stelle" aufbauen wollten. Bei letzteren denken wir an die Mormonen oder die Hutterer und Bruderhöfer, die heute noch in festen sozialen Gemeinschaften versuchen, ihre Ideale und ihren Glauben zu leben; oder an die utopischen Sozialisten, die von England kommend versuchten, in Amerika einen reinen Sozialismus aufzubauen – und scheiterten.

Auch nach Neuseeland kamen Menschen mit den unterschiedlichsten Motiven, etliche in der Hoffnung, irgendwann als „gemachter Mann" in die verlassene Heimat zurückkehren zu können. Die meisten jedoch ließen sich dauerhaft nieder – und das bessere Leben, das sie sich erhofft hatten, blieb eine Illusion.

Die noch sehr junge Geschichte der Einwanderung nach Neuseeland ist eng mit der jeweiligen Einwanderungspolitik Großbritanniens und später der neuseeländischen Regierung zu verschiedenen Zeitpunkten und mit der jeweiligen ökonomischen Situation sowohl Neuseelands als auch der Herkunftsländer verbunden.

Nicht wenige Immigranten kamen und zogen dann weiter in ein anderes Land. Umgekehrt gab es auch Migranten, die beispielsweise in der ersten Hälfte des 19. Jahrhunderts von Schottland nach Kanada auswanderten und von dort wiederum nach Neuseeland.
Spätere Einwanderer, vor allem des 20. Jahrhunderts, wurden von schon ansässigen Europäern ganz unterschiedlich aufgenommen. Viele verbrachten die erste Zeit in Neuseeland in einer bleiernen Isolation, vor allem natürlich diejenigen, die des Englischen nicht mächtig waren und auch sonst keine Fremdsprachen beherrschten, alte Menschen und Frauen, die zu Hause blieben und dort ihre Arbeit

verrichteten. Die Unterkünfte waren auf dem Land häufig sehr weit voneinander entfernt, öffentliche Verkehrsmittel gab es nicht, und die Umgebung war zum Teil von dichtem Urwald geprägt.

Im Folgenden sollen die Einwanderungsströme grob nachgezeichnet werden, um die charakteristischen Bewegungen und die Wurzeln eines großen Teils des heutigen neuseeländischen Gemeinwesens nachzuvollziehen. In einem zweiten Schritt wollen wir anhand einiger Chroniken individuelle Schicksale von deutschsprachigen und anderen Familien aufzeigen.

Europäer

Seit der Kolonialisierung Neuseelands durch die Britische Krone kamen die meisten Einwanderer aus England, Irland und vom europäischen Festland. Aber selbst im Jahre 1860 waren die Maori noch in der Mehrzahl. Goldfunde führten zu einer weiteren großen Einwanderungswelle um 1860. Goldgräber kamen aus vieler Herren Länder, insbesondere aus den USA und Kanada. Ein großer Prozentsatz dieser Einwanderer wurde sesshaft.

Die internationale Werbung für öffentliche Arbeitsprojekte und die verbesserten Möglichkeiten der Landerschließung brachten ab 1870 eine weitere beachtliche Einwanderungswelle. Allein zwischen 1873 und 1876 kamen rund 63.000 Menschen ins Land, die Hälfte von ihnen aus England, die anderen vorwiegend aus Deutschland, der Schweiz, Polen und Skandinavien. Zu dieser Zeit waren die deutschsprachigen Immigranten die zweitgrößte „Landsmannschaft". Die Zahl europäischer Einwanderer nach Neuseeland war sehr hoch, besonders wenn man bedenkt, dass zu dieser Zeit die USA ein weitaus attraktiveres Auswanderungsziel war. Allein im 19. Jahrhundert emigrierten rund sechs Millionen Deutsche dorthin und waren damit zeitweilig die stärkste Zuwanderergruppe.

Das alte Missionshaus in Kerikeri (gegründet 1822). Die Stadt nimmt für sich in Anspruch, die älteste Siedlung Neuseelands zu sein

Aufgrund der wirtschaftlich sehr schwierigen Zeiten wanderten bis Anfang des 20. Jahrhunderts viele junge Leute aus Dalmatien, Kroatien, Italien und Griechenland nach Neuseeland aus. Sie hatten oft die feste Absicht, später wieder in ihre Ursprungsländer zurückzukehren. Doch die wenigsten schafften das. Später folgten Verwandte und Freunde der früher Eingewanderten, die Post erhalten hatten, in der nur Gutes über die neue Heimat berichtet wurde. Außerdem kamen junge Frauen, die Familien gründeten. Prämien in Form von Grund und Boden seitens der neuseeländischen Verwaltung für jedes in Neuseeland geborene Einwandererkind beschleunigten und bestärkten diesen Prozess.

Zwischen 1887 und 1909 kamen allein aus der Küstenregion Kroatiens 4.000 junge Männer nach Neuseeland. Sie gingen mehrheitlich in die Gum-Felder Northlands. Später siedelten sie sich im Süden der Nordinsel als Farmer, Winzer oder auch in anderen Berufen an.

Zwischen 1910 und 1945 suchten viele Flüchtlinge aus den europäischen Kriegsgebieten in Neuseeland bessere wirtschaftliche Bedingungen und persönliche Sicherheit.

Eine aktive Immigrationspolitik wurde aber erst nach dem Zweiten Weltkrieg betrieben. 1951 wurde beispielsweise das Netherlands Migration Scheme realisiert, das 1.000 niederländischen Staatsangehörigen pro Jahr eine Aufenthaltserlaubnis gewähren sollte. So kamen zwischen 1952 und 1972 auch rund 30.000 Niederländer nach Neuseeland. Zurzeit leben mehr als 47.000 Menschen niederländischer Herkunft auf den Inseln. Sie sind heute nach den britischen Immigranten die zweitgrößte europäische Einwanderergruppe.
1976 endete dieses Einwanderungsprogramm. Ein anderes Programm – speziell für britische Einwanderungswillige – bestand zwischen 1947 und 1974. Ihm folgten mehr als 76.000 Menschen. Großbritannien blieb die Hauptquelle der Immigranten.

Inder

Die ersten Sikhs kamen um 1900 als Straßenhändler nach Neuseeland, blieben eine Weile und kehrten dann wieder nach Punjab zurück. Zwischen 1920 und 1930 wanderten dann die ersten Gruppen indischer Männer ein – vorwiegend aus Gujarat in Westindien –, die der Überbevölkerung und Armut in ihrer Heimat entflohen. Sie verdingten sich vorwiegend als Landarbeiter. In Neuseeland trafen sie anfangs auf viele Vorurteile und wurden ausgegrenzt.
Bis 1940 kamen nur wenige indische Frauen nach Neuseeland. Danach wurden die restriktiven Immigrationsvorschriften gelockert.
In der Zeit nach dem II. Weltkrieg, zwischen 1945 und 1966, wuchs die Bevölkerung indischer Herkunft schnell um das Fünffache. Viele Inder wurden in Gärtnereien tätig (besonders im Gebiet Pukekohe), in der Milchwirtschaft (in Waikato) oder im Kleinhandel (in Milchgeschäften oder als Obst- und Gemüsehändler). In den letzten Jahrzehnten erweiterte sich das Tätigkeitsspektrum durch diverse Ausbildungsberufe und Jobs in der Industrie.
Die Anzahl der Menschen indischer Herkunft wächst gegenwärtig durch zwei Entwicklungsströme stark: einmal durch kinderreiche Familien in Neuseeland selbst und zum anderen durch zunehmende Immigrantenzahlen aus Indien und von den Fidschi-Inseln.

Anand Satyanand, 2006 bis 2011 Generalgouverneur von Neuseeland, ist fijianischer und anglo-indischer Abstammung

Chinesen

Die ersten Chinesen trafen um 1860 als Goldminen-Arbeiter in Neuseeland ein. Sie kamen mehrheitlich aus der Region Kanton und waren verarmte Bauern, die den kriegerischen Auseinandersetzungen und der Hungersnot entkommen wollten. Es war die Zeit der Mandschu-Dynastie (1821-1894) und die des zweiten und dritten Krieges Englands gegen China.
Als der Goldboom vorbei war, gingen viele der eingewanderten Chinesen in die aufkommende Industrie oder gründeten kleine Straßengeschäfte, Restaurants, Gärtnereien, Wäschereien bzw. Reinigungsanstalten.

Pansy Wong, in den Jahren 2008 bis 2010 Ministerin in der von der National Party geführten Regierung, wurde in Shanghai geboren

Auf die europäischen Immigranten wirkte die Kultur der chinesischen Einwanderer fremd. Diese waren sehr fleißig und sozial als eine Gemeinschaft organisiert, die sich mit anderen ethnischen Gruppen nicht vermischte. So kam es zu unverhohlenen feindseligen Aktionen gegen die Chinesen. Mittels einer diskriminierenden Gesetzgebung wurde die Anzahl der Chinesen mit Bleiberecht stark verringert. Im Jahre 1881 lebten in Neuseeland 5.000 und 1916 nur noch 2.147 Chinesen. Bis zum Zweiten Weltkrieg durften nur wenige Chinesen einreisen, und erst seit 1952 dürfen Chinesen eingebürgert werden. Inzwischen gibt es mehr in Neuseeland geborene „Chinesen" als Neuankömmlinge aus China, Hongkong oder Taiwan. Die heutigen Immigranten sind sehr gut ausgebildete Fach- und Geschäftsleute mit einer guten finanziellen Ausgangsbasis.

Einwanderer von den Pazifik-Inseln

Vor dem II. Weltkrieg gab es in Neuseeland nur vereinzelt Einwanderer aus dem Pazifikraum. Seit den 1950er Jahren jedoch nahm ihre Zahl zu. Immigranten kamen hauptsächlich von den kleinen Inseln, wo die Bevölkerung explosionsartig gewachsen war und es nur wenige Arbeitsmöglichkeiten gab. Sie waren ungelernte oder gering qualifizierte Arbeitskräfte und wurden im Dienstleistungsgewerbe oder mit einfachen Tätigkeiten in der industriellen Fertigung beschäftigt. Im Jahre 1966 lebten in Neuseeland 26.271 Menschen, die von den pazifischen Inseln stammten, 30 Jahre später bereits rund 200.000.
Heute machen die Einwanderer aus dieser geografischen Region im-

merhin 5,6 Prozent der Gesamtbevölkerung aus. Einige Inseln haben mehr Neuseeland-Emigranten hervorgebracht, als sie selbst Einwohner haben. Die größte Konzentration dieser Einwanderer ist in und um Auckland zu finden. Ein nicht geringer Teil des Verdienstes dieser Menschen wird an die daheimgebliebenen Familien geschickt und ist inzwischen ein wichtiger Wirtschaftsfaktor für ihre Heimat-Inseln geworden.

Aufgrund ihrer früheren kolonialen Beziehungen zu Neuseeland haben Bürger der Cook-Inseln sowie von Niue und Tokelau freien Zugang nach Neuseeland. Für Samoa hingegen gibt es eine jährliche Zuwanderungsquote von 1.100 Menschen.

Internationale Flüchtlinge

Auf eine weitere Quelle der Einwanderung sei noch aufmerksam gemacht: die der Flüchtlinge, die aufgrund von Krieg oder persönlicher Verfolgung nach Neuseeland kommen und keine Chancen haben, in ihre Heimatländer zurückzukehren. Viele von ihnen haben schon mehrere Jahre in Flüchtlingslagern in einem anderen Asylland verbracht. Oft leiden diese Menschen unter einem Trauma.

Zwischen 1933 und 1940 wanderten Tausende von den Nazis verfolgte europäische Juden, insbesondere aus Deutschland und Österreich, ein – in der Regel Angehörige der Mittelschicht, die sehr gut qualifiziert waren. Im Jahr 1944 wurden 733 polnische Kinder aufgenommen. Es folgten 6.000 Menschen aus anderen osteuropäischen Ländern, die in den letzten Kriegsmonaten der Zerstörung, aber auch der nahenden Roten Armee entkommen wollten. Zwischen 1949 und 1951 wanderten – wiederum aus politischen Gründen – mehrere tausend Griechen ein. 1956 folgten Ungarn, nachdem der Volksaufstand durch sowjetische Panzer niedergeschlagen worden war, 1968 Tschechen und Slowaken, als auch der „Prager Frühling" durch die Sowjetarmee beendet wurde.

Zwischen 1974 und 1986 gab es eine größere Einwanderungswelle russischer Juden, die unter antisemitischen Tendenzen zu leiden hatten. 1973 kamen Asiaten, die zuvor gezwungen worden waren, Uganda zu verlassen; 1974 bis 1981 Chilenen, die vor dem Pinochet-Regime fliehen mussten. Die größte Flüchtlingszahl in wenigen Jahren erreichte

Neuseeland jedoch während des Vietnam-Krieges: über 10.000 Vietnamesen und Kambodschaner kamen ab 1975.

Zu Recht kann man sagen: Die Einwanderungsgeschichte seit den 1930er Jahren spiegelt das Elend der Welt wider und Neuseeland wurde zur Hoffnung vieler Tausend Menschen. Dies setzte und setzt sich fort, auch wenn die durch Krieg, Vertreibung und persönliche Verfolgung gekennzeichneten Menschen nicht mehr in solch großen Anzahl einwanderten: Bahais aus dem Iran, assyrische Christen und Kurden aus dem Irak, Flüchtlinge aus dem ehemaligen Jugoslawien, aus China, Indonesien, Burundi, Somalia, Eritrea, Äthiopien, dem Sudan, Afghanistan, Pakistan und Sri Lanka. Die Flüchtlinge gelangen auf zwei Wegen nach Neuseeland: entweder im Rahmen der jährlichen Flüchtlingsquote von 750 Personen oder als Asylsuchende.

Aktuelle Immigrationspolitik

Bis Mitte der 1950er Jahre kamen die Immigranten vorwiegend aus den traditionellen Herkunftsländern Großbritannien, Australien, einigen europäischen Ländern und von den pazifischen Inseln.
In den 1980er Jahren gab es in enger Verbindung mit den Wirtschaftsreformen große Veränderungen in der neuseeländischen Immigrationspolitik. Der Fokus wurde dabei stärker auf den asiatischen und pazifischen Raum gerichtet. Diskriminierungen wurden zurückgenommen, und mit dem Auswahlsystem seit 1987 wurde mehr Wert auf die Qualifikation sowie auf das mitgebrachte Kapital gelegt, das in Neuseeland investiert werden sollte. In diesem Zusammenhang wurden auch weitaus mehr Einwanderungsländer akzeptiert als zuvor.

Die Ergebnisse dieser Veränderung waren insbesondere:
- eine große Einwanderungswelle hoch qualifizierter Personen aus Asien und der Pazifik-Region
- eine hohe Konzentration auf die Städte
- ein deutliches Ansteigen der Zahl der Selbständigen und Firmenneugründungen

Andererseits fand eine erhebliche Anzahl dieser Immigranten in ihren ursprünglichen Berufen keine Arbeit, zumal es in den städtischen

Ballungszentren zum Teil deutliche Überangebote gab. Das nachgebesserte Immigrationsgesetz berücksichtigt solche Tendenzen.

Seit den 1990er Jahren kamen aufgrund der politischen Unsicherheit und wachsenden Kriminalität in Südafrika circa 10.000 (vorwiegend weiße) Südafrikaner nach Neuseeland. Die meisten von ihnen waren sehr gut ausgebildet, sprachen fließend Englisch und brachten Vermögen mit, das sie unter dem Apartheidregime gemacht hatten.
Im Jahre 2000 kamen die meisten Immigranten aus Großbritannien, Indien, China und Südafrika.

Neuseeland war schon immer Einwanderungsland, und die dadurch entstandene Heterogenität der Bevölkerung förderte die Offenheit der Gesellschaft. Deshalb konnte sich Neuseeland im Zuge der Wirtschaftsreformen der 80er Jahre ohne nennenswerte Widerstände mehr und mehr global und weltmarktorientiert aufstellen.

Löwentänzer beim chinesischen Laternenfest in Auckland. Die am stärksten wachsenden Gruppen von Einwanderern in Neuseeland kommen aus Asien

Zuwanderung wird auch in Zukunft eine sehr große Bedeutung haben, hauptsächlich aus zwei Gründen:
• Sie ist für das Bevölkerungswachstum notwendig und zielt vor allem auf junge Familien mit kleinen Kindern ab.
• Es werden international anerkannte Qualifikationen sowie Kapital gesucht, um Branchen und Sparten aufzubauen, die Neuseelands Markt- und Exportfähigkeit auch in Zukunft gewährleisten. Dabei wird zunehmend auch auf zukunftsorientierte innovative Branchen wie die Biotechnologie gesetzt.

Neuseeland lebt(e) von einem Baum

Diese Behauptung mag Ihnen erst einmal eigenartig erscheinen, doch sie stimmt auf verschiedene Weise:

- Der mächtige Kauribaum, der früher auf großen Teilen der Nordinsel wuchs, war zeitweilig wichtigstes Exportgut und Lebensgrundlage der Siedler. Das Holz dieser Bäume gehört zu den besten Hölzern der Welt. Heute sind allerdings nur noch vier Prozent der ehemaligen Kauri-Wälder übrig: 7.455 Hektar.
- Das Kauriharz ist quasi das Blut des Kauribaumes und könnte als neuseeländischer Bernstein bezeichnet werden. Da die Kauribäume gewaltigen Ausmaßes sind, konnte viel Harz gewonnen bzw. von Harzsammlern (gum digger) eingesammelt werden. Es wurde sowohl industriell als auch kunsthandwerklich verarbeitet.

Die neuseeländische Geschichte ist also engstens mit dem mächtigen Kauribaum verbunden.

Holzfäller bei der Arbeit. Der Kauri-Baum war für die neuseeländische Wirtschaft früher ein wichtiger Rohstofflieferant

Der Herr des Waldes

Der größte noch existierende Kauri ist der Tane Mahuta (auf Maori: „Herr des Waldes"). Er hat einen Durchmesser von 4,4 Metern, einen Umfang von 13 Metern und misst 17,7 Meter bis zum ersten Ast und 51 Meter bis zur Krone. Sein Holzvolumen umfasst 244 Kubikmeter. Er ist über 1.500 Jahre alt. Früher gab es Kauribäume noch viel mächtigeren Ausmaßes und höheren Alters. Verlässliche Berichte erzählen von zwei Riesen, die aber gefällt wurden: Zum einen gab es den „Kairaru" mit einem Stammdurchmesser von 6,4 Metern, einer Nutzstamm-Höhe von 30,5 Metern, einer Gesamthöhe von 65 Metern und einem Holzvolumen von 453 Kubikmetern. Noch beeindruckender war der „General Sherman" mit 9,7 Metern Stammdurchmesser, 39,6 Metern Nutzstamm-Höhe, 83 Metern Gesamthöhe und einem Alter von 3.500 Jahren! Ein Kauri braucht übrigens 300 bis 400 Jahre, um heranzuwachsen.

Der „Herr des Waldes" steht im Waipoua Forest im Nordosten der Nordinsel. In einem weltweit einmaligen (Kauri-)Holzmuseum in Matakohe, circa 90 Kilometer vom Tane Mahuta entfernt, kann man die faszinierende Geschichte der ersten Siedler sowie der frühen Kauri- und Harzindustrie nacherleben.

Für interessierte Leser stellen wir nachfolgend einige spezielle Charakteristika dieses einmaligen Baumes zusammen. Weniger Interessierte können diesen Abschnitt gern überspringen.

Tane Mahuta, der „Herr des Waldes", der größte noch existierende Kauri

Der Kauribaum, Agathis australis, ist der größte, berühmteste und am vielseitigsten verwendbare Baum Neuseelands. Er gehört zur Ordnung der Koniferen (Kiefernartigen)26. Die ersten Vorfahren des Kauri entwickelten sich in der Jurazeit vor 135 bis 190 Millionen Jahren. Die Kauriwälder gehören somit zu den ältesten der Welt.

Der junge Kauribaum hat einen schlanken, kegelförmigen Stamm mit Ästen, die sich über seine gesamte Länge verteilen. Mit zunehmender Höhe werden die unteren Äste nach und nach abgeworfen, während sich die obersten Äste zu einer dichten Krone ausbilden, die alle anderen Bäume überragt und den Wald dominiert. Der Stamm wächst zunehmend zu einer mächtigen, astlosen Säule heran. Die Rinde schält sich in dicken Flocken verschiedener Größe, sodass der Baum von Epiphyten27 freigehalten wird.

Der Baumstamm besteht aus makellosem, gerade gemaserten Holz, das für vielfältige Verarbeitungen geeignet ist. So wurde es im 19. Jahrhundert vor allem für den Bau von Schiffen verwendet, besonders für Masten und Holme von Segelschiffen; ferner für Häuser, Möbel, Brücken, Gussformen, Dämme, Fässer, Eisenbahnschwellen, Stützbalken im Bergbau, große Walzen für die Textilindustrie, Drechselarbeiten und vieles mehr. Das Holz lässt sich leicht verarbeiten, ist sehr stabil, widerstandsfähig und kräftig.

Heute gibt es kaum noch Kauribäume und die letzten Restbestände dürfen nicht geschlagen werden. Eine Ausnahme der Holzgewinnung und -verarbeitung bilden Sumpfkauris. Das ist Kauriholz, das aus der Erde, vorwiegend aus dem Sumpf, geborgen wird. Es stammt aus Wäldern, die vor circa 50.000 Jahren während einer Naturkatastrophe begraben wurden. Häufig wurden zusammen mit den Stämmen auch Blätter und Zapfen konserviert.

Das Sumpfkauri-Holz wird vor allem in der Möbelindustrie und zur Herstellung von Schnitzereien und Drechselarbeiten verwendet, da ihm die Natur eine kräftige dunkelbraune und grüne Färbung verliehen hat, die die Maserung noch stärker hervortreten lässt.

Von großer wirtschaftlicher Bedeutung war über Generationen hinweg auch das Kauriharz. Wenn die Rinde – auch auf natürliche Weise – beschädigt wird oder durch den Wind Äste abbrechen, tritt Harz aus und verschließt die Wunde. So wird verhindert, dass Wasser in den Baum eindringt und Fäulnis auftreten kann. Während der Baum wächst, schält sich die Rinde ständig. Dadurch löst sich das alte Harz und fällt auf den Boden. Aufgrund der großen Anzahl von Kauribäumen und der Größe und des Alters der Bäume gab es riesige Mengen an Harz in Form von harten Klumpen sowohl auf als auch in der Erde.

Helden der Pionierzeit: Holzfäller und -transporteure

Zwischen 1800 und 1900 wurden drei Viertel des gesamten Kauri-Bestandes, damals eine Million Hektar, gefällt. Im 20. Jahrhundert wurde die Abholzung erheblich reduziert. Schließlich stellte man die Bäume 1986 unter Naturschutz. Heute gibt es nur noch wenige Abholzlizenzen, die sich eigentlich fast ausschließlich auf die Sumpfkauri-Gewinnung beschränken.

Das Fällen eines Kauri-Baumes war eine schwierige und gefährliche Arbeit. Im 19. Jahrhundert mussten die Baumfäller mannshohe Aussparungen in den Baum hacken, um von dort aus weiterarbeiten zu können. Später wurden Sägen verwendet, die mit Hilfe von Keilen durch den Baumstamm getrieben wurden. In der Regel mussten die dicken Stämme mit der Axt bearbeitet und so der Stammumfang reduziert werden, da sonst die Säge nicht von der einen zur anderen Seite reichte.

Die eingewanderten Holzfäller kamen fast ausschließlich aus Europa, vorwiegend aus Kroatien und Dalmatien. Sie lebten unter schwierigsten Bedingungen in spärlichen Behausungen und Erdhütten im Kauri-Urwald. In den Wäldern gab es kein jagbares Wild wie in Europa. Sie bekamen nur einen geringen Lohn und waren auf Fischfang und zusätzliche Einnahmen aus der Harzgewinnung angewiesen.
Der Urwald war oft unzugänglich und sehr morastig. Wer krank oder schwach wurde, war seinem Schicksal ausgeliefert; einen Arzt gab es kaum in der Nähe, Geld für eine Behandlung war meistens nicht vorhanden – und in die ursprüngliche Heimat konnte man nicht zurückkehren.

Bilder oben: Lichtblicke für die Urwaldbewohner
- Sonntägliches Bad
- Schlittenfahrt zur Kirche von Matakohe
- Im Feiertagsputz

Bilder links: Mercury Bay 1924
- Gewaltige Bäume werden im Team gefällt
- Drei Mann zersägen einen Stamm in transportable Stücke
- Vorbereitung zum Transport

Bei all diesem Elend gab es aber auch im Kauri-Urwald kulturelle Lichtblicke. Nicht nur, dass sich die Pioniere ihre Heimatkultur (Lieder, Geschichten, Handwerk etc.) bewahrten; sie bauten beispielsweise kleine, einfache Gemeinschaftshäuser (mitunter nur Unterstände), in denen die Kinder unterrichtet wurden.

Wie das Fällen des Holzes war auch der Transport durch die weiten Wälder sehr schwierig und gefährlich. Solange Wälder in der Küstenregion abgeholzt wurden, konnte man die zu Flößen verbundenen langen Stämme über das Wasser zum nächsten Sägewerk bringen. Je mehr man aber ins Landesinnere vordrang, desto öfter mussten die mächtigen Stämme durch den Wald und über unebenes Gelände befördert werden. Dazu wurden sie in Stücke von je drei Metern Länge zerlegt, mit Ochsen gezogen oder auf Wagen geladen, die man mit Ochsen, Pferden, dampfbetriebenen Winden oder Lokomotiven bewegte – auf eigens zu diesem Zweck aus Kauri-Stämmen gebauten Wegen und Eisenbahnschienen. Oder sie wurden – wie es auch in Europa bei der Trift üblich war – in Flüssen gesammelt. Um eine ausreichende Wasserführung der oft kleinen Wasserläufe sicherzustellen, legte man Stauwehre an, die man öffnete, wenn genügend Wasser zur Verfügung stand. Schließlich wurden die zerteilten Baumstämme an der Küste gesammelt und auf Segelschiffe für den Export nach Übersee oder für den Transport zum Sägewerk verfrachtet.

Kauridigger Ron Halliday

Wir suchten in Dargaville nach einem Kauri-Arbeiter, um etwas aus der Gegenwart von Kauri-Transport und -Verarbeitung zu erfahren, und lernten im dortigen Museum Ron Halliday kennen. Er ist seit seiner Pensionierung vor einigen Jahren ehrenamtlicher Museumsmitarbeiter. Ron konnte uns etwas aus seinem Leben erzählen, das zugleich repräsentativ für viele seiner Altersgruppe (Jahrgang 1934) zu sein scheint. Er arbeitete zunächst an einer Tankstelle und als Lastwagenfahrer für Milchtransporte. Danach war er über drei Jahrzehnte lang Kauridigger. Er fuhr die aus den Sümpfen geborgenen Kauristämme zu einem Sägewerk, das sich auf die Kauriholz-Verarbeitung spezialisiert hatte. Die Bäume hatten bis zu 2.000 Jahre in den Sümpfen gelegen. Ihr Holz war sehr wertvoll und somit teuer, da es zu exklusiven Möbeln verarbeitet wurde, die vorwiegend nach Australien und England exportiert wurden. Heute kostet ein Kubikmeter Kauri-Rohholz circa 200 NZ$ (etwa 100 Euro).

Ron hob hervor, dass heutzutage nicht mehr das Be- und Entladen sowie der Transport des Holzes gefährlich seien, wenn man die Technik beherrsche, sondern die Bergung der mehrere Tonnen schweren Stämme aus den Sümpfen. Seiner Ansicht nach gab es Kauri-holz, das schon seit rund 30 Millionen Jahren unter der Erde lag. Naturkatastrophen wie riesige Tsunamis hätten die Kauribäume in Massen begraben. Er schätzte, dass der „Natur-Vorrat" noch drei bis fünf Jahre reiche, dann sei die Kauri-Zeit endgültig vorbei. Stolz zeigte er uns seltene Fotos von Farn-Abdrücken auf Kauririnden, die er in den Jahren seiner Kauridigger-Tätigkeit selbst aufgenommen hatte.

In seiner großen Familie war er der Einzige, der Kauridigger wurde. Seine Großeltern waren 1864 auf einem Segelschiff von Belfast in Nordirland nach Neuseeland gekommen und in Kawakawa auf der Nordinsel ansässig geworden. Der Großvater war Farmer, hatte zeitweilig einen kleinen Laden, arbeitete in einem Sägewerk und in einer

Oben: Ron Halliday präsentiert Fotos aus seiner Zeit als Kauridigger. Auf dem unteren Bild ist er bei der Vorbereitung zum Abtransport von Stämmen zu sehen (rechts; 1990er Jahre)

Bilder links:
- *Kauri-Stämme werden zu Flößen verbunden*
- *Ein Kauri-Zug*
- *Abenteuerliche Konstruktion zur Talüberbrückung*

Die Stadt Taupo widmete den Holzfällern verschiedene Skulpturen (Beispiele)

Flachsmühle. Er tat also alles, um die immer größer werdende Familie zu ernähren. Immerhin waren 14 Kinder großzuziehen. Rons Vater wurde 1906 geboren, ging später zur Bahn und baute Bahnlinien mit auf. Nebenbei hatte er eine kleine Farm, auf der auch Ron als Kind mitarbeiten musste. So packte Ron von klein auf mit an und ging keiner Aufgabe aus dem Weg. Früh ging er zur Arbeit und kam erst spät abends nach Hause. Für Politik hatte er sich nie interessiert, denn dazu hatte er einfach keine Zeit. Das kennzeichne auch die Mehrheit seiner Altersgruppe, meinte Ron.

Die besten Jahre waren für ihn die zwischen 1946 und 1970, also das Alter von 12 bis 36 Jahren. Das war seine Jugend – und der Zweite Weltkrieg mit all seinen Entbehrungen war vorbei. Außerdem war der Lebensstandard in Neuseeland zu dieser Zeit sehr hoch. Angeblich hätten sie in den siebziger Jahren sogar höhere Einkommen als die Schweizer gehabt – das hatte Ron zumindest gehört. Es gab damals viel Arbeit, eine gegen Null gehende Kriminalität, und man konnte billig zu einem eigenen Haus kommen. Eine kleine Farm konnte eine Familie gut ernähren, wenn man keine zu großen Ansprüche hatte. Deshalb waren diese Jahre für ihn persönlich also die besten.

Der Zukunft sieht Ron mit Bedenken entgegen. Schon heute gebe es kaum noch kleine Farmen. Das Land werde durch die großen Farmen aufgekauft. Seit einigen Jahren kauften sich auch Ausländer in großem Stil ein, weil Neuseeland „für sie so schön und sicher" sei: Amerikaner, Südafrikaner, Australier, Italiener, Deutsche. Und er sieht kein Ende. „Wir werden immer weniger frei entscheiden können", sagt er. Persönlich wolle er im Museum ehrenamtlich weiterarbeiten. Er sammelt alles zur Geschichte der Kauri-Pioniere und Gum-Digger. Außerdem studiert er in Kapitänsaufzeichnungen und anderen Unterlagen, wie befahren die Küsten der Nordinsel im 18. und 19. Jahrhundert waren und wie viele Wracks noch unentdeckt vor Dargaville liegen. Er schätzt sie auf weit über 200.

Gumdigger prägten das Land

Die Harzsammler (Gumdigger) waren gemeinsam mit den Holzfällern wohl diejenige Gruppe von Einwanderern, die die größten Strapazen auf sich nahmen, unter den schwierigsten Bedingungen lebten – und dem Land Reichtum bescherten.

Anfangs sammelten diese Leute nur das Kauriharz auf, das aus dem Boden ragte. Als diese Quelle erschöpft war, suchten sie im Erdboden mit Spießen nach Harz, gruben es dann mit Spaten aus und reinigten es mit Wasser. Parallel wurden die Bäume nach Harz abgesucht; altes Harz wurde von Ästen und Kronen abgekratzt. Eine dritte

Gumdigger präsentieren ihre Funde

Art, an Harz heranzukommen, war die Einkerbung der Stämme, um frisches Harz zu gewinnen. Dieses wurde eingesammelt, sobald es zu einem harten Klumpen getrocknet war. Die Harzsammler verwendeten dazu Spikes, die an den Schuhen und Händen befestigt wurden, um auf die Bäume zu klettern.

Als der Boden leergesucht und die Bäume gefällt waren, wurde um die Sumpfkauris herum nach Harz gesucht. Das war eine unendlich schwere und gesundheitsgefährdende Arbeit.

Kauriharz war im Zeitraum von 1870 bis 1920 die Haupteinnahmequelle der Siedler nördlich von Auckland. Stücke aus fossilem Harz, womöglich mit Inklusen, waren bei Sammlern sehr beliebt; gereinigt brachten sie einen guten Preis.

Die Maori verwendeten das Harz übrigens ursprünglich zum Feuermachen, denn es brennt leicht. Sie benutzten es auch für Fackeln, um damit nachts Fische anzulocken, ferner als Pigmentstoff für ihre Tätowierungen und sogar als Kaugummi.

Die Europäer nutzten das Kauriharz zur Herstellung von hochwertigen Lacken, Farben, Linoleumfußböden, Siegelwachs, Kerzen, Klebern für den Schiffbau, Formen für Zahnprothesen und für vieles andere mehr. Besonders schöne Kauriharz-Exemplare wurden geschnitzt und poliert. Sie sind sehr wertvoll. Das Kauri-Museum in Matakohe besitzt übrigens die größte und schönste Harzausstellung der Welt und ist auch aus diesem Grund einen Besuch wert.

Die größte Gruppe der Harzsucher waren die so genannten „Österreicher" (Austrians). Bei genauerem Hinsehen waren es vor allem Dalmatier28, Leute aus Istrien und Kroatien sowie Einwanderer aus Bulgarien und Montenegro. In ihren Heimatländern waren sie vorwiegend Bauern, Winzer und einige auch Fischer gewesen. Die meisten waren sehr jung, 16 bis 18 Jahre alt. Ihr Auswanderungsmotiv war meist, der Einberufung zum Militär zu entfliehen. Nur sehr wenige hatten Frau und Kinder zurückgelassen. Anders verhielt es sich bei den älteren Auswanderern: sie hatten ihre Familien in Europa. Da nur diejenigen beim österreichischen Konsulat in Auckland gemeldet waren, die ihren Militärdienst abgeleistet hatten, gab es eine große Dunkelziffer an Einwanderern aus der k.u.k.-Monarchie. Sie sprachen bewusst nicht Deutsch, sondern einen slawischen Dialekt. Und noch einen Unterschied gab es bei diesen Immigranten: Die älteren Leute waren weniger gebildet. Die jüngeren konnten fast alle lesen und schreiben und hatten von dem guten Bildungssystem der Österreich-Ungarischen Monarchie profitiert.

Rieseige Kauri-Harzbrocken im Museum von Dargaville

196

Tränen aus Harz

Das entbehrungsreiche, harte und primitive Leben der Gumdigger, ihre Sehnsucht nach der alten Heimat zeigt sich in Liedern und Gedichten. Das folgende Lied besingt das Los der dalmatischen Einwanderer.
Feigenbäume und Weinreben
(Rundy Sunde)

Ich verließ mein Heimatland, die Feigenbäume und Weinreben.
Ich verließ meine lieben Eltern, ließ alles hinter mir.
Ich sah sie nie wieder, nie mehr den dunklen blauen See.
Ich segelte fort, um mein Glück zu suchen.

Refrain:
Zu den Gumfeldern – da ging ich hin,
um da mein Leben zu verbringen.
Ich stehe und grabe und sammle das Gum
auf den Gumfeldern.
Oh, warum bin ich gekommen
auf die Gumfelder, warum?

Mit sechzehn Jahren bin ich in Neuseeland gelandet,
als einsamer junger Mann, der Heimweh hatte.
Ich fuhr Richtung Norden mit dem Boot und dem Zug.
Ich fuhr zu den Gumfeldern in die windige Ebene.

Refrain: Zu den Gumfeldern – da ging ich hin,...

Das Leben dort war die Hölle und hart.
Ich hatte die Nase voll von den Sümpfen und vom kalten Wasser.
Jeden Tag graben und einsammeln
bei trübem Kerzenschein.

Refrain: Zu den Gumfeldern – da ging ich hin,...

Ich lebte in einer Hütte aus Lumpen und Blech,
der Wind pfiff rein.
Mein Bett war ein Sack und genauso die Tür.

Ein poliertes Stück „kauri gum": Träne aus Harz, dem Bernstein unserer Ostseeküste sehr ähnlich

Eine Kiste mein Stuhl, der auf dem gestampften
Lehmboden stand.

Refrain: Zu den Gumfeldern – da ging ich hin,…

Viele Jahre lebte ich da und hoffte und träumte
davon, eines Tages weggehen zu können.
Ich träumte von meiner Heimat und den zurückgelassenen Freunden,
träumte von meiner Heimat, den Feigenbäumen und Weinreben.

Refrain: Zu den Gumfeldern – da ging ich hin,…

Kurzer Abriss der Gumdigger-Geschichte

Wie schon erwähnt, bedeckten vor Tausenden von Jahren riesige Kauri-Wälder den größten Teil der Nordinsel. An den hohen Stämmen bildeten sich immer wieder Risse in der Rinde, die durch austretendes Baumharz geschlossen wurden. Große Harzklumpen fielen nach dem Hartwerden auf die Erde und wurden im Laufe der Zeit Schicht um Schicht von Waldboden und Baumblättern bedeckt. Sie versanken quasi im Waldboden – und zwar bis zu einer Tiefe von 4,5 Metern.

Der erste Bericht über dieses bernsteinähnliche Material stammt aus dem Jahr 1769 von dem Weltumsegler James Cook. Sein Botaniker Joseph Banks fand an der Mercury-Bucht kleine Klumpen, die Harz enthielten. Beide meinten, dass das eine Absonderung der dort ebenfalls wachsenden Mangroven sei. Mit heutigen Kenntnissen kann eindeutig gesagt werden, dass es sich um fossiles Kauri-Harz gehandelt hat.

Im Jahre 1772 erreichte das Schiff Marquis de Castries Neuseeland. Dessen Kapitän, Marc-Joseph Marion du Fresne, fand heraus, dass die Kauri die Quelle dieses Harzes waren.

32 Jahre später, nach den ersten großen Zuwanderungsströmen und der Erkundung nutzbarer Ressourcen durch die Siedler, wurde zum ersten Mal Harz nach Australien und England exportiert. Dies erfolgte

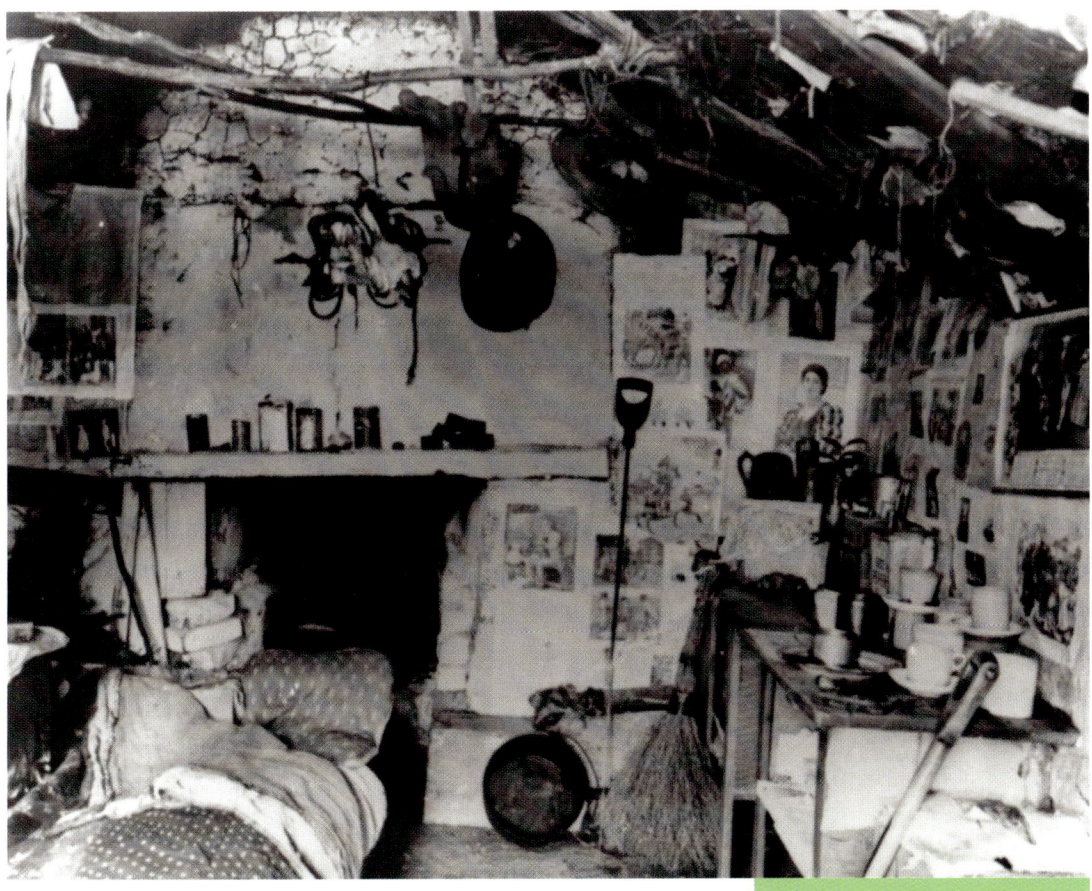

Das Zuhause eines Gumdiggers

von Russell aus, dem kleinen Hafen in der Bay of Islands mit ein paar hundert Einwohnern, der damals die Hauptstadt Neuseelands war und in dem zuvor schon James Cook vor Anker gegangen war.

Ab 1836 wurden auch aus anderen Häfen Schiffe mit Harz und Holz nach England und Amerika geschickt. Bis dahin war das Harz ausschließlich von Maori gesammelt und im Tausch gegen andere Waren oder Geld abgegeben worden.

1841 vermerkte Kapitän und Gouverneur Hobson in seinen Aufzeichnungen: „Die einzigen Exportgüter aus Neuseeland sind Holz, Harz, Flachs, Schweinefleisch, Kartoffeln, Mais, Schwefel und Öl. Mir scheint, dass noch nichts anderes in Neuseeland gefunden worden ist, das man exportieren könnte." Vier Jahre später notierte er: „Es hat sich ein sprunghaft ansteigender Handel mit Kauri-Harz entwickelt, das mit Mineralien, Holz und Flax zusammen jedes Schiff füllt, das heimische Produkte transportieren will. Der Vorrat an Harz wird aber nicht für viele Jahre reichen."

Die Kauri-Diggerin Liza Tahi mit Spaten und Harz-Spieß in Hanhora um 1910 (fotografiert von Arthur James Northwood)

Zwischen 1847 und 1853 etablierte sich das Kauri-Harz auf dem englischen Markt – anfangs mit größeren Widerständen und Missverständnissen. So wurden um 1850 20 Tonnen guten Harzes in die Themse gekippt, da man es als schlechte Bernsteinimitation und somit als wertlos eingestuft hatte.

Um 1850 war der größte Teil der Harzklumpen von der Erdoberfläche abgesammelt. Von da an verlegte man sich auf das mühseligere Ausgraben. Das lag nahe, da Farmer zuvor schon beim Pflügen Harzklumpen gefunden hatten.

Die Gumdigger und alle, die an der Harzverarbeitung vor Ort beteiligt waren, lebten unter armseligen Bedingungen. Umso erstaunlicher mutet es an, dass von den Gemeinschaften dort, wo Familien mit Kindern primitiv im Busch leben mussten, Pianos oder andere Musikinstrumente angeschafft wurden und die Kinder in eigens dazu gebauten Holzhütten Musikunterricht erhielten. Unter schwierigsten materiellen und häuslichen Bedingungen wurden neben anderen Lehrern auch Musiklehrer angeworben und bezahlt. Die Passagierlisten der Jahre 1850 bis 1880 wiesen circa 1.000 Musiker und Musiklehrer aus, die nach Neuseeland auswanderten. Die meisten blieben in den Städten und stadtnahen Gebieten und verdingten sich offenbar bei dem schnell wachsenden Bürgertum; andere zogen in den Busch und unterrichteten an unwirtlichen Orten. Diese Art der Migration mit hohem kulturellen Anspruch scheint einmalig zu sein.

1856 war der Exporthandel mit Harz fest etabliert und es gehörte zu den wichtigsten Exportgütern. Noch lag die Harzgewinnung bei den Maori, obwohl auch schon einzelne weiße Farmer Harz vertrieben. 1865 zählte man schon die ersten europäischen Siedler, die ausschließlich von der Harzgewinnung lebten.

Gumdigger 1908

1881 gab es eine erste Harz verarbeitende Industrie und man beschäftigte in dieser neuen Branche bereits 1.160 Arbeiter. 1884 führte eine tiefere ökonomische Krise in vielen Teilen des Landes zeitweilig zu einer größeren Verelendung. Die Harz-Ausgrabung und -Verarbeitung in der Provinz Auckland war damals die einzige sichere Erwerbsquelle.

Im Jahre 1885 kamen die ersten dalmatischen und kroatischen Immigranten auf die Harz-Felder in Northland. Im selben Jahr gab es auch das erste dunkle, fast schwarze Harz auf dem Markt, das Höchstpreise erzielte.

1887 wollte man für das Graben in den Staatswäldern Lizenzen vergeben. Das Lizenzsystem kam aber nicht recht zum Tragen, da es sich als äußerst schwierig erwies, die Gebühren in den weit entfernten und oft unzugänglichen Gebieten einzutreiben. 1896 zahlten nur 54, 1906 immerhin 241 Dalmatier Gebühren, obwohl man 1889 die Anzahl der in der Bay of Islands lebenden Dalmatier auf rund 2.000 geschätzt hatte. 1891 ergab eine Zählung insgesamt 2.558 Gumdigger, darunter 564 „Österreicher". Dies deutet auf die enorme Dunkelziffer heimlich tätiger Dalmatier, Kroaten und anderer k.u.k.-Österreicher hin. Auseinandersetzungen zwischen den lizenzierten Gumdiggern und den

„Heimlichen" (Aliens) häuften sich, und es wurde öffentlich diskutiert, die Grab-Lizenzen restriktiver zu vergeben.

Eine weitere Statistik aus dieser Zeit weist die Anzahl der Gumdigger mit 6.897 aus: Engländer: 4.303, Maori: 1.244, Farmer, die auch graben: 416, Österreicher: 519, andere Ausländer: 415. Unabhängig von der Dunkelziffer ist diese Gesamtzahl – bezogen auf die damalige Bevölkerungszahl – schon sehr hoch.

Mit Beginn der Wirtschaftskrise im Jahre 1894 sanken die Harzpreise drastisch. Die Gewerkschaft der Harzsammler wandte sich daraufhin schriftlich an die Regierung und forderte:
- die Verbesserung der Arbeits- und Lebensverhältnisse auf den Harz-Feldern
- die Auflösung des unfairen Händlersystems
- härtere Vorgehensweisen gegen die illegalen österreichischen Immigranten

Daraufhin kam es zu einzelnen Verbesserungen, zum Beispiel wurde ein staatlicher Inspector of Weights and Scales eingesetzt. Im selben Jahr verließen die ersten Dalmatier Neuseeland wieder.

Mitte der 1890er Jahre erfand John Ivan Botica einen speziellen Suchstab, der das Harzsuchen in größeren Tiefen und auch das Ziehen von Harzproben erlaubte. Das war zur damaligen Zeit eine große Arbeitserleichterung und führte zu Produktivitätssteigerungen.

1898 wurde ein Gesetz verabschiedet, das die Harzgewinnung in einem festgelegten Kauri-Reservat regeln sollte und vorgab, dass nur noch Maori und Immigranten englischer Herkunft dort graben dürften. Aliens (in diesem Falle Österreicher) wurden explizit ausgeschlossen.

Im Jahre 1905 folgte ein Verbot des Einritzens der Kauri-Bäume zur Harzgewinnung in allen Staatswäldern.

1914, zu Beginn des I. Weltkrieges, waren die Märkte in England, Amerika und Deutschland übersättigt. Ein neues Gesetz bevollmächtigte die Regierung zu direkten Eingriffen und Regulierungen sowie dazu, das Harz zum halben Vorkriegspreis mit der Vorgabe zu verkaufen, den Rest in wirtschaftlich besseren Zeiten nachzuzahlen. Zusätzlich wurde ein „Kauriharz-Ministerium" gebildet.

Zur gleichen Zeit ging die Harzproduktion zurück; viele junge Männer wurden eingezogen und mussten in den Krieg. Für österreichische und deutsche Einwanderer wurde das Leben hart, da man sie verdächtigte, mit ihren Heimatländern zusammenzuarbeiten. So jagte man in Folge politischer Verdächtigungen eine Reihe österreichischer Gumdigger von den Harzfeldern und stellte sie unter Beobachtung.

Auch hier begegnen wir wieder der mehrfach angesprochenen Dunkelziffer: Offiziell waren Ende 1914 rund 1.000 Gumdigger gemeldet. Man schätzte jedoch, dass es tatsächlich rund 6.000 waren. Viele hatten Angst, eingezogen zu werden oder in ihre Heimatländer ausgewiesen und dann dort zum Militärdienst gezwungen zu werden.

1916 startete die neuseeländische Regierung ein umfangreiches Programm zur Nutzung vorhandener Ressourcen. Sie stellte Gumdigger ein, um in streng festgelegten Gebieten weiter Harz zu suchen, Wald zu pflanzen und einstiges, durch die Gumdigger verwüstetes Waldgebiet in Farmland umzuwandeln. In den Jahren darauf wurden auch zwei Anlagen gebaut, mit denen man aus Kauri-Torf Öl destillieren konnte.

In den 1930er Jahren lief das Geschäft mit Kauri-Harz aus. Es wurden weltweit synthetische Alternativen entwickelt. 1950 gab es nur noch rund 250 Gumdigger; die meisten arbeiteten inzwischen an mechanischen Such-, Wasch- und Sortieranlagen und waren Angestellte. Der Kauriharz-Export ging auf ganze 300 Tonnen pro Jahr zurück, seit 1980 auf weniger als eine Tonne. Dieser Spezialexport wurde für Qualitätslacke im Geigenbau und für die Herstellung von Zahnprothesen genutzt.

Gumdigger-Statue in Dargaville

Kauriholz und Kauriharz waren einst eine wichtige Enstehungsgrundlage des Staates Neuseeland. An sie waren viele Entbehrungen gebunden; Tausende von Schicksalen waren mit ihnen verknüpft. Heute gibt es quasi nur noch museale Fingerzeige auf diese Zeit. In vielen Orten aber leben die Erinnerungen durch kleine Gemeinde-Ausstellungen, Familienchroniken und Traditionsverbände weiter. Im Jahre 1997 wurde zum Beispiel in Dargaville eine Bronze-Statue zu Ehren der ersten Gumdigger in dieser Region aufgestellt. Wir sollten nicht vergessen: der Harzaufschwung liegt eigentlich erst rund 170 Jahre zurück.

Kapitel 4

Das Verhältnis zwischen

Pakeha und Maori

Maori-Versammlungs- und Gerichtsgebäude in Maungapohatui

Das Verhältnis zwischen
Pakeha und Maori

Der Vertrag von Waitangi

Wer Neuseeland verstehen möchte, insbesondere das Verhältnis von Pakeha und Maori, kommt um den Vertrag von Waitangi nicht herum. Dieser war zu seiner Zeit eine enorme politische Errungenschaft, ein neuer Schritt in der Behandlung der britischen Kronkolonien, und in der Folgezeit Auslöser vieler politischer und tätlicher Auseinandersetzungen. Er ist heute quasi der schmale Grat der gegenseitigen Anerkennung und der Annäherungen unterschiedlicher Kulturen – Chance und Gefahr zugleich. Deshalb sollen hier einige Hintergrundinformationen zum besseren Verständnis dieser „Geburtsurkunde" der neuseeländischen Nation beitragen.

Sehr gute Analysen des Zustandekommens des Vertrages legten Dora Alves (1999) und Sandra Baudis (2000) vor. Sie sollen hier verkürzt wiedergegeben werden.

Gründe für den Vertrag

Anfang des 19. Jahrhunderts wurde Neuseeland von Australien aus verwaltet. Doch die große Entfernung und das zunehmende Wirken unseriöser Geschäftemacher wie der New Zealand Company und entflohene Sträflinge veranlassten London, eine Verwaltung vor Ort aufzubauen. Berichte über anarchische Zustände, zum Beispiel über den

Anzeige der New Zealand Company in einer britischen Zeitung. Die Geschäftspraktiken dieser Firma, die die Kolonisation Neuseelands vorantreiben sollte, waren teilweise dubios

Handel mit Maori-Schrumpfköpfen, erreichten London 1837. Es zeichnete sich die Gefahr ab, dass bald der letzte Maori durch Krankheiten oder kriminelle Siedler ausgerottet sein würde. Außer weißen Siedlern stellten auch zunehmend Maori-Häuptlinge Hilfegesuche an die Britische Krone.

Im Jahre 1839 sandte die britische Regierung schließlich den Kapitän William Hobson nach Neuseeland. Er erhielt von Kolonialminister Lord Normanby den Auftrag, zunächst unter den Siedlern für Recht und Ordnung zu sorgen. Danach sollte er die Maori mittels eines Vertrages vor Übergriffen der Siedler und vor Landraub schützen, sie zugleich aber voll an das britische Recht binden. In London erwartete man von ihm, dass er faire Verhandlungen führen, einen Vertreter der Maori-Interessen ernennen und die Landrechte der Maori garantieren würde.

Wie in dieser Zeit für die Vertreter der Krone in den Kolonien typisch, wollte Hobson durchaus Humanismus und Gerechtigkeit vertreten, war aber selbst in der Anschauung befangen, Maori seien Wilde, unzivilisierte Wesen, die der einseitigen Assimilation bedürften.

Nach seiner Ankunft am 29. Januar 1840 in Neuseeland begann William Hobson als Vizegouverneur, seine Aufträge in die Tat umzusetzen. Dabei wurde er von James Busby unterstützt, der selbst britischer Siedler war und 1837 London unermüdlich auf die alarmierenden

Zustände aufmerksam gemacht hatte. Busby half unter anderem, ein Treffen mit den Häuptlingen der nördlichen Regionen zu organisieren und den Vertrag von Waitangi aufzusetzen.

Captain William Hobson, 1839 - 1841 erster und letzter Vizegouverneur Neuseelands, das damals noch von Australien aus verwaltet wurde; seit 1841 erster Generalgouverneur

Hobson hatte zum Vertragsinhalt keine weiteren Anweisungen als Neuseeland und damit auch die Maori unter britisches Recht zu stellen. Die Bedingungen des Vertrages basierten auf Notizen, die durch Busby, Hobson und dessen Sekretär zusammengestellt wurden. Keiner von ihnen war juristisch geschult und es standen ihnen keine Juristen zur Seite. So gesehen war es eine große Leistung zweier Männer. Allerdings – und das war typisch für alle britischen Protektionsverträge – war der spätere Vertrag nur zwischen Großbritannien und den Maori gültig, nicht aber auf innerrechtlicher Ebene. Dazu hätte er als Statut in das neuseeländische Rechtssystem aufgenommen werden müssen. All dies wussten die Maori jedoch nicht, und es ist nicht mehr nachzuvollziehen, ob Hobson sich darüber und über die Folgen im Klaren war.

Während dieser Vertrag also nach britischem Rechtsverständnis rechtskräftig und bindend war, sahen das die Maori für sich nur mit großen Einschränkungen. Verträge dieser Art hatte es in der Maori-Kultur bis dahin nicht gegeben. Verträge im übertragenen Sinne wurden durch andere Riten gestützt. Des Weiteren erkannten die Maori nicht die Bedeutung, die die Briten dem geschriebenen Wort beimaßen. Andererseits ignorierten die Briten das Rechtsverständnis der Maori und erwarteten deren einseitige Anpassung. Stillschweigend wurde vorausgesetzt, dass sie den Vertrag nebst allen späteren Konsequenzen verstehen bzw. überschauen würden. Niemand hatte ihnen den Vertrag und dessen bindende Folgen erklärt. Auch Hobson überging diesen Umstand, obwohl er zur Aufklärung verpflichtet war. Er war es schließlich auch, der bei der Unterzeichnung des Vertrages versuchte, den Inhalt abzuschwächen, und die Häuptlinge zur Unterschrift bewegte, indem er an ihr Vertrauen in die Person der Queen appellierte. Er schilderte sie als sehr daran interessiert, freundschaftliche Beziehungen zu den Maori zu pflegen, und sprach von einem „Akt der Liebe" sowie davon, dass „nun alle ein Volk" seien.

James Busby, vor dessen Haus in Waitangi die Vertragsverhandlungen stattfanden

Henry Williams von der *Church Missionary Society* (CMS) übersetzte gemeinsam mit seinem Sohn Edward den Vertragstext aus dem Englischen ins Maori. Sie verwendeten hierbei das „missionary Maori", also auch spezielle Redewendungen, die sie bei der Übersetzung der Bibel und des Gebetsbuches benutzt hatten. Damit erhielten einzelne Worte vor allem für die schon glaubenskonvertierten Häuptlinge besonders positive Konnotationen. Diese Häuptlinge waren es auch, die anderen die Unbedenklichkeit des Vertrages bescheinigten und sie zum Unterzeichnen drängten. Es ist nicht bekannt, ob sich die Missionare der unterschiedlichen Wortbedeutungen für christliche und nichtchristliche Maori bewusst waren. Eine Kontrolle dieser Übersetzung durch Hobson gab es nicht.

Die diversen Missverständnisse, die später zu Landkriegen führten und noch heute nachklingen, sind vor allem auf folgende Umstände zurückzuführen:

• Die Herausstellung des angeblichen persönlichen Interesses der Queen an „einem Volk" und an einer unerschütterlichen Freundschaft zwischen ihr und den Maori interpretierten letztere im Sinne ihres Rechtsverständnisses dahingehend, dass ein Häuptling mit einem anderen auf der gleichen Ebene verhandele.

- Sowohl Hobson als auch die britische Regierung nahmen an, dass mit der Unterzeichnung einer repräsentativen Anzahl von Stammeshäuptlingen der Vertrag auch für alle übrigen gelten würde. Die Entscheidung der britischen Königin galt für ihr gesamtes Volk und dies folgerte man fälschlicherweise auch für die Maori. Diese hatten aber keinen Zusammenhalt und die einzelnen Häuptlinge keine verbindlichen Rechte über die Stämme hinaus.

- Das Hauptproblem war die unterschiedliche Auffassung und Übersetzung von „Souveränität" bzw. „Regierung". Williams verwendete für beide Begriffe das Maori-Wort „Kawanatanga". Für die Maori steht dieser Begriff aber mehr für eine abstrakte als für eine konkrete Autorität. Für die Christen unter ihnen stand das Wort wiederum in enger Verbindung mit Pontius Pilatus, dessen Rolle als römischer Gouverneur von Palästina ihnen eine Vorstellung davon vermittelte, was es bedeutete im Sinne eines Souveräns (des Kaisers von Rom) zu regieren. In der englischen Vertragsversion ist davon die Rede, dass die Maori ihre Souveränität an die Queen abgeben und auch das Vorkaufsrecht für ihr Land einräumen sollten, einstweilen jedoch ihre bisherigen Land- und Waldgebiete sowie Fischereigründe kontrollieren durften. In der Maori-Version wurde der Queen nur die abstrakte Regierungsgewalt in Form von Kawanatanga übergeben, was die Schlussfolgerung zuließ, dass die Maori die vollständige Kontrolle über ihr Land und die Küsten behielten. Ferner war in dieser Version nur davon die Rede, dass die Maori die Möglichkeit hätten, freiwillig ihr Land zu verkaufen. Eine Vorkaufsklausel gab es nicht. Dieser Vertrag hat für die Maori eine sehr hohe Bedeutung; er ist für sie ein Garant für Mana und Teil ihres kulturellen und politischen Erbes geworden.

Der höchst unterschiedlichen Interpretation des Vertrages zum Trotz diente er schon im 19. Jahrhundert als Ausgangspunkt für das Inkraftsetzen einiger Gesetze und den Aufbau kontrollierender Instanzen. Vieles davon erübrigt sich heute durch die UN-Menschenrechtskonvention. Auch ist der damalige Vertrag – schon aufgrund seiner Kürze und Allgemeinheit – nicht in der Lage, alle heutigen Probleme der Maori zu lösen – wie zum Beispiel die hohe Arbeitslosenquote. Der Vertrag bleibt dennoch die zentrale, wenn auch rechtlich umstrittene Grundlage des Zusammenlebens, die 1975 mit der Gründung des Waitangi-Tribunals eine Institution der Auslegung und Rechtsempfehlung erhielt. Dies ist zum Beispiel zur Schlichtung von Landrückgabe-Forderungen und staatlichen Entschädigungen der Maori wichtig. Der Vertrag ist ein Symbol für die notwendige stete Konsenssuche geworden.

Religiöse und rechtliche Missverständnisse zwischen Pakeha und Maori

Neuseeland war und blieb bei der Kolonialisierung durch die Briten im Vergleich zu ihren anderen Kolonien stets ein Sonderfall. Das hatte verschiedene Ursachen. So war unter anderem das Interesse Großbritanniens an Neuseeland nach den ersten Erkundungen von James Cook nicht sonderlich groß, da das Land so weit entfernt war und anscheinend auch keine absehbaren wirtschaftlichen Vorteile aufwies. Nachdem aber Frankreich und die USA ihrerseits Interesse an Neuseeland zeigten, entschied sich Großbritannien doch für die Kolonialisierung.

Zu diesem Zeitpunkt, insbesondere in der ersten Hälfte des 19. Jahrhunderts, wandelte sich die politische und teils auch ethische Haltung im Mutterland gegenüber den Kolonien. Die Orientierung auf Dezimierung und Isolierung der Eingeborenen wich Bestrebungen zur Assimilation – wenn auch einseitig und ausschließlich nach englischen Vorstellungen und englischem Recht. Im Falle Neuseelands kam hinzu, dass die Maori nicht nur erfahrene Sammler und Jäger waren, sondern darüber hinaus versierte Seeleute, Fischer und Ackerbauern. Sie verfügten über eine ausgeprägte eigene Kultur und Geschichtsbewusstsein. Auch dieser Umstand legte eine besondere Politik seitens der Krone gegenüber Neuseeland nahe und schlug sich in einer Reihe von Ver- und Anordnungen nieder, die aber in Neuseeland selbst durch die Siedler, insbesondere durch unlautere Geschäftemacher, aufgrund unterschiedlichster Interessen unterlaufen wurden. So lassen sich im 19. und in der ersten Hälfte des 20. Jahrhunderts immer wieder deutliche Widersprüche zwischen der Politik Londons und der Politik vor Ort gegenüber den Maori aufzeigen. Englische Gesetze wurden einfach nicht, oder erst nach bitteren Auseinandersetzungen zwischen Pakeha und Maori in die Gesetzgebung Neuseelands übernommen. Es konnte u.a. deshalb immer wieder zu diesen Wider-

Hone Heke, einer der Häuptlinge, die den Vertrag von Waitangi unterzeichneten, mit seiner Frau

sprüchen kommen, weil einerseits die Anerkennung der Maori dem strikten ethnologischen Verständnis der Briten und den damit verbundenen hartnäckigen Assimilationsversuchen folgte. Andererseits standen in nicht unerheblichem Maße die Missionare, die vor allem aus England und Deutschland kamen, einer Anerkennung der Maori entgegen. In arroganter Verkennung der tiefen, aber andersartigen kulturellen Wurzeln und in Verteufelung der für die Maori lebensnotwendigen Tabus und Rituale wurden die Ureinwohner immer wieder als „unzivilisiert", „abartig" und als „Gotteslästerer" gegeißelt. Mit dieser Belegung waren sie eine Art Freiwild für die Pakeha und ein gewaltsames Vorgehen, zum Beispiel im Rahmen der widerrechtlichen Landaneignung, konnte – analog den Praktiken der Kreuzzüge – als Voraussetzung einer Christianisierung ausgewiesen werden.

Das Schicksal der Ureinwohner Australiens, Nordamerikas und Feuerlands vor Augen, setzten sowohl die Verantwortlichen in London als auch die Siedler vor Ort schließlich auf die Assimilation der Maori; deren Autonomie war allerdings undenkbar. Die Pakeha verstanden nicht, dass kriegerische Auseinandersetzungen seitens der Maori darauf gerichtet waren, ihre kosmische Ordnung wiederherzustellen. Die Maori wiederum verstanden nicht, dass sie mit der britischen Assimilationspolitik gerettet werden sollten. Und so kam es in der kurzen Geschichte des Zusammenlebens immer wieder zu gewaltsamen Auseinandersetzungen zwischen Maori und Pakeha.
Die Einsicht, dass die Kultur der Maori nebst ihrem Rechtsverständnis eine Bereicherung für Neuseeland ist, setzte sich erst in der zweiten Hälfte des 20. Jahrhunderts durch. Parallel dazu wuchsen auch bei den Maori nach den vielen Jahren der Unterdrückung das ethnische Selbstverständnis und der Stolz auf die eigene Kultur.

Heute sind die Maori rechtlich gleichgestellt. Dennoch gibt es weiterhin Missverständnisse und Trennendes, das immer wieder zu politischen Auseinandersetzungen der unterschiedlichen Interessengruppen führt. Es sind die alten religiösen und juristischen Missverständnisse, die mit dem Vertrag von Waitangi zementiert wurden und immer wieder aufgeschlossene Vermittler benötigen. Die folgende Übersicht hebt einige grundsätzliche Widersprüche in den Anschauungen bzw. Traditionen der beiden Seiten hervor.

	Pakeha	Maori
Weltanschauliche und moralische Grundlagen	Christentum. Gesetze und Moral basieren auf den Zehn Geboten. Die Gesetze liegen schriftlich und für alle verbindlich vor. Es gibt Auslegungen und Musterfälle.	Maori-Tradition. Es gab keine Schriftsprache und keine allgemeingültigen Gesetze. Gesetze und Moral drücken sich in Form von Tabus (Verboten) aus, die die Stabilität des Kosmos garantieren, indem sie für ein Gleichgewicht zwischen Tapu (dem kosmisch männlichen Aspekt) und Noa (dem kosmisch weiblichen Aspekt) sorgen.
Bedeutung von Land	Christliches Verständnis: Gott gab seinem auserwählten Volk Land, das es sich untertan machen und als Lebensgrundlage nutzen konnte.	Land ist für die Maori ein spiritueller Energieträger, der weder besessen noch veräußert werden kann und der untrennbar mit dem Volk verbunden ist.
Landbesitznahme	Im Sinne der Urbarmachung und der produktiven Nutzung erlaubt. „Nur bebautes Land ist gutes, brauchbares Land."	Landbesitznahme durch die Pakeha führte zum Verlust von heiligen Stätten und von Mana. Ganze Stämme verloren den Zugang zu ihren heiligen Plätzen und damit die Möglichkeit, ihre lebens- und energieerneuernden Rituale auszuführen.
Bestrafung	Gesetzesvergehen können mit Gefängnisaufenthalten geahndet werden.	Maori kannten keine Gefängnisse. Aufenthalte in Pakeha-Gefängnissen bedeuteten, Mana zu verlieren und mit Sklaven auf eine Stufe gestellt zu werden. Soziale und rechtliche Kontrolle im Rahmen des tikanga (etwa: Leitfaden für ein korrektes Leben) wird durch das Ausbalancieren der komplementären Prinzipien von tapu und noa erreicht (s.o.)
Individualismus	Typisch für die nord- und mitteleuropäischen Siedler, insbesondere für die Protestanten. Privateigentum, weitgehende Autonomie und Selbstverwirklichung spielen eine große Rolle.	Maori sind gruppenorientiert, das Einzelindividuum spielt kaum eine Rolle. Die Familien- und Stammeszugehörigkeiten und die jeweiligen Verhaltensnormen regulieren alles. Es gibt kein Privateigentum und keine Sehnsucht danach. Maori sind in fünf sozialen Ebenen organisiert und integriert. Ein Ausbrechen aus diesen war nicht vorstellbar und tödlich.
Verträge in Schriftform	Voraussetzung für voll rechtskräftige, bindende, einklagbare Abmachungen.	Völlig unbekannt, da es keine Maori-Schriftsprache gab. Übereinkünfte zwischen zwei Stämmen wurden in der Regel durch Heirat oder ein Geschenk besiegelt. Letzteres war unverbindlicher; die mit der Heirat verbundene Abmachung durfte jedoch nie gebrochen werden.

Tabelle 1: Unterschiede traditioneller Auffassungen von Weißen (Pakeha) und Maori

Wie tief die Missverständnisse waren und welche Deutungen es seit Abschluss des Waitangi-Vertrages gab, zeigt diese Gegenüberstellung.

Mit den Augen der Pakeha gesehen	Mit den Augen der Maori gesehen
Beginn einer legalen Beziehung zwischen der Britischen Krone und den Maori-Häuptlingen	Beginn einer spirituellen Beziehung zwischen der Königin Victoria und den Maori-Häuptlingen
Das britische Recht soll für alle angewandt werden: für die Pakeha und die Maori.	Die Königin nutzt ihr Rechtssystem dazu, die rechtlosen Übergriffe der Pakeha gegenüber den Maori zu stoppen.
Die Britische Krone vertritt alle Neuseeländer, also alle Pakeha und alle Maori.	Die Königin fungiert als Gouverneur, die Maori-Häuptlinge bleiben autark und behalten ihr Mana.
Der Vertrag ist ein formales Stück Papier mit einigen Unterschriften.	Der Vertrag ist mit Leben gefüllt und mit ganz besonderen Namen versehen, die dafür bürgen.
Der Vertrag gilt als allgemeinste Grundlage für weitere Einwanderergenerationen.	Der Vertrag bezieht sich auf die derzeitige Anzahl britischer Siedler und es werden kaum noch weitere Siedler nachkommen. Dafür wird Königin Victoria einstehen.
Es ist davon auszugehen, dass die Pakeha billig Land kaufen können und Neuseeland in ein Klein-England verwandeln: ein Gebiet mit Farmen und Städten.	Es ist davon auszugehen, dass die Maori ihr gesamtes Land behalten, dieses geschützt wird und es in ihrer Hand liegt, Land zu vergeben. Das bezieht sich auf Grund und Boden, Wälder, Berge, Küsten und Fischereigebiete.
Die Pakeha können nun ihre Kultur, ihre Sprache und Lebensgewohnheiten ungehindert verbreiten und weiterentwickeln.	Die Kultur der Maori wird von den Pakeha respektiert. Die Pakeha schützen diese Kultur.

Tabelle 2: Gegenüberstellung der unterschiedlichen Interpretationen des Waitangi-Vertrages

Die unterschiedlichen Betrachtungs- und Deutungsweisen des Vertrages werden in der Gegenüberstellung offensichtlich. Das erklärt, warum es zu den immer währenden Spannungen, die noch bis heute anhalten, kommen musste.

Zunehmende Maori-Demonstrationen

Im Zeitraum von 2003 bis 2007 nahmen Proteste und Demonstrationen von Maori gegen die neuseeländische Regierung zu. Es ging stets um die Unverkäuflichkeit der Küstengebiete (Strände und Flachwassergebiete) sowie um die Nutzung der großen Gewässer, insbesondere des Waikato River, des größten Flusses Neuseelands –vergleichbar mit dem Rhein in Deutschland. Bei diesen Themen gibt es verhärtete Fronten und tiefe Vorurteile auf beiden Seiten, und das Misstrauen der Maori gegenüber Verlautbarungen der Regierung wird durch die eigenen Vertreter, seien es die Stammeshäuptlinge oder die Maori-Politiker, noch geschürt.

In diesem Zusammenhang wird immer wieder auf das Jahr 1847 verwiesen. Damals kaufte die New Zealand Company den Maori für wenig Geld große Flächen Land am Whanganui ab: 40.000 acres29 Land für nur 1.000£. Dieser Kauf war zusätzlich verbunden mit umfassenden Wassernutzungsrechten. Wie sich schnell herausstellte, beschränkten sich die Siedler nicht auf die 40.000 acres Land, sondern beanspruchten 86.000 acres. 1847 lehnten sich Maori-Stämme teils gewaltsam dagegen auf und zerstörten Dörfer der Siedler. Während einer scheinbaren Beruhigung versetzten Siedler den für die Maori bestimmten Weizen

Demonstration vor dem neuseeländischen Parlament 2003

mit Arsen und töteten dadurch eine größere Anzahl von ihnen. Dieses Vorgehen hat sich stark im Gedächtnis der Maori verankert. Sie beklagen den ehrlosen Betrug um Land und Wasser – ein Verlust, der

Ein Protestplakat des Maori Land Rights Movement aus den 1980er Jahren

Whina Cooper (1895-1994), Aktivistin und Symbolfigur des Maori Rights Movement, beim Maori Land March 1975

für sie besonders schmerzlich ist, zumal die nicht-städtischen Maori nach wie vor in dem Bewusstsein leben, dass sie mit Fluss und Boden eins seien.

Einen jüngeren Streitfall gab es in den 1970er Jahren. Damals wurde mittels des „Tongariro Hydropower"-Systems viel Wasser aus dem Lake Taupo und dem Waikato River abgezogen, um einen Stausee zu füllen, mit dessen Hilfe Wasserkraftwerke betrieben werden sollten. Zweifelsohne war das im Zusammenhang mit dem ständigen Mangel an Elektrizität notwendig, traf jedoch die Maori empfindlich, zumal sie nicht im Vorhinein in den Kommunikations- und Entscheidungsprozess einbezogen worden waren. Die Veränderungen des Flusses trafen die Maori-Fischer hart. Der Abbau von Flusskies und die Nutzung des Waikato River für touristische Zwecke, speziell für Jetboot-Fahrten, machten nach Meinung der Maori das Maß voll und führten zunehmend zu öffentlichen Protesten.

Viele Pakeha stehen, was die Forderung nach der Nichtverkäuflichkeit der Küstenlandstriche angeht, auf der Seite der Maori, insbesondere wenn die

Kaufinteressenten ausländische Unternehmen und reiche Privatpersonen sind. So läuft das Ganze auf eine politische Pattsituation hinaus. Mit dem langsamen Herausbilden einer übergreifenden Nationalidentität in den kommenden Jahren wird sicher auch diese tiefe Kluft nach und nach überwindbar.

Die folgende Gegenüberstellung von Zugeständnissen und Forderungen zeigt die gegenwärtigen Diskrepanzen und Widerstände.

	Grundsätzliche Zugeständnisse bzw. Vorschläge der Regierung	Grundsätzliche Forderungen der Maori
Zugang	Küsten und Flachwassergebiete sollen öffentlich und allen Neuseeländern zugänglich sein.	Küsten und Flachwassergebiete sind Eigentum der Maori.
Vorschriften	Die Krone ist verantwortlich für die Sicherung der Küsten und Flachwassergebiete sowie für den Umgang mit diesen.	Aufgrund der Besitzrechte der Maori (siehe oben) sind Ufer und Flachwassergebiete unveräußerlich – so wie Grund und Boden der Maori.
Schutz	Die Rechte der einzelnen Maori-Stämme sollen geschützt werden.	Alle Maori sollen sich gegen Bestrebungen wehren, die gegen die Gewohnheitsrechte der Maori gerichtet sind.
Sicherheit	Es soll Sicherheit für jene geben, die den Strand und die Küstengewässer nutzen – bis zu der Größenordnung, die für ihre Arbeit relevant ist.	Alle Maori, die vor Gericht ihre Rechte bestätigt haben wollen, werden unterstützt.

Tabelle 3: Rechte an Küsten und Flachwassergebieten: Zugeständnisse und Forderungen

Die Regierungszusagen sind nie richtig bei den Maori angekommen, mehr noch: bei ihnen überwiegt eine misstrauische Ablehnung. Die Maori unterstellen der Regierung seit Jahren, dass diese mit ihren Zusagen nur formale Wahlpropaganda betreibe, um an Maori-Stimmen zu kommen.

Das Leben der Maori

Die Könige

Im Jahre 1856 wählten die Maori Te Kooti zum ersten stammesübergreifenden Oberhaupt. Diese Wahl brüskierte die Engländer und wurde als Angriff auf die britische Souveränität gesehen. Te Kooti wurde verhaftet, konnte aber 1865 fliehen und führte bis 1872 eine Art Guerillakrieg. Die Engländer rächten sich, indem sie umfangreiches Land der Maori beschlagnahmten.

Der erste Maori-König Te Wherowhero (1858-1860)

Seit den 50er Jahren des 19. Jahrhunderts wirkt unter den Maori die *Kingitanga* oder Königsbewegung. Sie war bestrebt, eine Maori-Monarchie zu schaffen, die symbolisch alle Stämme repräsentieren sollte, mit dem Ziel, gegenüber den Kolonialherrent mit einer Stimme sprechen und so auf gleicher Augenhöhe verhandeln zu können. Zum ersten Maori-König wurde von der Mehrheit der Stämme, die der Kingitanga angehörten Potatau Te Wherowhero (1858-1860) gewählt.

Nachfolgende Maori-Könige waren:
Tāwhiao(1860-1894)
Mahuta (1894-1912)
Te Rata (1912-1933)
Koroki (1933-1966)
Dame Te Atairangikaahu (Piki Paki) (1966-2006)
Tuheitia Paki (seit 2006)

Alle diese Könige gehörten dem gleichen Waikato-Stamm, dem Ngati Mahuta, an. Einen besonders großen Einfluss unter den Maori hatten die bisher einzige Königin Dame Te Ata und ihr Vater Koroki. Auf diese 2006 verstorbene Königin soll hier näher eingegangen werden. Von Mai 1966 bis August 2006 regierte die Tochter des fünften Maori-Königs, der mit vollem Namen Koroki of Ngati Mahuta of Waikato and of Ngati Koroki of Maungatautari hieß, als Maori-Königin. Koroki

König Tuheita und die damalige Ministerpräsidentin Neuseelands Helen Clark am Sitz der Vereinten Nationen in New York am 2. April 2009

wurde König, als seine Tochter zwei Jahre alt war. Sein Vater wiederum war der vierte König. Dieser bestimmte, dass seine Enkelin den Namen Piki tragen sollte.30 Unter diesem Namen war die spätere Königin bis zum Tode ihres Vaters im Jahr 1966 bekannt. Ihr offizieller Name lautete Te Arikinui Dame Te Atairangikaahu; oft wurde auch die kürzere Form Dame Te Ata verwendet. Als Königin kam sie mit vielen internationalen Persönlichkeiten aus aller Welt zusammen – unter anderem mehrfach mit Königin Elisabeth II, Nelson Mandela, Bill Clinton und mit anderen Staatsoberhäuptern. Gleichzeitig wurde sie mit vielen Orden ausgezeichnet. Dennoch verlor sie nie die tiefe Verwurzelung in der Maori-Kultur und -Geschichte und die Demut vor dem einfachen Leben.

Anhand der Biografie von Piki können die Lebensverhältnisse der Maori im Wandel der Zeit recht gut nachvollzogen werden.
Ihre Eltern lebten sehr einfach, in einem kleinen Haus mit gestampftem Boden. Als sich die Gemeinde Waahi Pa in Erwartung ihrer Geburt vor dem Haus versammelte, machten sie in Kerosin-Tonnen Feuer, um Licht und Wärme zu haben. Musik in der Nähe sollte eine gute Geburt bewirken. Doch es war eine lange und so schwere Ge-

burt, dass die Eltern erklärten, es werde keine weitere Kinder geben. Die Geburt von Piki aber wurde wie die Geburt eines Sterns gefeiert. Da bei den Maori nicht ausdrücklich ein männlicher Thronfolger gefordert wird, war von Anfang an klar, dass Piki einmal Königin würde.

Piki wuchs mit anderen Kindern der Großfamilie auf und ging mit ihnen in die ländliche Schule. Als sie später in die Diocesan-Schule in Hamilton kam, war das für sie eine sehr große Umstellung. In ihrer Klasse war sie die einzige Maori. Erst nach der Schule kam sie im Internat Te Rahui mit anderen Maori-Kindern zusammen.

Tawhiao, zweiter Maori-König　　*König Mahuta 1913*

Pikis Mitschüler wussten lange nichts von ihrem Status, bis sie plötzlich auf eine dreiwöchige Tour in den Pazifik verschwand. Das beeindruckte ihre Schulkameraden, und auch die Tatsache, dass Piki früher einen Führerschein als sie machte. Insgesamt aber hob sich die spätere Königin nicht durch Äußerlichkeiten von den anderen ab und ihr Status spielte keine Rolle.

Barbara Jolly, eine Mitschülerin, die später noch Kontakt zu Piki hatte, beschrieb sie als stilles, freundliches Mädchen. Selbst nach ihrer Schulzeit befragt, erinnerte sich Piki vor allem daran, dass sie Poesie und Religion als Fächer besonders interessant fand und sehr gern Basketball und Tennis spielte. Eine Gelenkverletzung bedeutete aber das Ende dieser sportlichen Aktivitäten und sie stieg auf Fechten um.

Seit ihrer Schulzeit in Hamilton kam Piki mit Lebensumständen in Kontakt, die für die ländlichen Maori eigentlich unvorstellbar waren; sie wurde schon damals zu einer menschlichen Brücke zwischen europäischer und Maori-Kultur, was sie für ihr ganzes Leben prägte. Ihre neuen Erfahrungen wirkten sich auch auf andere aus, zum Beispiel auf ihren Vater, den fünften Maori-König. Dieser war lange Zeit Analphabet gewesen und lernte erst durch seine Kinder Piki und eine uneheliche Halbschwester sowie deren Kinder Lesen und Schreiben. Trotzdem war er eine Persönlichkeit mit einem großen Taburaum: So durfte niemand durch seinen Schatten treten, seine persönlichen Textilien wurden gesondert gewaschen, normale Menschen durften weder seinen Kopf berühren noch sein Kopfkissen, seinen Kamm oder einzelne Haare.

Piki arbeitete nach der Schule in einem Kaufhaus in Hamilton. Dort lernte sie ihren späteren Mann Whatumoana Paki kennen. Sie heirateten heimlich, um einer für Piki arangierten Hochzeit zu entgehen. Aus der Ehe gingen später sieben Kinder hervor. Als Prinzessin hätte sie nun theoretisch auf Hilfen zurückgreifen können, beispielsweise auf eine Haushälterin, aber sie wollte ihr Leben lieber unabhängig und selbständig in den Griff bekommen. Hier zeichnete sich bereits eine deutliche europäische Prägung ab.

In den 1960er Jahren verschlechterte sich der Gesundheitszustand ihres Vaters und sie kam häufiger in ihr Dorf zurück. Im April 1965 starb ihre Mutter, drei Wochen später dann ihr Vater im Alter von nur 59 Jahren. Daraufhin musste ein Nachfolger benannt werden. In einer Versammlung von Stammeshäuptlingen aus allen Teilen Neuseelands und sogar aus Samoa wurde schließlich Piki zur Königin ernannt. Sie erhielt den Namen Te Arikinui Kuini Te Atairangikaahu. 2006 war ihr 40. Jubiläumsjahr als Königin. So lange war vor ihr noch kein Maori-König an der Macht gewesen.

Am 15. August 2006 starb sie im Alter von 75 Jahren sehr geschwächt infolge eines schweren Nierenleidens, unter dem sie seit 2005 gelitten hatte. Ihr Leichnam war fünf Tage lang im Besucherhaus ihrer Residenz in Ngaruawahia auf der Nordinsel aufgebahrt. Es kamen fast 100.000 Trauergäste, meist ältere Maori-Frauen, um von ihr Abschied zu nehmen. Der Nachfolger der Königin musste noch vor der Beerdigung bestimmt sein – so will es der alte Maori-Brauch. Die Krönung findet stets unmittelbar vor der Beerdigung statt. Sechs Tage nach ihrem Tod wurde ihr Sohn Tuheitia Paki als König bestätigt. Auf die Rolle als Thronfolger war er schon einige Jahre lang von den Stammesälteren vorbereitet worden. Tuheitia Paki war zu diesem Zeitpunkt 52 Jahre alt und arbeitete als Führungskraft an der Maori-Bildungseinrichtung Te Wananga o Aotearoa. Zuvor war er lange Zeit als Kraftfahrer tätig gewesen.

Das folgende Interview wurde Anfang 2003 von Derek Tini Fox mit Dame Te Ata geführt und wird hier gekürzt wiedergegeben.

Die Königin erinnert sich

Woran denken Sie, wenn Sie sich an Ihre Eltern und Ihre frühe Kindheit in Waahi erinnern?

Ich kann weitaus mehr machen als sie. Meine Eltern hatten nicht die Freiheit, die ich heute habe, und das tut mir sehr leid. Sie waren Restriktionen und vielen formellen Zwängen ausgesetzt. Sie konnten zum Beispiel nicht im Land dahin gehen, wohin sie gern wollten. Ich kann das. Sie konnten nirgendwohin, außer sie waren eingeladen. Sie gingen nur in Ortschaften in der näheren Umgebung.

Stimmt es, dass Ihr Vater gern Autos reparierte?

Ja, und das bis zu seinem Ende. Es gab damals noch nicht so viele Autos. Er kümmerte sich ansonsten um alle Farmgeräte und reparierte alles selbst.
Wie lief es für Sie in der Schule?

Von der reinen Maori-Schule in Raukaumanga auf die Pakeha-Schule in Hamilton zu wechseln war für mich traumatisch. Ich war es nicht gewöhnt, nur unter Pakeha zu sein. Zu Hause waren alle Maori, außer unser Lehrer. Ich brauchte ein paar Jahre, um mich heimisch zu fühlen. Zum Glück gründete die Methodistische Kirche ein Mädcheninternat in Hamilton. Es war eines der ersten in Te Rahui. So war ich zwar in der Schule nur mit Pakehas zusammen, danach aber hatte ich die Maori-Umgebung.

Hat Ihnen die Schule Spaß gemacht?

Manchmal hatte ich Spaß. Die Schule war schon in Ordnung. Ich gehe heute zu den Jahrgangstreffen und freue mich, die Mitschülerinnen von damals wiederzusehen.

Was machte Ihr Vater während dieser Zeit?

Als ich heranwuchs, wurde er krank. Manchmal konnte er überhaupt nicht mehr gehen.

Hat Sie die Beraterin Te Puea zur formalen Ausbildung gedrängt?

Ja, es war Te Puea[31], die mich nach Hamilton schickte, damit ich dort unter der Obhut von Pfarrer Arthur Seamer in Te Rahui sein konnte. Ich war acht oder neun Jahre lang dort. Te Puea bestimmte über meine Eltern und über mich. Sie war eine sehr starke Dame und sehr streng. Heute verstehe ich das alles.

Damals müssen Sie gedacht haben, sie sei ein alter Drachen?

Das stimmt. Sie war oft verärgert, wenn jemand nicht das tat, was sie gefordert hatte. Es hatte aber immer einen Grund. Sie hatte viel Einfluss.Sie wohnte sehr beengt und wollte es so. Sie wollte sich um niemanden kümmern müssen. Und wenn sie Besuch hatte, den sie wirklich einmal haben wollte, dann hatte sie einen Caravan. Auch ich war einmal dort. Ich glaube, es war gut, auch einmal diese Seite an ihr zu beobachten, denn sie arbeitete körperlich ausgesprochen hart – draußen auf den Feldern und in den Gärten.

Sie hatte die große Aufgabe, eine Königin zu formen, stimmt das? Überlegen Sie manchmal, wenn Sie vor einem Problem stehen, wie sie dieses Problem gemeistert hätte?

Ja. Ich weiß nicht, ob es damals leichter war oder heute. Ich glaube heute, dass es sehr viel Ignoranz gegenüber dem Kingitanga32 in Waikato gibt. Ich nehme an, das hängt mit dem Tempo des Lebens von heute zusammen. Keiner nimmt sich Zeit, darüber zu reden. Die Menschen denken nicht in größeren Zusammenhängen. Es gab die Hoffnung in unserer damaligen Siedlung, dass wir über die Werterhaltung und die Verbesserung der Menschen sprechen. Weil die Welt durch die Globalisierung kleiner zu werden scheint, müssen wir als Maori globaler denken. Und wir müssen über uns als Maori nachdenken, wegen der vielen Einflüsse des Lebens aller anderen Menschen in unserem Land.Dessen müssen wir uns immer bewusst sein, denn schließlich können wir ja nicht irgendwo anders hingehen. So ist das mit uns. Wir müssen selbst unerschütterlich sein und unser Tun auch. Wir müssen stolz sein auf unsere Kultur.

Als Ihr Vater starb, was änderte sich da für Sie?

In den letzten Jahren wirkte er jung, obwohl er fast 60 war. Damals war ich 36, als ich sein Amt übernahm – mit all meinen Kindern. Ich habe sieben Kinder. In den Jahren vor seinem Tod hatte ich schon einen Teil seiner Aufgaben übernommen. So war es dann nicht eine totale Veränderung. Aber da zu sein, um etwas zu tun, ist etwas anderes als die volle Verantwortung zu tragen. Und das besonders, wenn jemand Rat sucht. Man muss sich mit einer Sache befassen und beide Seiten hören. Man ist Richter und Jury zugleich.

Sie haben viele berühmte Leute getroffen. Wen fanden Sie besonders be-eindruckend?

Zuerst einmal Nelson Mandela. Er war toll. Als er kam, konnten wir die riesigen Menschenmassen nicht unter Kontrolle bringen. Sie wollten da sein, ihn berühren. Sein Ruhm war ihm vorausgeeilt. Er ist mit Sicherheit ein wunderbarer Mann. Wir versuchten, ihn zum Essen zu bitten, aber die Menschen wollten immer noch mit ihm reden. Er war sehr bewegt von dem Umstand, dass alle um ihn sein und ihn berühren wollten.

Wie entspannen Sie sich?

Ich bin gern im Garten. Nicht, dass ich dort hart arbeite, sondern ich freue mich über die Farben, pflanze und topfe um. Und wenn ich kann, fahre ich gern an den Strand – entweder nach Coromandel oder nach Kawhia.

Sehen Sie TV?

Ja, manchmal. Die Enkelkinder haben dafür gesorgt, dass in meinem Haus ein Fernseher steht. Persönlich habe ich ihn nicht vermisst, weil ich früher keinen besaß.

Sie sind ja viel gereist. Wie fanden Sie die Kontakte mit Menschen aus dem Pazifik-Raum?

Ja. Ich hatte lange Zeit Beziehungen zur königlichen Familie von Tonga. Te Puea nahm mich dahin mit, als ich 16 war. Das war meine erste Reise von Insel zu Insel. Ich war später auf den Cook-Inseln, Neu Kaledonien, Fidschi. Nach Hawaii kam ich bei meiner ersten Rückkehr aus England im Jahre 1974. Bis dahin wusste ich über Hawaii nur das, was man aus Filmen erfahren hat. Aber seit dieser Zeit sind wir sehr eng mit der königlichen Familie von Hawaii verbunden.

Sind die polynesischen Kontakte wichtig?

Oh, ja. Sie kommen auch zu unseren Feiern. Ich lade sie ein.
Te Puea hat sie immer als Teil von uns gesehen. Sie hat sich immer um sie gekümmert, wenn Hurrikane oder ähnliche Katastrophen über sie hereinbrachen. Ich halte es für äußerst wichtig, mit diesen Mitgliedern unserer „erweiterten Familie" im Pazifik in Kontakt zu bleiben.

Was hoffen Sie für Kingitanga?

Wir dürfen unsere Geschichte nicht in Vergessenheit geraten lassen. In Waikato gibt es eine gute Basis dafür, dass alles wachgehalten wird. Ich hoffe, allen unseren Leuten unseren Weg von den Anfängen bis heute bewusst machen zu können. Viele junge Leute wissen nicht, wie alles in Beschlag genommen wurde. Die weiße Regierung wollte uns loswerden; sie bekam aber das Land nicht. Dann fielen sie in Waikato ein. Und sie wollten Kingitanga auslöschen. Die jungen Leute müssen begreifen, dass die heutigen Ereignisse und Entwicklungen immer Waikato und Kingitanga einschließen werden.

Haben Sie Berater?

Ich bin jetzt älter als alle anderen, 72 Jahre alt. Die letzten zehn Jahre hatte ich die Geschicke in meiner Hand.

Wer wird Ihr Nachfolger?

Es sollte ein männlicher Nachfolger sein. Aber ich habe mir noch keine abschließenden Gedanken gemacht.

Hinterließ Piki Pakis Tod ein Vakuum?

Nein, sicher nicht. Ihre Rolle in der Öffentlichkeit war widersprüchlich. Sie hatte zweifelsohne eine wichtige repräsentative Funktion für eine große Anzahl von Maori-Stämmen, setzte sich persönlich sehr stark für die Bildung der Maori-Kinder ein und machte im Ausland auf das Leben der Maori aufmerksam. Sicher sind viele Rechte der Maori der letzten drei Jahrzehnte zumindest indirekt auf ihr beständiges vermittelndes Eintreten für ihr Volk im In- und Ausland zurückzuführen.

Die Krönung des ersten Maori-Königs war das Resultat eines Zweckbündnisses gegen die Landnahme britischer Siedler. Dieses Zweckbündnis entsprang der Kingitanga-Bewegung, der 22 besonders einflussreiche Stämme angehörten. Allerdings schlossen sich damals bei weitem nicht alle Stämme dieser Bewegung an, und auch heute noch wehren sich einige, die Maori-Könige als politische, geistige und kulturelle Oberhäupter anzuerkennen. Hinzu kommt, dass das Amt eines Maori-Königs nicht erblich ist, alle bisherigen Könige jedoch dem Stamm Tainui entstammen. Diese Tatsache wird von anderen Stämmen durchaus kritisch gesehen. Viele eingewanderte Neuseeländer kannten Piki Paki nicht oder interessierten sich nur am Rande für die Maori-Geschicke und die Königin. Sie hinterließ auch kein Vermächtnis, das die Maori in die Zukunft leiten könnte oder sogar für die gesamte Nation von Bedeutung wäre.

Andererseits erhielt sie durch die Medien und die Abschiedskommentare der Premierministerin Helen Clark eine ungeheure öffentliche Würdigung. Letztere waren nicht nur eine Geste, sondern entsprangen sicher auch einem Hunger nach nationalen Werten und nach Spiritualität. Und tatsächlich hatte ja die Königin viel dazu beigetragen, die Kultur der Maori zu bewahren und öffentlich aufzuwerten, ihre Sprache wiederzubeleben und ihren Zusammenhalt zu fördern. Im Inland und bei etlichen internationalen Konferenzen, die die Anliegen indigener Völker thematisierten, war sie sehr engagiert. Und nicht zu vergessen: Sie war es, die die vergangenheitsorientieren Maori-Stämme in das 21. Jahrhundert führte.

Persönlich war sie immer bescheiden und zurückhaltend und behielt ihre ebenfalls bescheidene Residenz in einer der ärmsten Gegenden der Nordinsel. Der stellvertretende Chefredakteur des Nachrichten-

magazins *Listener* sprach in diesem Zusammenhang von „dem Gefühl für etwas Größeres in unserem Leben". Einige Kommentatoren verstiegen sich sogar zu der Behauptung, die verstorbene Königin sei eine Art Symbiose von Mutter Teresa und Lady Diana gewesen.

Darstellung eines Priesters auf einem Hauspfosten, circa 1840. Priester sprachen Tabus unter anderem aus, um natürliche Ressourcen, beispielsweise die Fischgründe, vor einer Überbeanspruchung zu schützen

Tabus der Maori

Der Begriff „Tabu" wurde Mitte des 19. Jahrhunderts von Ethnologen entdeckt. Er kommt aus dem Polynesischen und bedeutet „Verbot". Mit diesem Begriff ist eine große Anzahl von Regeln im Rahmen eines magischen Weltverständnisses verbunden, das die Ethnologen nicht nur bei Polynesiern vorfanden, sondern auch bei den Ureinwohnern Amerikas, Afrikas, Australiens und Asiens.

Damals hielt man Tabus für ein Charakteristikum primitiver Zivilisationen. Vor allem Sigmund Freud ist es zu verdanken, dass mit dieser arroganten Interpretation gebrochen wurde. In seiner bekannten Untersuchung „Totem und Tabu" arbeitete er die Rolle von Tabus im Zusammenhang mit dem seelischen Gleichgewicht des Menschen heraus und stellte die Mechanismen und die Wirksamkeit von Tabus auch in differenzierten Sozialsystemen dar. Soziale Führungssysteme der Gegenwart bedienen sich ebenfalls bestimmter Tabus.

Freud wies darauf hin, dass Tabus nicht nur einfach Verbote sind, sondern einen persönlichen Spannungszustand, für den Einzelnen unerklärbare Anziehungs- und Vermeidungsgefühle umfassen. Das Verbotene ist mit einer Atmosphäre der Vermeidung lange vor einem Tabubruch verbunden.

Tabus sind engstens mit der Vorstellung verknüpft, dass den Menschen ein bestimmtes magisches Potenzial innewohnt, eine übernatürliche Kraft namens Mana, die durch Tabubruch zerstört wird. Man muss also zum Schutze seiner selbst wie auch des Stammes alles vermeiden, was zur Zerstörung dieser Kraft beiträgt.

Trotz der Missionierung und der relativ schnellen Christianisierung großer Teile der Maoristämme im 19. Jahrhundert bestimmen die vielfältigen Tabus noch heute den Alltag der Maori in starkem Maße.

In einem Internet-Reisebericht[33] schildert ein Neuseeland-Besucher sehr anschaulich seine Beobachtungen und Recherchen:
„Bis zum heutigen Tag [dürfen] Viktualien nicht mit dem menschlichen Körper in Berührung kommen. Die Maori-Frau, die sich ihrer Tradition noch bewusst war, trocknete daher die Tischwäsche und Kleider nicht an derselben Wäscheleine. Das gehörte zum strengen Gesetz des tapu [Tabu] – der Inbegriff für unantastbar, heilig und für die Maori, insbesondere für die Männer, zudem eine innere Lebenskraft. Unzählige solcher tapus bildeten die Grundlage des täglichen und religiösen Lebens der Maori; sie konnten sich auf Dinge, Personen und Orte beziehen, für immer oder nur für eine begrenzte Zeit. [...] Eine Übertretung wurde häufig mit dem Tode bestraft. Um ein tapu wieder aufzuheben, mussten komplizierte Rituale, whaka noa, abgehalten werden.“

Den Tabus waren nicht nur die Massen statusniedriger Maori, sondern in speziellen Formen auch die Häuptlinge, Adligen und die Tohungas (Priester) unterworfen. Auf letztere bezieht sich ein alter Bericht, auf den auf der Internetseite ebenfalls eingegangen wird:

„Der Ruhm, Tohunga zu sein, war zwar groß, aber das Priestertabu brachte [...] auch bedeutsame Eingriffe in das Leben mit sich, die es recht schwierig gestalteten. So wurden alle Häuser, die er betrat, tabu, und deshalb durfte er nie das Versammlungshaus betreten, sondern aus Rücksicht auf seine Stammesgenossen nur davor sitzen. Nicht nur im Wharekura, sondern auch im Wohnhaus des Tohunga war gekochte Nahrung tabu, und er durfte weder irgendetwas kochen noch etwas, das ihm gebracht wurde, mit den Händen berühren. [Somit] musste er alle Nahrung im Freien zu sich nehmen und sie sich auf Farnblattstäbchen gespießt in den Mund schieben lassen. Besonders wichtig war es, dass er vermied, seinen Schatten jemals auf einen Lebensmittelspeicher fallen zu lassen, denn sonst wurde dessen Inhalt tabu und musste mit dem Hause vernichtet werden. Mit den Ariki [den Adligen] gemeinschaftlich unterlag er dem Verbot, seine Haare berühren zu lassen – es sei denn, dass besondere tabuierte Gehilfen ihm die Haare schnitten – und seine abgeschnittenen Fingernägel und Körperausscheidungen mussten auf das Sorgfältigste verborgen werden. [Das alles war etwas zutiefst Persönliches und gegenüber Dritten zu schützen.] Aber es gab auch schon für den gemeinen Mann das Tabu, sein Haar von einem weiblichen Wesen berühren zu lassen, auch nicht von der eigenen Frau.“

Noch im 19. und sogar 20. Jahrhundert war es tabu, über den Kopf eines Häuptlings hinwegzuschreiten. Die Maori erklärten das Tätowieren durch Nichtadlige für tabu. Die Sklaven der Maori besaßen jedoch kein Mana mehr und konnten deshalb problemlos zum Tätowieren herangezogen werden; wer im Grunde nicht existiert, weil er kein Mana hat, kann auch das Tabu nicht verletzen.

Auch heute noch regeln Tabus das Leben der Maori, insbesondere in Dorfgemeinschaften. Wer engere Kontakte sucht, sollte Tabus ernst nehmen und das eigene Verhalten gegenüber Maori auch danach ausrichten. Das fängt übrigens schon im Hotelzimmer an. Die Zimmermädchen sind überwiegend Maori-Frauen. Das unbeabsichtigte Liegenlassen einer Haarbürste mit Haaren zum Beispiel kann zu Entsetzen und Vermeidungsreaktionen führen, vor allem in ländlichen Gegenden. So etwas muss man nicht provozieren, zumal dann nicht, wenn man die Tabus kennt.

Das Geheimnis der Tätowierung

Dem Seefahrer James Cook, der im Jahre 1774 den später in Europa bekanntesten Polynesier namens Omai nach Europa brachte, wurde

229

Ein tätowierter Maori-Häuptling wie er von Sydney Pakinson, einem Zeichner bei der ersten Expedition James Cooks, gesehen wurde (1769)

nachgesagt, auch den polynesischen Begriff „tatau" importiert zu haben, aus dem sich später die Wörter „Tatuierung" und dann „Tätowierung" ableiteten. Allerdings hatte der erste französische Weltumsegler Louis Antoine de Bougainville die Kunst des „tatau" bereits einige Jahre zuvor in seinen Reisetagebüchern erwähnt.

Durch die Zurschaustellung der mitgebrachten Südseeinsulaner mit ihren vielen Körperbemalungen und Tätowierungen verstärkte sich das Interesse unterschiedlichster Kreise für diese Körperkunst der „Wilden". Bis weit in das 19. Jahrhundert wurden nun neben exotischen Tieren auch Polynesier mit Tätowierungen öffentlich ausgestellt und „vermarktet" – menschenverachtende Auswüchse des Kolonialismus.

Ein anderes Bild, nämlich das des „edlen Wilden", prägte im Vorfeld der Französischen Revolution Jean Jacques Rousseau, der in den fremdartig Tätowierten ein Idealbild des von der Zivilisation unverdorbenen Naturmenschen sah.

Später wurden Tätowierungen in Europa tabuisiert und in Zusammenhang mit Kriminellen, Prostituierten und heimatlosen Seeleuten gebracht. So wertete Lombroso in seiner These „L'uomo delinquente" die Tätowierungen als ein sicheres Indiz für die Rückentwicklung eines vormals zivilisierten Bürgers zum Wilden und somit als Kriterium

für die Einordnung in eine gerichtsmedizinisch relevante Verbrecher-kaste. Er behauptete sogar, dass ein tätowierter Verstorbener, der sich bis zu seinem Tode keines Verbrechens schuldig gemacht hatte, sicher zum Verbrecher geworden wäre, wenn er weitergelebt hätte.
Im russischen Zarenreich wurden bis ins 20. Jahrhundert die nach Sibirien verbannten Strafgefangenen tätowiert. Man stach bestimmte Symbole mit eingefärbten, in einem Brett verankerten Nägeln in die Stirn.

Solche Entwicklungen im „aufgeklärten" Europa führten folgerichtig zu drastischen Reaktionen der Missionare auf den Südseeinseln. Peter Mesenhöller machte anlässlich der Kölner Museumsausstellung „Ta-tau – Tätowierungen aus Polynesien" im Internet auf diese Zeit auf-merksam: „Bedingt durch den Einfluss der Missionen, verschwanden im Laufe des 19. Jahrhunderts die Tatoos auf den Südseeinseln. Mit dem Bibelzitat ‚Ihr sollt keine Male an euren Leib reißen noch Buch-staben an euch ätzen, denn ich bin der Herr' (3. Mose 19,28) nahmen die protestantischen Missionare den Kampf gegen die Tätowierung auf, die für sie das schändlichste Zeichen des Heidentums war. Drakonische Strafen, verbunden mit einer Zerstörung der eigenen Kultur der Samoaner, Maoris oder Tahitianer, ließen Tätowierungen als Relikte einer vergangenen Zeit erscheinen."

Bei den Missionierungen wurde das Fehlen von Tätowierungen ge-genüber den tätowierten „Wilden" als Beweis für die Zivilisiertheit der Europäer, für eine hohe menschliche Kultur geltend gemacht.

Dabei spielte die Tätowierung im Christentum eine nicht unbedeu-tende Rolle als Instrument der Kennzeichnung; ihr Bedeutungs-wandel lässt sich von der Verfolgung christlicher Gemeinden bis zur Etablierung der römischen Staatskirche recht gut verfolgen:

• Die Römer tätowierten den Christen ein Kreuz oder die Anfangs-buchstaben des Namens Jesus Christus auf die Stirn oder auf die Innenseite des Handgelenks, also auf gut sichtbare Körperteile, um sie öffentlich zu diffamieren.
• Daraus wurde – in Umkehrung der ursprünglichen Bedeutung – das öffentliche Bekenntnis der Christen zu ihrer Religion mit al-len Folgen. Später ließen sich Kreuzritter ein Kreuz tätowieren,

um sich eine angemessene christliche Bestattung in der Fremde zu sichern. Ihrem Beispiel folgten die Seefahrer.

- Noch bis zum Ende des 19. Jahrhunderts wurden katholische Mädchen in Bosnien mit einem Kreuz tätowiert, um damit einem Übertritt zum Islam vorzubauen. Koptische Christen tragen in Ägypten zum Teil bis heute ein tätowiertes Kreuz.

Allerdings wurde von der Kirche später, als sie ihre Vormachtsstellung gefestigt hatte, die Tätowierung meist sehr schnell verworfen und gar verfolgt.

Tukukinu vom Stamm der Ngati Tamatera, gezeichnet von Gottfried Lindauer (1839-1926). Die Tätowierung lässt sich lesen wie ein Buch und zeugt von der Herkunft, den Taten und damit dem Mana ihres Trägers

Unabhängig von den Tätowierungen Polynesiens entwickelten sich auch bei anderen Völkern verschiedene Arten des Hautschmuckes und der kultischen Signale, zum Beispiel Mehndi und Saumer als rote bzw. schwarze Henna-Tattoos auf Zeit. Diese aus Nordwest-Indien stammende Form der Körperbemalung gibt es schon seit etwa 5.000 Jahren.

Der Begriff „tatau", eigentlich „ta tatau", bedeutet „richtig schlagen" und bezeichnet Werkzeug und Technik der Tätowierung: Gezähnte Klingen aus Knochen, die am Ende von etwa 30 Zentimeter langen Holzstielen befestigt waren, wurden in Mischungen aus Ruß, (Haifisch-)Öl und Wasser getaucht und mit einem Holzschlegel in die gefäßlose Oberhaut „geschlagen".

Die typischen Tätowierungsmuster der Maori enthielten krummlinige Motive, die analog bei vielen Holzschnitzwerken verwendet wurden. Bestimmte Tätowierungen blieben den Ranghöchsten eines Stammes vorbehalten.

Die Tätowierungen dienten nicht nur als Körperschmuck, sondern machten zugleich auch unempfindlicher gegen Kälte. Wegen der damit verbundenen Schmerzen durften nur Erwachsene tätowiert werden. Männer hatten in der Regel erheblich mehr Tätowierungen als Frauen und waren mit vielen Motiven auf dem ganzen Körper, besonders auffallend jedoch auf dem Gesicht, dem Gesäß und den Schenkeln bedeckt. Frauen ließen sich am Kinn und an den Lippen tätowieren, sehr selten auch an den Fuß- und Handgelenken, an der Stirn oder an den Brüsten.

Dass die kunstvollen Tätowierungen bezahlt werden mussten, schränkte ihre allgemeine Anwendung deutlich ein.

Eine Art einfacher und kaum kunstvoller Tätowierungen kann man beim Abschiednehmen von Verstorbenen entdecken. Früher schnitt man sich die Haut mit Muscheln auf. Das Blut, das dabei floss, war ein Zeichen tiefer Liebe und Verbundenheit mit dem Toten. Aber auch zu anderen Gelegenheiten zeigte man anscheinend tiefe Zuneigung durch Hautverletzungen mit scharfen Gegenständen.

Der frühere Handel mit tätowierten Köpfen machte übrigens auch vor Neuseeland nicht Halt und hinterließ auf beiden Seiten unangenehme Spuren. Im 18. und 19. Jahrhundert gelangten etliche Maori-Mumien und Kultgegenstände nach Europa und gingen in Privatbesitz oder in den von Museen über. Insbesondere reichlich tätowierte Köpfe waren gefragt. Reisende und Seeleute brachten sie nach Europa und Amerika.

Heute setzen sich die Maori weltweit für die Rückgabe dieser „Souvenirs" der Pakeha ein und verurteilen die Pietätlosigkeit der damaligen Händler und Sammler. Dabei wird oft vergessen, dass ein nicht unerheblicher Teil dieser „Souvenirs" von den Maori selbst verschachert wurde. Sie raubten einerseits präparierte Köpfe von anderen Stämmen und erschlugen andererseits Kriegsgefangene mit interessanten Tätowierungen. In Einzelfällen wurden sogar Sklaven gehalten, um sie zu tätowieren – entgegen der Norm, Tätowierungen als Statussymbole zu wahren. Reisende Händler konnten unter den Sklaven den gewünschten Kopf aussuchen und erhielten das „Handelsobjekt" einige Tage später. Das führte schließlich dazu, dass die englische Kolonialverwaltung den Handel mit Menschenköpfen gesetzlich untersagte und sanktionierte.

In den 1970er Jahren begannen die Maori, die alten Stammeszeichen als politische Symbole, als Zeichen ihrer Identität und eines neuen kulturellen Selbstverständnisses wiederzuentdecken und zu beleben. Parallel zu dieser Renaissance in Polynesien wurden Tattoos (ständige und zeitweilige) auch in Europa modern. Und auf der Suche nach einer neuseeländischen Identität übernahmen selbst die Pakeha die Tätowierung mit maorischen Motiven mehr und mehr als identitätsstiftendes Symbol.

Heutige Tätowierung – nach japanischer Art mit der Nadel gestochen statt wie bei den Maori ursprünglich üblich eingemeißelt – im polynesischen Stil

Die Sprache der Maori

Maori ist die Sprache der ethnischen Gruppe der Maori. Neben Englisch ist sie die zweite Amtssprache.

Die polynesischen Einwanderer brachten ihre Sprache von ihren Heimatinseln mit. Sie ist mit der samoanischen und hawaiischen Sprache verwandt und war ursprünglich auf den mündlichen Gebrauch beschränkt. Da man keine Schrift kannte, musste alles Wichtige überliefert werden, indem es auswendig gelernt, in Liedern und Tänzen konserviert oder mit bestimmten Symbolen in Schnitzwerken, Tätowierungen u. a. bildhaft dargestellt wurde. Insbesondere die Häuptlinge und Priester waren die Gralshüter der mündlich überlieferten Geschichte ihrer Stämme. Jeder Maori-Stamm konnte die eigene Herkunft auf eine der Schiffsbesatzungen zurückführen, die im Zeitraum vom 13. bis 14. Jahrhundert nach Neuseeland gekommen waren.
Die europäischen Einwanderer schufen schließlich eine Maori-Schriftsprache. Die lateinische Schrift ermöglichte es ihnen, Vergleiche mit anderen Sprachen anzustellen und das Maori zu erlernen.

Maori ist eine offene Sprache. In den zurückliegenden Jahren kamen circa 20.000 neue Wörter hinzu, und so wurde die Sprache im wahrsten Sinne des Wortes modern. Maori wird heute in den Schulen gelehrt; es gibt eigene Zeitungen und die Zeitschrift Mana, eigene Rundfunk- und Fernsehsender. Die Universitäten haben eigene Lehrstühle für Maori, und es gibt sogar eine Maori-Universität.

In den einzelnen Landesteilen des großen neuseeländischen Gebietes bildeten sich verschiedene Stammes-Dialekte heraus. Deshalb entwickelte die Maori-Sprachkommission Te Komihana Mo Te Reo Māori schließlich eine einheitliche Hochsprache, die heute als offizielles Maori anerkannt ist. Man schätzt die Anzahl der aktiv Maori Sprechenden auf zurzeit 50.000 bis 70.000. Insgesamt können wohl rund 100.000 Menschen Maori verstehen, aber nicht unbedingt auch sprechen. Am besten verankert ist Maori bei den Tuhoe im Osten der Nordinsel: 40% der Stammesangehörigen sprechen bis heute Maori.

Auf der Suche nach den kulturellen Wurzeln des Landes interessierten sich in den letzten zehn Jahren auch immer mehr Kiwis europäischer und asiatischer Abstammung für die Maori-Sprache. Heute kennen alle Neuseeländer ein paar Maori-Begriffe und die Sprache des Alltags ist mit Maori-Wörtern durchsetzt. So sind zum Beispiel für Pflanzen, Früchte oder Tiere viele der „alten", von den ersten Bewohnern der Inseln geprägten Ausdrücke erhalten geblieben. Auch die meisten Orte oder Regionen haben ihre ursprünglich von den Maori gegebene Bezeichnung beibehalten. Das Kartenlesen und Sichzurechtfinden ist also nicht immer ganz einfach.

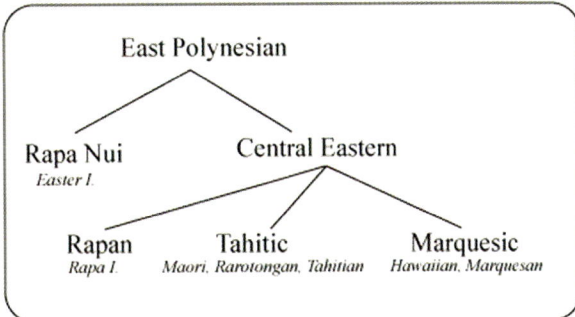

Die Haupt-Sprachgruppen des Ostpolynesischen: Maori gehört zur Gruppe des Tahitischen

Weiterhin betrifft es Begriffe, die die Kulturgeschichte berühren, und natürlich heißt es, dass die Pakeha – ursprünglich ein nur für die weißen Siedler verwendeter Ausdruck – keine Ahnung davon hätten. Das Wort der Maori für ihre Kultur, ihren way of life und auch ihr neues Selbstverständnis ist maoritanga.

Allgegenwärtig ist auch kia ora, die allgemeine Begrüßungsformel. In dem Zusammenhang gibt es außerdem haere mai – „Willkommen", haere ra – „Lebewohl" und hongi – ein Begrüßungsritual, bei dem die Nasen aneinander gerieben werden.

Der Haka, der berühmte Kriegstanz, der mit der neuseeländischen Rugby-Nationalmannschaft um die Welt geht, wurde schon in einem früheren Kapitel vorgestellt. Ein weiterer bekannter Tanz, bei dem kleine weiße Bälle an Fäden kunstvoll geschwungen werden, heißt poi. Der Name der englischsprachigen, wenngleich mit vielen Maoriwörtern durchsetzten Zeitschrift Mana bedeutet soviel wie Ansehen, spirituelle Macht, Prestige, Autorität oder besondere Fähigkeit. Ein geradezu programmatischer Titel für das „Maori news magazine for all New Zealanders".

Wharenui, das Versammlungshaus innerhalb des eingefriedeten Kultplatzes Marae, dient der Veranstaltung von traditionellen Zusammenkünften, Hochzeiten und Begräbnissen. Mahlzeiten, zum Beispiel Hangi-Essen werden im wharekai, dem Speisehaus, eingenommen. Zubereitet werden zum Beispiel ika (Fisch), hua whenua (Gemüse) oder kumara (Süßkartoffeln) indem man sie in Blätter wickelt und in einem Erdofen gart.

Geografische Bezeichnungen sind – wie oben bereits erwähnt – häufig aus dem Maori übernommen worden. Ruapehu ist beispielsweise die „rauchende Grube". Gemeint ist der Vulkan auf der Nordinsel, von dem wir in unserem Kapitel über Katastrophen berichten.

Reinga heißt „Absprung" oder „Totenwelt". Der nördlichste Punkt der Nordinsel ist das Cape Reinga. Der Sage nach gleiten die Seelen der toten Maori an den Wurzeln eines dort stehenden uralten Pohutukawa-Baumes, der übrigens an Weihnachten flammend rot blüht, ins Meer und beginnen ihre Heimreise.

Roto heißt „See" und rua ist die „Höhle". Rotorua ist die Region der heißen Quellen rund um den gleichnamigen See und auch die Bezeichnung der dortigen Stadt.

Ao heißt „Wolke", tea bedeutet „weiß" und roa ist „lang". Ao tea roa – „Land der langen weißen Wolke" ist der Name, den die Maori Neuseeland gaben.

Nachfolgend sind weitere Begriffe aufgeführt, die vielen Pakeha geläufig sind:

papa	– Erde
tai	– Küste
ngahere	– Wald
motu	– Insel
moana	– Meer, Ozean
manga	– Bach
kohatu, pohatu	– Fels, Stein
hau	– Wind
rangi	– Himmel
marangai	– Regen
maunga	– Berg
awha	– Sturm
marama	– Mond, Monat
awa	– Fluß
rakau	– Baum, Holz
kirikiri	– Sand
manu	– Vogel
rimu	– Kiefer

Spiele der Maori-Kinder

Zu jeder Zeit und an jedem Ort der Welt spielten und spielen Kinder – so auch bei den Maori. Schauen wir uns die geschichtlichen Überlieferungen zur Maori-Kultur an, finden wir viele Geschicklichkeitsspiele und Aktivitäten, die das Leben der Erwachsenen spielerisch widerspiegeln. Wir begegnen Ritualen, die den Kampf nachvollziehen, aber auch strategischen Übungen. Viele der alten Maori-Spiele waren denen ähnlich, die Kinder anderer Völker seit Urgedenken spielten. Schwimmen, Laufen, Springen, Boxen und Ringkämpfe waren üblich, aber auch Musizieren, Singen und Tanzen.

Früher spielten die Maori-Kinder mit ganz einfach und schnell herzustellenden Spielsachen wie kleinen, zerbrechlichen Kanus aus Flachsblättern mit einem Stock als Mast, an dem ein weiteres Blatt als Segel befestigt wurde. Damit konnten Ziel- und Schnelligkeitsregatten veranstaltet werden.

Zu den strategischen Spielen zählt das *Mū tōrere*. Gespielt wird auf einem achteckigen, sternförmigen Spielbrett. Jeder Mitspieler erhält vier Steine, die sich von denen der Mitspieler unterscheiden. Ziel des Spiels ist es, den Gegner zu blockieren. Kann dieser seine Steine nicht mehr weiter schieben, hat man gewonnen. Das Spiel ähnelt einerseits ein wenig dem Damespiel und andererseits dem weitaus komplexeren Brettspiel „Go".

Drachenfliegen (manu tukutuku; pakau, kahu)

Wie bei uns war und ist das Drachenfliegen ein beliebtes Spiel von Kindern und Erwachsenen. Mit viel Kreativität und Fleiß wurden bei den Maori früher vor allem Vogel-Drachen mit ausgebreiteten Flügeln angefertigt. Der Rahmen bestand aus Schilfrohr oder dünnen Zweigen und die Bespannung wurde aus Blättern hergestellt. Flachs war das Basismaterial für die Schnüre. Besonders wertvolle Drachen der Erwachsenen wurden mit Federn, Hundehaar oder aufgefädelten Muscheln dekoriert, die sogar Klappergeräusche verursachten. Zum Ausgleich des Gewichtes – und um bessere aerodynamische Flugeigenschaften zu erzielen – dienten Federn an der Spitze und am Schwanz.

Solche hochwertigen Drachen benutzte man auch zum Überbringen von Nachrichten an Freunde oder im Rahmen von Weissagungsriten, zum Beispiel um sich Klarheit darüber zu verschaffen, ob man eine feindliche Festung angreifen sollte oder nicht.

Weiterhin ist überliefert, dass große Drachenwettbewerbe stattfanden. Dabei wurden ganz bestimmte Zauberformeln gesprochen und gesungen, die helfen sollten, dass der Drachen an Höhe gewinnt bzw. wohlbehalten zur Erde zurückkehrt.

Größere Drachen konnten durchaus eine Spannweite von vier bis fünf Metern haben. Für diese waren Helfer erforderlich, die Erderhebungen für den Start nutzten und den Drachen rasch anzogen. Andere Helfer dirigierten vom Boden aus die Flugobjekte per Seil. Das Herunterholen der Drachen mit dem Seil galt allerdings als Unheil bringend.

Bei den Drachenspielen der Kinder war natürlich alles viel kleiner, weniger kompliziert und aufwändig. Die grundsätzliche Herangehensweise und die rituelle Bedeutung waren jedoch vergleichbar.

Schlittenfahren (reti, harua)

Größere geglättete Holzstücke oder Teile der Baumrinde, die mitunter mit Haifischöl eingerieben wurden, dienten den Kindern als „Schlitten". An Abhängen wurden Rutschbahnen angelegt und mit viel Wasser begossen, damit die Schlitten gut rutschen konnten. Auf einen solchen Schlitten passten je nach Größe zwei bis drei Kinder oder auch Erwachsene. Man veranstaltete Wettfahrten, die von Rufen, Gesängen und dem Klingeln aneinanderschlagender Muscheln begleitet wurden.

Schnurspiele (whai)

Ein beliebter Zeitvertreib, mit dem man gleichzeitig Geschicklichkeit und Fingerbeweglichkeit beweisen konnte, waren die sogenannten Schnur- oder Fadenspiele, die wir auch kennen. Derartige Geschicklichkeit war eine wesentliche Voraussetzung für die traditionellen Web- und Blätterverarbeitungs-Arbeiten.
Ein Faden mit einer vorgeschriebenen Länge wurde nach einem vorgegebenen System um die Finger beider Hände geschlungen. Anschlie-

ßend konnten durch Aufnehmen und Fallenlassen der Schnur, meist mit dem Zeige- oder Mittelfinger der jeweils anderen Hand, Figuren und Muster gebildet werden, die eine bestimmte Bezeichnung und einen Punktwert hatten.

Das Spiel konnte als Wettbewerb zweier Personen, die Rücken an Rücken standen, gespielt werden oder aber kooperativ zu zweit, wobei die Kunst das Übernehmen der Schnur des Mitspielers war.

Maori-Kinder fahren Schlitten – auch ganz ohne Schnee

Ausgangspunkt war jeweils eine Grundkombination, aus der andere, kompliziertere entwickelt wurden.

Stabspiele (ta rakau)

Diese Spiele, bei denen die Spieler meist in jeder Hand einen leichten Stab hielten, konnten von einer Gruppe im Kreis, von zwei sich gegenüberstehenden Kindern oder aber von in zwei Reihen einander zugewandten Kindern gespielt werden. Es waren sehr rhythmische Spiele, zu denen in der Regel gesungen wurde. Wesentlich war, gleichzeitig dem Mitspieler einen Stab zuzuwerfen und den Stab des anderen aufzufangen. Früher waren das ernste Kriegsübungen, die viel Training erforderten.

Wurfpfeile und -speere (niti, teka)

Wurfspeere, lange Stöcke oder Farnstiele waren auch Spielzeuge. Wie viele der uralten Sportarten diente auch der Umgang mit diesen dazu, die angehenden Krieger im Werfen und gleichzeitig im geschickten Ausweichen zu trainieren.
Die Maori kannten zwei Wurftechniken. Bei der einen warf man den Speer mit einer Hand, bei der anderen schleuderte man ihn mittels eines Wurfstabes und einer gespannten Schnur. In Kriegszeiten verwendeten die Maori diese Techniken, um brennende Speere auf die

mit Stroh gedeckten Häuser feindlicher Dörfer zu werfen und diese anzuzünden.

Handspiele (mahi ringaringa)

Mit Handspielen wurden die Geschicklichkeit sowie die Konzentrationsfähigkeit trainiert. Die Schnelligkeit der Handbewegungen und das sekundenschnelle Erfassen der Bewegungen des Gegners waren Grundvoraussetzungen, wenn man später in kriegerischen Auseinandersetzungen bestehen wollte.

Diese Art der Handspiele ist bei den Maori-Kindern immer noch sehr beliebt und in etwa vergleichbar mit dem, was europäische Kinder als „Tsching-Tschang-Tschong" kennen („Schere, Stein, Papier"). Mahi ringaringa basiert auf vier Grundstellungen. Eine davon gibt der Spieler, der an der Reihe ist, nach einem bestimmten Kommando seinem gegenüber stehenden Mitspieler vor. Ist dieser in der Lage, die nächste Position zu erahnen und gleichzeitig mit dem anderen Spieler einzunehmen, erzielt er einen Punkt. Es existiert eine Vielzahl von Varianten – je nachdem, ob nach Runden oder nach Punkten unterschieden wird.

Bewegliche Figuren (karetao; karara)

In den neuseeländischen Museen kann man kunstvoll geschnitzte Holzfiguren mit reichhaltigen Gesichtstätowierungen bestaunen. In der Regel sind das circa 40 bis 50 Zentimeter große menschliche Gestalten (in Ausnahmefällen auch menschengroße), die unten einen Griff haben. Da die Arme mit Hilfe von Schnüren im Schulterbereich befestigt sind, kann man durch Schütteln der Figur dem Haka-Tanz ähnliche Bewegungen nachahmen.

Diese Figuren erinnern an unsere Hampelmänner.

Kreisel drehen (pataka)

Den Maori waren, wie auch uns, zwei Typen von Spielzeugkreiseln bekannt. Zum einen gab es aus Holz oder Stein gefertigte Kreisel mit Rillen, in die man das aus Flachs hergestellte Peitschenband wickelte. Durch rasches Wegziehen des Peitschenbandes wurde der Kreisel zum Drehen gebracht.

Zum anderen wurde mit einem hölzernen Brummkreisel gespielt, auf dessen oberer Fläche eine Welle angebracht war, um die zwei Schnüre gegenläufig, also in entgegengesetzte Richtungen, gewickelt wurden. Zogen zwei Kinder gleichzeitig an jeweils einem Schnurende, drehte sich der Kreisel und erzeugte einen Brummton.

Viel lautere Brummtöne erzielten Kreisel aus Flaschenkürbissen. Dazu wurde ein Stab durch den Kürbis geschoben, dessen eines Ende die Drehspitze war. Schnitzereien sowie zusätzlich angebrachte Muscheln konnten den Klangeffekt und die optische Freude am Spiel steigern.

Knöchelspiele (karuru)

Dieses traditionelle Maori-Spiel war nicht nur bei Kindern beliebt.

Familien oder gar ganze Dörfer veranstalteten *kōruru*-Wettbewerbe. Zu diesem Geschicklichkeitsspiel wurden in der Regel fünf kleine Steine oder Beeren benötigt. Es gab aber auch Spiele mit bis zu fünfzehn Steinen. Zuerst lagen die Steine auf dem Boden. Sie wurden dann mit einer Hand aufgegriffen und in die Luft geworfen, um anschließend mit dem Handrücken aufgefangen zu werden. Gewonnen hatte derjenige, der die meisten Steine sicher aufgefangen hatte.

Ein Maori-Märchen

Kahukura und die Feennetze

Das folgende Märchen erzählte Häuptling Te Wherowhero in den 1840er Jahren dem damaligen Gouverneur von Neuseeland, Sir George Grey. Es wurde 1855 in Greys „Polynesian Mythology" veröffentlicht.

Vor langer Zeit fingen die Menschen die Fische einzeln mit Angelschnüren und Haken. Das war mühselig, langwierig, und oft wurden sie nicht satt.

Eines Tages wanderte ein kluger, junger Mann mit dem Namen Kahukura am Strand entlang. Er kam an eine Stelle, an der eine große Menge Fische lag. Es waren Hunderte von Fischen. Erstaunlicherweise sah er im Sand aber nur einige wenige Fußspuren. Sofort war ihm klar, dass dieser riesige Fang den Elfen (patupaiarehe oder tūrehu) gehören musste. Und er rätselte: Wie hatten die Elfen aber so viele Fische auf einmal fangen können und zum Trocknen ausgelegt?

Die Neugier ließ ihn nicht mehr los, und so versteckte er sich nahe dem Strand, um die Lösung dieses Rätsels zu erfahren.

Die Nacht brach an. Da hörte er draußen auf dem Meer einen immer lauter werdenden Gesang. Er konnte deutlich die Worte vernehmen:

> „Holt ein das Netz! Mit aller Kraft!
> Die Ernte des Meeres zappelt mit Macht!
> Holt ein das Netz! Mit aller Kraft!"

Zuerst verstand Kahukura überhaupt nicht den Sinn dieses Gesanges. Was war ein Netz? Er kannte so etwas nicht.

Da sah er auf einmal die Körper einiger Patupaiarehe im fahlen Mondlicht aufleuchten. Sie begannen, an einem Seil zu ziehen, das an der Seite ihres Kanus herunterhing. Dabei sangen sie immer wieder ihr Lied.

Die Patupaiarehe waren fröhliche Wesen und in dieser Nacht anscheinend besonders gut gelaunt.

Durch den Mondenschein war Kahukura ebenso bleich und hellhäutig wie die Patupaiarehe. Und als sie das Netz auf den Strand hinaufzogen, half er ihnen dabei unerkannt, denn in der Dunkelheit fiel er unter ihnen nicht auf. Und er schwieg wohlweislich.

Er arbeitete die ganze Nacht, und die Patupaiarehe fingen mehrere tausend Fische.

Als die Dämmerung nahte, teilten die Patupaiarehe ihren gesamten Fang auf. Auch Kahukura erhielt seinen Anteil an Fischen. Der Anführer der Patupaiarehe mahnte: „Beeilt euch! Wir müssen vor Sonnenaufgang fertig sein." Denn wenn die ersten Sonnenstrahlen die bleichen Elfenkörper berührten, mussten sie sterben.

Kahukura versuchte, seinen Anteil ebenso wie die anderen auf eine Schnur aufzufädeln, aber der Endknoten ging immer wieder auf und die Fische rutschten herunter. Dadurch verzögerte er den Aufbruch der Patupaiarehe. Im Morgengrauen sahen sie voller Schrecken, dass er ein Mensch war. Schreiend flohen sie ins Meer und ließen nicht nur ihren reichhaltigen Fang zurück, sondern auch ihr kostbares Netz. Und Kahukura sah, dass ihre Kanus nur Tauenden waren. So konnte Kahukura seinem Stamm das Geheimnis des Fischfanges der Patupaiarehe erzählen und dem Hunger und der Mühsal der bisherigen Fischerei ein Ende bereiten.

Sir George Edward Grey veröffentlichte das nebenstehende Märchen in seiner „Maori Mythology"

Spruchweisheiten der Maori

Gib', soviel du empfängst, und alles wird zum Besten stehen.

Benimm dich nicht wie ein Europäer. (also: unglaubwürdig, arrogant, ungerecht, egoistisch etc.)

Der Lehm haftet nicht am Eisen. (Mit anderen Worten: Was Fremde der Maori-Kultur auferlegt und hinzugefügt haben, wird wieder von dieser abfallen.)

Wenn ein Krieger stirbt, dann erwächst ein nächster. Wenn ein Silberfarn stirbt, dann erwächst ein nächster.

Berg und Tal kommen nicht zu zusammen, aber die Menschen.

Berate langsam und vollziehe schnell.

Zur Zeit des Säens arbeitet man allein; zur Erntezeit sind die Freunde überall.

Kehre nie um, weil deine Füße straucheln, sondern, wenn überhaupt, weil dein Schädel zerbrochen wurde.

Bemühe niemals die Sorge, bevor die Sorge dich bemüht.

Beratschlagt draußen auf See, wer das Schiff führen soll. (Denn dort zeigt sich der Erfahrene.)

Kehrt die Flunder in den Schlamm zurück, den sie aufgewirbelt hat? (Diese Frage impliziert, dass man sich von der Vergangenheit lösen soll.)

Bemüh' dich, nicht auf einen Teller guten Fleisches, der vor dir steht, zu schauen. Aber sieh immer auf das Gesicht, das du liebst.

Wenn du kannst, sei klüger als andere, aber sag es ihnen nicht.

Entwicklungstrends der Maori-Gemeinschaft

Natürlich kann man an dieser Stelle keine Prognosen zu der Frage „Quo vadis Maori?" aufstellen, jedoch lassen einige deutliche Entwicklungstrends zukünftige soziale Zuspitzungen innerhalb der Gemeinschaft und gewisse Auflösungserscheinungen der Gemeinschaft selbst vermuten. Veränderungen werden insbesondere aufgrund der Lockerung des individuellen Verhältnisses zu Grund und Boden, der zunehmenden sozialen Widersprüche unter den Maori und der weiter voranschreitenden ethnischen Vermischung eintreten. Diese Entwicklungstrends sollen nachfolgend etwas eingehender beschrieben werden.

Lockerung des individuellen Verhältnisses zu Grund und Boden

Gegenwärtig lockert sich die traditionelle Bindung der Maori an ihr Land, an Grund und Boden, und ursprünglich sinnvolle Regelungen zu dessen Schutz erweisen sich heute als starr und erneuerungsbedürftig.

Da Maori-Land auf dem freien Markt nicht verkauft werden darf, gibt es eigene Vermögensverwalter, die einerseits für die Bewirtschaftung des Landes sorgen und andererseits Landanteile von Maori-Familien ankaufen, die das Land nicht nutzen wollen oder können, weil sie in der Stadt wohnen oder ihr Landanteil durch vielfache Erbteilungen so klein wurde, dass er allein nicht mehr wirtschaftlich genutzt werden kann.

Nehmen wir ein Beispiel: Eine Maori-Frau vererbte ihren angestammten Landanteil an ihre vier Kinder. Einer ihrer Söhne hat wiederum einen Sohn und drei Töchter. Eine dieser Töchter hat 14 Kinder und eine andere ist Mutter von drei Kindern, die wiederum zusammen acht Kinder haben. Man stelle sich nun vor, wie zerstückelt das ursprüngliche Familienland innerhalb dieser Erbfolge über die Generationen wird. Es ist abzusehen, dass das Maori-Land bei der weiteren Zerteilung durch Vererbung für niemanden mehr nutzbar sein wird.

In den nächsten drei Generationen wird in Vergessenheit geraten, wo noch familiärer Landbesitz von bedeutungsloser Größe existiert. Heute leben rund 530.000 Maori in Neuseeland. Schätzungen zufolge können es im Jahre 2010 etwa 650.000 sein. Außerdem weiß jetzt schon niemand mehr genau, wie man „Maori" definieren soll. Zurzeit versucht man noch, den erkennbaren Trend zu ignorieren, dass in ein paar Generationen kaum noch ein Neuseeländer übrig sein wird, der keinen Maori in seiner Ahnenreihe nachweisen kann und demzufolge einen Anspruch auf Landanteile hat.

Unter den derzeitigen rechtlichen Einschränkungen ist für die Maori kaum eine Entwicklung zu mehr Wohlstand möglich. Die Ursache liegt in den Festlegungen des Vertrages von Waitangi, der den öffentlichen Verkauf von Maori-Land verbietet.

Zunahme der sozialen Widersprüche unter den Maori

Innerhalb der Maori-Gemeinschaft, die immer mehr in eine Unter- und Oberschicht gespalten wird, gibt es deutliche Zerreißproben. Einerseits sind Maori in der sozialen Unterschicht überproportional stark vertreten und die (zum Teil individuell bevorzugte) Arbeitslosigkeit ist bei dieser Gruppe im Landesdurchschnitt am höchsten. Diese Maori stehen häufiger wegen Gewalttaten vor Gericht und haben im Verhältnis zur Gesamtbevölkerung einen größeren Anteil an Alkoholikern. Hinzu kommt der starke Einfluss der westlichen Kultur vor allem auf die jungen, städtischen Maori und die damit einhergehende Aushöhlung der eigenen Identität.

Andererseits gibt es zunehmend überdurchschnittlich gebildete und reiche Maori, angefangen bei den Häuptlingen, Intellektuellen und Sportlern. Zugleich gibt es zunehmend sogenannte „Mode-Maori" mit einer anderen Sozialisation und keiner traditionellen Maori-Familienbindung, die aber – bei aller Fremdheit – durchaus als Chance für die Verstärkung der Maori-Kultur gesehen werden, wenn sie diese öffentlich einfordern.

Beispiele für zwei Lebenswelten von Maori. Oben ein Passant in Wellington, unten Stephan Kearney, ein bekannter Rugby-Trainer

Voranschreiten der ethnischen Vermischung

Die Maori repräsentieren gegenwärtig etwa 14 Prozent der Gesamtbevölkerung. Schaut man jedoch genauer hin, dann sieht man, dass der überwiegende Teil dieser Menschen von jeweils mehreren Ethnien abstammt, deren Ursprünge in Neuseeland, Europa, Asien oder auch anderen Regionen liegen. Wenn heute beispielsweise ein Pakeha eine junge Frau heiratet, die sich der ethnischen Gruppe der Inder zugehörig fühlt, dann kann es durchaus sein, dass durch Einheirat in der Vergangenheit mehrere Maori-Familien mit ihrer Familie verbunden sind. Ist die junge Frau nun indischer Herkunft oder gar maorischer? Wie sieht es mit den Kindern dieser neuen Familie aus?

Mit dem deutlichen Übergang zu einer neuseeländisch-polynesischen Nationalidentität wird natürlich auch die Zahl der sogenannten Mischehen weiter zunehmen. Die Maori-Gemeinschaft öffnet sich also gegenwärtig zwangsläufig: Als Maori gilt heute zunehmend derjenige, der sich öffentlich mit der Kultur der Maori identifiziert und sie in den eigenen Lebensstil integriert.

Dies birgt allerdings auch Gefahren: Parallel zur steigenden Anerkennung, ja Wertschätzung der Maori-Kultur in der Gesellschaft wuchs auch die Anzahl derer, die sich als Maori ausgeben. Neben Idealisten sind das auch Menschen, die die Privilegien der Maori geschickt für sich nutzen wollen: Besonderheiten im Wahlrecht, stärkere Ausbildungsförderung, finanzielle Unterstützung u.a.

Interview mit Derek Tini Fox

Wir wollten Entwicklungstrends und Widersprüche „aus erster Hand" erfahren und befragten dazu Derek Tini Fox, den Gründer und Chefredakteur der Maori-Zeitschrift „Mana" („The Maori news magazine for all New Zealanders").

Wie lange sind Sie schon Chefredakteur von Mana?

Von Anfang an. Ich habe die Zeitschrift gegründet. Das war 1990, zur gleichen Zeit als mit eigenen Radio-und TV-Sendungen für die Maori begonnen wurde.

Wie viele Leser hat Mana heute?

140.000 Abonnenten. Aber die Zeitschrift wird vielfach von den Lesern weitergegeben und so kommen wir auf etwa die dreifache Leserzahl.

Gibt es für die Maori auch Tageszeitungen?

Nein. Aber die Radio- und TV-Sendungen sind sehr aktuell und auch in der Sprache der Maori.

Ist Mana speziell für die Maori gedacht? Wen wollen Sie erreichen?

Nicht nur für Maori. Mana soll eine Art Schaufenster für die Welt sein und von allen Interessierten in Neuseeland und im Ausland gelesen werden. Die Anzahl ausländischer Leser nimmt deutlich zu.
Wir werden auch viel an den Schulen und Universitäten gelesen. Wir bringen viele interessante Reportagen aus Kultur, Wissenschaft, Sport, aber auch aus dem Alltagsleben – und das mit sehr guter Druckqualität! Unsere Reportagen über erfolgreiche Maori im Beruf, über Maori mit einem akademischen Abschluss, über unsere Künstler sollen anderen ein Ansporn sein.

Wer ist eigentlich heute noch ein wirklicher, reinblütiger Maori?

Das ist nicht eindeutig zu beantworten. Ich habe zum Beispiel einerseits richtige Maori-Vorfahren mit Stammbaum, aber auch irische. Wahrscheinlich gibt es heute in fast jeder Maori-Familie verwandtschaftliche „Fremdeinflüsse". Jeder hat andere in seiner Verwandtenkette. Das Wesentliche ist, wozu und zu welcher Gruppe ich mich bekenne! Mit dem Aussehen und der Hautfarbe hat das nichts zu tun.
Ich bekenne mich zu den Maori, da sie als erste hier waren. Dadurch haben sie eine andere Ausgangsposition als alle anderen und zu Recht besondere politische und kulturelle Forderungen. Diese vertrete ich.

Wie wichtig ist in diesem Zusammenhang die Maori-Partei?

Ich halte die Rolle der Maori-Partei für sehr wichtig, ebenso wie die Mana-Zeitschrift und die Sendungen für die Maori. Das alles ist schon deshalb wichtig, weil alles aus der Sicht der Maori betrachtet und kommentiert werden kann. Es gibt im Parlament Maori-Vertreter, die sich für die ureigensten Belange der Maori einsetzen. Die Pakeha haben davor Angst, dass die Maori zu viel Einfluss gewinnen können.

Haben Sie schon einmal damit geliebäugelt, in die Politik zu gehen?

1999 kandidierte ich als Unabhängiger für das Neuseeländische Parlament, blieb aber leider knapp hinter einem Labour-Abgeordneten, der das Rennen machte. Er ist einer meiner Cousins und heute Minister für Maori-Angelegenheiten. Meiner Meinung nach brauchen die Maori keine formale Instanz in Form eines Ministers; die Maori sollten für sich stehen. Und da ist eine Maori-Partei wichtig. Wäre ich damals Sieger gewesen, hätte es zu Maori-Fragen keine Entscheidung im Parlament ohne die Maori-Partei gegeben. Das war meine angestrebte Position als Unabhängiger.

Ist die sehr heftig geführte sea belt-Diskussion, die die Unveräußerlichkeit der Küsten und küstennahen Gewässer zum Inhalt hat, mehr ein Symbol für unterschiedliche Meinungen oder tatsächliche Notwendigkeit?

Es ist für die Maori der Punkt, wo sie sagen: „Es reicht!" Ich war dafür auch schon auf der Straße, habe an Demonstrationen teilgenommen. Die Frage des freien Zugangs aller zum Meer ist aber nicht die eigentliche Frage. Die Gefahr des Verkaufs an ausländische Personen und Firmen ist sehr groß! Grund und Boden, die Küste und die Flüsse müssen in neuseeländischer Hand bleiben. Ich würde mein Land nie verkaufen, sondern an meine Kinder weitergeben. Aber das ist ein großes Problem in Neuseeland. Wenn es darum geht, wer hier grundsätzliche Entscheidungen trifft, dann gewinnen immer die Pakeha.

Welche Änderungen in der Politik gegenüber den Maori sehen Sie seit der Reform in den 1980er Jahren?

Da gibt es einiges, zumindest auf dem Papier. Jedoch Absichtserklärungen und kleine Veränderungsversuche sind das eine; das andere ist das, was daraus gemacht wurde. Und da bestimmt nach wie vor die Übermacht der Pakeha das tägliche Leben.

Sind aber nicht zunehmend kritische Stimmen aus dem Kreis der Pakeha zu hören – und unterstützende für grundsätzliche Ziele der Maori?

Die Masse der Pakeha ist durchaus aufgeschlossen. Bei entscheidenden Schritten ziehen sie sich aber zurück, ganz nach dem Motto: „My home is my castle."

248

Die Redaktion des „Mana"-Magazins. Rechts der Chefredakteur Derek Tini Fox

Wie wird die Zukunft aussehen? Bleibt die Unvereinbarkeit zweier Welten oder wachsen Pakeha und Maori irgendwann einmal zusammen?

Ein Zusammenwachsen sehe ich nicht. Die Pakeha verfolgen eine Ausschließlichkeit ihrer Kultur. Es kommt nicht zu der Partnerschaft, wie sie im Treaty vereinbart wurde. Die Pakeha sagen: „Das war damals; heute gilt etwas anderes." Das ist ein großes Unrecht und stiftet Spannungen.

Können Sie uns kurz den wirklichen Unterschied zwischen Pakeha und Maori erklären?

Uns Maori verbinden der deutlich sichtbare kulturelle Unterschied und die lange Tradition. Wir haben einen großen Bezug zu unseren Vorfahrcn und detailliertes Wissen über sie. Obwohl es keine schriftlichen Unterlagen gab, kenne ich die vor mir auf der Welt gewesenen Verwandten und kann sie zehn Generationen zurückverfolgen. Auch ist die Verbindung untereinander viel enger, ebenso unsere Identifikation mit unseren Familien und Stämmen. Vieles machen die Maori eben anders. Wir haben ganz andere und reichhaltige Zeremonien, wir sind sehr stark landverbunden und achten es heute und mit Blick auf die Zukunft. Wir haben untereinander großen Respekt. Von uns käme niemand auf die Idee, die Schuhe auf den Tisch zu legen. Da gäbe es noch sehr viel mehr zu nennen.

Kapitel 5

Natur
und Umweltschutz

Der Champain Pool in Wai-o-Tapu, einer ausgedehnten Geothermalzone auf der Nordinsel

Natur
und Umweltschutz

Katastrophen, die das Land erschütterten

Neuseeland liegt geologisch gesehen auf der Grenze zwischen der Pazifischen und der Australischen Platte und ist somit Teil der als „Pazifischer Feuerring" bekannten Region an den Rändern des Pazifiks, die durch hohe vulkanische Aktivität und häufige Erdbeben gekennzeichnet ist. Hier taucht die Pazifische Platte entlang von Tiefseerinnen unter die angrenzenden Krustenplatten ab. Dass ein solcher Prozess nicht „reibungslos" vonstatten gehen kann, scheint offensichtlich. Die Subduktion, d.h. eine Unterschiebung einer Platte unter die andere, führt einerseits dazu, dass sich in den Krustenplatten Spannungen aufbauen, die sich ab und an in Form von Erdbeben entladen. Andererseits bilden sich Magmen aus dem aufgeschmolzenen Material der subduzierten Platte, die entlang von Verwerfungen bis in die obere Kruste aufsteigen und eindrucksvolle Vulkane entstehen lassen, wie man sie nicht nur auf der Nordinsel Neuseelands (Mount Ngauruhoe), sondern beispielsweise auch in Japan (Fujiyama), den Rocky Mountains (Mount St Hellens) und den Anden (Chimborazo) findet.

Die Geologie der Nordinsel ist geprägt durch die *Taupo Vulcanic Zone*, in der sich einige der aktivsten Vulkane der Erde befinden und geothermale Phänomene zahlreiche Touristen anziehen.

Der Lady-Nox-Geysir in Wai-o-Tapu, das innerhalb der Taupo Volcanic Zone liegt

Wie lebensfeindlich diese Region sein kann, können die Besucher in Rotorua erkunden. Die Natur zeigt sich hier mit einer gewaltigen Vielfalt blubbernder Erdlöcher, kochender Krater und dampfender Geysire. Kleinere Beben sind keine Seltenheit, und die sogenannte Holzständerbauweise fast aller Gebäude ist dem gut angepasst. Keller haben die Häuser in der Regel nicht, und so führen die kleinen Wackler zu keinen dramatischen Schäden.

Rund 840 Kilometer von Auckland entfernt, in der nördlichen Fortsetzung der Subduktionszone, gibt es eine kleine, zu der Kermadec-Gruppe gehörende, hochgradig vergiftete Insel namens Curtis Island, auf der fast alles Leben zerstört ist. Neuseeländische Wissenschaftler beschrieben dort im Jahr 2002 ätzende Schlammmassen, die säurehaltiger sind als Batterien, kochend heiße Quellen und giftige Gasströme.

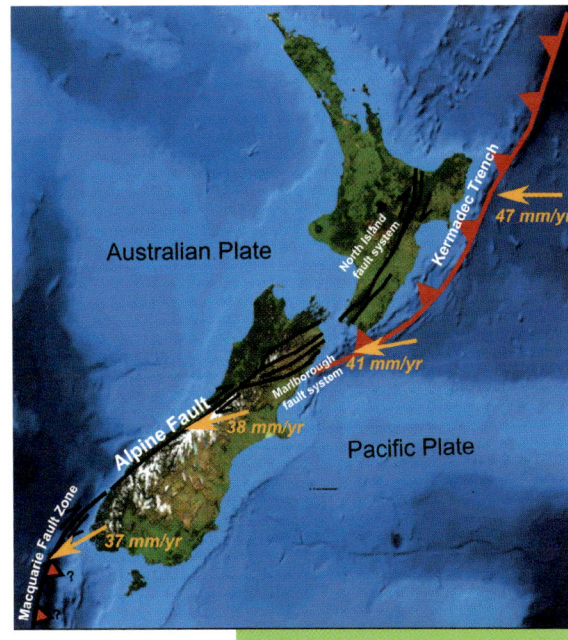

Die plattentektonische Situation Neuseelands: Hier treffen die Australische und die Pazifische Platte aufeinander

Auf der Südinsel geht es etwas ruhiger zu als im Norden, denn hier wechselt die Plattengrenze von der Subduktion zu kontinentaler Kollision und lateraler Verschiebung. Entlang der *Alpine Fault* (der „alpinen Verwerfung"), einer sogenannten Transformstörung, gleiten die beiden Platten mit einer zusätzlichen konvergierenden Komponente aneinander entlang. Dieser tektonische Vorgang führte – und führt noch immer – zur Erhebung der Southern Alps und zu Spannungen in der Erdkruste, die auch hier Erdbeben zur Folge haben.

Vulkanausbrüche

Größere Vulkanausbrüche kamen immer wieder vor. Der Mount Tarawera, knapp 30 Kilometer von Rotorua entfernt, war am 10. Juni 1886 Ursache einer großen Katastrophe. Seine Eruption verschüttete eine ganze Region mit gewaltigen Mengen von Schlamm, Geröll und Asche. Dieses Gebiet war zu der damaligen Zeit touristisch recht gut erschlossen. Die Touristen kamen aus aller Welt, insbesondere aus England.

Der Mount Ngauruhoe im Tongariro-Nationalpark ist ein aktiver Stratovulkan. Im 20. Jahrhundert ist er 45 Mal ausgebrochen

Es heißt, „ein Naturwunder" bzw. eine Art „Weltwunder" sei zu bestaunen gewesen. In der Tat müssen die rosafarbenen und weißen, wie Alabaster glänzenden Sinterterrassen, die von einem in regelmäßigen Abständen wasserspeienden Geysir überspült wurden, einmalig schön gewesen sein. Te Weiroa galt als die Top-Adresse im Rotorua-Wunderland.

Die Dörfer der näheren Umgebung waren über die florierenden Geschäfte mit den vielen Besuchern froh, und die Warnungen der Wissenschaftler wollten sie nicht gelten lassen. Kleinere Erdstöße, die immer wieder auftraten, wurden verharmlost oder trugen gar dazu bei, dass sensationshungrige Touristen in die Region gezogen wurden.

Verglichen mit den katastrophalen Ausbrüchen des Krakatau oder mit dem Beben von San Francisco, die viel mehr Menschenleben forderten, war die Tarawera-Eruption eher unbedeutend, für neuseeländische Verhältnisse jedoch dramatisch. Der Ausbruch zerstörte ein von der Natur in vielen Tausenden von Jahren geschaffenes Landschaftswunder in nur einer Nacht. Die Asche begrub drei Dörfer und fast alle Einwohner. Die Weißen Terrassen – von den Maori *Te Tarata*, „Tätowierter Fels" genannt und von den Reisenden mitunter mit den Hängenden Gärten von Babylon verglichen, verschwanden in dieser Nacht für alle Zeit, ebenso die kleineren Rosafarbenen Terrassen, genannt *Ō-tu-kapuarangi*, „Quelle des bewölkten Himmels".

Die Spuren dieser Katastrophe von 1886 sind heute noch auffindbar und in einem eigenen Museum umfassend dokumentiert. Eines der damals zerstörten Dörfer mit dem Namen Te Wairoa (heute

WHITE TERRACE L. ROTOMAHANA. 24. GV.

„Buried Village") wurde teilweise freigelegt – wie eine Art kleines Pompeji in Neuseeland.

Geröllllawinen

Der höchste Berg der Nordinsel – der Mt. Ruapehu – gehört zu den Vulkanen, die zwar selten, aber durchaus aktiv sind. Ausgerechnet am Weihnachtsabend des Jahres 1953 gegen 22.30 Uhr verursachte eine Eruption das Wegbrechen einer Kratersee-Flanke. Eine Schlamm- und Geröllflut von Tausenden von Tonnen, ein sogenannter Lahar, führte durch das unglückliche Zusammentreffen verschiedener Ereignisse zu einem schweren Zugunglück.

Kurz vor dem Eintreffen des Abendzuges von Wellington nach Auckland waren mehrere Pfeiler der Tangiwai-Eisenbahnbrücke über den Whangaehu River von der sechs Meter hohen Geröll-Lawine wegge-

255

drückt worden. Der Zug raste mit etwa 70 Kilometer pro Stunde auf die Unglücksstelle zu und konnte weder gewarnt noch gestoppt werden. Es heißt, die 145 Tonnen schwere Lokomotive sei rund 35 Meter durch die Luft geschleudert worden und am anderen Ufer des Flusses aufgekommen. Die ersten sechs Wagen landeten im Wasser. Von den 285 Menschen an Bord kamen 151 ums Leben.

Der Mount Ruapehu ist der höchste Vulkan Neuseelands. Deutlich ist auf diesem NASA-Bild vom 25. März 2007 an seiner östlichen Flanke der Lahar (Schlamm- und Schuttstrom) zu erkennen, der sieben Tage vorher niedergegangen war

Der Geologe James Healy vertrat am 9. März 1954 vor einer Regierungskommission die Meinung, dass in diesem Katastrophenfall vulkanische Aktivitäten keine direkte Rolle gespielt hätten, sondern eine Barriere aus Asche an der Kratersee-Wand aufgrund des gestiegenen Wasserstandes im See und des enormen Drucks abgerutscht sei. Einen vergleichbar großen Erdrutsch hatte es an fast gleicher Stelle im Jahr 1925 schon einmal gegeben – und davor auch schon einmal im Jahre 1859.

Am 23. September 1995 konnte wenige Monate vor dem Abgang einer weiteren Schlamm- und Geröll-Lawine, die vom Mt. Ruapehu kam, noch rechtzeitig ein Skigebiet gesperrt werden.

Der Mt. Ruapehu ist einer der drei Vulkanberge des Tongariro-Nationalparks und im Winter eines der attraktivsten und am stärksten besuchten Skigebiete – wenn er ruhig bleibt. *Ruapehu* ist bezeichnenderweise das Maori-Wort für „Rauchende Grube". Diese Bezeichnung erwies sich unter anderem 1996 als gerechtfertigt, als ein Asche-Regen im Umkreis von 100 Kilometern das öffentliche Leben lahm legte.

Am 18. März 2007 wiederholte sich ein Naturereignis an fast derselben Stelle, wo im Jahre 1953 die Flutwelle aus dem geborstenen Vulkankratersee die Eisenbahnbrücke einstürzen und einige Minuten darauf den Zug entgleisen ließ.

In dem Kratersee auf dem Vulkan Ruapehu hatte sich seit 1996 ständig Wasser gesammelt. Nach heftigem Regen und der Schneeschmelze stand das Wasser schließlich bis zur Kante des Kraterrandes. Schon Wochen zuvor war allen Beobachtern klar gewesen, dass der Kraterrand dem Druck nicht mehr lange standhalten würde. Am 18.3.2007 donnerten dann Tausende Tonnen Wasser, Schlamm und Geröll den Hang hinab. Wissenschaftler hatten jedoch den Bruch der Kraterwand auf einige Stunden genau vorausberechnet. Und so kamen keine Menschen zu Schaden. Allerdings musste die Hauptverkehrsroute zwischen Auckland und Wellington für einen halben Tag unterbrochen werden – es ging nichts mehr über Straße und Schiene.

Erdbeben

Unter der Nordinsel Neuseelands schiebt sich die Pazifische Platte langsam unter die Australische. Das führt immer wieder zu mehr oder weniger starken Erschütterungen. Die Subduktionsgeschwindigkeit entlang der südöstlichen Seite der Nordinsel beträgt circa sieben Zentimeter im Jahr. Rund 14.000 registrierte (meist kleinere) Erdbeben pro Jahr haben Neuseeland längst den Spitznamen „Shaky Islands" eingebracht.

1855 ereignete sich in der Region von Wellington das in historischer Zeit bislang wahrscheinlich stärkste Beben Neuseelands, das wegen seines bei neueren Untersuchungen rekonstruierten Epizentrums auch „Wairarapa-Beben" genannt wird. Es setzte mit einer Stärke von vermutlich 8,3 auf der Momenten-Magnituden-Skala so starke Energien frei, dass sich die Uferzone um bis zu 4,70 Meter anhob und so die Küstenlinie um maximal 300 Meter seewärts verlagert wurde (die größte Anhebung nordwestlich von Wellington betrug sogar 6,40 Meter) – mit der Folge, dass die „Wellington Harbour" genannte Meeresbucht Land preisgab. Ein Teil dieser Flächen gehört heute zur Innenstadt, beispielsweise der Lambton Kay, der heute eine der großen Einkaufsstraßen der Stadt ist. Auf ihm befindet sich etwa 100 bis 200 Meter vom Naturhafen entfernt eine Markierung, die den ehemaligen Küstenverlauf nachzeichnet.

Das Beben forderte trotz der schon relativ dichten Besiedlung – Wellington hatte 3.200, Hutt Valley 1.600 Einwohner – nur neun Todesopfer. Diese für ein Beben solcher Stärke günstige Bilanz ist wohl darauf zurückzuführen, dass man nach dem sogenannten „Marlborough-Beben" von 1848, bei dem die meisten Steingebäude Wellingtons zerstört worden waren, beim Wiederaufbau konsequent auf die Holzbauweise gesetzt hatte. Seitdem sind die Bauvorschriften kontinuierlich verschärft worden.

Die Zerstörungen des Hawkes-Bay-Bebens 1931 waren verheerend

Auch im Februar 1931 ereignete sich, diesmal in der Region Hawke`s Bay, ein außergewöhnlich starkes Erdbeben, in dessen Folge die Städte der Region – darunter die Hauptstadt Napier – völlig zerstört wurden. Damals starben 256 Menschen. Was nicht durch das Beben zerstört worden war, ging in Flammen auf.

Im Nachhinein bewirkte diese Katastrophe auch etwas Gutes, denn das Beben förderte 3.300 Hektar Land aus dem Meer zutage. Darauf wurde die Stadt Napier neu erbaut – und zwar vollständig im Art-Déco-Stil. Außer in Miami existiert nirgendwo sonst in der Welt ein derart großes geschlossenes Ensemble in diesem Baustil. Es ist deshalb heutzutage ein Magnet für Touristen aus aller Welt. Das „Masonic Hotel" veranstaltet jährlich in der dritten Februarwoche ein Art-Déco-Wochenende mit Jazz und Oldtimertreffen. Angezogen nach der Mode der 1920er und 1930er Jahre flaniert man durch die Stadt – „gesehen Werden" heißt die Devise.

Weitere Beben erschütterten Edgecumbe an der Bay of Plenty (1987) und Gisborne an der Westküste der Südinsel (2007) und richteten mit Intensitäten von 6,3 bzw. 6.8 auf der Momenten-Magnituden-Skala z.T. erhebliche Gebäudeschäden an, ohne aber Todesopfer zu fordern.

Die Bebenserie von Canterbury 2010 und 2011

Im Herbst 2010 begann eine Erdbebenserie, die bis dahin in Neuseeland ohne Beispiel war – und das in einem Gebiet der Südinsel, das selbst Geowissenschaftler als seismisch relativ ruhig eingestuft hatten, weil es abseits der Hauptstörungszone, der unweit der Westküste verlaufenden *Alpine Fault*, liegt. Die Rede ist von der Region Canterbury, deren an der Ostküste gelegene Hauptstadt Christchurch mit etwa 400.000 Einwohnern die zweitgrößte Ansiedlung Neuseelands ist. Etwa 40 Kilometer westlich der Stadt nahe dem Ort Darfield entluden sich am 9. September um 4 Uhr 30 morgens die lange angestauten Spannungen im Gestein und zerrissen die Landschaft entlang einer bislang unbekannten, nach Osten auf Christchurch zulaufenden Störungslinie in einer Länge von etwa 22 Kilometern. Das Resultat war ein Seitenversatz um rund vier Meter, der Straßen Haken schlagen ließ, Mauern teilte und Eisenbahnschienen verbog. Schwerer wiegend waren die Auswirkungen auf viele Gebäude, gerade in Christchurch. Viele Häuser wurden so schwer beschädigt, dass sich ein Wiederaufbau als unmöglich erwies, aber aufgrund der erdbebensicheren Bauweise kollabierte keines vollständig, sodass kein Todesopfer zu beklagen war. Bei einem Erdbeben der Stärke 7,1 ist dies nicht die Regel, wie die Katastrophe von Haiti mit 260.000 Toten eindrücklich vor Augen führt. Ein günstiger Umstand war sicher auch, dass das Beben die Einwohner daheim im Schlaf überraschte – tagsüber hätten auf eine geschäftige Straße herabfallende Fassadenteile sicher schlimmere Folgen gehabt.

Christchurch am 9. September 2010, Wocester Ecke Manchester Street. Im Hintergrund die Kathedrale der Stadt – noch steht der Turm

Dies war jedoch nur die Ankündigung einer größeren Katastrophe, wie sich knapp sechs Monate später herausstellen sollte. Wie bei jedem größeren Erdbeben gab es tausende kleinerer Nachbeben, die zum Teil die Menschen beunruhigten und bereits schwer beschädigten Gebäuden zusetzten. Aber mit einem Nachbeben der Stärke 6,3 hatte niemand gerechnet.

Es ereignete sich am Dienstag, dem 22. Februar um 12 Uhr 51; sein Epizentrum war Lyttelton, ein küstennaher Vorort von Christchurch. Wegen der großen Nähe zur Stadt und des in nur fünf Kilometer Tiefe liegenden Hypozentrums, also des eigentlichen Erdbebenherdes, konnten die Erschütterungen eine größere Zerstörungskraft entfalten als das Darfield-Beben. Zudem trafen sie eine völlig unvorbereitete Stadt zur geschäftigen Mittagszeit. Die Auswirkungen waren verheerend: 181 Menschen starben unter den Trümmern zahlreicher, vor allem aus Stein errichteter Häuser. Selbst manche Stahlbetonbauten wurden arg in Mitleidenschaft gezogen oder stürzten gar komplett ein, wie das Gebäude des regionalen Fernsehsenders CTV, in dem rund 100 Menschen den Tod fanden, mehr als die Hälfte aller Erdbebenopfer. Der stehengebliebene Aufzugsschacht galt bis zu seinem Abriss im Mai 2011 als Sinnbild für das Beben. Auch einige Baudenkmäler wurden schwer beschädigt, darunter das Wahrzeichen Christchurchs, die *Christ Church Cathedral* („Kathedrale der Kirche Christi"), deren Turm zur Hälfte einstürzte, und die sogenannte *Christchurch Basilica*, die „Kirche des Heiligen Sakraments" des in Neuseeland berühmten Architekten Francis Petre. In der Innenstadt waren die Straßen mit herabgefallenen Fassadenteilen, Mauertrümmern und Glasscherben übersät. An einigen Stellen trat Bodenverflüssigung auf und machte Straßen unpassierbar, ganze Stadtteile wurden durch geborstene Wasserleitungen unter Wasser gesetzt und etwa 100.000 Häuser beschädigt, 10.000 so stark, dass wahrscheinlich nur noch der Abriss bleibt (Stand Juli 2011). In Anbetracht der enormen Schäden verglich Christchurchs Bürgermeister Bob Parker die Erdbebenfolgen mit denen eines Krieges. Der Premierminister John Key sprach vom „wahrscheinlich schwärzesten Tag Neuseelands" und bezifferte die Wiederaufbaukosten mit bis zu 25 Mrd. NZ-Dollar.

Riss in der Bridge Street am 9. September 2010

Rechte Seite:

Auswirkungen des Bebens vom 22. Februar 2011 in Christchurch:
- *Cathedral Square*
- *Bodenverflüssigung, Avonside*
- *Haus im Stadtzentrum*

Aber Ruhe war noch nicht eingekehrt. Wie bei dem Darfield-Beben gab es eine ganze Reihe von Nachbeben. Die bedeutendsten ereigneten sich am 13. Juni 2011 und zerstörten mit Stärken von 5,5 und 6 weitere 50 Häuser; sechs Menschen wurden verletzt.

Im Juli 2011 schließlich teilte die Regierung mit, dass Teile der Stadt Christchurch aufgegeben würden. Man hatte die Stadt in mehrere Zonen aufgeteilt, die das jeweilige Ausmaß der Zerstörung widerspiegeln. Am schlimmsten betroffen waren demnach die östlichen Vororte, nun Teil der „roten Zone", deren etwa 5.000 Häuser nicht wieder aufgebaut werden sollen. Die Veränderungen des Erdreichs sind hier durch Bodenverflüssigung und die Bildung von Senken so stark, dass ein Wiederaufbau hohe Risiken birgt. Weitere 10.000 Häuser stehen in der gelben Zone. Hier sollen detaillierte Prüfungen die Entscheidung bringen, ob die Bezirke verlassen werden müssen oder nicht.

Die Gefahr weiterer größerer Beben, die jederzeit auftreten können, ist jedem Neuseeländer bewusst. Die Kiwis gehen mit dieser Tatsache im Alltag recht gelassen um. Die Bauvorschriften jedoch gehören im Hinblick auf die Erdbebensicherheit zu den schärfsten der Welt. Und schon die Kinder trainieren das Verhalten im Notfall in Schule und Kindergarten.

Wissenschaftler, die der Erdbeben-Kommission angehören, erstellten vor einiger Zeit eine Studie, die die verschiedenen Regionen Neuseelands erfasste und die Wahr-

scheinlichkeit des Auftretens weiterer größerer Erdbeben an den markantesten Punkten (wie etwa Napier) mit 8 bis 11 Prozent angaben. In die Liste der Risikogebiete muss nun auch die Region Canterburry mit ihrer Hauptstadt Christchurch aufgenommen werden.

Überschwemmungen

Unglücke und Katastrophen werden in Neuseeland nicht in jedem Fall durch Erdbeben oder Vulkanausbrüche hervorgerufen. Allein solche Naturgewalten wie Sturm, Schnee und Regen können verheerende Folgen haben. Wir dürfen nicht vergessen, dass die durchschnittliche Breite der Nordinsel 240 Kilometer und die der Südinsel 220 Kilometer beträgt. Orkane können relativ schnell über die Inseln hinwegfegen und sich mit großer Kraft an den Gebirgsmassiven brechen, Rinnsale werden in kurzer Zeit zu reißenden Flüssen mit großen Wasser- und Geröllmassen usw. Wenn man die gelegentlich trockenen Flussbetten in ihren ungeheuren Dimensionen wahrnimmt und sich vor Augen hält, dass sie zeitweilig in dieser gigantischen Breite meterhoch mit zu Tal stürzendem Wasser gefüllt sind, kann man sich die Ausmaße einer solchen Flut gut vorstellen.

Der *Road Master* der 119 Kilometer langen Milford Road, Wayne Carran, kann stundenlang von seinem Kampf gegen die immer wieder auftretenden Gefahren auf der Straße berichten, die sich von der kleinen Stadt Te Anau zum großartigen Milford Sound schlängelt. Diese Straße wird von Scharen von Touristen befahren und muss deshalb besonders gesichert sein. Lawinen, sintflutartige Regenfälle, Erdrutsche, Beben und Stürme können die Idylle der Südalpen von einem Moment zum anderen in ein Katastrophenszenario verwandeln.
Etwa 400 Mal im Jahr, so Wayne, löst sich an irgendeiner Stelle der bis zu 2.000 Meter hohen Steilwände eine Lawine, die auf die Straße zurollt – so wie im Oktober 1996. Der Schnee türmte sich danach 30 Meter hoch auf der Straße und versperrte den Zugang zum Homer-Tunnel.

Auch enorme Regenfälle gehören zu den Tücken der Milford Road. Im Januar 1994 gab es einen Sturzregen, der sich binnen kürzester Zeit in eine regelrechte Wasserwand verwandelte, die mit einem so ungeheuren Druck vom Himmel kam, dass Auto-dächer verbeult wurden – was wir sonst nur bei starkem Hagel erleben. Als Folge dieses gewaltigen Niederschlags traten Flüsse über die Ufer; Bäche wurden zu Wasserläufen, die alles mit sich rissen. So spülten die Wasser-massen zum Beispiel das Hotelrestaurant am Elinton River einfach weg.

Im Winter kreist Wayne Carran im Einsatz für die Sicherheit der Milford Road mit dem Hubschrauber über die schneebedeckten Gefahrengebiete und beobachtet seine hot spots, prüft die Schneetemperatur und löst in gefährdeten Gebieten prophylaktisch Schnee-abgänge aus. Auch auf einen anderen Aspekt im Milford Sound machte er aufmerksam: die Gefahr von Baumlawinen, die jederzeit an den steilen Hängen im Fjord niedergehen können. Doch trotz aller Gefahren schwärmt Wayne von den paradiesisch anmutenden Bergen und Wasserfällen bei Sonnenschein.

Zugunglück in den 1950er Jahren: Eine Geröllawine hat die Brücke mit sich gerissen

Schwere Unwetter sind keine Seltenheit in Neuseeland. Lang anhaltender Regen führte beispielsweise im Februar 2004 in der Region um Palmerston North auf der Nordinsel durch das gewaltige Anschwellen der Flüsse zu verheerenden Überschwemmungen.
Die Schüler und Lehrer der Westmount School brachten daraufhin eine Flut-Publikation heraus, mit deren Verkauf die Flutopfer später unterstützt wurden.

Im Nationalmuseum *Te Papa Tongarewa* (etwa „der Ort der Schätze dieses Landes") in Wellington gibt es nicht nur zahlreiche Dokumentationen über Naturkatastrophen. Schon den Schülern wird mit Hilfe einer Multimedia-Show das naturwissenschaftliche Verständnis für die neuseeländischen Naturereignisse und -gewalten vermittelt. Dies trägt dazu bei, dass die Kinder ein breites Wissen darüber erlangen und einen Instinkt für mögliche Gefahren entwickeln.

Flora und Fauna – die Kronjuwelen Neuseelands

Neuseeländische National-ikone: der Kiwi. Hier die Unterart Haast-Kiwi in einer Darstellung aus dem 19. Jahr-hundert

Trotz vieler durch Menschenhand vernichteter Arten ist die Pflanzen- und Tierwelt Neuseelands weltweit einzigartig. Über 82 % der hier heimischen Arten von Gefäßpflanzen sind endemisch, das heißt sie kommen nur hier vor. Ähnlich verhält es sich mit den Tieren. Viele Arten gibt es nirgendwo sonst auf der Erde, wie zum Beispiel die Nationalikone, den Kiwi, oder den seltsamen flugunfahigen Papagei Kakapo. Ihre Entstehung hat diese Lebewelt der langen Isolation der Insel zu verdanken, nachdem sie sich vor etwa 85 Millionen Jahren beim Auseinanderbrechen des Superkontinents Gondwana von der Landmasse trennte, die man heute Antarktis nennt. So konnte sich ein Ökosystem entwickeln, das vor allem durch das Fehlen von Landsäu-gern – abgesehen von drei Fledermausarten – und die Besetzung von deren Öko-Nischen durch Vögel charakterisiert ist.

Ein Drittel des Landes steht heute unter Schutz. In vierzehn Natio-nalparks, drei Meeresparks und zwei Marine-Reservaten können sich Flora und Fauna regenerieren und verbreiten. Die Mehrzahl der vor-gelagerten kleineren Inseln ist für Touristen nicht zugänglich und da-mit weitgehend geschützt.

Über Flora und Fauna gibt es umfassende Veröffentlichungen. Im Folgenden soll nur auf die wichtigsten Besonderheiten eingegangen werden.

Neuseeländische Vegetation – Land der immergrünen Wälder

In Neuseeland gibt es weitläufige Nadel- und Laubwälder. Die meisten Bäume sind immergrün. Die vorherrschenden Arten in den Nadel-wäldern sind die zu den Koniferen gehörenden Steineibengewächse; daneben fallen besonders die Kauri-Riesen auf. In den Laubwäldern dominieren Scheinbuchen (auch als Südbuchen bezeichnet). Die Offenland-Vegetation, die etwa zehn Prozent der Landesfläche ausmacht, besteht aus Busch-, Heide- und Grasländern. Bei letzteren

handelt es sich oft um sogenannte Tussock-Gräser, deren zahlreiche Triebe eng aneinander stehen und einen Horst bilden. In den zwischen den Wäldern und Grasländern liegenden Buschlandschaften sind Korbblütengewächse (Asterngewächse) vorherrschend.

Zu den interessantesten Bäumen gehören
- Kowhai (Schnurbaum). Diese zu den Leguminosen gehörenden Bäume sind sehr farbenprächtig; die leuchtend gelben Blüten gelten auch als inoffizielle Nationalblumen.

265

Pohutokawa, wegen seiner üppigen roten Blüten im Dezember auch der „neuseeländische Weihnachtsbaum" genannt

Keine andere Palmenart kommt in freier Natur weiter südlich vor als die Nikau-Palme

- Kauri. Dieser Baum, dessen Exemplare von Alter und Größe her weltweit zu den Rekorhaltern zählen, wird als „Herr des Waldes" verehrt und ist der offizielle Nationalbaum Neuseelands. Der größte noch existierende Kauri, der „Tane Mahuta, Lord of the Forest" im Waipoua Forest auf der Nordinsel, hat eine Gesamthöhe von 51 Metern. Sein Alter wird auf 1250 bis 2500 Jahre geschätzt.
- Pohutokawa. Dieser zu den Eisenhölzern gehörende Baum weist im Dezember unzählige leuchtend rote Blüten auf, weshalb er auch scherzhaft als „Neuseeländischer Weihnachtsbaum" bezeichnet wird.
- Der Rata-Baum kommt in zwei Arten vor, die entsprechend ihrer Verbreitung auch Südinsel- und Nordinsel-Eisenholz genannt werden, und trägt ebenfalls üppige purpurrote Blüten.
- Farne. Insbesondere der bis zu 20 Meter große Schwarze Baumfarn und der etwa 10 Meter hohe Silberfarn sind typisch für Neuseeland. Der Silberfarn ist zudem die offizielle neuseeländische Nationalpflanze.
- Palmen: Besonders attraktiv ist die bis zu 15 Meter hohe Nikau-Palme, deren Blätter eine Länge von bis zu 2,5 Metern erreichen.
- Die zu den Steineibengewächsen gehörenden Totara und Rimu-Harzeibe können unter günstigen Bedingungen Wuchshöhen von 35 bzw. 50 Metern und mehr erreichen. Nachdem sie in früheren Jahren zur Bauholzgewinnung abgeholzt wurden, werden sie inzwischen wieder gehegt.
- Erwähnt sei auch der *Cabbage Tree,* zu deutsch Keulenlilie, eine krautige bis baumförmige Gattung der Spargelgewächse, die einer Palme nicht unähnlich sieht. Wegen der oft roten Blätter sind einige Arten als Zier- und Zimmerpflanzen beliebt.

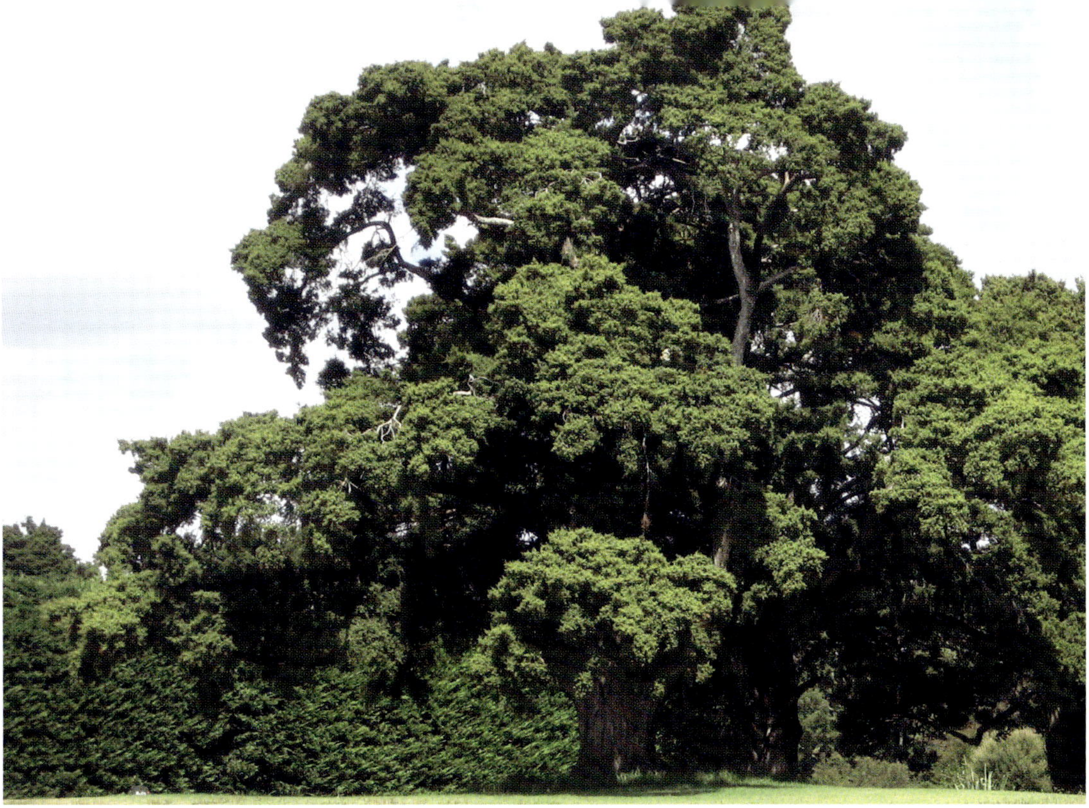

Oben: Totara
Links: Rimu und Cabbage Tree (Keulenlilie)

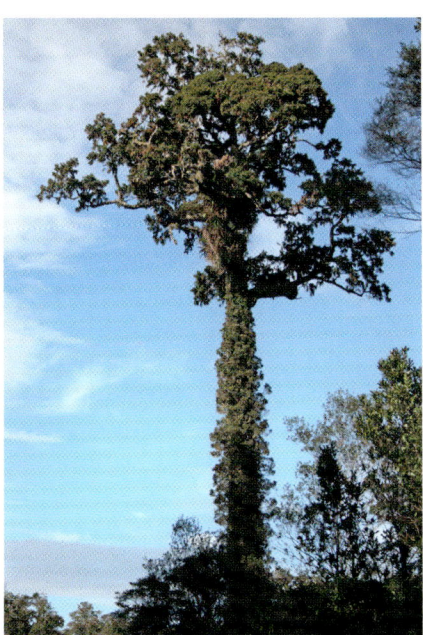

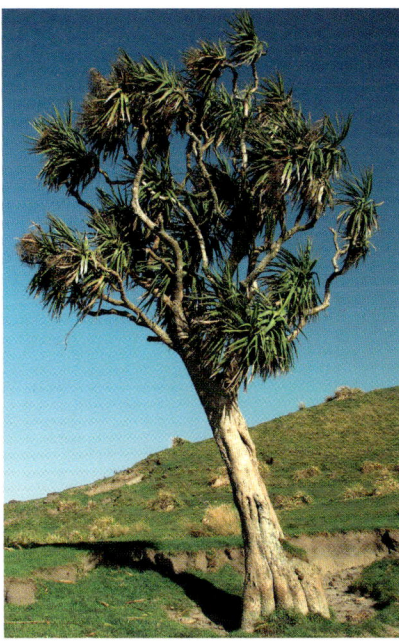

Rätselhafter Gestaltwandel

Ein Kuriosum in der neuseeländischen Pflanzenwelt stellt der neuseeländische Speerbaum dar (*Lancewood*, Pseudopanax crassifolius), dessen ganz unterschiedliche Wachstumsphasen bis vor kurzem ein wissenschaftliches Rätsel waren. Solange der Baum noch keine zehn Zentimeter groß ist, sind die Blätter schmutzig grau und erscheinen wie verwelktes Laub. Wird der Baum größer, entwickelt er eine neue Strategie: weg von der Tarnung – hin zur warnenden Auffälligkeit. An den nun harten, lang nach unten hängenden Blättern befinden sich farblich hervorgehobene Dornenreihen, die erhebliche Verletzungsgefahr signalisieren. Wenn der langsam wachsende Baum nach 10 bis 15 Jahren schließlich das adulte Stadium erreicht und über drei Meter groß ist, legt er alle Tarn- und Warnstrategien ab, und die Altersblätter werden kräftig grün und haben keine Dornen mehr – ein Baum wie jeder andere.

Eine Arbeitsgruppe, der auch der Freiburger Biologe Martin Schaefer angehörte, konnte 2009 eine plausible Erklärung für den Gestaltwechsel finden. Wahrscheinlich diente er dem Schutz vor Fraßschäden durch den flugunfähigen Riesenvogel Moa. Der bis zu drei Meter hohe Vegetarier lebte etwa fünf Millionen Jahre lang auf den neuseeländischen Inseln und hat über diesen Zeitraum hinweg offenbar die Evolution des Speerbaumes beeinflusst. Begünstigt wurde die geschilderte Verteidigungsstrategie dadurch, dass der Speerbaum zur Familie der Efeugewächse gehört, die ohnehin dazu neigen, unterschiedliche Blattformen hervorzubringen. Allerdings behält er auch 700 Jahre nach dem Aussterben seines einstigen Todfeindes diese sehr aufwändige Überlebensstrategie bei.

Der Lancewood ändert seine Gestalt im Laufe seines Lebens auf ungewöhnliche Weise. Oben junger, unten Baum in der zweiten Wachstumsphase

Die Fauna Neuseelands –
Vögel statt Säugetiere

In den neuseeländischen Ökosystemen stellen Vögel den bedeutendsten Teil der Wirbeltierfauna dar. Rund 71 % der in Neuseeland inklusive der Hochsee-Inseln vorkommenden Vogelarten sind endemisch. Viele von ihnen stammen allerdings nicht aus dem ursprünglichen Gondwana, sondern kamen erst nach Neuseeland, nachdem dieses bereits von der Antarktis-Landmasse getrennt worden war. Viele Vogelarten – wie der Neuseeland-Kuckkuckskauz (auch Morepork) und verschiedene Wat- und Seevögel wie der Westlandsturmvogel und der Australtölpel – kommen auch andernorts im pazifischen Raum vor; andere weisen deutliche Ähnlichkeiten mit andernorts lebenden Arten auf, wie etwa der Neuseeland-Falke (Karearea), der eng mit dem in Australien, Indonesien und Neuguinea lebenden Habichtfalken verwandt ist. Angesichts des Fehlens von räuberischen Landsäugetieren konnten sich viele flugunfähige Arten etablieren – die bekanntesten sind sicherlich Kiwis, Kakapos und die ausgestorbenen Moas.

Etliche Vogelarten sind durch Menschenhand vernichtet worden. So wurde früher zum Beispiel die rund 20 cm lange schwarze Feder mit weißer Spitze des Huia von ranghohen Maori-Führern als Kopfschmuck benutzt, und der Huia wurde nur deshalb gejagt. Eine solche seltene Feder wurde im Juni 2010 von einem Einheimischen in Neuseeland für umgerechnet 4.800,- Euro ersteigert.

Kiwis – die scheuen Nationalsymbole

Auf den ersten Blick würde man wohl nicht auf die Idee kommen, dass Moas und Kiwis – abgesehen von ihrer Unfähigkeit zu fliegen – viel miteinander gemeinsam haben. Tatsächlich sind sie aber näher verwandt: Wie auch die Straußen, Emus und Kasuare werden Moas und Kiwis zu den Laufvögeln oder Flachbrustvögeln gezählt, zu deren gemeinsamen Merkmalen das Fehlen des Brustbeinkiels (Sternum) gehört, an dem bei anderen Vögeln die Flugmuskulatur ansetzt. Während die Moas als reine Pflanzenfresser Zweige, Blätter oder Früchte von Bäumen und Sträuchern abweideten, durchstöbern die Kiwis als Allesfresser mit ihrem langen Schnabel das Laubstreu und

Der nachtaktive Kiwi. Oberhalb des Schnabels dienen umgebildete Federn als „Tasthaare"

271

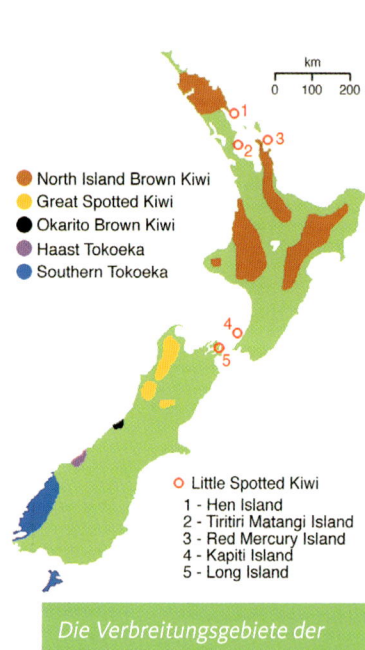

North Island Brown Kiwi
Great Spotted Kiwi
Okarito Brown Kiwi
Haast Tokoeka
Southern Tokoeka

Little Spotted Kiwi
1 - Hen Island
2 - Tiritiri Matangi Island
3 - Red Mercury Island
4 - Kapiti Island
5 - Long Island

Die Verbreitungsgebiete der Kiwi-Arten

den Erdboden. Meist sind ihre kilometerweit hörbaren Pfeiflaute die einzigen Lebenszeichen der etwa entengroßen, mit ihrem braunen Gefieder gut an das Unterholz angepassten Vögel. In der Regel sind sie nachtaktiv; eine Ausnahme machen hier nur die auf Stewart Island lebenden Streifenkiwis, die häufig auch tagsüber auf Nahrungssuche gehen und dabei mitunter die Wege von Wanderern kreuzen. Ob in Neuseeland gegenwärtig noch fünf oder nur drei Kiwi-Arten vorkommen, ist Gegenstand wissenschaftlicher Diskussionen: Die drei neben dem Zwergkiwi und dem Haastkiwi beschriebenen Arten des Streifenkiwis werden auch als regionale Unterarten ein und derselben Art aufgefasst – wobei der Beweis, dass die Fortpflanzung zwischen den isoliert voneinander lebenden Populationen ohne Einschränkungen möglich ist, naturgemäß schwer zu erbringen ist.

Der deutsche Name für die Kiwis lautet übrigens „Schnepfenstrauß". Im Unterschied zum afrikanischen Strauß leben Kiwis in lebenslanger monogamer Bindung an einen Partner. Das von einem Kiwi-Paar beanspruchte Revier kann in Abhängigkeit von der Art bis zu 50 Hektar (0,5 km^2) umfassen – keine geringe Fläche für einen kleinen, bodenlebenden Vogel, und einer der Gründe dafür, dass er beinahe ausgestorben wäre. Denn neben Jägern und eingeführten Säugetieren bedrohte auch die umfangreiche Rodung der neuseeländischen Urwälder den Kiwi-Bestand.

Kiwi-Gelege bestehen aus ein bis drei Eiern, die im Verhältnis zur Körpergröße der Vögel außergewöhnlich groß sind und bis zu 30 Prozent des Körpergewichts des Weibchens erreichen können. Dies macht sie zu einer beliebten Beute für Nesträuber wie die Wekaralle – ein ebenfalls flugunfähiger Vogel, der in Größe, Farbe und Körperbau (abgesehen von der Länge des Schnabels) eine oberflächliche Ähnlichkeit mit dem Kiwi aufweist.

Neuseeländische Papageien: Keas und andere bunte Vögel

Vielleicht etwas weniger bekannt als die Kiwis, aber in verschiedener Hinsicht buntere und auffälligere Vögel sind die Keas. Die Bergpapageien, deren Heimat eigentlich die Neuseeländischen Alpen auf der

Junger Kea, zu erkennen an den gelben Augenringen und der gelben Wachshaut über dem Schnabel

Südinsel sind, suchen in den Wintermonaten auch gern das Flachland auf. Vor ihrer Neugier und ihrem Appetit ist kein Touristenrucksack sicher, selbst Scheibenwischer halten ihnen nicht immer stand. Ihre Schwesterart, der Kaka (Waldpapagei), der hauptsächlich in Wäldern, aber auch in Parkanlagen vorkommt, nimmt zwar wie der Kea tierische und pflanzliche Kost zu sich, ist bei der Wahl seiner Nahrung aber deutlich wählerischer. Ein wichtiger Bestandteil seines Speiseplans ist der Honigtau, der von an Bäumen lebenden Schildläusen abgegeben wird: Der zuckerreiche Pflanzensaft, den die Parasiten größtenteils wieder ausscheiden, weil sie nur die Eiweißbestandteile verdauen, ist für die Kakas ein bedeutender Energiespender – was für sie leider zum ernsthaften Problem wurde. Aus Europa eingeschleppte Wespen, insbesondere die Gemeine Wespe, machen ihnen nämlich als Nahrungskonkurrenten den Honigtau streitig. Ein anderer bedeutender Nahrungsbestandteil der Kakas insbesondere zur Aufzucht der Jungen sind die Samen von Südbuchen – so bedeutend, dass der Brutzyklus der Vögel an den ungewöhnlichen Fruchtzyklus der Bäume gekoppelt ist: Kakas brüten daher nur alle zwei bis vier Jahre.

Eng mit Kea und Kaka verwandt ist der Kakapo – der ungewöhnlichste Papagei überhaupt. Er ist als einziger bekannter Vertreter dieser Vogelgruppe flugunfähig. Wie viele der flugunfähigen, nicht an räuberische Säugetiere gewöhnten Vogelarten ist er akut vom Aussterben bedroht: Ursprünglich in ganz Neuseeland verbreitet, kommt er heute hauptsächlich noch in Schutzgebieten auf zwei kleineren Inseln vor.

Ein ziemlich ungewöhnlicher Papagei ist der flugunfähige und nachtaktive Kakapo

Neuseeland-Fächerschwanz – mutiger und ruheloser Krieger

Einer der bekanntesten und beliebtesten Vögel Neuseelands ist der Neuseeland-Fächerschwanz. Der sperlingsgroße Vogel mit dem auffälligen Schwanzfächer ist ein gerne gesehener Gast bei neuseeländischen Gartenbesitzern und nimmt auch in der Mythologie der Ureinwohner eine wichtige Stellung ein: Aufgrund seines „herausfordernden" Verhaltens bei der stolzen Präsentation seines Fächers und seiner permanenten Aktivität gilt der Vogel als Sinnbild für Mut und Ruhelosigkeit und wird in den verschiedenen Maori-Dialekten mit zahlreichen Namen belegt. So ist etwa einer dieser Namen, Tiwakawaka, gleichzeitig der Name eines Enkels des Halbgottes Maui, dem in einer Legende eine ähnliche mutige Entschlossenheit nachgesagt wird. In einer anderen Erzählung tritt der Fächerschwanz selbst als Krieger auf. Auch einzelne Elemente des Kriegstanzes Haka sollen auf die tänzelnden Bewegungen des Vogels zurückgehen. Auf Süd-, Nordinsel und den Chatham- und Lord-Howe-Inseln tritt er in drei Unterarten auf. Die deutlichsten Farbunterschiede bestehen zwischen der Nordinsel- und der Südinselrasse. Eine nahe verwandte Art, die bis vor kurzem als weitere Unterart angesehen wurde, kommt in Australien, Neuguinea und auf verschiedenen pazifischen Inseln vor.

Ein Neuseeländische Fächerschwanz

Honigfresser: Blütenbestäuber und Stimmimitatoren

Charakteristische neuseeländische Vögel sind auch die Honigfresser-Arten Tui und Korimako (Maori-Glockenhonigfresser). Ihrem Namen entsprechend, ernähren sich diese Vögel hauptsächlich von Nektar und Pollen, daneben aber auch von Früchten und Insekten. Ähnlich wie den Kolibris kommt ihnen deshalb eine bedeutende Rolle als Blütenbestäuber zu, wobei ihnen ihr langer, nach unten gebogener Schnabel und ihre weit vorstreckbare, pinselartige Zunge gute Dienste leisten. Auffällig ist ihr melodischer, sehr variabler Gesang, besonders der des Tui, der dafür bekannt ist, nicht nur gern die Rufe anderer Vögel, sondern auch Lautäußerungen anderer Tierarten nachzuahmen.

Ein Tui-Honigfresser

Takahe – totgesagt und wiederentdeckt

Ein flugunfähiger Vogel, der noch seltener ist als der Kiwi, ist der zu den Purpurhühnern gehörende Takahe, die größte noch lebende Rallenart der Welt. Er bewohnt Gras- und Buschlandschaften in der

Am Maungatautari Mountain, einem Schutzgebiet in der Waikato-Region angesiedeltes Takahe-Paar

Nähe von Gewässern, wo er sich von Gräsern, Kräutern und Farnen ernährt – lediglich die Jungvögel werden mit tierischer Nahrung gefüttert. Früher, als der Katahe nur durch Greifvögel wie die Sumpfweihe und die räuberische Wekaralle bedroht wurde – die sich, wie auch im Fall der Kiwis, gern an ihren Eiern und Jungvögeln vergreift – existierten zwei Arten, eine auf der Nord- und eine auf der Südinsel. Bedingt durch menschliche Bejagung und eingeschleppte Raubtiere wurde die Schwesternart auf der Nordinsel bereits Ende des 19. Jahrhunderts ausgerottet.

Der Südinseltakahe galt ebenfalls als ausgestorben, wurde aber Mitte des 20. Jahrhunderts wiederentdeckt. Dank Schutzgebieten auf kleineren Inseln ohne räuberische Säugetiere existiert heute wieder ein Bestand von etwa 250 Tieren. Neben der Flugunfähigkeit und der Seltenheit ist eine weitere Gemeinsamkeit zwischen Takahe und Kiwi die eheliche Treue bis zum Tode eines der Partner – selbst gelegentliche Seitensprünge sind „tabu".

Ein deutlich häufigerer, naher Verwandter des Südinseltakahe ist das gemeine Purpurhuhn, das dank seiner voll funktionsfähigen Flügel nicht nur in Neuseeland, sondern im gesamten pazifischen Raum, in Afrika und im südlichen Europa verbreitet ist.

Pinguine

In Neuseeland kommen drei Arten von Pinguinen vor. Während der Haubenpinguin an Küsten im ganzen subantarktischen und australischen Raum und der Zwergpinguin (Korora) sowohl in Neuseeland als auch in Australien anzutreffen ist, ist der Gelbaugenpinguin, von den Maori „Hoiho" genannt, eine endemische Art des südlichen Neuseelands und der zugehörigen subantarktischen Inseln. Mit einer geschätzten Population von weniger als 5000 Tieren gehört er zu den seltensten Pinguinarten und gilt in seinem Bestand als stark gefährdet.

Der nur auf der neuseeländischen Südinsel vorkommende Gelbaugenpinguin ist vom Aussterben bedroht

Echsen und Amphibien –
lebende Fossilien und Giftrekorde

Unter den rund 60 in Neuseeland leben Echsenarten ist die als „lebendes Fossil" bekannte Tuatara oder Brückenechse (die im Unterschied zu anderen Reptilien einen als „Brücke" bezeichneten, zweiten Schläfenbogen besitzt) vermutlich die mit Abstand prominenteste. Fossilienfunde deuten darauf hin, dass sich diese heute noch in zwei

277

Seit rund 200 Millionen Jahren unverändert: die Brückenechse

Arten ausschließlich auf kleineren neuseeländischen Inseln vorkommende Gattung seit etwa 200 Millionen Jahren kaum verändert hat. Auch die Lebensweise der bis zu 75 cm langen Echsen ist durch eine nur sehr langsame Veränderung gekennzeichnet. Im Gegensatz zu den meisten anderen Reptilien sind die wechselwarmen Tiere durch den relativ geringen Energieverbrauch ihres Stoffwechsels an verhältnismäßig niedrige Umgebungstemperaturen zwischen etwa 10 und 20 °C angepasst – infolgedessen sind sie nicht nur in ihren Bewegungen, sondern auch in ihrem Wachstum ausgesprochen langsam und können angeblich bis zu 150 Jahre alt werden. Auch die Jungtiere lassen es gemächlich angehen: Mit dem Schlüpfen aus den Eiern – die von den Weibchen erst etwa neun Monate nach der Zeugung abgelegt werden – lassen sie sich 13 bis 15 Monate lang Zeit. Während der kalten Wintermonate durchlaufen die Eier eine Ruheperiode.

Auf den neuseeländischen Inseln gibt es im Gegensatz zu den meisten anderen Ländern keine Schlangen – vor den Küsten kommen allerdings zwei im gesamten pazifischen Raum verbreitete Seeschlangen-Arten vor, deren Gift zu den wirksamsten Schlangengiften überhaupt gehört.

Urfrösche sind die einzigen endemisch vorkommenden Frösche Neuseelands

Ebenfalls zu den „lebenden Fossilien" zählen die bis zu fünf Zentimeter großen Neuseeländischen Urfrösche. Bei diesen urtümlichen Froschlurchen, die bereits zur Zeit der Dinosaurier die Erde besiedelten, handelt es sich zugleich um die einzigen in Neuseeland endemisch vorkommenden Amphibien – die drei übrigen Froscharten wurden erst infolge der menschlichen Besiedlung aus Australien eingeführt. Die heute noch existierenden vier Urfrosch-Arten, die nur noch auf der Nordinsel und auf einigen der Südinsel vorgelagerten Felseninseln vorkommen, gelten alle als gefährdet oder akut vom Aussterben bedroht. Zu den Bedrohungen gehören nicht nur vom Menschen eingeschleppte räuberische Tierarten – auch für die Brückenechse, deren Hauptnahrungsquelle eigentlich wirbellose Tiere sind, stellen vor allem die Jungtiere

der Frösche eine willkommene Nahrungsergänzung dar, so dass ihre Brutplätze speziell auf Stephens Island durch echsensichere Zäune geschützt werden müssen.

Meeressäuger und prominente Fische

Zu den endemischen Arten gehört auch der Neuseeländischc Seelöwe, der heute nur noch auf den zu Neuseeland gehörenden subantarktischen Inseln Kolonien bildet. Der Neuseeländische Seebär kommt dagegen auch an den Küsten Süd- und West-Australiens vor. Der Südliche Seeelefant, die größte Robbenart der Welt, bildet große Kolonien auf verschiedenen Inseln des subantarktischen Raumes, manchmal kann man aber außerhalb der Paarungszeit einzelne Tiere auch in Neuseeland beobachten.

Vor der Küste lassen sich häufiger Delfine und Wale blicken (näheres dazu im Folgenden). Auch Haie sind in den Küstengewässern nicht selten. Ein besonders prominenter, wenn auch generell eher seltener Besucher ist der legendäre Weiße Hai, dessen zweifelhafter Ruf allerdings eher auf Stephen Spielberg als auf sein tatsächliches Verhalten zurückzuführen ist.

Gliedertiere: Größenrekorde und ausgeklügelte Technik

Als zahlenmäßig größte Tiergruppe überhaupt machen die Gliedertiere auch in Neuseeland einen Großteil der endemischen Tierarten aus, die neben den Vögeln zu den ursprünglichen „Herrschern" der Inseln gehörten.

„Gott der hässlichen Dinge": die Weta-Heuschrecke. Auf dem Foto die Wellington-Baumweta

Ein Insekt, das besonders ins Auge fällt, ist die Weta: Unter den rund 70 in Neuseeland endemischen Arten dieser Langfühlerschrecken weisen einige Körperlängen von bis zu 10 cm auf. Der Gewichtsrekord bei einem Weibchen lag inklusive Eiern bei 70 Gramm – damit handelt es sich um die schwerste Insektenart überhaupt. Auf Grund des erschreckenden Aussehens dieser für den Menschen eigentlich völlig harmlosen Sechsbeiner bezeichnen die Maori sie als „Wetapunga" („Gott der hässlichen Dinge").

Ein anderes interessantes Insekt ist die in Neuseeland und Australien vorkommende Pilzmückengattung Arachnocampa, die während ihres

Larvenstadiums biolumineszent ist: Ähnlich wie die Glühwürmchen können die Mückenlarven durch die Oxidation des Biomoleküls Luciferase Lichtquanten freisetzen. In manchen Höhlen, die zum Teil auch besichtigt werden können, spinnen die Larven Seidenfäden, die sie mit klebrigen, bei manchen Arten giftigen Schleimtröpfchen versehen und von der Höhlendecke herabbaumeln lassen. Die vor allem aus anderen Fluginsekten bestehende Beute wird durch das Leuchten der Mückenlarven angelockt und bleibt an den Fäden kleben. Der Betrachter sieht an der Höhlendecke Hunderttausende dieser kleinen Lichtpünktchen und wähnt sich inmitten der Milchstraße.

Paläontologische Sensationen

Wenn vor 50 Jahren jemand in einer wissenschaftlichen Publikation behauptet hätte, dass in Neuseeland einst Dinosaurier gelebt hätten, dann wäre er wohl maßlos verspottet worden und seines guten Rufes entledigt gewesen. Ach, selbst vor 20 Jahren noch! In der Zwischenzeit ist man sehr vorsichtig geworden mit vorschnellen Urteilen. Warum? Nun, man hat unwiderlegbare Beweise für das Vorkommen riesiger Lebewesen gefunden, die sogar aus heutiger Sicht einmalig auf der Welt zu sein scheinen.

Der Schädel eines im Meer lebenden Mosasaurus aus der Kreidezeit

Eine kleine Sensation waren die versteinerten Überreste eines Mosasaurus, die die Hobby-Paläontologin Joan Wiffen am Fluss Mangahouanga an der Ostküste der Nordinsel fand. Die bis zu zwölf Meter lange Raubechse lebte vor circa 65 bis 135 Millionen Jahren in der oberen Kreidezeit. Sie schlängelte sich mit Hilfe der vorderen Flossen auf der Jagd nach Meerestieren durch das Wasser und folgte auch Flussläufen. 2003 berichteten neuseeländische Geologen von fossilen Ablagerungen an sechs verschiedenen Fundstellen des Landes und bestätigten somit die die ersten Funde von Joan Wiffen.

Auch urtümliche Pflanzen, die kein Wissenschaftler in Neuseeland vermutet hätte, gab es hier vor mehr als 65 Millionen Jahren. Fossile Pollen und Sporen, die in den letzten zehn Jahren gefunden und analysiert wurden, brachten den Beweis.

Joan Wiffen mit einem Mosasaurus-Knochen

Dinosaurier und viele andere Tier- und Pflanzenarten verschwanden offenbar vor etwa 65 Millionen Jahren. Paläontologen finden inzwischen immer mehr Belege für die Annahme, ein Meteoriteneinschlag habe zum Aussterben eines Großteils der damaligen Flora und Fauna geführt. Berechnungen zufolge soll ein Meteorit mit zehn Kilometern Durchmesser und einer Geschwindigkeit von rund 90.000 Stundenkilometern auf dem Gebiet der heutigen mexikanischen Halbinsel Yucatan eingeschlagen sein und eine Wucht von etwa 100 Millionen Megatonnen Sprengstoff entfaltet haben. Dem Einschlag folgten anscheinend große Flächenbrände, die zu einer Verdunklung der Atmosphäre führten. Nicht nur die nördliche, sondern auch die südliche Hemisphäre habe sich verdunkelt, was zum Massenaussterben vieler Arten geführt habe. Erst durch die interdisziplinäre Forschung von Paläontologen, Klimatologen, Geophysikern und Vertretern anderer Fachdisziplinen können bisher isoliert betrachtete und deshalb unverstandene Phänomene erklärt werden.

Die Giganten Moa und Harpagornis oder: Die Vernichtung der Riesen

In geologisch sehr viel jüngerer Zeit ausgestorben sind in Neuseeland auch der flugunfähige Riesenvogel Moa und ein Riesenadler der Art

Harpagornis moorei, auch Haast-Adler genannt. Allerdings war für deren Aussterben keine Naturkatastrophe verantwortlich, sondern der Mensch.

Noch heute können Moa-Knochen in sumpfigen Gegenden gefunden werden.

Schon im 19. Jahrhundert rekonstruierte der britische Naturwissenschaftler Richard Owen (1804-1892) aus Knochenfunden, die ihm englische Missionare aus Neuseeland zugestellt hatten, einen riesigen flugunfähigen Vogel, den er Dinornis novaezealandiae, also „neuseeländischer Schreckensvogel" nannte (deinos ist das griechische Wort für „schrecklich", ornis bedeutet Vogel). Er rief die neuseeländischen Farmer und Gum Digger auf, ihm seltsame Knochenfunde zu melden, und konnte so eine große Menge an Moa-Knochen sammeln und untersuchen. Da Owen der erste Direktor des „British Museum of Natural History" in London war, wurden seine Funde und Erkenntnisse sehr schnell bekannt – und das nicht nur in der Fachwelt.

Bis zum Eintreffen der Maori gab es nach heutigen Erkenntnissen 11 Moa-Arten in Neuseeland. Die Tiere hatten einen kleinen Kopf mit großen Augen, einen dreieckigen Schnabel, einen langen Hals, einen plumpen Körper, lange und kräftige Beine, große Füße und brachten es auf ein Gewicht von bis zu 250 Kilogramm.

Die größten Moas waren wohl drei bis vier Meter hoch. Damit war dies der größte Vogel, der je auf der Welt gelebt hat; bei einigen Arten waren die Weibchen sogar größer als die Männchen. Um Nahrung auf dem Boden zu suchen, liefen die Tiere aber eher gebückt. Sie ernährten sich vorwiegend von Blättern und Samen. Mit ihren scharfkantigen Schnäbeln zertrennten sie ganze Äste, um an die Blätter heranzukommen. Sie schluckten sogar Steine, die im Magen die Verdauung förderten.

Die Moas vermehrten sich nur langsam. Sie legten nur circa ein Ei pro Jahr; ein Küken brauchte wohl ungefähr sieben Jahre bis zur Geschlechtsreife. Dies war bis zum Eintreffen des Menschen in Neuseeland jedoch kein Problem, da der Vogel nur einen natürlichen Feind hatte, der aber nie für die gesamte Population gefährlich werden konnte. Es war der schon erwähnte Riesenadler Harpagornis mit einer Flügelspannweite von drei Metern. Mit einer Geschwindigkeit von vermutlich bis zu 80 Kilometern pro Stunde konnte er auf seine Beute herabsausen. Er wurde bis zu 14 Kilogramm schwer und ernährte sich wohl vor allem von Moa-Küken.

Dennoch begann die Ausrottung der Moas und auch der Riesenadler34 erst mit der Besiedlung Neuseelands durch die Maori. Und das kam so:

Die ersten polynesischen Einwanderer fanden ein für ihre Verhältnisse unwirtliches Gebiet vor. Viele der Pflanzen, die sie mitgebracht hatten, wuchsen nicht oder nur spärlich in Neuseeland. Sie hatten nicht mit den steinigen Böden, dem rauen Klima und insbesondere nicht mit dem Winter gerechnet, den sie von ihren Heimatinseln am Äquator nicht kannten.

Sie mussten sich also den vorgefundenen Bedingungen anpassen, um zu überleben. Dabei nutzten sie natürlich ihre Erfahrungen beim Fischfang, entdeckten in den Wäldern eine Reihe von zutraulichen, flugunfähigen Vögeln und schließlich den Moa. Dieses für den Menschen völlig ungefährliche Tier konnte gut gejagt werden. Es wurde in Gruben gefangen oder mit Speeren erlegt und die Eier wurden aus den Nestern geraubt. Man muss sich die Ausbeute einmal vergegenwärtigen: ein einziges Moa-Ei entsprach etwa 100 Hühnereiern, der Schenkel eines ausgewachsenen Vogels war so groß wie eine Rinderhüfte. Die Maori lebten fortan wie im Schlaraffenland und deckten ihren Bedarf an tierischen Eiweißen vorwiegend durch die erlegten Moas. Am Rande der Maori-Ansiedlungen türmten sich die Moa-Knochen. Nach einem anfänglich schwierigen Start im neuen Land ging es den Einwohnern nun sehr gut. Die neuen Umweltbedingungen führten zur Bereicherung und Weiterentwicklung ihrer Kultur. Bis dahin gab es auch nur wenige ernsthafte kriegerische Auseinandersetzungen zwischen den einzelnen Stämmen.

Aber schon weniger als hundert Jahre nach der Ankunft der ersten Maori ging der Bestand der Moas bedrohlich zurück. Bereits im 14. Jahrhundert, so legen neuere Untersuchungen von „antiken" Küchenabfällen nahe, gab es nur noch so wenige Moas, dass die Maori nach Alternativen für ihre Ernährung suchen mussten. Inzwischen hatten sich die Einwohner selbst stark vermehrt und es bestand die Gefahr von Hungersnöten. So ergriffen die Maori eine Notmaßnahme, indem sie flächendeckend Wälder anzündeten und durch Brandrodung zum

Ackerbau übergingen. Damit zerstörten sie aber auch die Rückzugsmöglichkeiten der letzten Moas. Man muss sich das einmal vorstellen: Ungefähr die Hälfte aller Wälder auf der Südinsel wurde abgebrannt!

Getrieben von Hunger, nahmen auch die Streitigkeiten zwischen den Stämmen um die verbleibenden fruchtbaren Flächen und um Nahrung zu. Die Maori entwickelten sich immer mehr von ehemals friedfertigen Siedlern zu aggressiven Buschkriegern. Es wurden nun Angriffs- und Abwehrstrategien entwickelt, die ersten Pa (dörfliche Festungen) entstanden, ebenso der Haka- Kriegstanz, der den Feinden Furcht einflößen sollte.

Die zerstörerische Kraft des Menschen brachte nicht nur den Moas und Riesenadlern Verderben:

Unfreiwillig komische Nachstellung einer Moa-Jagdszene, aufgenommen 1904 im Botanischen Garten von Dunedin

Die ersten Maori, die in Neuseeland eintrafen, führten als wichtige Nahrungsergänzung Pazifische Ratten (Maori: „Kiore") und Hunde mit sich. Während die gemeine Ratte Fleischquelle für alle und durch ihren kurzen Vermehrungszyklus immer ausreichend vorhanden war, waren Hunde ausschließlich den rangobersten Maori vorbehalten. Die Pazifischen Ratten vermehrten sich – einmal freigelassen – rapide. Sie hatten keine natürlichen Feinde und fanden reichhaltige Nahrung: Insekten, Frösche, Echsen, kleine flugunfähige Vögel. So trugen sie als Fressfeind, gegen den keine ausreichenden Abwehrmechanismen existierten, einerseits direkt zur Dezimierung und Ausrottung verschiedener Arten bei, andererseits traten sie in Nahrungskonkurrenz zu größeren Vögeln. Aufgrund ihrer weiten Verbreitung bildeten sie eine wichtige Nahrungsquelle für die Maori. In Neuseeland hatten die einheimischen Tierarten rund 400 Millionen Jahre gelebt. In nur 500 Jahren löschten die Menschen – direkt und indirekt – die meisten von ihnen aus. Neuseeland war ursprünglich ein Vogelland, Landsäugetiere waren nur mit drei Fledermausarten vertreten. Mit der Pazifischen Ratte kam ein vierbeiniges Ungeheuer auf die Inseln.

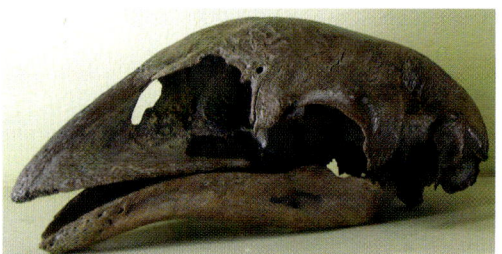

Schädel eines Riesenmoa im Naturkunde-Museum Berlin

Mit der Ankunft der Europäer im 18. und vor allem im 19. Jahrhundert ging die Vernichtung seltener Tierarten weiter: Große Waldgebiete wurden zur Holzgewinnung gerodet, Brandrodungen als Voraussetzung für die Schafzucht folgten. So wurde der Lebensraum der einheimischen Tiere nochmals stark eingeschränkt. Viele leicht zu fangende Vogelarten wurden vernichtet. Jetzt stand nicht mehr der Verzehr von Vogelfleisch im Vordergrund, sondern die Jagd als Zeitvertreib und der Handel mit seltenen Federn und ausgestopften Vögeln, denn im 19. Jahrhundert war es bei reichen Familien in Europa in Mode, Präparate exotischer Tiere im Wohnzimmer auszustellen und sich daran zu erfreuen. Erinnern wir uns an die Zeit, als Straußenfedern und Federboas absolut „in" waren. So verschwand der einst für Neuseeland typische Papageienvogel Huia ganz von der Bildfläche; der letzte wurde 1924 gesichtet, obwohl diese Art schon seit 1907 als ausgestorben galt.

Mit den vielen Einwanderern des 19. Jahrhunderts kamen nochmals bis dato fremde Tiere ins Land, die selbst keine natürlichen Feinde vorfanden, sich dadurch ungeheuer schnell vermehren und zu einer Plage werden konnten: Possums (genauer: Fuchskusus; nicht zu verwechseln mit Opossums, den amerikanischen Beutelratten), Katzen, Hunde, Kaninchen, Hirsche etc. Zusätzlich veränderten viele der mitgebrachten Pflanzen die einheimische Flora nachhaltig. Man kann demnach mit Recht behaupten, dass die Briten als einflussreichste und zahlenmäßig stärkste Einwanderergruppe die beiden neuseeländischen Inseln in kurzer Zeit durchgreifender, planmäßiger und unumkehrbarer veränderten als die Maori es in Jahrhunderten vermocht hatten.

Die im 19. Jahrhundert zunehmende Besiedlung durch die Europäer führte also zu starken landschaftlichen Veränderungen. Der Wald galt für die Farmer nicht als Existenzgrundlage. Deshalb wurde er im Flachland und in den Niederungen großflächig zugunsten von Weideland gerodet. Da es bis dato in Neuseeland keine Pflanzen fressenden Säugetiere gab, kannte man auch keine verbissresistenten Weidepflanzen; es wurden deshalb ausschließlich geeignete britische Arten ausgesät. Dadurch gibt es heute keine botanischen Unterschiede zwischen den europäischen und neuseeländischen Weiden.

Erste Gegenbewegungen zu der Vernichtung einheimischer Tier- und Pflanzenarten gab es bereits bei den Maori: Als es kaum noch Moas gab, erklärten Maori-Priester Waldgebiete, in denen Vögel nisteten, für „von Menschenhand unberührbar". Da war es für viele Vogelarten, insbesondere den Moa, jedoch schon fünf Minuten nach zwölf. Während der großen Landkäufe durch die weißen Siedler im 19. Jahrhundert ließen Maori-Häuptlinge außerdem große Waldgebiete zu

Richard Owen, Zoologe, Paläontologe und Anatom, nach Darwin wohl der bedeutendste Naturforscher des victorianischen Zeitalters, im Jahr 1879 neben einem von ihm rekonstruierten Moa-Skelett

Stiftungsvermögen erklären und bedienten sich dabei internationalen Rechtschutzes. Das waren aus heutiger Sicht erste Naturschutz-Versuche der Maori.

Heute ist Neuseeland sehr bemüht, die verbliebenen Tierarten zu schützen. So konnte zum Beispiel der Bestand des stark gefährdeten Kakapo, des einzigen nachtaktiven Papageis, von 54 Exemplaren in den 1990er Jahren auf inzwischen über 80 erhöht werden.

Die einstigen Giganten Moa und Harpagornis aber sind unwiderruflich verloren.

Der Apfel des Anstoßes

Wir alle kennen die biblische Geschichte von Adam und Eva, die aufgrund eines unerlaubt verspeisten Apfels aus dem Paradies verstoßen wurden.

Auch in Neuseeland gibt es „verbotene Früchte", allerdings ist hier der Sachverhalt ein wenig anders: Versucht man, beispielsweise einen Apfel in das „Paradies am anderen Ende der Welt" mitzunehmen, muss man dafür – egal wie groß der Apfel ist – ganze 200,00 NZ$ (etwa 100,00 €) Strafe zahlen.

Es scheint fast so, als hätten die deutschen Reiseveranstalter einen stillen Vertrag mit dem neuseeländischen Zoll abgeschlossen, denn der Prozentsatz deutscher Touristen, die diese „Paradies-Dollar" entrichten müssen, ist relativ hoch. Beide Autoren mussten wegen eines Apfels, der unbedacht und vergessen in ihrem Rucksack lag, den eben genannten Betrag entrichten und waren nicht geistesgegenwärtig genug, das Obst beim Auffinden sofort zu verspeisen. Stattdessen wurde es von einem freundlich schwanzwedelnden Zoll-Spürhund aufgefunden, vom Zoll konfisziert, vakuumverpackt und in einen großen Container gelegt.

Während der 15-minütigen Prozedur konnten wir ähnliches bei weiteren Personen beobachten: Vier Deutsche unserer Reisegruppe mussten Äpfel und eine Banane abgeben, eine südkoreanische Stewardess eine kleine Schmelzkäseecke (original in Goldpapier verpackt) und zwei Amerikaner ein Brötchen und ein Tütchen Trockenobst. Ein Engländer musste seine auf den Rucksack gebundenen Wanderschuhe abschnallen und zwecks Desinfektion in einen Bottich mit Lauge tauchen.

Im März 2005 wurde in der internationalen Presse über Hilary Swank, die Schauspielerin und zweifache Oskar-Preisträgerin, berichtet: Swank musste sich vor Gericht verantworten, weil sie im Januar 2005 unrechtmäßig einen Apfel und eine Orange in das Land eingeführt hatte. Anstatt sofort eine Strafe von 200,00 NZ$ zu bezahlen, zog sie es vor, den Fall vor Gericht auszutragen. Die Richter wiesen den Einspruch der Schauspielerin jedoch zurück.

Jährlich werden rund 3.000 Besucher bei solchen Verstößen gegen die strengen Einfuhrbedingungen für Obst und andere unbehandelte Lebensmittel ertappt. Den wenigsten ist der Verstoß dabei bewusst, obwohl bereits im Flugzeug mit der Ausgabe der Zollformulare auf das Verbot der Einfuhr von Lebensmitteln hingewiesen wird.

Was steht nun aber an plausiblen Argumenten hinter dieser drastischen Maßnahme des neuseeländischen Zolls?

Noch ist Neuseeland trotz der oben genannten herben Verluste ein Land mit einer einzigartigen, wenigstens teilweise von äußeren Einflüssen verschont gebliebenen Flora und Fauna. Um sie zu erhalten, sind drastische Maßnahmen notwendig, die die ungewollte Einfuhr von fremden Insekten, Mikroben, Pilzen u.a. zumindest erschweren. Völlig verhütet werden kann so etwas natürlich im Zeitalter der Globalisierung nicht.

Aufgrund der isolierten Lage war man in Neuseeland von vielen Tierkrankheiten bislang (noch) nicht betroffen. So ist zum Beispiel die 2001 und 2007 in Großbritannien ausgebrochene verheerende Maul- und Klauenseuche zum Glück bisher nur aus Erzählungen bekannt. Der MKS-Ausbruch im Jahre 2001 kostete nach britischen Angaben rund 12,6 Milliarden Euro. In Neuseeland würde eine solche Seuche bei einem Bestand von rund 40 Millionen Schafen und fünf Millionen Rindern einen unvorstellbaren Schaden anrichten. Rund 40 Prozent des Exporthandels sind mit der Tierzucht verbunden. Im Jahre 2005 war Neuseeland in Aufruhr, als ein Unbekannter versuchte, die Regierung mit der Drohung zu erpressen, er würde MKS-Viren auf Waiheke Island nahe Auckland freisetzen und schrittweise auch in anderen Landesteilen, wenn die Regierung nicht das Steuersystem ändere. Zum Glück war es nur ein Bluff, der Schock sitzt aber nach wie vor tief.

Die einzigartige Natur Neuseelands ist ein wichtiges Kapital für das Land und seine Menschen. Die zunehmende Anzahl internationaler Touristen sichert viele Arbeitsplätze. Der Tourismus mit jährlich rund 2.421.000 Einreisenden erwirtschaftete im Jahr 2006 immerhin rund 3,5 Milliarden NZ$. Aus den deutschsprachigen Ländern reisten 2006 übrigens insgesamt 80.106 Besucher ein.

„Unkraut und Ungeziefer"

Bleiben wir noch kurz bei den Ursachen unserer „Paradies-Dollar". Heute werden alle von den Einwanderern der letzten 150 Jahre eingeführten – also nicht ursprünglich neuseeländischen – Pflanzen als „Unkraut" betitelt. Analog spricht man von den „fremden" Tieren als „Ungeziefer". In beiden Fällen möchte man alles zurückdrängen, was die ursprüngliche Pflanzen- und Tierwelt gefährden kann – mit einer Ausnahme: Man lässt etwas zu, wenn damit gute Geschäfte auf dem Weltmarkt zu machen sind. Aber darauf kommen wir noch zurück. Zunächst einige grundsätzliche Gedanken zur biologischen Gefährdung Neuseelands.

Neuseeland ist geografisch seit mehr als 80 Millionen Jahren vom Rest der Welt isoliert. Dadurch konnten sich Lebewesen mit ihren Lebensgewohnheiten in einer unglaublich urtümlichen Form erhalten. Dies trifft unter anderem auf Echsen, Frösche, aber auch auf viele Pflanzen zu. Vögel blieben aufgrund fehlender Feinde auf dem Boden, ihre Flügel verkümmerten im Laufe der Zeit, und sie bewegten sich nur noch per pedes. Beispiele hierfür sind der Eulenpapagei Kakapo, die Takahe-Ralle und der Kiwi, das Wappentier der Neuseeländer.

Die eingeführten Pazifischen Ratten, Possums[35], Hermeline, Frettchen (ursprünglich zur Bekämpfung eingeschleppter Kaninchen ausgesetzt), Rotwild, Himalaya-Ziegen, Katzen und Wespen, die keine natürlichen Feinde vorfanden, konnten sich sehr schnell ausbreiten. Sie traten teils in Nahrungskonkurrenz zu den Vögeln, teils wurden sie selbst zu deren ärgsten Fressfeinden.

Außerdem sind sie eine Bedrohung für die Wälder und deren Mikroorganismen. Allein in den fünf Sommer- und Herbstmonaten fressen zum Beispiel die nach Neuseeland vorgedrungenen Wespen in den Honigtauwäldern im Norden der Südinsel etwa so viele Insekten, einschließlich Schildläuse, wie die einheimischen Vögel im ganzen Jahr. So verlieren nicht nur die Vögel ihre Nahrungsgrundlage – eine ganze Nahrungskette wird zerstört: In den Südbuchenwäldern zapfen Schildläuse die Buchen an und scheiden Honigtau, einen zuckrigen Saft, aus. Von diesem Saft ernähren sich wiederum Bodenorganismen, Insekten und Vögel.

Zusätzlich zerstörte der Mensch den Lebensraum der tierischen Ureinwohner oder rottete sie durch Jagd aus.

Gegenwärtig versucht die neuseeländische Regierung mit zum Teil drastischen Mitteln, die vom Aussterben bedrohten Tierarten zu retten. So wurden beispielsweise gefährdete Vögel der beiden Hauptinseln auf isolierten Inseln vor Neuseelands Küsten ausgesetzt. In den Jahren 2001 bis 2003 wurden zunächst 20 Kammerjäger vom neuseeländischen Umweltministerium auf die größte Rattenjagd in der Geschichte des Landes geschickt. Auf der 700 Kilometer ent-

Der aus Australien eingeführte Fuchskusu (Common Brush Tailed Possum) ist in Neuseeland trotz seines putzigen Aussehens nicht gerne gesehen

fernten Campbell-Insel sollten sie die auf 200.000 Exemplare geschätzten Ratten ausrotten. Dazu wurden 120 Tonnen giftige Köder ausgelegt. Die zweijährige Aktion kostete umgerechnet etwa 1,5 Millionen Euro. Doch das Resultat kann sich sehen lassen: Auf Campbell Island und 12 weiteren Inseln ist es dadurch gelungen, die von den Europäern eingeschleppte Wanderratte auszurotten. So konnten danach ohne Bedenken die vom Aussterben bedrohten Vögel angesiedelt werden, die hier nun vor ihren früheren Feinden sicher sind.

Eine andere Art der Rattenbekämpfung besteht darin, rattendichte Zäune um die Häfen bestimmter Inseln zu ziehen, um zu verhindern, dass die Nager auf Schiffen eingeschleppt werden. Das geschah zum Beispiel in den letzten Jahren auf Inseln der Seychellen.
Ungefähr 45 ursprünglich in Neuseeland heimische Vogelarten sind

bereits ausgerottet. Der jährliche Gesamtschaden durch die eingeführten Pflanzen und Tiere beträgt umgerechnet mehr als 500 Millionen Euro.

Als Schädlinge par excellence gelten die Possums. Die Mehrheit der Bevölkerung ist für eine völlige Ausrottung dieser Spezies, deren gegenwärtige Anzahl man auf bis zu 70 Millionen schätzt. Sie werden mit Gift, Fallen und speziell abgerichteten Hunden getötet. Nicht wenige werden aber auch beim Überqueren der Straßen überfahren.

Heutzutage leben in Neuseeland etwa 24.000 eingeführte Pflanzenarten. Der Anteil der Arten, die vor der Kolonisierung auf den Inseln heimisch waren, ist auf 10% geschrumpft.

Zwar gibt es sehr ausgeklügelte Schiff- und Flugzeugkontrollen, um fremde Pflanzen und Tiere aufzuspüren. Trotzdem war es möglich, dass in den letzten Jahrzehnten die winzige Rotrückenspinne (Redback Spider) ins Land kam, und die PSA-Krankheit (eine Pseudomonas-Infektion) sich in Kiwi-Plantagen ausbreitete. Und noch andere Schädlinge wurden – trotz der enormen Kontrollen und prophylaktischen Maßnahmen – eingeführt:

- Undaria (Undaria pinnadifida): eine asiatische Alge, die 1987 das erste Mal in Wellington gesichtet wurde.
- Didymo (Didymosphenia geminata): Die Süßwasseralge wurde 2004 erstmals auf der Südinsel gefunden.
- Verschiedene Seescheiden (Styela clava und Didemmum Vexillum): Sie wurden in den 1990er Jahren auf beiden Inseln entdeckt.

Man nimmt an, dass diese „Neuankömmlinge", die sich stark vermehren, an der Außenhaut von Handelsschiffen und Sportbooten eingeschleppt wurden. Darum wird großer Wert auf die penible Reinhaltung der Wasserfahrzeuge gelegt und in allen Sporthäfen liegen zu diesem Thema Merkblätter mit Regeln und Tipps aus.

In Neuseeland wird sehr viel Gift eingesetzt, das man versprüht oder als Giftköder auslegt. Über zehn Prozent der Fläche des Landes werden jährlich so „bereinigt". Aufgrund der guten Vorbereitung leiden Menschen und Nutztiere kaum darunter. Es wird aber auch viel Geld in die Forschung gesteckt, um biologische Bekämpfungsmethoden zu entwickeln.

Seit geraumer Zeit versucht man auch, natürliche Feinde der einzudämmenden Tierarten einzuführen – allerdings möglicherweise mit unvorhersehbaren Spätfolgen, an die heute noch keiner denkt.

Eine andere Gefahr für die seltenen einheimischen Tiere hat in den letzten Jahren zugenommen: die illegale Ausfuhr. Die begehrten Geckos zum Beispiel gelten heute als ein lukratives Schmugglergut und lassen Neuseeland zu einem der unrühmlichen Zentren des Echsen-Schmuggels werden. Die Tiere werden von Käufern in Europa, Japan und den USA mit rund 2.500 € pro Paar bezahlt. Die neuseeländische Regierung versucht, diesen Schmuggel durch fünfstellige Geldstrafen und spätere Einreiseverbote zu unterbinden.

An vier Beispielen soll nun kurz demonstriert werden, wie schwierig und auch widersprüchlich der Kampf gegen das sogenannte Unkraut und die Schädlinge ist.

Ginster

Als frühere schottische Einwanderergenerationen die neue Umgebung heimatlich-vertraut gestalten wollten und Ginsterhecken um ihre Grundstücke pflanzten, konnten sie nicht wissen, dass sich der Ginster mangels natürlicher Feinde enorm schnell ausbreiten würde. Heutzutage ist er zu einer wahren Landplage geworden. Nun versuchen die Ministerien für Umwelt und für Landwirtschaft, den Ginster biologisch zu bekämpfen. Es wurde ein Pilz eingeführt, der den Schädling eindämmen sollte. Das gelang für eine gewisse Zeit, dann jedoch wurde der Ginster resistent gegenüber diesem Pilz, der sich seinerseits prächtig in Buchenwäldern verbreitete. Heute gibt es große Teile der Buchenwälder auf der Nordinsel, deren tote Bäume schwarz überzogen sind und wie verbrannt aussehen. Inzwischen ist die Suche nach einer neuen biologischen Bekämpfungsmethode in vollem Gange – und zwar gegen Ginster und Pilz.

Der europäische Stechginster überwuchert innerhalb kurzer Zeit große Areale

Forelle

Einwanderer fanden in Neuseeland große fischlose Seen sowie saubere Bäche und Flüsse vor und ließen über nachkommende Immigranten aus ihrer Heimat Forellen mitbringen, die sie erfolgreich aussetzten. Auch in puncto Forelle gilt: Sie fand keine natürlichen Feinde vor und vermehrte sich rasant. Dadurch wurde sie schnell zu einer Gefahr für die einheimischen Saumschnabelenten, da sie deren Nahrungsgrundlage zu ihrer eigenen machte.

Bei der öffentlichen Besinnung auf die ursprüngliche Flora und Fauna fiel die Forelle in die Kategorie „Ungeziefer" und damit unter das Verbot, mit ihr zu handeln und sie in Restaurants anzubieten. Angler durften sie fangen (also helfen, sie „auszumerzen") und an Ort und Stelle verzehren, aber nicht weiter als 150 Meter vom jeweiligen See oder Bach transportieren – so wird berichtet.

Heute hat sich das Bild geändert. Forellen und auch Lachse werden im Rahmen der Tourismuswirtschaft als nützliche Tiere und „Edelfische" deklariert und es gibt diverse attraktive Angebote für ausländische Angelurlauber.

Rotwild und andere Wildarten[36]

Wie kamen das Rotwild und andere untypische Wildarten nach Neuseeland? In Gesprächen mit neuseeländischen Jägern erfährt man sowohl etwas über die Widersprüche als auch über den praktischen Sinn der „Kiwis": Die europäischen Siedler fanden in den Wäldern Neuseelands kein jagdbares Wild vor, wollten jedoch nicht auf die Jagd und das Wildbret verzichten. So führten sie Hirsche, Rehe, Ziegen, Gemsen, Kaninchen, das australische Possum sowie weitere Wildarten ein. Später sah man den Schaden, den diese Tiere anrichteten: Das Possum beispielsweise hat sich an die australischen Baumarten angepasst und frisst auch in Neuseeland die Myrtaceae (Myrtengewächse) bis auf das letzte Blatt ab. Da die Myrtaceae Metrosideros lucida im Westen der Südinsel die Baumgrenze bildet, sind im Hochgebirge die Bannwälder massiv gefährdet. Zugleich stellt das Possum eine Gefahr für viele der in Neuseeland meist flugunfähigen Vogelarten dar, insbesondere für die Kiwis.
Die Gemsen, ein Geschenk des österreichischen Kaisers Franz Josef an seine ausgewanderten Landsleute, sind für die neuseeländischen Jäger inzwischen völlig wertlos geworden. Durch Überweidung fördern sie sogar noch die Bodenerosion im Hochgebirge.

Dramatisch war auch die starke Verbreitung der Rothirsche in den schwer zugänglichen Wäldern im Süden der Nordinsel und auf der Südinsel. Der Rothirsch stellte sich schnell von den europäischen Rotbuchenwäldern auf die neuseeländischen Südbuchenwälder um. Durch den starken Verbiss der Jungbuchen war die notwendige Verjüngung der Wälder zunehmend bedroht. Auch diese Tiere fanden in Neuseeland keine natürlichen Feinde vor und vermehrten sich dadurch in unvorhersehbarem Ausmaß.

Rothirsche wurden aus Europa zur Jagd eingeführt, entwickelten sich zur Plage und stellen heute rund 85 Prozent der neuseeländischen Wildexporte, die sich insgesamt auf circa 20.000 Tonnen Fleisch belaufen. 40 Prozent der weltweit in der Landwirtschaft gehaltenen Wildtiere leben in Neuseeland

In den 1920er Jahren begann man mit der systematischen Dezimierung der Tiere durch Abschießen, Vergiften und Fallenstellen. Anfang der 1930er Jahre betrug die Zahl der abgeschossenen Rothirsche schon rund 21.000. Da die Hirsche sich jedoch sehr stark vermehrten, ging man dazu über, aus Flugzeugen Möhren, die mit Strychnin versetzt waren, über den Wäldern abzuwerfen. Für Hirschschwänze wurde staatlicherseits eine Prämie gezahlt und das Töten der Hirsche wurde zum ländlichen Massensport.

In den 1960er Jahren kam man darauf, aus der Not eine Tugend zu machen. Es zeigte sich, dass das neuseeländische Hirschfleisch eine besonders hohe Qualität besaß und die Hirsche von sonst typischen Krankheiten weitestgehend verschont blieben. Eine systematische Zucht der Rothirsche mit dem Ziel eines hochwertigen Fleischexportes lag nahe. Nun begann man, Hirsche einzufangen und in eigene Zuchtgehege zu bringen. In Neuseeland wurden das Betäubungsgewehr sowie das Netzschuss-Gewehr erfunden. Beide erleichterten den Fang der Hirsche aus Hubschraubern und bei der Pirsch.

Diese Entwicklung zeigt einerseits die verheerenden Folgen menschlicher Eingriffe in die Natur und andererseits die sprichwörtliche Improvisationskunst und das Erfindertum der Neuseeländer.

Kiwi-Frucht

In der Zeit des Kalten Krieges und des Handelsembargos der USA gegenüber China wurde auch die Einfuhr der Chinesischen Stachelbeere in die USA eingestellt. Dort war diese Frucht aber außerordentlich beliebt. Und so kam ein cleverer Neuseeländer auf die Idee, diese Stachelbeere in Neuseeland anzubauen. Dies geschah in der Zeit der Reformen, als in der Landwirtschaft grundsätzliche Veränderungen notwendig waren, die auch eine Neuorientierung auf den Weltmarkt umfassten.

Kiwi-Plantage

Das neuseeländische Klima war für den Anbau der Frucht sehr günstig, außerdem waren Grund und Boden sowie Arbeitskräfte in ausreichendem Maß vorhanden. Um sich von dem Herkunftsland der Beere zu distanzieren, nannte man sie „Kiwi". Sie wurde in der Folgezeit ein wahrer Exportschlager und heute kennt kaum jemand außerhalb Chinas die ursprüngliche Bezeichnung. Allerdings hat Italien seit 2005 Neuseeland von Platz 1 der Kiwi-Exporteure verdrängt.

Die Neuseeländer ärgern sich inzwischen, dass sie den Namen „Kiwi" nicht warenrechtlich schützen und als neuseeländisches Qualitätsprodukt anerkennen ließen, da mittlerweile nicht nur Italien, sondern auch andere Länder wie zum Beispiel Israel ebenfalls erfolgreich Kiwianbau betreiben. Auch hier wurde – wie beim Rotwild – das wirtschaftliche Nützlichkeitsprinzip über den Schutz der einheimischen Flora und Fauna gestellt.

Kommen wir zurück zu unserem teuren Apfel. Im Jahre 1996 tauchten erstmals Fruchtfliegen in Neuseeland auf, die anscheinend mit Obst eingeführt worden waren. Da es diese Fliegen zuvor in Neuseeland nicht gegeben hatte, hatten die Obstfarmer bis dahin einen deutlichen Produktions- und Qualitätsvorteil gehabt. Die Invasion wurde erfolgreich bekämpft, aber seit dieser Zeit gibt es eine deutliche (Über-)Sensibilität gegenüber eingeführten Nahrungsmitteln gleich welcher Art. Seither durchschnüffeln speziell ausgebildete Hunde die Post, werden Wanderschuhe in Lauge getaucht, Schiffs- und Flugzeugladungen penibel nach nicht einheimischen Pflanzen und Tieren abgesucht. In Anbetracht der vielen ausgestorbenen und gefährdeten Arten sind diese Vorsichtsmaßnahmen jedoch auch verständlich.

Die immensen Bemühungen Neuseelands zur Verhinderung der gewollten und auch nicht gewollten Einfuhr neuer fremder Lebewesen auf der einen Seite und der Erhalt der Regenwälder, Seen und Küsten auf der anderen Seite wird vor diesem Hintergrund durchaus plausibel. Hier spielen die religiöse und kulturelle Bedeutung der Natur für die Maori ebenso wie der Wirtschaftsfaktor „Touristik in der einmaligen Natur Neuseelands" eine dominante Rolle für die gegenwärtige große öffentliche Aufmerksamkeit.

1959 von den Neuseeländern nach dem gleichnamigen Vogel Kiwi benannt: Frucht des Chinesischen Strahlengriffels

Andererseits ist heute schon so viel verändert, dass man in weiten Teilen des Landes kaum noch von der Ursprünglichkeit und Einmaligkeit der neuseeländischen Flora und Fauna sprechen kann. Das trifft übrigens auf alle Gebiete zu, in denen im Laufe der Geschichte Einwanderer ansässig wurden. Insofern lebt Neuseeland mit einem tiefen inneren Widerspruch.

Ferner vermag kein Mensch vorherzusagen, welche „eingeschleppten" Pflanzen sich dauerhaft an die neuen Bedingungen anpassen und welche gegenwärtig noch harmlos erscheinenden Pflanzen irgendwann zur Plage werden und der menschlichen Kontrolle entgleiten. Es kann durchaus über 100 Jahre dauern, bis solche Entwicklungen zutage treten.

Der Berliner Biologe Bernhard Kegel verweist darauf, dass es immer nur wenigen fremden Arten gelingt, sich dauerhaft zu etablieren. Offenbar gilt eine Zehnerregel, die besagt, dass sich von 1.000 „zugewanderten" Arten nur circa 100 halten können und sich von diesen wiederum kaum mehr als zehn zu Problemarten entwickeln werden. Die

Crux besteht jedoch darin, dass niemand voraussagen kann, welche die 90 harmlosen und welche die zehn gefährlichen sind.

Insofern ist das einseitige Verteufeln fremder Arten – besonders im Nachhinein – aus den genannten Gründen zwar verständlich, aber zugleich auch gefährlich, lenkt es doch von dem wichtigsten Veränderungsfaktor ab: dem Menschen. Er ist es, der die höchst sensiblen Inseln verändert hat und immer weiter beeinflusst – nicht etwa die bösartige Natur der eingeführten oder in seinem Gefolge „zugewanderten" Arten.

Reumütig versucht man heute, das einst Typische unter Aufwendung von viel Zeit und Geld zu retten. So kostete zum Beispiel die Umsiedlung der einzigartigen faustgroßen Riesenschnecke – auch „Sumo-Ringer unter den Schnecken" genannt –, den staatlichen Bergwerkkonzern in den Jahren 2006 und 2007 rund 3.000 NZ$ pro Exemplar.

Die chemische Keule

Neuseelands Umweltbehörde kämpft verbissen gegen jedes „Unkraut" und jedes „Un-Getier", gegen jede Obstfliege, jede Spinne, jede Ratte und gegen bis dato nicht heimische Pflanzen. Nun hat sich ja in der Tat auch gezeigt, welche Überpopulationen und Überwucherungen entstehen, wenn natürliche Feinde fehlen. Biologische Gegenwehr, aber auch chemische Mittel sind so lange die europäischen Einwanderer denken können im Einsatz gewesen.

Momentan geht es für mitteleuropäisches Empfinden mit rabiaten Mitteln auf „Mossi"-Jagd, womit nicht nur Moskitos gemeint sind, sondern Insekten aller Art: Fliegen, Schnaken, Spinnen, Kakerlaken, Käfer, Ameisen. Zur Abwehr der ungebetenen Insekten stellt man leicht handhabbare batteriebetriebene Zerstäuber in Wohnräumen oder auf Terrassen auf, die in Intervallen Sprühstöße von Chemikalien ausspucken. Micromist Technology heißt das Zauberwort. Da die Türen zumeist offen sind und „outdoor living" den Alltag prägt, benutzt man auch Sprühgift, das als Prophylaxe gegen alle kriechenden Schädlinge dient. Mit dem dort beliebten „barrier spray" werden sämtliche Türschwellen und Fensterbänke besprüht. Europäische Urlauber sollten also nicht erschrecken, wenn die gemieteten Räume zwar ungezieferfrei sind, die Raumluft jedoch dank „Raid Automatic" permanent insektizid-geschwängert ist.

Wir erinnern uns noch an unser ungläubiges Staunen auf der zweiten Neuseelandtour Ende der 1990er Jahre, als wir Leute beim Rasenmähen beobachteten, die mit der einen Hand den Benzin-Rasenmäher schoben, während sie mit der anderen Hand die große Sprühflasche mit Unkrautvernichter hielten, um die Rasenkanten schön sauber zu bekommen und mit einer Unkraut- und Ungeziefer-Barriere auszustatten. Zu diesem Zeitpunkt war in Deutschland schon kein einziger chemischer Unkrautvernichter mehr im Handel erhältlich.

Noch ist in Neuseeland kein breites Umdenken zu beobachten, und es bleibt abzuwarten, wann und wie die neuseeländischen Grünen dem lockeren Umgang mit Gift deutlich entgegentreten.

Schrumpft der Regenwald?

Weltweit schrumpft der Regenwald. Es sind vor allem Viehzüchter und Tropenholz-Händler, die Rodungen in Auftrag geben. So hat allein Brasilien zwischen August 2003 und August 2004 mehr als 26.000 Quadratkilometer Regenwald zerstört. Das entspricht etwa der Größe des zentralamerikanischen Landes El Salvador.

Ganz anders ist es in Neuseeland. Zwar gibt es dort keine tropischen, sondern subtropische Regenwälder, die große Gebiete bedecken. Heute sind es noch 53.812 Quadratkilometer und diese Wälder werden mittlerweile wie ein Augapfel gehütet.

Neuseeland ist aufgrund des ganzjährig humiden Klimas mit wenigen kleineren Ausnahmen von Natur aus ein Waldland. Die Waldentwicklung war sehr dynamisch und ist in jüngerer Zeit (seit dem 19. Jahrhundert) gekennzeichnet durch eine enorme Waldvernichtung und spätere Aufforstung mit nicht-heimischen Baumarten. Die schon in der Kreidezeit einsetzende eigenständige pflanzengeschichtliche Entwicklung hängt mit der Loslösung der neuseeländischen Landmasse vom Gondwana-Land zusammen.

Subtropischer Regenwald im Norden Neuseelands

299

Das Land lebt und stirbt mit seinem Holzreichtum. Auf beiden Inseln können Sie umfangreiche und oft ganz junge Aufforstungen auf ehemaligem Kulturland beobachten. Gleichzeitig sehen Sie immer wieder große Holztransporter mit frisch gesägten Stämmen. Heutzutage wird sehr konsequent zwischen dem sogenannten Industriewald und dem zu schonenden Regenwald unterschieden. Mitunter trennt nur eine Straße beide Welten: die der Nutz- und die der Schutzforste. Und sobald der Industriewald gerodet ist, wird schon wieder an die Aufforstung gedacht.

In Neuseeland wachsen die eingeführten Kiefern aufgrund des milden und feuchten Klimas besonders gut. Nach circa 20 Jahren können sie gefällt und weiterverarbeitet werden (in Deutschland nach etwa 40 Jahren). Da alle Bäume zur gleichen Zeit die erforderliche Größe haben, sagt man, dass der Wald „geerntet" wird. Die Holzqualität ist sehr gut – bei weitem besser als beispielsweise in Südafrika, wo die Wachstumszeit ähnlich ist.

In dem stark steigenden Holzbedarf pazifischer Anrainerstaaten und insbesondere auch Chinas sieht Neuseeland zu Recht einen großen Markt, und die Aufforstung erschließt neue, zukunftsträchtige Austausch- und Produktionsmöglichkeiten. Die Ministerpräsidentin Helen Clark setzte sich persönlich sehr stark für eine enge wirtschaftliche Zusammenarbeit mit China ein. Immerhin kann der künftige Großverbraucher seinen Bedarf an Holz (vor allem für Papier, Möbel und den Hausbau) aus eigener Aufforstung nicht decken. Von besonderem Interesse sind Spezialhölzer sowie hochwertige Ausstattungshölzer und Verarbeitungsprodukte. Generell ist zusätzlich mit kurzfristigem Holzbedarf im asiatisch-pazifistischen Raum zu rechnen, besonders für den Wiederaufbau nach Naturkatastrophen wie Erdbeben, Tsunamis oder Taifune.

Die seit 1984 wirksame Liberalisierung ermöglicht, dass unrentabel gewordenes Kulturland wie Schafweiden oder Ackerland heute zur Aufforstung genutzt werden kann, die sich nicht auf Grenzertragsstandorte beschränkt. Das Land ist im wahrsten Sinne des Wortes im Umbruch. Von dieser Entwicklung profitiert nicht nur die Forstwirtschaft und Holzverarbeitungsindustrie, sondern es entwickelt sich nun auch eine eigene Möbelindustrie – allerdings nicht in Form von Großunternehmen wie in Deutschland, sondern von kleineren und mittleren Betrieben.

Wie an anderer Stelle schon erläutert wurde, hat die gegenwärtige forstwirtschaftliche Entwicklung neben den jüngeren wirtschaftlichen Ursachen auch tiefe historische Wurzeln im 19. Jahrhundert.

Entwaldung und Aufforstung – kein Gegensatz

Wenn man an Neuseeland denkt, dann assoziiert man das Land mit „grün", „riesigen Weideflächen", „der Vernichtung der einst riesigen Kauri-Wälder" und ähnlichem. Tatsächlich dominieren die großflächigen Weiden und der Export wird hauptsächlich durch landwirtschaftliche Produkte bestimmt. Andererseits geht man davon aus, dass schon im Jahre 2010 die forstwirtschaftlichen Erzeugnisse den neuseeländischen Export dominieren werden. Nur zu einem kleinen Teil werden diese von den einheimischen Primär- und Sekundärwäldern stammen, die rund 23 Prozent der Landesfläche ausmachen. Vielmehr werden sie aus den Industriewäldern bzw. Nutzforsten stammen, die heute mit 1,6 Millionen Hektar fünf Prozent der Fläche einnehmen.

Verglichen mit den großen Holzexporteuren der Welt (USA, Kanada und Russland) ist Neuseeland noch ein Zwerg. Das Land besaß 1993 nur rund 1,3 Millionen von weltweit auf 100 Millionen Hektar geschätzten Nutzholzflächen. Doch es zeigt sich eine deutliche Aus-

Gegenüber liegende Seite: Abholzung und Aufforstung gehen Hand in Hand

dehnung der neuseeländischen Forstflächen (1996: 1,5 Millionen Hektar, 1997: 1,6 Millionen Hektar, 2004: 2,1 Millionen Hektar) bei gleichzeitig weltweit anwachsendem Bedarf. Vorhersagen der Welternährungsorganisation FAO zufolge wird der weltweite Holzbedarf bei etwa gleichbleibenden Wachstumsraten bis zum Jahr 2010 um jährlich mehr als 40 Prozent auf über 5.000Millionen Kubikmeter ansteigen. Im Jahre 2040 könnte Neuseeland durchaus den Platz 5 der Holz exportierenden Länder einnehmen.

So sieht Neuseeland in einer innovativ geprägten Forstindustrie, die nicht im Widerspruch zum Naturschutz steht, eine große wirtschaftliche Chance. Gleichzeitig kann der Zuwachs an Holzprodukten den wahrscheinlichen Rückgang der Nachfrage von Agrarprodukten auffangen und ausgleichen.

Wie schon erwähnt, existiert ein Zusammenhang zwischen der flächendeckenden Entwaldung im 19. Jahrhundert und der späteren Aufforstung. Schon mit der polynesischen Einwanderung vor 1.200 Jahren begann die Vernichtung von Wäldern. Sie wurde im ausgehenden 18. Jahrhundert durch die europäischen Einwanderer noch stärker forciert. Das Holz wurde zum Teil exportiert, diente aber hauptsächlich dem Eigenbedarf. Neuseeland entwickelte sich in den ersten 100 Jahren der europäischen Besiedlung zum großen „Bauernhof Großbritanniens". Allerdings ahnte man schon 1900, dass es zu einem Holzmangel in der damaligen Kolonie kommen könnte, wenn weiterhin so exzessiv Wald vernichtet würde. Deshalb wurde 1920 ein staatliches Aufforstungsprogramm, vor allem mit schnell wachsenden Nadelbäumen, beschlossen. Es dauerte aber nochmals über 60 Jahre, bis Naturschutzreservate – insbesondere in Kauri-Regionen – geschaffen wurden.

Die Waldlandschaften Neuseelands und Australiens sind nicht miteinander vergleichbar, obwohl beide Länder einmal eine geologische Einheit bildeten (s.o.). In Neuseeland spielt der warmtemperierte Wald eine bedeutend größere Rolle. Im Norden der Nordinsel gibt es noch umfangreiche subtropische Wälder mit Kauri-Bäumen, Palmen und vielen melanesisch-tropischen Gewächsen. Sie sind völlig verschieden von denen in Australien.
Die immergrünen Regenwälder mit Podocarpus37-Arten reichen fast bis zum Südzipfel der langgezogenen Südinsel – trotz des dort schon

vorherrschenden feuchttemperierten Klimas. Sie treffen dort mit den temperierten Südbuchen-Wäldern zusammen.

Bei der Wiederbewaldung spielen die durch die Vögel verbreiteten Podocarpaceen eine wichtige Rolle – und natürlich die zunehmenden Aufforstungen. So wurden beispielsweise schon im Ersten Weltkrieg große Pinus-radiata38-Plantagen von deutschen Kriegsgefangenen zur Bauholz-Gewinnung angelegt.

Holzverladung in Port Chalmers, Dunedin

Die Zukunft Holz

Neuseeland hat gute wirtschaftliche Möglichkeiten als „Holzspezialist". Dafür gibt es folgende Gründe:
- Das Land entwickelt ein innovatives forstwirtschaftliches Milieu auf der Basis seiner speziellen Tradition.
- Es hat Vorteile durch die lange Küste und die damit verbundenen billigeren Umschlag- und Schifffahrtsmöglichkeiten.
- Neuseeländische Unternehmen exportieren forstwirtschaftliches und forstwissenschaftliches Know-how in andere Länder und statten diese technisch aus; außerdem betreuen und bewirtschaften sie großflächige Forstgebiete im asiatisch-pazifischen Raum.
- Neuseeländische Unternehmen gehen internationale Verflechtungen ein. So expandierte zum Beispiel die neuseeländische Gesellschaft Fletcher Challenge in den 1980er Jahren außerordentlich und verfügte Ende der 1990er Jahre über Einschlagrechte für 3,4 Millionen Hektar Wald bzw. Forste in Australien, Brasilien, Kanada und Chile. Die Gesellschaft war zeitweise zugleich weltgrößter Zellstoffproduzent, zweitgrößter Hersteller von Zeitungen und drittgrößter Erzeuger von Bau- und Nutzholz[39].
- Holz wird für Neuseeland künftig zum Hauptexportgut.

Über Neuseelands Küsten hinaus

Alles begann mit einem Wal

Neuseeland ist seit 1.000 Jahren vielfach mit den Walen verbunden. Eine alte Legende des in der Gegend von Kaikoura ansässigen Maoristammes der Ngai Tahu berichtet von seinem Vorfahren Paikea, der auf dem Rücken eines Wales reitend Neuseeland erreichte.

Die Maori hielten den Wal für heilig und jagten ihn nicht. Angespülte Wale allerdings waren Geschenke des Meeresgottes Tangaroa und durften nicht verrotten. Dies wäre eine Beleidigung des Gottes gewesen. Erst nachdem die weißen Walfänger nach 1820 nach Kaikoura kamen, gingen auch Maori mit ihnen auf die Jagd.

Später wurden die Wale gnadenlos gejagt. Lange Zeit war die Nordinsel Anlaufpunkt der europäischen Walfangschiffe. Die erste Hauptstadt Russell war anfangs eine Walfangstation und Siedlung für die Walfänger, die hier auch überwinterten. Über Russell kamen auch die ersten Missionare ins Land.
Eine Reihe von Buchten, in die die Wale getrieben und dann erlegt wurden, schienen rotes Meereswasser zu haben; an der Küste gab es etliche Verarbeitungsstätten für Walfleisch und insbesondere für Tran. Später zogen die Walfänger auch auf die Südinsel.

Heute werden die Tiere hier nicht mehr gejagt. Im Gegenteil – Neuseeland tritt sehr energisch für den Erhalt der Arten ein. Gegenwärtig nutzt das Land die Anwesenheit von Walen erfolgreich für den Tourismus. Zwischen Picton und Christchurch kann man das ganze Jahr über Wale von Spezialschiffen und von Flugzeugen aus beobachten. Der malerisch gelegene Ort Kaikoura an der beeindruckenden Küste – mit der Kulisse oft schneebedeckter Berge im Landesinneren – ist Ausgangspunkt solcher Touren, aber auch bekannt für eine aktive Künstlerszene und guten Wein.
Im Frühjahr der Südhalbkugel wandern viele Wale von den warmen tropischen Gewässern des Südpazifiks, wo sie ihre Jungen gebären, in die kühleren und nahrungsreichen Gewässer der Antarktis. So kommen allein schätzungsweise 2.000 Buckelwale an Neuseelands Küste vorbei; weltweit gibt es nur noch etwa 15.000 Exemplare. In Jahren mit

besonders viel Krill und Plankton kommen sie in größerer Anzahl besonders dicht an die Küste. Und noch ein weiterer Grund macht Kaikoura heute zu einem der interessantesten Walbeobachtungspunkte der Welt, wenn nicht zu dem interessantesten überhaupt: Wenige Seemeilen von der Küste entfernt senkt sich der Meeresboden von circa 200 Metern auf rund 3.000 Meter Tiefe. Hier finden die Wale besonders viel Nahrung. In den Tiefseegräben vor der Küste Neuseelands treffen sie auch auf sehr große Exemplare von Tintenfischen – eine besonders begehrte Beute der Pottwale[40] (dazu mehr im folgenden Unterkapitel). An den vielen Narben mancher Wale kann man die mörderischen Kämpfe dieser großen und intelligenten Meeresbewohner mit den Riesenkraken in unglaublichen Tiefen erahnen.

Diese Wale müssen für acht bis zehn Minuten zum Lufttanken an die Wasseroberfläche kommen und können während dieser Zeit beobachtet werden. Sie füllen ihre Muskeln mit Sauerstoff für die nächsten stundenlangen Tauchgänge zur Nahrungssuche.

Im Kaikoura-Canyon wirbeln zwei Strömungen mit unterschiedlichen Temperaturen ineinander. Dadurch kommt es zu einem hervorragenden Nährstoffnachschub durch Plankton, Fische und Langusten. Deshalb machen auch große Gruppen von Pott-, Buckel-, Blau-, Glatt- und Schwertwalen sowie Delfinen hier Wanderpausen.

Unsere persönliche Reisebucheintragung zum Whalewatching gibt das wieder, was täglich über 1.000 Touristen erleben:

„Kaikoura, unseren Ausgangsort zum Whalewatching, erreichen wir vormittags, und die Sonne hat es noch nicht geschafft, den Nebel über dem Pazifik zu durchbrechen. Ob wir denn überhaupt einen Wal zu sehen bekommen? Eine Garantie gibt es nicht, und so verständigen wir uns beim Ablegen des Schnellbootes per Handzeichen mit den gerade zurückkommenden Touristen. Zwei Wale haben die gesehen, toll! Und nun wir.

Eine ganze Weile jagt unser Jetboot mit fast 50 Stundenkilometern durch die Wellenkämme. Wir erfreuen uns an einer großen Delfinschule und amüsieren uns über Albatrosse, die zum Flugstart anscheinend tollpatschig über das Wasser laufen. Der Tiefenmesser, der vorn beim Steuermann für alle gut einsehbar ist, zeigte vorerst kaum Veränderungen an. Dann aber überschlagen sich die Ziffern der Digitalanzeige fast: Wir haben den Rand des Tiefseegrabens erreicht, und schon allein die enorme Meerestiefe unter uns lässt die Spannung steigen. Stille! Die Motoren sind abgestellt.Mit Hydrophonen versucht die Besatzung die typischen Klickgeräusche einzufangen, die so ein 18 Meter langer und etwa 40 Tonnen schwerer Wal im Sekundentakt aussendet. Weil der Ton bis zu 165 Dezibel erreicht (zum Vergleich: ein Überschallflugzeug bringt es auf 112 Dezibel), kann man die Geräusche noch auf zehn Kilometer Entfernung hören.

Unser Kapitän und seine Crew kennen jedes der Tiere, das irgendwann ganz in unserer Nähe auftaucht, um benommen Sauerstoff zu tanken. Für uns sind das faszinierende Augenblicke. Die Crew signalisiert uns, dass die Kameras gezückt werden können, denn sie kennt den Zeitpunkt des Abtauchens der Kolosse und will uns den Anblick der gewaltigen Fluke nicht versäumen lassen. Auf dieser Fahrt haben wir großes Glück und können noch zwei weitere Wale beobachten.

Inzwischen ist auch der Nebel weg, und wir werden auf der Rückfahrt mit

Whale-Watching in Kaikoura: die Fluke eines abtauchenden Pottwals

einem weiteren grandiosen Anblick verwöhnt, denn hinter der Küste von Kaikoura erhebt sich der schneebedeckte 2.600 Meter hohe Gipfel des Manakao."

Im Jahre 2006 haben rund 450.000 Touristen aus aller Welt an Wal- und Delfinbeobachtungstouren in Kaikoura teilgenommen (1998 waren es noch 230.000 Touristen).

Nicht zuletzt die Einsicht in den Wert der Wale für Neuseelands Wirtschaft, besonders für den Tourismus, hat Neuseeland zum stärksten Opponenten gegen die japanischen Walfanginteressen werden lassen. Schon 1978 erklärte Neuseeland insgesamt 370 Kilometer um seine Küsten zur Walschutzzone.

Auf Walfang gingen übrigens als Erste die Basken, ihnen folgten Anfang des 17. Jahrhunderts Holländer und Briten. Während die Deutschen zunächst vor allem in der Nordsee Walfang betrieben (einige Gemeindewappen zeugen heute noch davon), schickten sie in den 1930er Jahren eine Walfangflotte sogar in die Arktis. Erst in den 1950er Jahren stieg die damalige Bundesrepublik aus dem Walfanggeschäft aus.

Der zu den Schwarz-Weiß-Delfinen gehörende Hector-Delfin ist der kleinste Wal und nur in den Gewässern rund um Neuseeland verbreitet

Es gibt jedoch auch eine andere Seite der Begegnung mit Walen. Immer wieder kommt es zu Massenstrandungen von Walen an der Küste Neuseelands wie auch Australiens. Die Ursache für dieses Phänomen ist bis heute nicht abschließend geklärt. Gemäß einer wissenschaftlichen Hypothese sind die klimatischen Bedingungen und insbesondere die starken Westwinde dafür verantwortlich: Die Walnahrung wird in Küstennähe getrieben, und die Wale stranden bei zurückgehender Flut. In der Nacht zum 11. November 2004 gab es eine Massenstrandung von 74 Pilotwalen bei Whangamata an der Pazifik-Küste der Coromandel-Halbinsel. Als Anwohner morgens die Katastrophe sahen, waren bereits 50 Wale verendet. Einen ganzen Tag kämpften 70 örtliche Freiwillige um das Leben der übrigen Meeressäuger. Sie zogen mit Baggern Gräben, benässten die Wale und konnten bei Flut mit Traktoren 18 Wale wieder in den Pazifik leiten.

Ein Pastor gab den 56 toten Pilotwalen den letzten Segen. Die Tiere wurden sodann an einer abgelegenen Stelle des Strandes vergraben.

Reinhard Nickel, einer der Ersten an diesem Morgen, schildert die intensive Mensch-Tier-Beziehung, die innerhalb weniger Stunden entstand: „Wenn man so ein Tier zwei bis drei Stunden in den Händen hält, herumschaukelt, um die Orientierung wieder aufzubauen, streichelt und hofft, dass es sich mehr und mehr bewegt, das Herz in der Hand fühlt, den Atem-Wasser-Spritzer ins Gesicht bekommt, weiter streichelt und schubst und dann die ersten zwei sich taumelnd ins tiefere Wasser begeben und alle sie anfeuern, johlen, singen und klatschen – dann hat man innerhalb von Stunden eine Beziehung aufgebaut. Und man ist so ‚happy' wie ich jetzt, dabei gewesen zu sein, mitgeholfen und Gleichgesinnte getroffen zu haben, die sich wie ich im wahrsten Sinne 'tierisch freuen' ".

Übrigens sind auch die geretteten Wale nicht außer Lebensgefahr, denn die Rufe der am Strand zurückgebliebenen sterbenden Wale locken sie wieder an Land.

Nach offiziellen Angaben stranden in Neuseeland so viele Wale wie nirgendwo sonst auf der Welt. Seit Ankunft der europäischen Siedler um 1840 seien mehr als 5.000 Wale an Land gefunden worden. Die tragischste bekannte Massenstrandung von Walen ereignete sich 1918: Auf den Chatham-Inseln starben damals rund 1.000 Tiere. Das größte Ereignis dieser Art in jüngerer Vergangenheit spielte sich 1985 auf der Great-Barrier-Insel ab, als 450 Wale strandeten. Helfer konnten allerdings 324 von ihnen retten.

Neben der liebevollen Verehrung der Wale stehen die Delfine hoch in der Achtung der Kiwis und werden ebenfalls besonders geschützt. An der Ostküste sowohl der Nord- als auch der Südinsel Neuseelands sind viele Delfinarten heimisch. Besonders beliebt sind die Touren „Schwimmen mit Delfinen" verschiedener Reiseveranstalter. So haben sich viele der Tiere an die Menschen gewöhnt.

Aus verschiedenen Ländern der südlichen Hemisphäre hört man immer wieder, dass Delfine Menschen gerettet hätten. Das erhöht natürlich die Sympathie für diese Lebewesen. Ein eindrucksvolles Beispiel für dieses fürsorgliche Verhalten gab es im Dezember 2004 am Ocean's Beach bei Whangarei auf der neuseeländischen Nordinsel:
Eine Gruppe von vier professionellen Rettungsschwimmern trainierte etwa 100 Meter vom Strand entfernt, als sie von sieben Delfinen in einem immer enger werdenden Kreis umschwommen wurden. Der leitende Rettungsschwimmer, Bob Howes, berichtete, dass sie in unmittelbarer Nähe einen Weißen Hai von rund drei Metern Länge gesichtet hatten, den die Delfine jedoch von den Rettungsschwimmern fernhielten. Selbst als zwei Männer in Richtung Strand schwimmen wollten, „trieben" zwei Delfine sie zurück zur Gruppe. Die Delfine blieben etwa 40 Minuten bei den Rettungsschwimmern, als wollten sie diese vor der drohenden Gefahr schützen. Und tatsächlich verschwand der Weiße Hai.

Keine Angst vor Meeresungeheuern – die vielarmigen Riesen Neuseelands

Wie wir erfahren haben, sind mehrere Riesentiere in Neuseeland ausgestorben. Andererseits lernen wir in unseren Tagen Riesentiere kennen, von denen wir bislang nur in Sagen oder fantasievollen Reiseberichten etwas erfahren konnten.

So sind in den letzten Jahren an verschiedenen Stellen der Welt, auch in den Gewässern Neuseelands, Kraken und Kalmare[41] riesigen Ausmaßes gefunden worden. Ein Großteil dieser Funde wurde erst durch die Tiefseefischerei möglich, denn die Riesenkraken und -kalmare leben in einer Meerestiefe unterhalb von 700 Metern.

Der weltbekannte neuseeländische Meeresbiologe und Forscher Steve O'Shea beschäftigt sich schon seit Jahrzehnten mit den Riesentintenfischen und hat inzwischen 70 solcher Tiere konserviert. Im Jahre 2006 stellte er zum allgemeinen Erstaunen einen acht Meter langen männlichen Riesenkalmar aus, der eineinhalb Jahre alt war und circa 100 Kilogramm wog. Dieser wurde an der Westküste der neuseeländischen Südinsel gefunden.

Allerdings sollte der Größenrekord bereits im Februar 2007 gebrochen werden: Neuseeländische Fischer trafen am Rand der Antarktis auf das bisher größte Exemplar der Art *Mesonychoteuthis hamiltoni* (Koloss-Kalmar) mit einem Gewicht von 450 Kilogramm und einer Länge von zehn Metern. Da Koloss-Kalmare in einer Tiefe von eintausend bis zweitausend Metern leben, ist der Mensch ihnen bisher nur sehr selten begegnet. Sie wurden erst 1925 entdeckt und sind noch viel schwerer als die Riesenkalmare, die schon bekannter sind.

Andererseits haben die Riesenkraken und kolossalen Kalmare schon seit Urgedenken in vielen Seemannsgeschichten einen festen Platz, ihre Existenz wurde aber viele Jahrhunderte lang angezweifelt und als „Seemannsgarn"[42] abgetan. Aus heutiger Sicht lagen jedoch auch solchen fantastischen Geschichten wahre – wenn auch seltene – Beobachtungen zugrunde. Wenn auf dem Wasser allein ein Kadaver eines Riesentintenfisches von zehn oder mehr Metern Länge gesichtet wurde, dann muss das zum fürchterlichen Erschrecken geführt haben. Bei den damaligen kleinen Schiffen und den vielen Geschichten über wie von Geisterhand verschwundene Segler oder die sogenannten Totenschiffe brauchte es nicht viel Fantasie, um sich einen furchtbaren

Saugnapfabdrücke eines Riesenkalmars auf einem Stück Pottwalhaut (Foto aus einem Bericht über die Forschungsreisen des norwegischen Dampfers „Michael Stars", 1912)

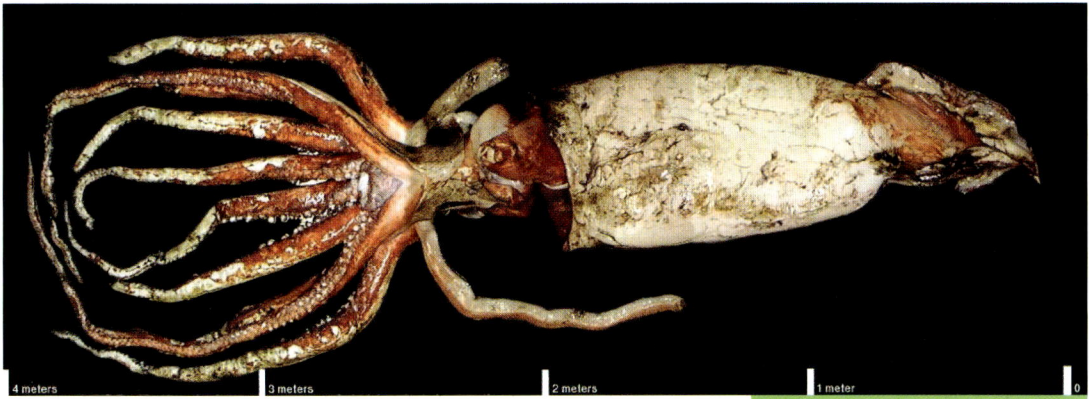

4 meters   3 meters   2 meters   1 meter   0

und aussichtslosen Kampf der Besatzungen mit einem solchen Riesen-Kopffüßer oder gar einer ganzen Gruppe solcher Tiere vorzustellen.

Bereits in der Antike kursierten sagenhafte Geschichten von vielarmigen Seeungeheuern. Der römische Schriftsteller Plinius der Ältere (23-79 n. Chr.) hinterließ uns in der „Naturalis Historia" folgenden kleinen Bericht über die Tiere, die er Polypen nannte: „Kein Tier im Wasser bringt den Menschen auf eine grausamere Art um als der Polyp. Wenn er Schiffbrüchige oder Taucher anfällt und mit ihnen kämpft, saugt er sich mit seinen vielen Saugnäpfen fest und zieht sie in die Tiefe hinab. Bei Carteja drang ein Polyp in die Behälter der Fischhändler ein, um sich über die eingesalzenen Fische herzumachen. Er kroch an einem Baum hoch und überstieg hohe Zäune. Die Hunde riefen die Fischer herbei. Diese waren entsetzt, denn der Polyp war von ungeheurer Größe. Er sah wie von Salzlake überzogen aus und verbreitete einen fürchterlichen Gestank. Das Ungeheuer trieb die Hunde mit schrecklichem Blasen von sich, peitschte sie mit den Armspitzen und schlug mit den stärkeren Armen wie mit Keulen auf sie ein. Viele Dreizacke bohrten sich in seinen Leib und das Tier wurde schließlich getötet. Der Polypenkopf war so groß wie ein Fass. Seine keulendicken Arme waren von einem Mann kaum zu umspannen und 30 Fuß lang."
Vielleicht verbirgt sich auch hinter Homers Schilderung der Seefahrer verspeisenden, sechsköpfigen Skylla, der in der Meerenge von Messina sechs Gefährten des Odysseus zum Opfer fielen, die Vorstellung von einem Riesentintenfisch.

Auch in den Mythen der Maori kommen Riesentintenfische vor. Der polynesische Seefahrer und erste Ankömmling in Neuseeland, Kupe, war einem Kraken riesigen Ausmaßes gefolgt, erlegte ihn schließlich und verspeiste ihn mit seinen Begleitern am Strand des neuen Landes.

Im Jahre 2005 ging neuseeländischen Meeresforschern in 920 Metern Tiefe nahe den Chatham-Inseln ein Krake mit einem Gewicht von 61 Kilogramm ins Netz. Er musste es zu Lebzeiten auf eine Länge von vier Metern gebracht haben. Sein Kopf allein war 69 Zentimeter lang. Die Meeresbiologen ordneten das Tier vorläufig der Art *Haliphron atlanticus* zu.

Allein um Neuseeland herum gibt es 42 (hauptsächlich kleine) Arten von Tintenfischen, und seit einem spektakulären Fund im Jahr 1999 wurden zwei weitere neue Arten entdeckt.

Im Jahr 2003 zogen neuseeländische Fischer aus antarktischen Gewässern einen fünf Meter langen Riesenkalmar mit einem Gewicht

Darstellung eines Riesenkalmar-Angriffs auf einen Pottwal im Museum of Natural History, New York

von rund 150 Kilogramm. Viel ist noch nicht über diese Riesen bekannt, außer dass sie – wie auch die Riesenkraken – eine bevorzugte Nahrung der Pottwale darstellen, selbst sehr wehrhaft sind und bis zu zwei Meter große Thunfische verschlingen. Seit der ersten bekannten wissenschaftlichen Beschreibung eines Riesenkalmars im Jahre 1854 sind mehr als 150 Jahre vergangen, und noch immer sind viele ihrer Merkmale unerforscht. Nur wenige vereinzelte Versuche, lebende Riesenkalmare in ihrer gewohnten Umgebung zu beobachten, sind gelungen. Auch dabei haben neuseeländische Forscher eine herausragende Rolle gespielt.

Weltweit gibt es gegenwärtig nur wenige ausgestellte Riesentintenfische. Seit Januar 2005 ist erstmals auch in Deutschland ein Riesenkalmar[45] zu sehen – im Meereskundemuseum Stralsund. Er stammt aus Neuseeland.

Im Februar desselben Jahres wurden zwei Riesenkalmare aus Neuseeland an Gunther von Hagens` Institut für Plastination in Heidelberg geschickt und sind seitdem Teil der Ausstellung „Körperwelten der Tiere". Steve O'Shea vom National Institut of Water and Atmospheric Research in Wellington sagte zu dem Plastinations-Projekt dieser größten bekannten, aber noch nie ausgestellten Weichtiere: „Es wird nicht einfach sein, die Kalmare zu plastinieren. Die Tiere sind so schwer, dass sie an Land schier unter ihrem Eigengewicht zusammenbrechen. Der Plastinationsprozess eines Riesenkalmars kann bis zu einem Jahr dauern, und es wird sicherlich ein Gestell zur Stabilisierung benötigt, um das Tier auszustellen. Aber ich bin zuversichtlich, dass Gunther von Hagens das schaffen wird."

Abschließend noch ein paar interessante Daten zu diesen ungewöhnlichen Meeresgeschöpfen: Sie haben die größten Augen in der gesamten Tierwelt (bis zu 25 Zentimeter), können mit ihren mit bis zu 1.800 zwei bis fünf Zentimeter breiten Saugnäpfen besetzten Fangarmen vermutlich Massen an sich ziehen, die vier PKW auf einmal entsprechen, und durch einen jetartigen Antrieb eine Geschwindigkeit von bis zu 39 Kilometern pro Stunde erreichen.

Sicherlich wird es spannend werden, die Entdeckungen der Zukunft zu erleben. Es gibt vielfältige Hypothesen, die bisher nicht bewiesen werden konnten. Ganz sicher lassen sich noch viele Überraschungen erwarten.

Eine neue Ethik der Ozeane

Seit geraumer Zeit wird die maßlose Überfischung der Meere nun auch in unseren Medien zunehmend kritisch diskutiert.

Weltweit ernähren sich circa 2,6 Milliarden Menschen von Fisch, und die Nachfrage nimmt weiter zu. Jährlich werden 130 Millionen Tonnen Fisch durch die Meeres- und Binnenfischerei verarbeitet. Drei Viertel davon kommen aus den Ozeanen. Dabei sind die als „unbrauchbar" eingestuften Fische noch nicht einmal mitgezählt. Etwa jeder dritte gefangene Fisch wird wieder ins Meer zurückgeworfen. Greenpeace schätzt den jährlichen Beifang auf über 40 Millionen Tonnen. 70 bis 100 Prozent dieser Fische sterben beim Fangvorgang oder danach. Und je nach Fischart sind 30 bis 80 Prozent der gehandelten Fische Jungtiere, die sich noch nicht fortpflanzen und damit den Artbestand nicht sichern konnten.

Es scheint, als kämen wir aus diesem weltweiten Dilemma nicht mehr heraus, zumal sehr unterschiedliche Interessengruppen und Länder sich notwendigen drastischen Maßnahmen schon im Vorfeld möglicher Vereinbarungen widersetzen.

Das alles ist für Neuseeland nicht neu. Schon vor viereinhalb Jahrzehnten gab es alarmierende Hinweise auf die starke Überfischung der Küstengewässer. Da die Fischereiindustrie und der Tourismus (speziell die Bereiche Sporttauchen, Schnorcheln und Glasbodenboot-Rundfahrten) dadurch in hohem Maße gefährdet wurden, musste etwas unternommen werden. Schließlich ist Neuseeland mit einer Küstenlänge, die die der USA (ohne Alaska) noch übertrifft, das am stärksten meerorientierte Land.

Insbesondere ist es Bill Ballantine, einem 1964 aus England eingewanderten Biologen, zu verdanken, dass die neuseeländische Öffentlichkeit für diese Probleme sensibilisiert wurde. Trotz massiver Anfeindungen seitens starker Fischerei-Interessengruppen konnten er und die zunehmend größer werdende Schar Gleichgesinnter sich durchsetzen. Heute gibt es rund um Neuseeland 31 gesetzlich gesicherte Fischereiverbotszonen – das sind schon acht Prozent der küstennahen Gewässer, und bis 2010 sollen zehn Prozent geschützt sein. Allein über 90 Prozent der geschützten Flächen gehören zu zwei Schutzzonen, die mehrere hundert Kilometer vom Festland entfernt sind.

Interessant ist die Erfahrung, dass sich in den Schutzgebieten in relativ kurzer Zeit bislang für dort ausgerottet gehaltene Meerestierarten wieder ansiedeln und schneller vermehren als in anderen Gebieten. Sie werden quasi zu den Kinderstuben der später aus den Schutzgebieten abwandernden Tiere, die außerhalb der Schutzzonen gefangen werden können. Es sind natürliche Zuchtfarmen. Zudem entwickelten sie sich inzwischen zu den schönsten subtropischen Tauchrevieren, die Sporttaucher aus aller Welt anziehen.

Bill Ballantine setzt sich für eine neue Ethik der Ozeane ein und vertritt die Ansicht, dass das Meer kein Selbstbedienungsladen für die Menschen sein kann, sondern eine Lebensgemeinschaft ist, zu der auch der Mensch gehört. Das Meer muss also geschützt werden.

Ideal wäre weltweit ein dichtes Netz von Fischereiverbotszonen und Gebieten mit Ankerungsverbot. Gegenwärtig sind aber nur 0,1 Prozent der Weltmeere fischereifreie Zonen. Um die kommerziell nutzbaren Bestände vieler Arten zu garantieren und die Zerstörung des Lebens unter Wasser zu beenden, wären jedoch 40 bis 50 Prozent der Meeresräume zu schützen.

Inzwischen gibt es in Neuseeland weltweit einmalige Schulinitiativen, bei denen die Lehrer verschiedener Fächer multidisziplinär mit den Schülern Umwelt- und Meeresschutz-Projekte bearbeiten und diese von Jahrgang zu Jahrgang zur Fortsetzung der Arbeit weiterreichen. So werden die heutigen Jugendlichen auf ein umweltbewusstes Leben als Erwachsene vorbereitet; einige ehemalige Schüler arbeiten auch schon als Ökologen, Biologen und Meeresforscher an verschiedenen neuseeländischen und australischen Hochschulen und Forschungsinstituten.

Auch an einer anderen international heiß diskutierten Umweltfront ist Neuseeland führend. Während beispielsweise in der EU über 30 Prozent aller gefangenen Fische als weniger wertvoll wieder über Bord geworfen und damit große Mengen Speisefisch absichtlich verschwendet werden, legt in Neuseeland die Regierung die Fangquoten fest und besteht darauf, alle gefangenen Fische zur Verwertung an Land zu bringen. Die Quoten werden aber nicht nach Mengen zugeteilt, sondern frei gehandelt. Bestandskontrollen, Förderprogramme und Kontrolleure für die Einhaltung der verbindlichen Regeln sind wichtige flankierende Maßnahmen. Der Quotenhandel hat sich als sehr effizient erwiesen, zumal er nachgewiesenermaßen die Bestände schont.

Kapitel 6

Der Einfluss der
Religionen

Das Innere der Christuskirche in Christchurch

Der Einfluss der
Religionen

Wussten Sie, dass 65 Prozent der neuseeländischen Bevölkerung einer Religionsgemeinschaft angehören, jedoch 73 Prozent der Jugendlichen keine Person benennen können, die ein Christ ist? Und wussten Sie, dass Neuseeland weltweit an vierter Stelle der Missionarsausbildung und -aussendung steht (gemessen in Prozent der Gesamtbevölkerung)? Gegenwärtig sind 1.836 neuseeländische Missionare über 84 Missionsgesellschaften in 114 Ländern verteilt.

Kommen wir noch einmal auf den 65 %igen Anteil an Religionszugehörigen zurück und spitzen wir zu, dann können wir feststellen: Die neuseeländische Gesellschaft ist stark verweltlicht. Etwa 35 % der Bevölkerung sind konfessionslos (in Deutschland rund 40 %), und auch unter den Gläubigen gibt es sehr unterschiedliche Grade der Glaubenszuwendung.
Zugleich haben die Gemeinden in der Gesellschaft eine wichtige soziale Funktion und einen entsprechend hohen Status. Sie unterstützen Bedürftige und ältere Menschen im Haushalt und Garten, sammeln Geld für notwendige Krankenhausaufenthalte u.v.a.m.

In Neuseeland gibt es keine Staatskirche; es herrscht Religionsfreiheit. Die Glaubensbekenntnisse der neuseeländischen Bevölkerung untergliedern wie folgt (*Statistics New Zealand, 2006 Census*):

Christen: 51,96 %
Buddhisten: 1,30 %
Hindus: 1,60 %

Muslime: 0,90 %
Juden: 0,17 %
Baha'i: 0,07 %
Sikhs: 0,24 %
Spiritismus/ New Age: 0,49 %
Maori-Religion: 0,06 %
Sonstige: 0,24 %
Keine Religion: 32,20 %

Die größte Gruppe der Christen unterteilt sich in die Konfessionen: Anglikaner 13,78 %, Presbyterianer/ Reformierte 9,95 %, Methodisten 3,02 %, Katholiken 12,62 %, Maori-Sekten 1,63 %, Sonstige 11,46 %. Bei der Umfrage bekannten sich einige der Befragten zu mehr als einer Religion; 13,29 % gaben keine (bzw. keine verwertbare) Auskunft.

Religionen der Minderheiten

Im Folgenden sollen fünf der kleineren Religionsgemeinschaften kurz vorgestellt werden, über die das Wissen auch bei europäischstämmigen Neuseeländern eher beschränkt ist.

Bahaismus

Bahaismus ist eine monotheistische Religion, die einen persönlichen, unerkennbaren, unerreichbaren, allwissenden, allgegenwärtigen und allmächtigen Gott verehrt. Dem Religionsverständnis liegt eine dreifache Einheit zugrunde: Die Einheit Gottes, die der Menschen und die mystische Einheit der Offenbarer aller großen Religionen, die allesamt als Stiftungen ein und desselben Gottes betrachtet werden. Die unterschiedliche äußere Form der offenbarten göttlichen Botschaft trägt der Fortentwicklung der Menschheit Rechnung: Neue Situationen erfordern religiöse Erneuerung, und so sieht sich der Gründer des Bahaismus, Mirza Husayn Ali Nuri (genannt Bahá'u'lláh – „die Herrlichkeit Gottes", 1817-1892) als jüngster in einer Reihe von Religionsstiftern, die vor ihm gewirkt haben (Moses, Christus, Mohammed). Dies hat eine große Offenheit gegenüber anderen Religionen zur Folge. Sie äußert sich unter anderem darin,

Das am häufigsten verwendete Symbol des Bahaismus: der neunzackige Stern

dass in Andachten Schriften aller Offenbarungsreligionen gelesen werden. Einen Klerus gibt es nicht; Gremien werden demokratisch gewählt.

Weil er in seinem Heimatland Iran (Persien) nach Meinung der Mullahs ketzerische Thesen verkündete, wurde Bahá'u'lláh in Teheran eingekerkert und dann verbannt. Zuerst wandte er sich nach Bagdad, wurde dann auf Drängen iranischer Kräfte nach Istanbul beordert, nach Edirne geschickt und schließlich von den Osmanen in die Festungsstadt Akka in der Bucht von Haifa verbannt. Bis zu seinem Tod im Jahre 1892 lebte er unweit von Akka. Alle Bemühungen von Regierung und Geistlichkeit seines Heimatlandes, seine Lehre zu unterdrücken, schlugen fehl: Sein Glaube verbreitete sich über die ganze Welt. Heute bekennen sich über fünf Millionen Menschen zu Bahá'u'lláh. Auch rund 20 Prozent der in Neuseeland lebenden etwa 2.000 Bürger iranischer Herkunft sind Baha'i-Anhänger.

Buddhismus

Der Buddhismus, zu dem sich weltweit etwa 300 bis 400 Millionen Menschen bekennen, geht auf Siddhattha Gotama (Pali) bzw. Siddharta Gautama (Sanskrit) zurück, der im 6. Jahrhundert v. Chr. in Indien wirkte. In den „Vier Edlen Wahrheiten", die Kern und Grundlage des erkannten und verkündeten Daseinsgesetzes – des Dharma – bilden, lehrte Siddhattha Gotama die Einsicht in die Ursache menschlichen Leidens und wies mit dem „Achtfachen Pfad" einen Weg zu dessen Überwindung auf. Er wurde damit zum „Buddha", auf Sanskrit „der Erwachte". Seine Lehren wurden über einen langen Zeitraum hinweg gesammelt und in den drei großen Schulen des Hinayana („Kleines Fahrzeug", dazu gehört auch Theravada – „Rat der Älteren"), des Mahayana („Großes Fahrzeug") und des Vajrayana („Diamantfahrzeug", auch als Lamaismus bekannt) weitergegeben. Da der Buddhismus weder einen allmächtigen Gott noch eine ewige Seele benennt, wird er manchmal eher als Denksystem oder Philosophie denn als Religion bezeichnet. Und so verwundert es nicht, dass er sich durch hohe Toleranz gegenüber anderen Denk- und Glaubenstraditionen auszeichnet, die in den Verbreitungsländern auf ihn zurückwirkten. Mit dem Hinduismus hat er nicht nur den Begriff des Dharma, der „Kosmischen Ordnung", sondern auch den des Karma, des sowohl physischen als

Das Dharmachakra (Rad der Lehre) ist das Symbol des Buddhismus. Die acht Speichen versinnbildlichen die Edlen Acht Pfade

auch geistigen Ursache-Wirkungs-Prinzips gemein, das eng mit der Vorstellung des Kreislaufs von Wiedergeburten verknüpft ist.

Mit der Verbreitung des Buddhismus in der Kamakura-Zeit (1185–1333) begann auch sein Einfluss auf die Kunst. Zunächst flossen Gedanken der Shingon-shū, einer esoterischen Schule des japanischen Buddhismus, in die Musik ein. Beispiele hierfür sind die beiden Schriften „Taigenshô" und „Kyôkunshô". Der Einfluss des Zen-Buddhismus kam wesentlich später, doch ist er von allen der stärkste. Der Geist der Schulung und die Idee des „Ishin denshin", der nonverbalen, impliziten Kommunikation bzw. des Verständnisses „ohne Worte", fanden Eingang in die Musik. Diese wurde zum Kunstweg, zu einer Praxis, und trat in Beziehung zu Moral und Religion.

Der Buddhismus kam mit den chinesischen Goldgräbern in den 60er und 70er Jahren des 19. Jahrhunderts nach Neuseeland. In den 50er und 60er Jahren des 20. Jahrhunderts wuchs das Interesse der Neuseeländer am Buddhismus und die Anzahl der Bekennenden. Seit der Gründung der Buddhistischen Gesellschaft Neuseelands im Jahre 1956 verfügen die Gläubigen auch über eine Reihe von Zentren und Tempeln.

Die größten buddhistischen Gruppen kommen aus China, Kambodscha, Sri Lanka und Thailand. 90 Prozent der Einwanderer aus diesen Ländern bekennen sich zum Buddhismus.

Hinduismus

Der Hinduismus kennt keinen Stifter. Der Ursprung dieser Religion, der heute etwa 900 Millionen Menschen anhängen, liegt wahrscheinlich in der Vermischung verschiedener altindischer Traditionen mit denen der vermutlich im 20. Jahrhundert v. Chr. von Norden her zugewanderten Arier.

Die für alle Hindus gültigen heiligen Schriften sind die zwischen 1200 und 500 v. Chr. entstandenen Veden (Sanskrit: „Wissen") und vor allem die Bhagavad-Gita (der „Gesang Gottes"); darüber hinaus hat jede Glaubensrichtung – und davon gibt es einige – ihre eigenen verbindlichen Schriften. Die drei Hauptrichtungen hinduistischer Tradition

Das Om-Zeichen wird als Symbol des Hinduismus angesehen. „Om" ist der transzendente Urklang

– Vishnuismus, Shivaismus und Shaktismus – sind von ganz unterschiedlichen Gottesbildern geprägt, was jedoch nicht ausschließt, dass Gläubige mehr als eine dieser Gottheiten verehren oder die Gottesvorstellungen miteinander verschmelzen – wie beispielsweise Vishnu („Bewahrung") und Shiva („Zerstörung"), die zusammen mit dem Brahma („Schöpfergeist") zur Dreiheit „Trimurti" werden; Shakti stellt die weibliche Urkraft des Universums dar. Daneben gibt es viele andere Gottheiten, die aber alle von Vishnu oder Shiva, dem höchsten göttlichen Prinzip, hervorgebracht wurden.

Dem immer noch sozial relevanten Kastenwesen liegt die Vorstellung zugrunde, dass alle Lebewesen von Geburt an nach Aufgaben, Rechten, Pflichten und Fähigkeiten streng voneinander getrennt sind. Einer unteren Kaste entkommen kann man nur durch die Reinkarnation gemäß der sittlichen Weltordung (Dharma) – vorausgesetzt, die Taten der vorangegangenen Existenz(en) „qualifizieren" gemäß dem Ursache-Wirkungs-Prinzip (Karma) für eine „bessere" Wiedergeburt (auch als Tier): „Wie einer handelt, wie einer wandelt, ein solcher wird er", lehrten die Upanishaden, eine Sammlung philosophischer Schriften, die Bestandteil der Veden sind.

Ende des 19. Jahrhunderts erreichten hinduistische Inder Neuseeland. Sie behielten ihren Glauben, praktizierten weiter ihre religiösen Rituale, die Puja, und bauten Tempel in den Hauptzentren ihrer Besiedlung. 90 Prozent aller Neuseeländer indischer Herkunft bekennen sich zum Hinduismus.

Islam

Der Islam verkündet die reinste Form des Monotheismus. Gott ist der eine Gott – Er ist unteilbar und hat niemanden neben sich. Er ist unvergleichlich und nichts ist ihm auch nur ähnlich. Nichts geschieht ohne seinen Willen. Er ist der Erste, der Letzte, der Ewige, der Unendliche, der Allmächtige, der Allwissende. Er ist der Schöpfer und Erhalter aller Dinge. Er ist der Gerechte, der Allerbarmer, der Gnädige, der Liebende, der Gütige, der Erhabene, der Preiswürdige, der Wahrhaftige. Er verfügt über alle vollkommenen Eigenschaften.

All diese und noch andere im Koran erwähnten Eigenschaften Gottes müssen in ausgewogener Weise betrachtet werden, ohne dass die eine

Der arabische Schriftzug „Allah" in der Farbe des Islam. Mohammed soll sich bevorzugt grün gekleidet haben

Eigenschaft zugunsten einer anderen vernachlässigt wird oder zum Nachteil einer anderen überbetont wird; denn Gott allein hat sich mit all diesen Namen benannt.

Islam heißt „Unterwerfung" unter den Willen Gottes. Der Islam ist die Botschaft des Propheten Muhammad, die von seinen Begleitern und Anhängern im Koran niedergeschrieben wurde. Die „Fünf Säulen" des Islam sind der unbedingte Glaube an Gott und dessen letzten Propheten Muhammad, das tägliche Ritualgebet, das Almosengeben an Hilfsbedürftige, der jährliche Fastenmonat Ramadan und die Wallfahrt nach Mekka, die möglichst einmal im Leben persönlich oder durch einen Vertreter durchgeführt werden sollte.

Der Islam ist nicht allein eine Religion, sondern zugleich ein in sich geschlossenes rechtlich-politisches Wertesystem; eine Trennung von Religion und Staat ist deshalb nach islamischem Verständnis nicht vorgesehen.

Heute gibt es weltweit etwa 1,2 Milliarden Muslime, die drei Glaubensrichtungen angehören: Sunniten, Schiiten und Charidjiten.

In den letzten 15 Jahren kamen viele Muslime aus Ländern wie Indien, Pakistan, Malaysia, den Fidschi-Inseln und dem Mittleren Osten nach Neuseeland. Moscheen gibt es in Auckland, Christchurch, Hamilton, Palmerston North und Wellington.

Mit Ausnahme der Inder bekennen sich 94 Prozent aller Einwanderer aus den oben genannten Ländern zum Islam.

Sikhismus

Die Religion der etwa 20 Millionen Sikhs (wörtlich: „Schüler") ist relativ jung. Sie wurde um die Wende vom 15. zum 16. Jahrhundert von dem im heutigen Pakistan geborenen Guru Nanak Dev begründet, der die herrschenden religiösen Dogmen und Traditionen von Hinduismus, Islam und Buddhismus kritisierte. Ein zentrales Thema der Lehre, die er und seine neun Nachfolger verbreiteten, ist die Überwindung des Egoismus, der als wesentliches Hemmnis für inneren und sozialen Frieden angesehen wird. Man betont die Einheit der für den Menschen unergründlichen Schöpfung, lehnt eine durch Geschlecht, Herkunft und Religion bedingte Hierarchisierung ab und versucht, religiöse Weisheit im Alltag zu leben. Der Schöpfer – oder die Schöpferin

Khandra, das Zeichen des Sikhismus, vier Waffen symbolisierend

– wird als geschlechtslos, namenlos, unfassbar und bedingungslos liebend geschildert. Da jeder Mensch für fähig gehalten wird, „Gott" (der Sikhismus ist monotheistisch) in sich selbst oder in der Gemeinschaft mit anderen zu erfahren, bedarf es keiner Vermittlung durch Priester oder Gelehrte und keines zur „Erleuchtung" führenden Verzichts (Fasten, Zölibat u. Ä.). Bindend für den Sikh ist die heilige Schrift, das sogenannte Guru Granth Sahib, in dem die Lehren der zehn Gurus festgehalten sind – übrigens verschiedenen religiösen Ursprungs und in mehreren Sprachen (u.a. Panjabi, Hindi und Braj). Mit dem Hinduismus hat der Sikhismus den Glauben an die Reinkarnation gemein.

Das äußere Erscheinungsbild der Sikhs ist durch den kunstvoll gebundenen Turban geprägt.

Die ersten Sikhs wanderten 1890 in Neuseeland ein. 1964 wurde die neuseeländische Sikh-Gesellschaft gegründet. 1977 wurde in Hamilton ein ein Sikh-Tempel, ein sogenannter *Gurdwara* (wörtlich: „Tor zum Guru") eröffnet, ein weiterer 1986 in Otahuhu. 76 Prozent der Neuseeländer indischer Herkunft bekennen sich zum Sikhismus.

Maori-Religionen

Die ursprüngliche Religion der Maori

Mythische Darstellung eines sich umarmenden Paares an einem Vorratshaus in Te Pokiha Taranui (1870)

Die ursprüngliche Kultur der Maori war ganz auf das Leben in und mit der Natur ausgerichtet, und dementsprechend war auch ihr Glaube unmittelbar mit den sie umgebenden Naturphänomenen verbunden. Die Natur, die sie gleichzeitig ernährte und jederzeit zur tödlichen Gefahr werden konnte, war für sie von *Atua*, Göttern und Geistern beseelt, mit denen sie in Kontakt treten konnten und die es mittels besonderer Zeremonien anzurufen oder zu besänftigen galt.

Die Mythologie weist bei den verschiedenen Stämmen zum Teil deutliche Unterschiede und verschiedene, einander widersprechende Schöpfungsgeschichten auf. Nach der verbreitetsten Legende stammen acht Hauptgötter vom ursprünglichen Götterpaar Rangi-nui (Rangi) und Papa-tu-a-nuku (Papa), „Vater Himmel" und „Mutter Erde" ab: der Wetter- und Wind-Gott Tawhiri-matea, der Erdbeben-Gott Ruaumoko, der Meeres-Gott Tangaroa, der Kriegs-Gott Tu-mata-uenga (Tu), der Friedens- und Ackerbau-Gott Rongo-ma-

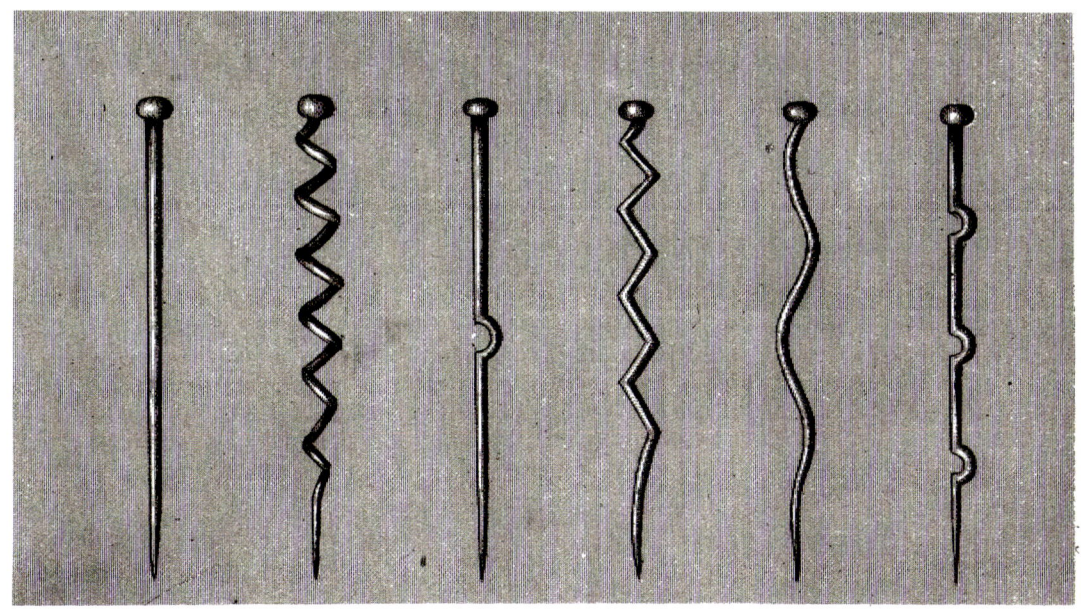

Tu-mata-uenga.   Tawhiri-matea.   Tane.   Tanga-roa.   Rongo.   Haumia.

Geschnitzte Stäbe, die Maori-Gottheiten symbolisieren, Darstellung aus dem 19. Jhdt. (J. White, The Ancient History of the Maori, 1887-91)

tane (Rongo), Haumia-tiketike (Haumia), der Gott der wilden Nahrungspflanzen, Whiro, der Gott der Dunkelheit und des Bösen, sowie Tane-mahuta (Tane), der Gott der Wälder und der Vögel. Gemäß einer Schöpfungslegende wurde Tane auch zum Urvater der Menschen, nachdem er die erste Frau, Hine-ahu-one, aus Erde geformt hatte. Laut einer anderen Version erschuf Tane zunächst aus Erde den ersten Mann, Tiki, der dann zum Stammvater der Menschen wurde. Nach wiederum einer anderen Legende ist Tiki selbst ein Gott, der von Rangi und Papa abstammt. Daneben kennen die Traditionen der verschiedenen Maori-Stämme noch zahlreiche andere Götter bzw. unterschiedliche Götter-Namen und Legenden, darunter die ebenfalls als Kriegs-Götter angerufenen Maru, Uenuku und Kahukura (wobei die beiden letztgenannten auch als Regenbogen-Götter gelten), sowie stammes- und familienbezogene Götter und Geister. Außerdem gibt es die sogenannten *Tipua*, unheimliche Wesen und Dämonen, die sich in der Umwelt, etwa in bestimmten Felsen oder Bäumen verbergen. Hierzu gehören die *Taniwha*, die insbesondere an mit Gefahren verbundenen Orten wie tiefen Flussbecken, dunklen Höhlen oder im

325

Meer an Stellen mit gefährlichen Strömungen hausen und je nach Tradition entweder als Beschützer von Menschen und Orten (*Kaitiaki*) oder als gefährliche, mitunter Frauen raubende Ungeheuer auftreten.

Zumindest in der Tradition einiger Stämme gibt es auch ein höchstes göttliches Wesen, das über allem und jenseits von allem steht: Io (genannt „Io Matua Kore", „Io, das Elternlose"), das im Te Korekore, dem Reich des „absoluten Nichts und potenziellen Seins" existiert und in sich das Sein und das Nicht-Sein, das Positive und das Negative vereint. Da dieses Wissen auf die höchsten Priester (*Tohunga*) beschränkt und der großen Mehrheit der Maori unbekannt war, bevor am Anfang des 20. Jahrhunderts erstmals offiziell darüber berichtet wurde, gibt es Spekulationen, dass das Konzept eines höchsten göttlichen Wesens keine alte Maori-Tradition darstelle, sondern auf den Einfluss der christlichen Missionare zurückzuführen sei. Dem stehen allerdings Erkenntnisse entgegen, nach denen dieses Konzept auch in den Traditionen von anderen polynesischen Völkern, wie etwa auf Hawaii und den Cook-Inseln, schon seit langem existiert.

Christliche Maori-Kirche nahe dem Onuku marae auf der Banks Peninsula: Neuer Glaube und Maori-Tradition schließen sich nicht aus

Die Gleichsetzung von Natur und Göttlichem in der Kultur der Maori veranschaulicht eine der Legenden von der Erschaffung der heutigen Welt. Ursprünglich waren Himmel und Erde, Rangi und Papa, miteinander in ewiger Umarmung verbunden, und ihre acht Söhne waren zwischen ihnen in ewiger Dunkelheit eingeschlossen. Tu, der Gott des Krieges, schlug seinen Brüdern vor, die Eltern zu töten, um Licht und Raum in die Welt zu lassen. Diese aber unternahmen stattdessen den Versuch, die Eltern voneinander zu trennen, was schließlich dem Wald-Gott Tane durch einen Tritt mit seinen Füßen gelang; lediglich der Wetter-Gott Tawhiri-matea war gegen eine Trennung der Eltern und lässt seine Wut über die Tat der Brüder seitdem durch Unwetter an der Natur und den Menschen aus. Tu-mata-uenga dagegen reagierte auf eigene Weise auf die Tat seiner Brüder: Er baute Fallen, um die Vögel, die Kinder Tanes, zu fangen, die dadurch nicht mehr frei fliegen können; er knüpfte Netze und fing damit die Fische, die Kinder des Meeres-Gottes Tangaroa; er grub mit Hacken den Boden um und gelangte auf diese Weise an die Kinder seiner Brüder Rongo und Haumia, der Götter des Ackerbaus und der Wild-Nahrungspflanzen. Tu-mata-uenga wurde damit zum Begründer der Menschheit: Dadurch, dass er seine Brüder besiegt hatte, konnten die Menschen fortan, sofern sie die entsprechenden Rituale befolgten, Vögel und Fische fangen und essen, Nahrungspflanzen in der Natur finden bzw. anbauen – insbesondere die stärkereichen Wurzeln einer Farnart (Para) bzw. die Süßkartoffel (Kumara) – und generell die natürlichen Ressourcen für sich nutzen. Zugleich gab er mit seinen Taten auch das Vorbild für kriegerische Auseinandersetzungen.

Pai-marire

In der Geschichte Neuseelands gab es zeitweilig auch eine Religion namens *Pai-marire*. Sie entstand in den 1860er Jahren und nahm in der damaligen Freiheitsbewegung der Maori eine wichtige Rolle ein. Unter dem Einfluss der Auseinandersetzungen zwischen Maori und Engländern entwickelte sich *Pai-marire* entgegen dem Namen – die beiden Wörter bedeuten „gut" und „friedfertig" – jedoch zu einer politischen und kriegerischen Bewegung und nahm eine höchst grausame Entwicklung. In dieser extremistischen, gewalttätigen Ausrichtung wurde sie unter dem Namen *Hau-Hau* bekannt: Dies war der heilige, kurz und fast bellend vorgetragene Ausruf ihrer Anhänger, der bei kriegerischen Auseinandersetzungen mit den Engländern Gefahren abwenden sollte, indem er die Engel mit dem Wind herbeirief (*hau* bedeutet „Wind").

Der Prophet der Pai-marire-Religion Te Ua Haumene

Der Gründer dieser Religion hieß Te Ua. In seiner Lehre verband er alte Maori-Vorstellungen mit christlichen und jüdischen. Die Maori waren demnach wie die Juden ein auserwähltes Volk, das mit Hilfe des Schöpfers Jehova sein angestammtes Land zurückerlangen und die Engländer ins Meer treiben werde. Im Kampf mit den Engländern stünde ihnen der Erzengel Gabriel bei.

Die grausame Seite dieser Religion wurde offenbar, als Pai-marire-

Kirche der Ratana-Bewegung nahe Raetihi. Auf den Turmdächern das Ratana-Symbol

Anhänger einen englischen Trupp überfielen und den Hauptmann Lloyd töteten. Sie tranken das Blut des getöteten Offiziers und präparierten seinen Kopf nach angeblichen Anweisungen des Erzengels Gabriel, damit der göttliche Wille ihnen durch den Kopf mitgeteilt würde. Danach vollzogen sie eine Art Taufritus mit dem Wasser, in das Lloyds Kopf zuvor getaucht worden war. Durch eine Offenbarung, die angeblich von dem Kopf kam, wurde Te Ua zum Oberpriester der Religion ernannt. Er verkündete, dass alle Anhänger unter dem Schutze der Jungfrau Maria stünden, die genau wie Gabriel und eine Schar Engel selbst erscheinen werde. Diese würden die Weißen ein für alle Mal vertreiben und den Maori alle Erkenntnisse und Erfahrungen der Engländer vermitteln.

Bis 1871 konnte sich Pai-marire auf der Nordinsel ausbreiten. Danach wurde die Bewegung von den Engländern gewaltsam aufgelöst. Gleichzeitig kehrten iht aufgrund der brutal-kriegerischen Seite viele den Rücken. Umfragen ergaben bis 1961 noch ein paar hundert Anhänger.

Ringatu

Die Ringatu-Kirche, deren Symbol eine erhobene Hand – auf Maori „Ringa Tu" – darstellt, wurde in den 1860er Jahren von Te Kooti Rikirangi begründet. Von den Engländern fälscherlicherweise der Spionage für feindliche Maori beschuldigt und ins Gefängnis geworfen, widmete sich Te Kooti dem Bibelstudium und begann, Gottesdienste abzuhalten. Sein Mana und sein Bibelverständnis verleitete viele andere Häftlinge dazu, sich von der Pai-marire-Bewegung loszusagen und seinen neu entwickelten Glauben anzunehmen. Nach seinem Gefängnisausbruch 1868 und den daran anschließenden, zum Teil sehr blutigen Auseinandersetzungen mit den Engländern vergrößerte sich seine Popularität und Gefolgschaft in den Folgejahren weiter.

Ringatu gilt als die spirituellste der prophetischen Maori-Bewegungen. Wie auch Pai-marire verbindet sie die alte Maori-Religion mit christlichen Vorstellungen und umfasst sowohl das Konzept des Tabus als auch die Idee der Krankheiten-Heilung durch den Glauben.

Die Ratana-Bewegung

Die Ratana-Bewegung, gegründet von Tahoputiki Wiremu Ratana (1873-1939), ruht auf zwei Säulen: einer religiösen und einer weltlich-politischen.

Die erste Ratana-Kirchengemeinde wurde 1925 gegründet, und die erste Ratana-Kirche 1928 in Te Kao gebaut. Der heutige Hauptsitz der Ratana-Kirche ist der Ort Ratana, unweit von Wanganui auf der Nordinsel. Da die Bewegung keine Stammesunterschiede kennt, wurden die Kirchen in ganz Neuseeland in derselben Art und Weise, nämlich ohne Prunk gebaut. Dadurch erhalten sie einen unverkennbaren, scheunenähnlichen Charakter.

T. W. Ratana verbreitete 1918 mit einer starken persönlichen Ausstrahlung und außergewöhnlichen rhetorischen Fähigkeiten, dass er ein Medium Gottes sei und dazu ausersehen, den Maori den wahren christlichen Glauben zu bringen und sie aus der einseitigen religiösen Abhängigkeit von den Pakea zu befreien. Er betrat die öffentliche Bühne zum Ende des Ersten Weltkrieges, in dem allein über 50.000 australische und neuseeländische Soldaten gestorben und mehr als 150.000 verwundet worden waren, darunter auch Maori-Soldaten. Es war die Zeit des großen familiären Leids und der Suche nach neuen Werten und nach Sicherheit.

Ratana pries das Evangelium, das er den Maori verständlich und nachvollziehbar machen wollte, um die Macht der traditionellen *Tohunga* als Priester und Heiler zu brechen. Zugleich erhob er selbst den Anspruch „Sprachrohr Gottes" zu sein und als „Wundermann der Maori" Körper und Geist heilen zu können. Durch seine weltlichen Aktivitäten gewann er auch bei den Pakeha Achtung, wenn auch nicht immer Zustimmung. Er setzte sich bei Reisen nach London zu König Georg V. und nach Genf zum Völkerbund im Jahre 1924, später in die USA, nach Kanada und Japan für die Rechte der Maori ein. Ab 1928 widmete er sich nur noch der Politik und konnte mit seiner Bewegung ab

1935 zwei Parlamentssitze erringen. Ihr Einfluss war ausschlaggebend für die Bildung der Labor-Regierungen der Legislaturperioden 1946 – 1948 und 1957 – 1960.

Die Ratana-Partei war die erste politische Vereinigung, deren Mitgliedermehrheit durch Maori gestellt wurde. Sie setzte sich für die soziale Gleichstellung der Maori ein, für die Einhaltung des Vertrages von Waitangi und für die Anerkennung des Maori-Rechtes auf das „heilige Land und die heiligen Flüsse".

T. W. Ratana gilt heute als eine Art Volksheld. Und so verwundert es auch nicht, dass zum Beispiel zu den jährlich stattfindenden Geburtstagsfeierlichkeiten für Ratana hohe politische Persönlichkeiten aus allen Lagern erscheinen.

Dialog zwischen Muslimen und Juden

Wir wurden immer wieder gefragt, wie viel Muslime in Neuseeland leben und ob es dort Anzeichen für terroristische Tendenzen gebe, wie das Verhältnis zwischen Muslimen und Juden als Bürger desselben Staates sei und ob sich Muslime überhaupt in eine westliche Demokratie integrieren ließen. Diese Fragen zu beantworten, könnte Aufgabe einer anspruchsvollen Doktorarbeit sein. Ohne zu sehr auszuholen, möchten wir das von uns Recherchierte hier in kurzer Form wiedergeben.

Muslime sind bis heute in Neuseeland eine kleine Minderheit, auch wenn ihre Zahl in den letzten 20 Jahren angewachsen ist. Im Jahre 1991 wurden 5.772 Muslime gezählt – ganze 0,15 Prozent der Bevölkerung. 1996 waren es schon 13.545 (0,37 Prozent). Der größte Teil dieser Gruppe lebt in Auckland; die rund 1.000 Muslime, die zum Studium nach Neuseeland kommen und das Land später wieder verlassen, verteilen sich auf alle Universitäten.

Die meisten neuseeländischen Muslime stammen von den Fidschi-Inseln. Sie sind Nachkommen indischer Familien, die nach Fidschi ausgewandert waren, um dort auf den Plantagen zu arbeiten (die sogenannten „Blaumann-Inder"). Zwischen 1879 und 1916 waren so rund 60.000 Inder auf die Fidschi-Inseln gekommen; etwa 12,6 Prozent von ihnen waren Muslime. Später kamen Muslime auch direkt aus Indien nach Neuseeland, ebenso aus Pakistan, Bangladesch, Malaysia und eine kleine Gruppe aus Indonesien. In den letzten Jahren wurden außerdem politische Flüchtlinge aus dem Irak und Afghanistan aufgenommen. Auch sei eine – wenn auch sehr kleine – Gruppe von Maori genannt, die zumeist in Gefängnissen zum Islam konvertierten.

Insgesamt spielt die *Muslim Community*, die aus verschiedenen nationalen Gruppen besteht, in Neuseeland eine untergeordnete Rolle. Sie engagiert sich zunehmend bei verschiedenen Aktivitäten im Land. Beispielsweise veranstaltete sie 2005 und 2006 in Wellington „Mosque Open Days", bei denen Nicht-Muslime in muslimische Einrichtungen eingeladen wurden.

Das University House der Universität von Auckland diente von 1885 bis 1967 als Synagoge

Die Gemeinschaft wird in Neuseeland seit 1979 durch die Organisation FIANZ (Federation of Islamic Associations of New Zealand) repräsentiert, geführt von dem liberalen Javed Kahn, der ebenfalls von Fidschi kam und Richter in Auckland ist.

Im Jahre 2006 gab es eine Protest-Demonstration von circa 700 Muslimen auf der Hauptstraße in Auckland gegen die Veröffentlichung der dänischen Muhammad-Karikaturen in vier neuseeländischen Zeitungen. Zu der Kundgebung kamen islamische Würdenträger aus dem ganzen Land, aber auch die Herausgeber von drei der vier Zeitungen sowie die Nachrichten-Direktoren der zwei TV-Sender, die die Karikaturen in Neuseeland veröffentlicht hatten. Javed Kahn übte hierbei einen beruhigenden Einfluss aus, als beide Parteien – quasi wie Schiffe in der Nacht, die still aneinander vorbeigleiten – für ihre Sache eintraten. Beide Seiten verhielten sich friedlich und sachlich. Kahns Bemühungen führten schließlich zu einem Statement, das allgemein akzeptiert wurde. Es enthielt eine klare Entschuldigung gegenüber den Muslimen sowie eine Bekräftigung der Pressefreiheit der Medien.

Die Mehrzahl der neuseeländischen Muslime hängt an der Demokratie und versucht, ihren Glauben in Einklang mit der polynesischen Kultur zu bringen. Im Vordergrund steht deshalb die Frage nach der Stärkung der gemäßigten Muslime als Staatsbürger und nach der Entwicklung eines „neuseeländischen Islam", der an den Wertvorstellungen der Zivilgesellschaft orientiert und mit den individuellen Menschenrechten, dem Pluralismus und der Suche nach einer gemeinsamen polynesischen Identität und Kultur vereinbar ist. Damit verbunden ist auch die Überlegung, Imame in Neuseeland auszubilden und so zu wichtigen Kulturträgern zu machen. Analog postuliert übrigens auch der Frankfurter Jesuitenpater und Islamfachmann Prof. Dr. Christian Troll, dass Imame konsequenter in Europa ausgebildet werden sollten. Denn die vielen Imame in Europa, die aus islamischen Ländern „eingeflogen" wurden, seien weder sprachlich noch von ihrer Mentalität her in der Lage, die Muslime der zweiten oder dritten Generation wirklich zu verstehen und das europäische Umfeld zu berücksichtigen.

Hidschabs sieht man auch in Neuseeland

Im Jahre 2004 setzte ein neuseeländisches Gericht durch, dass in den Gerichtsräumen keine Burka (eigentlich Burqa: ein großes Dreiecktuch oder ein Ganzkörperschleier) getragen werden darf. Andererseits wurden in einigen Universitäten Beträume für die muslimischen Studenten eingerichtet, und das Tragen der Hijab-Kleidung ist nicht verboten.

Bei der Wahl 2005 wurde in der National Party auch darüber diskutiert, die Immigration Card nur denjenigen zuzugestehen, die die neuseeländischen Werte akzeptieren und nachweisbar leben. Das war besonders an die asiatischen und muslimischen Einwanderer gerichtet. Einer der führenden Rundfunkreporter, Paul Holmes, beendete seine Sendungen zur leidigen Burka-Diskussion mit den Worten: „Wir sind hier in Neuseeland. Legt Eure Burka ab – oder verschwindet von hier!" Seitens des Staates werden vorbeugende Maßnahmen gegen extremistische Handlungen ergriffen. Die Angst vor potenziellen muslimischen Terroristen wächst. Der Zoll wird bei Ein- und Ausreise aktiver und die Medien nehmen das Extremisten-Thema (nicht nur bezüglich der Muslime) sehr ernst – und überziehen dabei auch manchmal.

Zwischen den neuseeländischen Muslimen und Juden, die ebenfalls eine Minderheit repräsentieren (0,4 Prozent der Bevölkerung), existiert keine historische Beziehung und man ging sich bislang bewusst aus dem Weg. Internationale Konflikte wurden im Land nicht auf dem Rücken der anderen ausgetragen.

2006 arrangierte der neuseeländische Religionswissenschaftler Paul Morris einen Besuch von Muslimen in zwei Wellingtoner Synagogen, um die beiden Religionen zu einem Dialog zu veranlassen. Rund 60 Leute kamen zu diesem Treffen und dem anschließenden Forum. Diese Begegnung war nicht einfach, zumal fehlende Kenntnisse der jeweils anderen Religion und Vorurteile offensichtlich wurden. Eine Frau fragte beispielsweise einen islamischen Würdenträger, ob Muhammad ein neunjähriges Mädchen geheiratet hätte und wenn ja, wie er dazu stünde. Dann fragte ein alter Muslim, warum die Juden damals nicht Muslime geworden seien und sich unbedingt eine eigene Geschichte geben wollten. Eine Frage war auch, ob Jesus einer der jüdischen Propheten gewesen sei – was nicht gerade auf umfassende Kenntnisse über das Judentum schließen lässt. Auch die Fragen zu Palästina offenbarten viele Wissenslücken und Missverständnisse auf beiden Seiten. Die Begegnung wurde mit einem Besuch eines islamischen Zentrums bei Tee, Kaffee und Früchten erwidert.

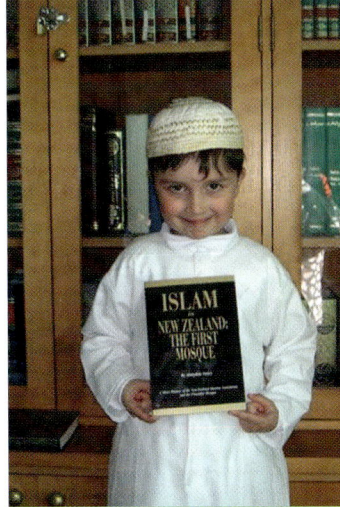

Ein muslimischer Junge präsentiert ein 2007 erschienenes Buch „Islam in New Zealand"

Der Libanon-Krieg beendete vorerst die vorsichtigen Schritte aufeinander zu. Dennoch ist ein wachsender Glaubensdialog zwischen Muslimen, Juden und Christen auszumachen, die einen gemeinsamen Nenner in der Opposition zu dem Säkularisierungsprozess in der neuseeländischen Gesellschaft gefunden haben, den sie alle als befremdlich empfinden. Manche Religionsvertreter benutzen in diesem Zusammenhang die Bezeichnung „Menschen des Glaubens", um ihre Gemeinsamkeit zu betonen. Bei all dieser Annäherung bleiben dennoch diverse Integrationsprobleme bestehen, insbesondere der begrenzte Respekt vor den jeweils anderen Religionen.

Zurzeit arbeitet eine Regierungskommission an einem Nationalen Statement zu den religiösen Unterschieden. Dieses Projekt wird von den Muslimen unterstützt. Eines der Ziele ist, von den europäischen Erfahrungen der letzten Jahre (vor allem den holländischen, deutschen, französischen und britischen) zu lernen und pro-aktiv und kreativ zu versuchen, sowohl ein Klima für eine positive Bewertung der Unterschiede als auch für die Integration von unterschiedlichen Migrantengruppen zu schaffen. Wir sind auf das Ergebnis gespannt, zumal sich bei diesem Thema zeigt, wie nah uns das ferne Neuseeland hinsichtlich unserer Alltagsfragen ist.

Kapitel 7

Neuseeland heute:
Ethnische Vielfalt

Menschen mit Vorfahren aus allen Erdteilen sind heute Neuseeländer: Schüler auf dem Cathedral Square in Christchurch

Neuseeland heute:
Ethnische Vielfalt

Cook-Insulaner beim Pacifica Festival in Auckland

Außer den Maori und den aus Westeuropa, den USA und Kanada sowie aus Australien eingewanderten Bürgern gab es im Jahr 2006 in Neuseeland Vertreter aus weiteren 45 Ländern bzw. ethnischen Gruppen. Sie alle beanspruchen, als Neuseeländer integriert und anerkannt zu werden.

Unakzeptables Verhalten und Tabus

Der folgende Abschnitt befasst sich mit den kulturellen Besonderheiten wichtiger ethnischer Gruppen, auf die Geschäftsreisende, Touristen oder Einwanderer in der Regel nicht vorbereitet sind. In aller Kürze wollen wir wichtige Informationen geben, um zu verhindern, dass man ins kulturelle Fettnäpfchen tritt.

In Neuseeland wird viel für Aufklärung und gegenseitige Akzeptanz getan. Das beginnt in der Schule und führt über universitäre Studien und deren Berücksichtigung in Weiterbildungsangeboten bis hin zu vielen Veröffentlichungen.

Die Akkulturation – die Übernahme von Elementen einer fremden Kultur – hat in den letzten 15 Jahren in Neuseeland eine neue Dimension erhalten. Die Anzahl der Immigranten, die aus nicht Englisch sprechenden Ländern, insbesondere aus Asien, kamen und kommen, hat sich gegenüber früheren Jahrzehnten vervielfacht. Die Neuseeländer lernen neue (kulturelle) Welten kennen und müssen ihre britisch geprägten Vorbehalte abbauen. Dies ist eine bereichernde Chance und ein notwendiger großer Lernprozess zugleich. So ist in den letzten Jahren auch die Anzahl der populärwissenschaftlichen Veröffentlichungen zu kulturellen Besonderheiten (hinsichtlich Religion, Ethnologie, Wirtschaft etc.) insbesondere solcher ethnischer Gruppen enorm gewachsen, deren Selbstverständnis sich von dem der alteingesessenen Neuseeländer deutlich unterscheidet. In Deutschland gibt es dazu wenig Vergleichbares.

Eine Person kann durchaus mehr als nur einer ethnischen Volksgruppe angehören. Während beispielsweise die Japaner sich nur einer Gruppe zuordnen, können sich die Malaien oder Polynesier gleichzeitig unterschiedlichen Gruppen zugehörig fühlen.

Für Einheimische, aber auch für Geschäftsreisende und Touristen ist es wichtig, die wesentlichen Unterschiede im Glauben, in den Wertvorstellungen und Verhaltensnormen zu kennen und zu respektieren. Während man die Gruppen oft an ihrem Aussehen, ihrer Kleidung, ihrer Ernährung, der Sprache oder Kunst ausmachen kann, ist es viel schwieriger, die sogenannten „Softfacts" zu erkennen – denken wir nur an die Bedeutung von bestimmten Handbewegungen und ihre möglichen Fehldeutungen.

Winie Laban ist samoanischer Herkunft und saß für die Labour Party im Parlament

Natürlich ist die Kultur nichts Statisches. Sie entwickelt sich unter dem Einfluss der Lebensbedingungen und im Kontakt mit anderen Kulturen. Dieser Prozess der Akkulturation variiert von Gruppe zu Gruppe. Für einige Menschen kann sogar der Umzug vom Land in die Stadt ein Wandel der Kultur sein.

Bei unseren Gesprächen wurde mehrfach – und nicht nur von jungen Menschen – betont, dass sich die zukünftigen Neuseeländer mehr als „Polynesier" mit ihrer kulturellen Vielfalt und ihren unterschiedlichsten reichen Vergangenheitsprägungen definieren und fühlen werden als bisher. Eine Symbiose von unterschiedlichen Kulturen und Geisteshaltungen werde zur Basis einer erfolgreichen Zukunftsbewältigung. Das klingt noch sehr abstrakt und vielleicht zu idealistisch, unterscheidet sich aber deutlich vom Selbstverständnis früherer Jahre.

Eine weitere Besonderheit sei genannt: In den letzten Jahren erhöhte sich die Anzahl chinesischer Einwanderer, die schon in China fast ausschließlich bekennende Katholiken waren und ihre in ihrem Heimatland staatlicherseits stark reglementierte Religion hier freier ausüben können. Insofern fallen sie in der neuseeländischen Öffentlichkeit nicht durch eigene Sakralbauten auf, sondern assimilieren sich schnell in den jeweiligen katholischen Gemeinden.

Neue Einwanderer wie Alteingesessene sind oft überfordert von der kulturellen Vielfalt und den unterschiedlichen Riten und Besonderheiten. Deshalb gibt es in Neuseeland eine Menge an Untersuchungen und alltagsbezogenen Ratgebern. So geht beispielsweise Daphne Bell in ihrem Führer (2005) über die ethnischen Gruppen Neuseelands auf 43 von ihnen sehr differenziert ein.

Wenn man sich als zukunftsoffener und ethnisch toleranter Neuseeländer oder auch als weltoffener Tourist begreift, dann sollte man Bräuche, Einstellungen, Ängste und Überzeugungen der anderen ethnischen Gruppen ernst nehmen und – gegebenenfalls mit kritischem Abstand – tolerieren.

In diesem Sinne seien hier einige der sehr umfassenden Hinweise Daphne Bells wiedergegeben, bezogen auf zwei Aspekte: einerseits die Bedeutung der Körpersprache im Allgemeinen und die jeweiligen typischen mimischen und gestischen Mittel der Kommunikation; andererseits werden typische unakzeptable oder gar beleidigende Verhaltensweisen aufgezeigt.

Hierbei werden nur diejenigen ethnischen Bevölkerungsgruppen aufgeführt, die repräsentativ sind. Es wird ferner nach unterschiedlichen Herkunftsregionen unterschieden.

Zuvor einige Beispiele für Verwicklungen, die aus der Unkenntnis von Gesten entstehen können:

Ein amerikanischer Rechtsanwalt begleitete den Gouverneur seines Staates nach Japan. Dort hielt er eine Rede vor hohen japanischen Beamten und war bei Beendigung derselben ziemlich niedergeschlagen, da er den Eindruck hatte, dass alle seine japanischen Zuhörer geschlafen hatten. Tatsächlich ist es aber in Japan ein Zeichen höchster Aufmerksamkeit und Ehre, bei einer Rede die Augen zu schließen und leicht zu nicken.

338

Ebenfalls 1995 reiste der US-Kongressabgeordnete Bill Richardson in den Irak, um mit Saddam Hussein über die Freilassung von zwei Amerikanern zu verhandeln. Beim Hinsetzen kreuzte Richardson seine Beine, sodass Saddam Hussein seine Schuhsohlen sehen konnte. Dieser verließ abrupt den Raum und beendete damit die noch nicht einmal begonnene Verhandlung. Die Schuhsohle gilt in etlichen Kulturen –so auch im Irak – als schmutzigster Teil am Menschen. Es ist deshalb eine große Beleidigung, jemand anderem die Schuhsohlen zu zeigen. In Deutschland hingegen ergötzten sich Politiker daran, ihre Schuhsohlen mit darauf stehenden Prozentzahlen in die Fernsehkameras zu halten (Westerwelle / Möllemann im Wahljahr 2002), im Wissen darum, dass deutsche Nachrichten und Talkshows auch weltweit gesehen werden können. Für viele Menschen muss das eine Provokation gewesen sein.

Der nächste Vorfall zeigt noch einmal deutlich die unglaubliche Persistenz sozialer Normen, auch wenn sie durch eine andere soziale Umwelt (die des Gastlandes) außer Kraft gesetzt sein müssten.

67,6 Prozent der neuseeländischen Bevölkerung sind europäischer Abstammung (Zensus 2006)

Im Jahre 1988 wurde in Los Angeles ein thailändischer Unterhaltungskünstler wegen Mordes an einem 32-jährigen Laoten verurteilt. Der Thai sang in einem Thai-Kabarett. Der Lokalbesitzer, ein Laote, legte seinen Fuß auf einen Stuhl, sodass seine Fußsohle auf den Thai gerichtet war. Gemäß der thailändisch-laotischen Kultur war das eine der schwersten Beleidigungen. Der Künstler erschoss den Laoten nach der Vorstellung.

Die Missverständnisse fangen häufig schon im Kleinen an: Redegesten zum Beispiel werden von vielen Asiaten als unerträgliches Gefuchtel und als aggressiv-bedrängend empfunden, von Südeuropäern und Lateinamerikanern können sie dagegen als Ausdruck eines feurigen Redners geschätzt werden oder als Möglichkeit der nonverbalen Kommunikation mit Ausländern bei begrenzter Kenntnis der jeweiligen Landessprache; typisch für Bewohner südländischer Hafenstädte, die schon immer internationale Handels- und kulturelle Umschlagplätze waren.
Ein jüdischer Witz kennzeichnet den Überschwang an Gesten, der in manchen Teilen dieser Welt die Kommunikation bestimmt:
Sagt ein Jude zum anderen: „Stell' dir vor, Yossel hat sich im Schnee-

sturm verirrt, und sind ihm beide Hände abgefroren!" „Du lieber Himmel, womit redet er jetzt?"

Auch beim Körperkontakt gibt es große Unterschiede. In manchen Kulturen ist das Berühren und Küssen ein selbstverständlicher Teil des Lebens (zum Beispiel bei den Arabern, Lateinamerikanern, Griechen, Türken und einigen afrikanischen Kulturen). Dann gibt es wiederum Kulturen mit minimalem Kontakt bzw. Berührungstabus (wie bei den Asiaten, aber auch den Nordeuropäern, US-Amerikanern oder Kanadiern).

In den 1960er Jahren wurden in einer sozialpsychologischen Studie, die der Frage nachging, wie oft sich Paare in Cafés innerhalb einer Stunde berühren, folgende Häufigkeiten ermittelt:

- San Juan (Puerto Rico):   180 Mal
- Paris (Frankreich):   110 Mal
- Gainsville (Florida):   2 Mal
- London (Großbritannien): 0 Mal

Es wäre zweifelsohne interessant zu erfahren, wie sich diese Ergebnisse in den letzten Jahrzehnten verändert haben.

Sehen wir uns nun einige kulturelle Besonderheiten genauer an. Wir beschränken uns dabei auf die wichtigsten bzw. größten Einwanderergruppen und beginnen mit den Neuseeland geografisch näher gelegenen Kulturen.

Einzelne ethnische Gruppen

Pazifik-Inseln

Cook-Insulaner

Die nach Kapitän Cook benannte Inselgruppe hat rund 22.000 Einwohner. Amtssprachen sind Englisch und Cook Island Maori (auch als Rarotongaisch bezeichnet). Die Bewohner sind bis auf einige Hundert Europäer ausschließlich Polynesier, die mit den Maori verwandt sind. Sie sind seit Mitte des 19. Jahrhunderts vollständig christianisiert.

Die Cook-Inseln verwalten sich selbstständig, sind jedoch mit dem rund 3.000 Kilometer entfernten Neuseeland assoziiert.

Gestik, Körpersprache und Gepflogenheiten	Unakzeptables Verhalten
Nachdem man angeklopft oder geklingelt hat, tritt man von der Tür zurück. Vor dem Eintreten werden die Schuhe ausgezogen. Gästen steht es frei, sich irgendwo hinzusetzen. Falls zu wenige Sitzplätze vorhanden sind, setzen sich die Familienmitglieder auf den Boden. Dem Besuch werden Erfrischungen gereicht. Man erwartet keine Geschenke von Gästen – außer bei besonderen Anlässen. Kinder bitten bei den verschiedensten Anlässen um Erlaubnis. Wenn Kinder getadelt werden, schauen sie zu Boden.	keine für Europäer ungewöhnlichen Tabus

Fidschianer

Die Fidschianer kommen aus der seit 1970 unabhängigen Republik Fidschi in Ozeanien. Das Land umfasst 332 südpazifische Inseln. Die Hauptstadt ist Suva; die Amtssprachen sind Fidschi, Englisch und Hindustani. Fijian Hindustani (der regionale Hindi-Dialekt) ist die Verkehrssprache der meisten Indischstämmigen;. Von den rund 828.000 Bürgern sind der Abstammung nach 50,8 Prozent Melanesier, 43,7 Prozent Inder, 1,3 Prozent Rotumaner (Polynesier von der zu Fidschi gehörenden Insel Rotuma), 0,6 Prozent Chinesen und 0,4 Prozent Europäer. Die Religionsgruppen unterteilen sich in 53 Prozent Christen, 38 Prozent Hindus, acht Prozent Muslime und ein Prozent Sikhs.

Melanesische Fidschianerinnen auf einer Aufnahme von 1935

Gestik, Körpersprache und Gepflogenheiten	Unakzeptables Verhalten
Gäste ziehen die Schuhe aus, wenn sie zu Besuch kommen. Gäste warten, bis sie gebeten werden, sich zu setzen; manchmal bekommen sie einen Ehrenplatz. Gästen werden Erfrischungen gereicht, diese müssen angenommen werden. Alle werden begrüßt, vor allem die Älteren; Frauen reicht man aber nicht die Hände. Zu Gebeten setzt man sich auf den Boden. Gäste waschen sich vor und nach dem Essen die Hände. Es ist respektvoll, bei Gesprächen den Kopf zu senken und Blickkontakt zu vermeiden. Das Anheben der Augenbrauen bedeutet Zustimmung. Wenn man ein Geschenk annimmt oder wenn man sich entschuldigt, klatscht man drei oder mehr Mal mit den hohlen Händen. Man winkt mit der ganzen Hand. Dabei zeigen die Handflächen nach unten. Frauen sitzen mit beiden Beinen nach einer Seite. Bei Indo-Fidschianern ist es möglich, dass Frauen und Männer getrennt sitzen.	Das Zeigen der Fußsohlen gilt als offensiv, das Stützen der Hände in die Hüften gilt als aggressiv. Den Kopf eines anderen darf man nicht berühren. Gefühle werden nicht in der Öffentlichkeit gezeigt. Es ist unhöflich, höher zu stehen als die Sitzenden. Man geht gebückt oder man setzt sich. Wenn alle anderen auf einer Matte sitzen, setzt man sich nicht auf einen Stuhl. Für Indo-Fidschianer gilt: Man isst nicht mit der linken Hand. Das Zeigen der Fußsohlen und mit dem Finger zeigen ist untersagt. Hat man ein Tier angefasst, muss man sich erst die Hände waschen, bevor man jemanden begrüßt.

Samoaner

Die Samoaner bewohnen die Samoa-Inselgruppe im westlichen Zentralpazifik, die jedoch politisch geteilt ist: Neben dem unabhängigen Staat Samoa, der dem Commonwealth angehört, gibt es Amerikanisch-Samoa. Der Teilungsvertrag von 1899 zwischen England, den USA und dem Deutschen Reich sprach den östlichen Teil Samoas den USA zu, den westlichen dem Deutschen Reich. Die Neuseeländer besetzten 1914 den westlichen Teil und bekamen diesen 1920 als Mandat des damaligen Völkerbundes zugeteilt; 1945 wurde es in ein Mandat der UN umgewandelt. 1962 wurde Samoa-West als konstitutionelle Monarchie unabhängig im Commonwealth.

Insgesamt wohnen auf den samoanischen Inseln rund 233.000 Menschen, die zu 90 Prozent Polynesier und zu zehn Prozent Europäer und Asiaten sind. Auf beiden Teilen der Inselgruppe wird das zur austronesischen Sprachfamilie gehörende Samoisch und Englisch gesprochen.

Die ursprüngliche polytheistische Religion wurde durch das Christentum (Katholiken, Methodisten und Mormonen) fast vollständig zurückgedrängt.

Gestik, Körpersprache und Gepflogenheiten	Unakzeptables Verhalten
Bei Besuchen werden die Schuhe ausgezogen. Man bekommt einen Platz zugewiesen. Der Ranghöchste sitzt am höchsten. Gespräche werden erst nach der formalen Begrüßungszeremonie begonnen. Gereichtes Essen und Getränke müssen angenommen werden. Es kann sein, dass den Gästen nach einem Fest Essen mitgegeben wird. Geschenke werden nicht erwartet. Der Gast sagt es, wenn er gehen will. Man verneigt sich von der Taille aus, wenn man an Sitzenden vorbeigeht.	In der Öffentlichkeit dürfen keine Gefühle gezeigt werden. Man zeigt nicht mit dem Zeigefinger. Man wird nicht laut. Beim Gehen darf nicht gegessen und getrunken werden.
Gewinkt wird mit der ganzen Hand, Handfläche nach unten. Menschen aus Samoa sagen oft etwas, wovon sie annehmen, dass es der Gast hören möchte. „Ja" kann „Nein" bedeuten, besonders als Erwiderung auf eine verneinende Frage.	

Tokelauer

Das Gebiet Tolekau besteht aus den drei Atollen Atafu, Nukunonu und Fakaofo. Diese liegen im südlichen Pazifik, rund 480 Kilometer nördlich von Samoa, zwischen Neuseeland und Hawaii. Die Hauptstadt ist Fakaofo.

Tolekau wird von Neuseeland verwaltet. Gesprochen wird Englisch und Tokelauisch (eine austronesische Sprache). Zurzeit wohnen noch etwa 1.400 Einwohner auf den drei Atollen. Ein großer Teil der Bevölkerung suchte eine bessere Erwerbstätigkeit und wanderte nach Neuseeland und Samoa aus.

Gestik, Körpersprache und Gepflogenheiten	Unakzeptables Verhalten
Gäste benehmen sich zurückhaltend. Bei Festen werden die Älteren zuerst bedient. Blickkontakte und viel Gestikulieren beim Sprechen sind normal. Es wird erwartet, dass Frauen mit gekreuzten Beinen sitzen. Angepasste Kleidung wird erwartet.	Bei Jugendlichen wird keine Widerrede geduldet. Jungen und Mädchen im Teenager-Alter fassen sich nicht gegenseitig an, auch nicht Bruder und Schwester.

Tongaerinnen in traditioneller Kleidung

Tongaer

Die polynesischen Tongaer (nicht zu verwechseln mit den Thonga in Südafrika oder den Tonga in Südsambia, Malawi und Simbabwe) bewohnen die Inselgruppe des Tonga-Archipels im südlichen Pazifik. In dem unabhängigen Königreich, das früher unter der Bezeichnung „Freundschaftsinseln" bekannt war, leben rund 100.000 Tongaer, in Neuseeland mittlerweile 35.000 und in Australien 10.000. Gesprochen wird Tongaisch und Englisch. Die Gläubigen sind Katholiken, Methodisten und Mormonen.

Gestik, Körpersprache und Gepflogenheiten	Unakzeptables Verhalten
Bei Besuchen werden die Schuhe ausgezogen. Man kann ein Geschenk mitbringen, sollte es aber nicht vor den Augen anderer Gäste auspacken. Gästen werden Erfrischungen und meist auch ein Essen angeboten. Es kann sein, dass Gästen ein Geschenk oder auch Essen mitgegeben wird. Wenn Menschen auf Tonga vor jemandem vorbeigehen, entschuldigen sie sich. Sind sie vorbei, dann bedanken sie sich. Vor einem Treffen, vor dem Essen sowie vor Festen wird gebetet. Männer sitzen mit gekreuzten Beinen, Frauen mit beiden Beinen nach einer Seite. Hochgezogene Augenbrauen bedeuten „Ja" oder signalisieren Zustimmung. Ein nach unten gerichtetes Winken mit den Armen bedeutet: „Komm her". Beim Gehen halten sich Jungen und junge Männer oft bei den Händen als Zeichen der Freundschaft.	Langer, anhaltender Blickkontakt bei Gesprächen kann als Aggression gewertet werden. Man berührt nicht den Kopf einer anderen Person. Essen und Getränke soll man nicht im Stehen zu sich nehmen. Es gehört sich nicht, in der Nähe eines Friedhofs zu essen, zu trinken oder zu rauchen. Gefühlsäußerungen mit Anfassen gelten zwischen Menschen unterschiedlichen Geschlechts in der Öffentlichkeit als ungehörig.

6,5 Prozent der Einwohner Neuseelands sind Polynesier.

Asien

Chinesen

Die Chinesen sind das zahlenmäßig stärkste Volk der Welt, zusammengehalten durch die gleiche Schrift und Sprache und die lange gemeinsame Kultur. Das Kaiserreich hatte über 2.100 Jahre Bestand und prägte das Land nachhaltig.

Das auch als Mandarin bezeichnete Hochchinesisch beruht auf den nordchinesischen Regionalsprachen und in seiner Aussprache – als offizielle Amtssprache der Volksrepublik China – auf dem Pekinger Dialekt. Es wird von circa 845 Millionen Menschen weltweit gesprochen.

Regional sind sieben chinesische Dialektgruppen von Bedeutung; die nationalen Minderheiten haben ihre eigenen Sprachen, Chinesisch aber als Zweitsprache. Die chinesischen Religionen bzw. Weltanschauungen sind Konfuzianismus und Taoismus, die auch mit dem Begriff „Universismus" umschrieben werden. Die einflussreichste Fremdreligion ist der Buddhismus. Daneben gibt es zahlreiche religiöse Minderheiten. Der Katholizismus wurde von rund neun Millionen Menschen angenommen.

3 Prozent der neuseeländischen Bevölkerung sind Chinesen; in Australien sind es 2,1 Prozent.

Gestik, Körpersprache und Gepflogenheiten	Unakzeptables Verhalten
Wenn man auf jemanden zeigt, dann nur mit der offenen Hand. Man winkt mit wellenartigen Handbewegungen. Bei der Begrüßung verbeugt man sich tief.	In der Öffentlichkeit werden prinzipiell keine starken Emotionen gezeigt. Man darf anderen nicht auf den Rücken klopfen. Berührungen von Personen, die man nicht kennt, sind nicht erlaubt. Es gilt als unhöflich, wenn jüngere Familienmitglieder ältere mit Namen ansprechen oder diese rufen.

Inder

Der Vielvölkerstaat Indien hat 1,14 Milliarden Bewohner und steht nach China an zweiter Stelle der bevölkerungsreichsten Länder der Welt. In der Hauptstadt Neu-Delhi leben 322.000 Einwohner in der eigentlichen Stadt und 17,8 Millionen in der Großregion, die auch die ältere Stadt Delhi mit einschließt.

Neben Englisch ist Hindi Amts- und Verkehrssprache. Es gibt eine Vielzahl an Umgangssprachen, von denen folgende hervorzuheben sind: Assamesisch, Bengalisch, Gujarati, Kannada, Kashmiri, Konkani, Malayalam, Manipuri, Marathi, Nepali, Oriya, Pandschabi, Sanskrit, Sindhi, Tamil und Telugu. Hindi sprechen etwa 352 Millionen Einwohner.

Unter den Gläubigen dominieren mit 82 Prozent die Hindus, gefolgt von 11 Prozent Muslimen, 2,5 Prozent Christen, zwei Prozent Sikhs, einem Prozent Buddhisten und weiteren Minderheiten (Jains, Parsen und Juden).

In Neuseeland sind 1,7 Prozent der Bevölkerung indischer Herkunft.

Gestik, Körpersprache und Gepflogenheiten	Unakzeptables Verhalten
Inder falten bei der Begrüßung die Hände. Gewinkt wird mit der ganzen Hand, Handfläche nach unten. Mit dem Kinn darf man nicht auf andere Menschen oder Gegenstände zeigen. Wenn man sich an ein Ohr fasst, ist das ein Zeichen der Reue oder Ergebenheit. In einem Sikh-Tempel müssen alle die Schuhe ausziehen und darüber hinaus eine Kopfbedeckung tragen. Wenn man einen Tempel betritt, verbeugt man sich. Im Tempel sitzt man auf dem Boden. Inder wiegen bei Zustimmung ihren Kopf – ähnlich wie Mitteleuropäer es tun, um zu verneinen.	Unhöflich sind Pfeifen, Schniefen und starkes Gestikulieren. Älteren Menschen und Kindern fasst man nicht auf den Kopf (auch nicht zum „Tätscheln"). Die Füße sowie Schuhe sollen andere Personen nicht berühren oder auf andere Leute zeigen. In der Öffentlichkeit dürfen keine Emotionen gezeigt werden. Der Turban eines Sikh darf nicht berührt werden.

Japaner

Heute leben in Japan rund 127 Millionen Japaner (Nippon-jin) und nur 1,1 Millionen Ausländer. Die meisten Japaner außerhalb des Mutterlandes wohnen in den USA (800.000) und in Brasilien (380.000).

Das japanische Kaiserreich besteht seit 2.347 Jahren. Die heutige Hauptstadt ist Tokio. Der allergrößte Teil der Menschen gehört der Shinto-Religion an; auch der Buddhismus ist verbreitet.

Die japanische Sprache ist einmalig auf der Welt und auch eine der kompliziertesten. Früher wurde die chinesische Schrift verwendet. Dann entwickelten sich zwei eigene Schriftsysteme: Hiragana und Katakana. In vielen Bereichen des öffentlichen Lebens ist man heute gezwungen, auch das lateinische Alphabet zu gebrauchen.

Gestik, Körpersprache und Gepflogenheiten	Unakzeptables Verhalten
Japaner begrüßen sich mit höflichen Verbeugungen, wobei diese unterschiedlich tief ausfallen, je nach Alter und Status des Gegenüber. Man winkt mit der ganzen Hand, die Handfläche zeigt nach unten. Man zeigt auf die eigene Nase, wenn man sich auf sich selbst bezieht. Eine Handbewegung hin und her (eine Art „fächeln") bedeutet „Nein". Fingerknacken in der Öffentlichkeit gilt nicht als unschicklich.	In der Öffentlichkeit berührt man sich generell weniger als in der westlichen Welt. Beim Gehen darf nicht gegessen und getrunken werden. Man sollte sich nicht in Anwesenheit anderer die Nase putzen. Prinzipiell werden keine Emotionen in der Öffentlichkeit gezeigt, erst recht keine negativen. Stressreaktionen im Gesicht werden nur gezeigt, wenn sich Japaner allein glauben, nicht aber, wenn sie sich beobachtet fühlen.
Es ist ein Zeichen der Freundschaft, wenn junge Leute Hand in Hand gehen oder den Arm um die Schulter des anderen schlingen. Die Ainu (die Ureinwohner Nord-Japans) begrüßen sich, indem sie die Hände bei der begrüßten Person von den Schultern beginnend die Arme hinab bis zu den Fingerspitzen streifen oder die Hände gegenseitig zusammenreiben. Das Geschirr wird nach dem Spülen noch einmal abgewaschen.	

Thailänder

Im Königreich Thailand (früher Siam) leben 64 Millionen Menschen. Davon gehören rund 80 Prozent den Thai-Stämmen an, 12 Prozent sind Chinesen, vier Prozent Malaien, drei Prozent Khmer, und der Rest gehört vielen kleinen Völkern an und spricht über 70 verschiedene Muttersprachen. Die Hauptstadt ist Bangkok. Die Amtssprache ist Thai.

95 Prozent der Einwohner Thailands sind Anhänger des Buddhismus, gut vier Prozent dem Islam und weniger als ein Prozent sind Christen.

Gestik, Körpersprache und Gepflogenheiten	Unakzeptables Verhalten
Da man nicht höher stehen darf als jemand von höherem Rang, ziehen beispielsweise Menschen niedrigeren Ranges beim Vorbeigehen Höhergestellter in einem Haus sichtbar den Kopf ein. Gewinkt wird mit der ganzen Hand, Handfläche nach unten. Lächeln drückt gewöhnlich Freude aus, kann aber auch Verlegenheit bedeuten. Andererseits ist das Lächeln in erster Linie ein Signal, weniger ein Ausdruck einer bestimmten Emotion (so bedeutet das Lächeln einer Thailänderin auch nicht, dass sie damit Sympathien für einen ihr gegenüberstehenden Mann ausdrücken will). Buddha-Bilder und -Darstellungen werden stets mit großem Respekt behandelt.	Man sollte nie den Kopf eines anderen berühren. Ebenfalls ist es nicht erlaubt, einen Arm auf die Lehne eines Stuhles, auf dem ein anderer sitzt, zu legen und den anderen zu berühren. Die Fußsohlen dürfen nicht gezeigt und mit dem Fuß darf nicht auf etwas gezeigt werden. Man darf nie auf einem Kopfkissen sitzen und sich nie auf einen Tisch setzen. Wenn Speisen auf dem Boden bereitet werden, darf man nicht darüber laufen oder die Decke betreten. Man zeigt in der Öffentlichkeit keine Gefühle und es wird nicht laut gesprochen. Beim Sprechen darf man nicht mit den Händen gestikulieren.

Neben diesen Immigranten und den bereits erwähnten Westeuropäern zieht es auch Menschen aus dem Mittleren Osten, Lateinamerika und der Balkanregion nach Neuseeland. Es wird nun deutlich, wie schwierig es für das Einwandererland ist, so unterschiedliche ethnische Gruppen zu integrieren und „zu Neuseeländern zu machen", zumal diese ethnische Breite in früheren Jahrzehnten nicht üblich war.

Widmen wir uns zum Schluss dieser Betrachtungen einer zentralen Frage: Was unterscheidet die Maori von den Mitteleuropäern und wo können erhebliche Missverständnisse auftreten, wenn die kulturellen Besonderheiten der jeweils anderen Seite nicht gewürdigt oder akzeptiert werden? Wir wollen diese Frage einerseits unter dem Gesichtspunkt der unakzeptablen Verhaltensweisen und Tabus beantworten und andererseits typische Gewohnheiten aufzeigen, die es zu akzeptieren gilt.

Asiaten bilden insbesondere in Auckland eine große Minderheit

Spezifische Lebensgewohnheiten der Maori

Die Maori haben ein anderes Verhältnis zur Zeit als die Mitteleuropäer. Es ist zum Beispiel durchaus normal, zu Verabredungen eine halbe Stunde oder sogar bis zu zwei Stunden zu spät zu kommen. Oder man kommt gar nicht.

Kommen Maori in einer größeren Gruppe und aus unterschiedlichen Gebieten zusammen, dann gibt es heilige Handlungen, feste Rituale, an die sich alle halten und an denen in der Regel keine Pakeha teilnehmen dürfen:

Die Maori-Treffen beginnen mit einem Gebet; danach eröffnet der Kaumatua (ein Ältester) das Treffen mit einer kleinen Ansprache, in der er die Geister ruft. Die Schutzgeister und Ahnen müssen immer eingeladen werden und bei dem Treffen zugegen sein. Das Ganze dauert circa 30 Minuten. Dann spricht der Organisator des Treffens und macht noch einmal Sinn und Zweck der Zusammenkunft deutlich. Danach stellt sich jeder Teilnehmer vor und erklärt, warum er zu diesem Treffen kam und dass es eine große Ehre für ihn ist, dabei zu sein. Dies dauert durchschnittlich fünf Minuten. Alles in allem kann die Eröffnungszeremonie zwei bis drei Stunden dauern – je nach Anlass des Treffens und Größe der Gruppe.

Nach jeder Rede (insbesondere der männlichen Teilnehmer) singen die anwesenden Frauen. Fehlt der Gesang, dann war die Rede nicht gut oder sie hat die Teilnehmer nicht erreicht. Später folgt ein Essen, und die weiteren Gespräche verlaufen ungezwungen und mit viel Gelächter.

Das Reden in öffentlichen Situationen, zum Beispiel bei Treffen mit Herangereisten, ist sehr wichtig und unterliegt Regeln, die einzuhalten sind: Jeder kann sprechen so lange er will und darf nicht unterbrochen werden (in der Regel werden aber bestimmte Redezeiten nicht überschritten). Geredet wird im Stehen. Wenn sich der Redner setzt, zeigt er damit das Ende seiner Rede an, und der nächste Redner hat das Wort. Man muss dann so lange warten, bis man wieder an der Reihe ist.

Auch bei eher informellen Diskussionen, bei denen ein Wechsel von Rede und Gegenrede vorherrscht, muss man den Redner unbedingt aussprechen lassen.

Prinzipiell gelten gute männliche Redner als sehr angesehen. Von Frauen wird keine hohe Redekunst erwartet, das Reden wird eher den Männern überlassen. Frauen werden aber auch nicht ausgeschlossen, sie dürfen ebenfalls reden – und dann so lange sie wollen, ohne unterbrochen zu werden. Insgesamt reden die Maori-Frauen im Alltag weniger.

Das Reden wie auch das Singen und das Zuhören sind wichtige „energetische" Handlungen und bedingen einander. Die männliche Energie ist das Reden, das Tragen der Gedanken von innen nach außen, die Entäußerung der Energie. Die weibliche Energie ist umgekehrt gerichtet: von außen nach innen. Die Frauen singen nach der Rede des Mannes. Das Singen ist hierbei ebenso wichtig wie die Rede. Und so ist immer ein energetischer Ausgleich und eine Synergie zwischen dem Männlichen und dem Weiblichen gewährleistet. Ohne Zuhören wäre das Sprechen umsonst und ohne Rede gäbe es kein Zuhören; ohne Gesang taugte das Reden nichts.

Zu den heute noch gepflegten Traditionen der Maori gehört das Hangi-Essen, das in einem Erdofen zubereitet wird

Öffentliche Veranstaltungen – auch vor und mit Pakeha – werden immer mit einer Maori-Zeremonie begonnen. Alle Anwesenden sind gespannt, still, und spüren die Kraft, das Mana dieser Zeremonie.

Weben und Schnitzen sind für die Maori wichtige kulturelle Tätigkeiten, von denen das jeweils andere Geschlecht nicht prinzipiell ausgeschlossen wird – auch wenn üblicherweise mehr Frauen weben und mehr Männer schnitzen.

Die Maori kennen unzählige Geister (englisch Spirits). Ihre Kultur achtet vor allem die Ahnengeister (Wairua) und darüber hinaus Naturgeister, zum Beispiel von Wasser, Felsen und Steinen, Erde, Sand, Tieren, Meer, Fluss etc. (Näheres dazu im Abschnitt Die Religion der Maori.)

Gleichzeitig bekennen sich heute die meisten Maori auch zum Christentum. Sie können sich als Christen fühlen und zugleich an die Geister glauben, die sie im Alltag sehen, spüren, mit denen sie den Tag verbringen und zu denen sie sprechen. Im Umgang mit ihnen lernen sie täglich und erleben immer wieder Vieles neu. Der Glaube an Geister und die christliche Religion stehen für sie nicht im Widerspruch zueinander; die Auffassung der Natur als von Geistern bewohnt ist für sie eine wichtige Grundlage des alltäglichen Lebens und des Austausches von Energien und sichert ihre Verbundenheit mit alten Lebensweisen und ihren kulturellen Wurzeln.

Insbesondere auf dem Lande, wo man noch sehr stark naturverbunden ist und auch von der Natur abhängig, ist die Lebensweise stark von den Geistern geprägt. Man kommuniziert mit ihnen verbal und nonverbal, mittels Flötenspiel, Gesang, Gestik oder Mimik. Diese Vielfalt und dieser Ideenreichtum kann von Europäern kaum nachvollzogen werden. Dabei gibt es keine festen Rituale und unausweichlichen Regeln, sondern dem Einzelnen bleibt die Art der Kontaktaufnahme und Kommunikation weitgehend selbst überlassen.

Bei aller Beliebigkeit von individuellen Ausdrucksformen gibt es einige wichtige Grundsätze, an die sich alle Maori halten (sollen):
1. Es werden die vier Elemente (Luft, Wasser, Erde, Feuer) geehrt.
2. Die Vorfahren werden geehrt und bei Zusammenkünften willkommen geheißen.
3. Die Alten werden besonders geehrt, da sie in ihrem langen Leben viel gelernt und viele Erfahrungen gesammelt haben.
4. Man ehrt das Essen und mit ihm die Mutter Erde sowie diejenigen Menschen, denen es zu verdanken ist: die es zum Beispiel zubereitet haben oder das Gemüse angepflanzt und geerntet haben. Letztlich ehrt man das Essen dadurch, dass man es genießt, ihm Zeit widmet und Dankbarkeit spürt.

In der Vergangenheit gab es Stämme, die patriarchalisch, und andere, die matriarchalisch geführt wurden. Mehrheitlich galt zwar, dass die Männer die führende Rolle inne hatten, die Frauen übten jedoch ebenfalls einen sehr großen Einfluss auf die Gemeinschaft aus. Die europäische Vereinfachung „Patriarchat versus Matriarchat" trifft nicht auf die weitaus offenere, beweglichere Auffassung der Maori zu. Weder Männer noch Frauen dominierten. Sie waren mit unterschiedlichen Energien besetzt, die in ihrer Gesamtheit den Stämmen zugute kamen und das Überleben sicherten.

In Wellington feiert man im Laufe des Jahres einige Feste mit unterschiedlichstem kulturellem Hintergrund. Auf dem Bild der Cuba Street Carnival 2009

Kapitel 8

Wie deutsch ist Neuseeland?

*Erste automobile Landesdurch-
querung mit einem Ford (1903)*

Wie deutsch ist Neuseeland?

Der deutsche Einfluss in der Geschichte des Landes

Neuseeland ist ein beliebtes Immigrationsziel für Deutsche. Im 19. Jahrhundert bildeten die deutschen Einwanderer nach den Engländern sogar zeitweilig die zweitgrößte ethnische Gruppe. Und wer weiß, ob nicht noch mehr Deutsche im 19. Jahrhundert den Weg nach Neuseeland gefunden hätten, wenn nicht die große Mehrheit der Auswanderungswilligen nach Amerika gegangen und der Reiseweg nicht so lang und umständlich gewesen wäre.

Aber eins nach dem anderen. Wenn man die Geschichte der deutschen Migranten oder der Deutschen46 im Ausland richtig verstehen will, muss man zu Anfang einige geschichtliche Zusammenhänge – insbesondere in Bezug auf das 19. Jahrhundert – kennen.
Die europäische Auswanderung im 19. Jahrhundert stellt wahrscheinlich die größte Auswanderungsbewegung in der Menschheitsgeschichte dar: Allein zwischen 1841 und 1880 verließen 13 Millionen Menschen Europa, zwischen 1871 und 1913 waren es sogar 34 Millionen. Unter den Emigranten darunter sechs bis sieben Millionen Deutsche[47.] Die meisten (circa 75 Prozent) blieben in den neuen Siedlungsländern: in den USA, in Südamerika (damals vor allem in Brasilien und Chile) und in Kanada. Heute bezeichnen sich etwa 58 Millionen Amerikaner als deutschstämmig.

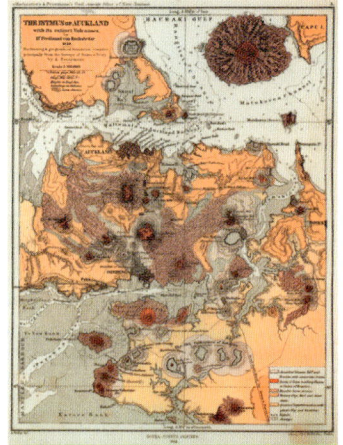

Eine geologische Karte der Region Aucklands, die der deutsche Geologe Ferdinand Hochstetter anfertigte

Deutschland ist heute sowohl Auswanderungs- als auch Einwanderungsland; im 19. Jahrhundert war es eines der markantesten Auswanderungsländer. Das sollte man heute nicht vergessen. Seit 1990 ziehen jährlich über 100.000 Deutsche – zumindest zeitweilig – ins Ausland. Im Jahre 2006 waren es rund 150.000. Allerdings haben sich laut Statistischem Bundesamt die Zielländer verändert – mit Ausnahme der USA. Die Rangliste im Jahr 2004 war: (1) USA, (2) Schweiz, (3) Polen, (4) Asien, (5) Österreich, (6) Großbritannien, (7) Frankreich und (8) Spanien.

Die Geschichte der deutschen Auswanderung beginnt aber schon früher und umfasst circa 250 Jahre. Die Bundesrepublik war bis in die 1950er Jahre Auswanderungsland. Und heute arbeiten zunehmend auch viele Ost-Deutsche zumindest zeitweilig im europäischen Ausland, in den USA oder in Australien oder verbringen einen großen Teil des Jahres als Pensionäre am Mittelmeer, in Florida und zunehmend auch in Neuseeland.

Im 12. und später vom 17. bis 19. Jahrhundert gab es von Deutschland aus eine große Kolonisierungsmigration nach Osteuropa und Russland. Ost- und Südosteuropa war im 18. Jahrhundert anziehender als Nordamerika. 100.000 Auswanderern nach Amerika standen rund 500.000 nach Südosteuropa gegenüber. Nach Ende des Siebenjährigen Krieges 1763 übersiedelten circa 30.000 Deutsche nach Russland und ab 1810 weitere (Süd- und Südwest-)Deutsche in die Schwarzmeergebiete und in die ehemals osmanischen Gebiete der Habsburgermonarchie. Die Auswanderung nach Nordamerika begann im 17. Jahrhundert. 1683 setzte die Gründung von „Germantown" nahe Philadelphia ein deutliches Zeichen. Als die amerikanischen Kolonien 1776 ihre Unabhängigkeit vom britischen Königreich erklärten, lebten schon 300.000 Deutsche dort. Danach kamen immer mehr Menschen, die in deutschen Siedlungen sesshaft wurden. Allein um 1850 waren es fast eine Million, und gegen Ende des 19. Jahrhunderts bildeten die Deutschen die stärkste Einwanderungsgruppe. Zu ihnen gehörten auch über 100.000 deutsche Juden, die maßgeblich die amerikanische Wirtschaft, Technik und Kultur befruchteten. Nach dem II. Weltkrieg wollten wiederum viele

Der Goldrausch in Otago von 1861 bis 1863 zog auch deutsche Emigranten an: Der Gabriel's Gully steht voller Goldgräberzelte

357

Deutsche ihr Land verlassen; in den 1950er Jahren gab es etwa eine Million deutsche Migranten.

Umgekehrt ist Deutschland seit 1945 nicht nur Auswanderungsland, sondern auch Remigrations- bzw. Rückkehrland für 3,5 Millionen deutschstämmige „Aussiedler" – und dieser Prozess hält weiter an.

Motive von Auswanderern im 18. und 19. Jahrhundert

Grundsätzlich muss man zwischen drei Arten von Aussiedlern zu der damaligen Zeit unterscheiden:

1. Zwangsaussiedler: Die Obrigkeit in Hessen verkaufte beispielsweise junge Männer zum Kriegsdienst nach Amerika.

2. Wirtschafts-Flüchtlinge: Sie hatten vielfältige individuelle Motive: Hunger durch Missernten und Kriege, durch kriegsbedingte Sonderabgaben und durch eine Bevölkerungsexplosion48 und dadurch bedingte fehlende Beschäftigungsmöglichkeiten in der mit Krisen behafteten Übergangszeit von der agrarischen zur industriellen Gesellschaft ab 1848. Mitunter wurden ganze Dörfer umgesiedelt (zum Beispiel aus Südwestdeutschland nach Brasilien). So wurden „soziale Belange" in überseeische Gebiete exportiert. Ab 1893 war dagegen der Industrialisierungsprozess im Deutschen Reich so weit vorangeschritten, dass schon ein deutlicher Arbeitskräftemangel zu verzeichnen war.

3. Verfolgte: Politische Verfolgung gab es insbesondere nach der Revolution 1846-48. Ein anderer Grund für Diskriminierung und Verfolgung war die Religionszugehörigkeit. Viele Deutsche verließen im 18. und 19. Jahrhundert in Begleitung religiöser Mitstreiter ihre Heimat: Altlutheraner, Hutterer, Quäker, Mennoniten, Rappisten.

4. Idealisten: Sie waren von Sehnsüchten nach ökonomischer Selbstverwirklichung, Steuerfreiheit, Befreiung vom Militärdienst, sozialem Aufstieg, günstigem Landerwerb und überhaupt einer besseren Lebensperspektive49 getrieben.

Da die meist armen Auswanderer kaum die Überfahrt nach Amerika bezahlen konnten, war bis Anfang des 19. Jahrhunderts ein Arbeits- und Rechtssystem wirksam (das sogenannte „Redemptioner-System"), das den Auswanderern eine freie Passage nach Amerika garantierte, wenn sie sich im Gegenzug dazu verpflichteten, sich einem dortigen Dienstherren für mehrere Jahre als Arbeitskraft zur Verfügung zu stellen. Einerseits kam der Auswanderer so zu einer neuen Art der Unfreiheit, andererseits erhielt er aber von Beginn an eine Min-

Märzrevolution 1848 in Berlin

destsicherheit in Form von Kleidung, Unterkunft, Werkzeug und Geld und konnte sich auf diese Weise schnell in die neue Gesellschaft (Sprache, Alltagskultur u.a.) eingewöhnen.

Während bis etwa 1865 die Familien- und Siedlungswanderung insbesondere von Kleinbauern und Kleinhandwerkern überwog, bildeten danach die sogenannten Arbeitswanderer die Mehrheit. Sie verließen einzeln oder auch in kleinen Gruppen die Heimat, um in der Fremde Geld zu verdienen und entweder dort eine dauerhafte Existenz aufzubauen oder später mit dem Geld in die Heimat zurückzukehren. Sie waren vorwiegend jung und ledig. Verheiratete Auswanderer ließen oft ihre Familien zurück mit dem Ziel, sie später nachzuholen. Ab 1895 nahm die Auswanderung qualifizierter Industriearbeiter zu.

Mit Beginn des 20. Jahrhunderts wurde die Ausreisepolitik liberaler, gleichzeitig wurden Gesetze zum Schutz der Auswanderer erlassen. Auch gab es schon eine Fülle schriftlicher Informationen mit detaillierten Hinweisen zu den wichtigsten Fragen einer Ausreise sowie zu Land und Leuten des Ziellandes. Die Darstellung war jedoch häufig unrealistisch und die Enttäuschung vor Ort dann umso größer.

Natürlich gab es auch schon im 18. und 19. Jahrhundert Rückkehrer mit sehr unterschiedlichen Motiven:

- enttäuschte Erwartungen, ökonomische Misserfolge, Verlust der Familie[50]
- Heimweh
- die Erwartung, in der Heimat in gesicherten Verhältnissen den Lebensabend zu verbringen

Die Rückkehr war ab der zweiten Hälfte des 19. Jahrhunderts allerdings auch leichter: Die Überfahrten waren billiger, kürzer und sicherer. Die sogenannten konservativen Rückkehrer wollten mit den im Ausland erworbenen Verdiensten ihre Position in ihrem Heimatland sichern oder verbessern; innovative Rückkehrer benutzten die im Ausland erworbenen Erfahrungen und Fähigkeiten für gewinnbringende Entwicklungen in der Heimat.

Schlecht erging es den gescheiterten Existenzen. Als aus dem Untertanenverband entlassene Staatenlose hatten sie kein Anrecht auf Unterstützung und wurden in der Regel geächtet. Somit blieb ihnen nur, sich als Tagelöhner oder Bettler durchzuschlagen.

Insgesamt aber waren die Rückwandererzahlen eher niedrig und die gescheiterten Existenzen in der Minderheit.

Johann Georg Forster (1754 – 1794), deutscher Naturforscher, Goethe-Freund und Revolutionär. Zusammen mit seinem Vater Johann Reinhold Forster als wissenschaftlichem Begleiter war er Teilnehmer von James Cooks zweiter Südseereise

Typische Merkmale deutscher Migranten im 18. und 19. Jahrhundert

Bei der Suche nach Unterschieden im Verhalten der Auswanderergruppen muss man vorsichtig sein, um nicht Vereinfachungen und Vorurteilen zu erliegen. Deshalb seien hier nur einige historisch belegte Eigenheiten deutscher Auswanderer angedeutet:

- Sie kamen eher in großen Schüben, wohingegen die Auswanderer anderer Herkunftsländer ihre Heimat in kleinerer Anzahl, aber stetig verließen.
- Sie wollten bei der Ansiedlung unter sich bleiben und siedelten gemeinsam in Dörfern oder Stadtteilen. Sie pflegten die gemeinsame Sprache und Kultur. Nicht selten kamen sie in Gruppen aus dem-

selben Dorf und rekonstruierten dieses in der neuen Heimat. Im Mittelpunkt der Gemeinschaft stand in der Regel der Pfarrer, der über die höchste Bildung und die meisten Informationen verfügte und – oft einziger – Mittler zu den Behörden des Gastlandes war.

- Speziell in Südrussland, Ungarn und Rumänien ließen sich deutsche Auswanderer nach ihren jeweiligen Konfessionen in Dorfgemeinschaften gleichen Glaubens ansiedeln.
- Die deutschen Siedler konnten in der Regel lesen und schreiben. Darin unterschieden sie sich von vielen anderen ethnischen Gruppen mit niedrigerem Bildungsniveau.

Warum Neuseeland?

Wir haben gesehen, wie viele Deutsche im 19. Jahrhundert nach Nordamerika, Kanada, Südamerika, Russland und nach Südosteuropa ausgewandert sind. Warum gingen dann so wenige nach Neuseeland?

Neuseeland war am weitesten entfernt, die Überfahrt sehr beschwerlich und gefährlich, die Reise teuer51. Außerdem gab es Mitte des 19. Jahrhunderts noch keine Besiedlungstradition und somit auch keine „Kettenwanderung" (keinen Multiplikator-Effekt) als Form der Nachfolge-Wanderung, die durch Berichte ausgewanderter Verwandter oder Bekannter ausgelöst wird. Solche „weichen" Informationen lassen das Zielland interessant, chancenreich und weniger riskant erscheinen. Das aber fehlte im Vergleich zu den damaligen klassischen Einwanderungsländern. Wir dürfen nicht vergessen, dass Neuseeland das jüngste Einwanderungsland ist und erst Mitte des 19. Jahrhunderts durch die Holz- und Harzexporte sowie durch Goldfunde an verschiedenen Stellen des Landes international auf sich aufmerksam machte. In Australien begann ja auch erst 1788 mit der Gründung der Kolonie New South Wales (NSW) die Besiedlung mit Strafgefangenen. Die erste Siedlung ohne Sträflinge entstand erst 1825 am Swan River, und die ersten deutschen Siedler wurden 1838 in Südaustralien ansässig. Es war eine Gruppe Altlutheraner aus Klemzig in Brandenburg. Bis 1855 hatten die australischen Kolonien das Stigma der Sträflingskolonien.

Zu diesen problematischen Ausgangsbedingungen kamen Vorurteile der Deutschen, die Neuseeland als „Ableger" Englands sahen und

Ferdinand von Hochstetter (1829 – 1884), Geologe und Naturforscher, fertigte die erste geologische Karte Neuseelands an. Der Urfrosch Leiopelma hochstetteri wurde nach ihm benannt

Julius von Haast (1822 – 1887) kartographierte als Regierungsgeologe weite Teile des Landes

Gustav von Tempsky (1828 – 1868), ehemaliger preußischer Offizier, kam als Abenteurer nach Neuseeland. Als britischer Major war er einer der grausamsten Verfolger der Maori

einen zu großen englischen Einfluss fürchteten. Dennoch waren im 19. Jahrhundert deutsche Siedler unter den führenden Einwanderergruppen. Dabei muss aber immer der relativ geringe Gesamtstrom an Migranten im Vergleich zu anderen Einwanderungsländern im Auge behalten werden.

Welche Motive hatten und haben deutsche Neuseeland-Einwanderer?

Zunächst gab es im 19. Jahrhundert, in dem die Zuwanderung hauptsächlich erfolgte, verschiedene völlig unterschiedliche Migrationsgründe. Es wanderten vor allem Menschen aus, die der wirtschaftlichen Misere im Heimatland entgehen wollten (insbesondere Kleinbauern und Handwerker) oder in Europa wegen ihrer politischen Überzeugung oder wegen ihres Glaubens drangsaliert wurden.

Hinzu kamen auch begüterte Einwanderer, die in Neuseeland investieren und die Infrastruktur aufbauen wollten. So konnten relativ früh moderne Sägewerke gebaut und betrieben sowie Verkehrswege geschaffen werden. Ganze Schiffe mit Investoren kamen nach Neuseeland.

Weiterhin gab es Goldsucher, die zu einem großen Teil zuvor auf den Goldfeldern Amerikas, die zu dieser Zeit schon unrentabel wurden, tätig gewesen waren.

Ferner warb England seit den 1840er Jahren Soldaten und Polizisten, die schon außer Dienst waren, für die Besiedlung in Neuseeland an. Sie erhielten Land und hatten die Aufgabe, die europäischen Siedler gegen die Maori zu schützen.

Deutsche waren von Beginn an an der Kolonialisierung Australiens und später Neuseelands beteiligt. In James Cooks Mannschaft hatten Deutsche wichtige Positionen inne: Johann Reinhold Forster als offizieller wissenschaftlicher Begleiter der zweiten Südseereise und sein später berühmt gewordener Sohn Georg als sein Assistent und Zeichner. Der erste Gouverneur der australischen Kolonien, Sir Arthur Phillip, hatte deutsche Vorfahren. Deutsche Walfänger ließen sich schon 1836 in der Peraki Bay in Neuseeland nieder. Deutsche Familien waren neben den ersten französischen Siedlern auf der Halbinsel Akaroa, bevor die Besiedlung von London aus systematisch betrieben wurde. Emigranten aus dem Königreich Hannover und dem Großherzogtum Mecklenburg kamen von 1842 bis 1844 mit den ersten deutschen Auswanderungsschiffen in Nelson auf der Südinsel an. Es folgten Schiffe, die deutsche Auswanderer nach Marton brachten, der damaligen zweiten deutschen Hochburg. Noch heute gibt es dort Einwohner mit deutschen Namen.

Neben den Siedlern kamen auch schon frühzeitig Missionare der Norddeutschen Missionsgesellschaft.

Die Kirche von Upper Motere, dem früheren Saurau, nahe Nelson

Bis 1913 gab es rund 20.000 deutsche Einwanderer und es kann gefolgert werden, dass statistisch gesehen etwa jeder vierte Alt-Neuseeländer (d.h. mit Vorfahren, die im 19. und zu Beginn des 20. Jahrhunderts nach Neuseeland kamen) deutscher Abstammung ist. So lässt sich beispielsweise auch die deutsche Abstammung des früheren Premierministers David Lange zurückverfolgen, dessen Urgroßeltern von Bremerhaven aus nach Neuseeland auswanderten.

In der Geschichte Neuseelands waren Deutsche einerseits willkommen und konnten Dörfer mit eigener Kultur, Sprache und Religion aufbauen, andererseits waren sie zu bestimmten Zeiten politisch verdächtig und wurden misstrauisch beargwöhnt. Diese Wellen von Anerkennung und Misstrauen bis zur Ausgrenzung gab es gleichermaßen in Australien. In beiden Ländern hing das von dem jeweiligen politischen Verhältnis zwischen Großbritannien und Deutschland ab und hatte natürlich auch einen großen Einfluss auf die Einwanderungsquoten.

Deutlich wurde das gegen Ende des 19. Jahrhunderts, als Deutschland mit den anderen Großmächten gleichziehen wollte und acht eigene Kolonien gründete. 1884 hatte Deutschland die Herrschaft

über Südwest-Afrika errungen und stellte für die englischen Interessen in Südafrika eine Bedrohung dar. Das englisch-deutsche Verhältnis verschlechterte sich im zweiten Burenkrieg (1899-1902) zusätzlich, obwohl das Deutsche Reich nicht auf die Schutzgesuche der Buren einging. Deutschland hisste 1884 auf Neupommern und Neuguinea die deutsche Flagge, besetzte die Marshall-Inseln und teilte 1900 mit den USA Samoa auf. West-Samoa wurde deutsches Schutzgebiet52 und das Deutsche Reich annektierte einen Teil Neuguineas als reguläre Kolonie. Wenn auch die deutsche Kolonialzeit nur 30 Jahre währte, so waren doch die Interessen Großbritanniens im mikronesischen und melanesischen Raum durch das Deutsche Reich gefährdet. Es folgten Restriktionen in der Einwanderungspolitik Australiens und Neuseelands. Zeitweilige Wirtschaftskrisen in Neuseeland verringerten den gleichlaufenden Zustrom von Einwanderern zusätzlich.

Der I. Weltkrieg beendete die Einwanderung Deutscher zeitweise völlig. Es herrschte eine starke anti-deutsche Stimmung im Land, die zu Diskriminierungen und auch zu Ausweisungen führte53. Gleiches geschah während des II. Weltkrieges.

Im Unterschied zu anderen Einwanderungsländern bevorzugte Neuseeland (ähnlich wie Australien) bis in die jüngste Vergangenheit britische Einwanderer und reglementierte den Zuzug anderer ethnischer Gruppen stark, insbesondere der Deutschen. Auch heute noch ist es schwer, die Geschichte der deutschen Einwanderer in Neuseeland

Die schweren ersten Jahre:

• Erst nach dem Fällen der großen Bäume konnte das Land bewirtschaftet werden (Matamau um 1880)

• Ochsengespann in der Cuba Street in Wellington (um 1890)

anhand von Dokumenten zurückzuverfolgen. Sogar in den Museen, im Internet und in Büchern wird dieser Teil der Geschichte aus den genannten Gründen klein geschrieben oder erst gar nicht erwähnt. Seitens der Deutschen wurde zeitweilig die eigene Herkunft vertuscht, um Schwierigkeiten zu vermeiden. Insofern sind die Bücher von Bade (Eine Welt für sich) und Bönisch-Brednich (Auswandern) sehr wertvoll für die Spurensuche.

Bönisch-Brednich unterteilt in ihren Untersuchungen die deutsche Einwanderung von 1936 bis in die 1990er Jahre in mehrere Phasen, die von zum Teil deutlich unterschiedlichen Auswanderungsmotiven geprägt sind. Die folgende Übersicht zeigt solche Unterschiede auf:

1936 – 1940

Zwar planten die Nazis gar die Zwangsverschiffung europäischer Juden nach Madagaskar, aber dazu ist es nicht gekommen; deutschsprachige Juden aus Deutschland, der Tschechoslowakei und Österreich wurden jedoch durch die Ereignisse – spätestens nach der sogenannten „Reichskristallnacht" – zur Emigration gezwungen. Dabei hatten sie wie die politisch Verfolgten zunächst kein bestimmtes Land im Auge, sondern vor allem die Rettung des eigenen Lebens. Sie wollten einfach weg aus Deutschland. Nur wenigen deutschsprachigen Juden gelangen Einreise und spätere Assimilation in Neuseeland. Sie wurden einerseits als Deutsche (und damit als Feinde Englands) identifiziert und andererseits als Juden, denen die altbekannten Stereotype anhingen. Und die alteingesessenen jüdischen Gemeinden in den größeren Städten waren nicht selten enttäuscht, wenn sie feststellten, dass die Immigranten zum Teil säkularisierte oder zum christlichen Glauben konvertierte Deutsche jüdischer Herkunft waren.

Diese Immigranten waren vor allem jüngere Menschen und Partner in Mischehen, die in größeren Städten gelebt hatten, gebildet waren und einen hohen Lebensstandard gewohnt waren. Nun mussten sie sich auf einfachste Verhältnisse in einer argwöhnischen Umgebung umstellen. Viele von ihnen hofften auf ein schnelles Ende der Hitler-Diktatur und wollten so schnell wie möglich in ihre Heimat zurückkehren.

Anfang der 1930er Jahre gab es in Neuseeland durchaus eine gewisse Bewunderung für Hitler und die Verfolgung Andersdenkender konnte

Karl Raimund Popper (1902 – 1994), in Wien geboren und einer der bedeutendsten Philosophen des 20. Jahrhunderts, emigrierte noch vor dem „Anschluss" Österreichs nach Neuseeland und verbrachte die Jahre von 1937 bis 1945 in Christchurch, wo er an der heutigen Canterbury University lehrte

man sich in dem tatsächlichen Ausmaß nicht vorstellen. Insofern stießen die jüdischen und politischen Flüchtlinge oft auf Unverständnis. Nach Beginn des II. Weltkrieges brach eine Hysterie wegen der vermeintlich allgegenwärtigen deutschen Spionage und nazistischen Unterwanderung aus. Zu Unrecht wurden auch deutschsprachige Juden unter diesen Verdacht gestellt.

1948 – 1952

Nach dem Krieg lagen weite Teile Europas in Trümmern (Berlin 1947)

In dieser Zeit waren es vor allem Zufallsauswanderer und Individualisten, die aus Deutschland kamen. In der unmittelbaren Nachkriegszeit herrschten in ihrer Heimat Wohnungsnot, Arbeitslosigkeit und wirtschaftliche Not.

Deutsche wurden nur zögerlich aufgenommen, wenn aber, dann fast ausschließlich jüngere und gut qualifizierte. Neuseeland brauchte in den 1950er Jahren Arbeitskräfte. Die eigene Wirtschaft erstarkte nach dem Krieg und Neuseeland zählte zu den drei Ländern mit dem höchsten Lebensstandard.

So kamen in dieser Periode einerseits Deutsche nach Neuseeland, die während des Dritten Reiches von Deutschland nach England emigriert waren und zum Teil auf britischer Seite gekämpft hatten; ferner Personen, die ihre Nazi-Gegnerschaft nachweisen konnten, und schließlich Menschen im Rahmen der Familienzusammenführung (insbesondere jüdische Angehörige). Auch diese Immigranten erlitten nicht selten einen Kulturschock, erlebten sie doch Neuseeland als sehr rückständig gegenüber Europa. Andererseits zweifelten sie an der Entwicklung Deutschlands zu einem demokratischen und wirtschaftlich starken Gemeinwesen.

1956 – 1966

In diesen Jahren entwickelte Neuseeland umfangreiche Anwerbungsprogramme, um junge Leute aus vorwiegend handwerklichen, pflegerischen und Haushaltsberufen mit befristeten Arbeitsverträgen ins Land zu holen. Da die erforderliche Quote nicht durch britische Migranten gedeckt werden konnte, öffnete sich die neuseeländische Seite gegenüber den Niederlanden und in geringerem Maße auch gegenüber Deutschland. Insbesondere wurden junge Frauen geworben, da zu der damaligen Zeit in Neuseeland ein Männerüberschuss herrschte. Gegenüber deutschen Männern war man dagegen weiterhin sehr misstrauisch und befürchtete nach wie vor eine nazistische Unterwanderung. Die Rückwanderquote der zumeist jungen Deutschen lag bei 20 Prozent und die Weiterwanderungsquote bei 15 Prozent.

Die Auswanderer dieser Zeit ähnelten den Auswanderern des 19. Jahrhunderts insofern, dass sie ökonomische Vorteile im Ausland suchten. Die Löhne lagen um etwa 100 Prozent über denen in Deutschland und Neuseeland bezahlte auch die Reisekosten. Der Unterschied bestand in der vertraglich zugesicherten Rückkehroption dieser Personen. Viele kehrten zeitweilig nach Deutschland zurück, um dort schließlich zu entscheiden, wo sie bleiben wollten. Der größere Teil entschied sich für Neuseeland. Deutschland blieb aber weiterhin im Blickfeld, insbesondere die Eltern und Geschwister, und man besuchte Deutschland und Österreich auch immer wieder, zumindest im Urlaub. Diese Auswanderer sind sehr deutsch geblieben und leugnen das – im Unterschied zu früheren Migranten – auch nicht.

1970er Jahre

In diesem Jahrzehnt veränderte sich die öffentliche Meinung zur Immigration. Neuseeland erlebte zum ersten Mal einen brain drain zumeist junger Leute, die in anderen Ländern bessere Verdienstmöglichkeiten sahen. Neuseeland hatte somit erstmalig eine negative Bevölkerungsbilanz. Andererseits befürchtete man, große Zuströme nicht verkraften zu können. Und so werden seit dieser Zeit die Immigrationsquoten und -kriterien von Jahr zu Jahr revidiert.

In der Zwischenzeit hatte auch Deutschland einen gewissen Wohlstand erreicht und das Ausreisemotiv war nicht mehr vorrangig die ökonomische Sicherung der Existenz. Es kamen nun mehr Individualisten mit sehr persönlichen und weltanschaulichen Motiven, Menschen mit Abenteuerlust, die von in Neuseeland lebenden Freunden interessante Dinge gehört hatten. Es setzte eine Kettenmigration ein – wenn auch in nur kleinem Ausmaß. Auswandern wurde nun oft als Teil der Selbstverwirklichung gesehen. Zum Teil waren es auch Angehörige der deutschen Studentenbewegung, die entweder zur eigenen

Horizonterweiterung oder aus Überdruss an Deutschland ihre Heimat verließen.

1980er Jahre

In dieser Zeit waren die Einreisebedingungen für Deutsche schon deutlich erleichtert. In Deutschland machte sich eine resignative Haltung breit. Junge Leute begehrten gegen die zunehmende Militarisierung und gegen umweltpolitische Probleme auf. Man suchte „die heile Welt", und Neuseeland wurde zum Magneten und zum Symbol einer Alternative. Der Premierminister David Lange erklärte 1986 offiziell den völligen Verzicht auf Atomenergie und Neuseeland zur atomwaffenfreien Zone. Die dünne Besiedlung, die weitgehend noch intakte Natur, die große Entfernung zu den Industriestaaten mit all ihren Problemen und das angenehme Klima zogen umweltbewusste und politisch sensible Auswanderer an. Zur gleichen Zeit wurde Neuseeland touristisch erschlossen.

Straßenschild in Collingwood: Wenn's um die Sicherheit geht, traut man offenbar den Deutschen keine englischen Sprachkenntnisse zu: Die Aufschrift bedeutet nicht „linke Verbindungen", sondern „links fahren"

Seit den 1990er Jahren

Am 18.11.1991 trat der Immigration Amendment Act 1991 in Kraft. Die Einwanderungspolitik wurde geändert und es konnten nun weitere Personengruppen berücksichtigt werden. So können seitdem auch Menschen einreisen, die älter als 55 Jahre sind, wenn sie ein Minimum von 500.000 NZ$ im Land investieren.

In den letzten Jahren kamen nun junge Leute mit einem höheren Anspruch an ihren Lebensstil nach Neuseeland, ehemalige DDR-Bürger sowie wohlhabende Menschen, die ihre zweite Lebenshälfte in dem Land verbringen wollten, das sie zuvor als touristisches „Traumland" erfahren hatten. Das „Traumhaus" in einer „Traumlandschaft" wurde und wird immer öfter Motiv für Wohlhabende und (Früh-)Pensionäre. Die Erbengeneration in Deutschland kann sich mehr als zuvor eine zeitweilige Auswanderung leisten, sich ihr Leben als „Pendlermigrant" vorstellen – mal hier, mal dort – oder als „Lebensabschnittsmigrant" zu Traumzielen auf Zeit emigrieren.

In Neuseeland leben zurzeit circa 8.500 Menschen deutscher Staatsangehörigkeit.

Puhoi – ein böhmisches Dorf in Neuseeland

Für Auswanderer ist es völlig normal und nachvollziehbar, dass der Kontakt zur alten Heimat immer brüchiger wird. Man bleibt noch mit den Eltern in Kontakt oder mit den zurückgelassenen erwachsenen Kindern. Die heutigen Migranten verbringen – so es ihre finanzielle Situation zulässt – noch hin und wieder ihren Urlaub in der alten Heimat oder holen die Eltern für ein paar Wochen nach Neuseeland. Ansonsten sind sie immer wieder überrascht, wie sehr sie sich von früheren Freunden oder Freundinnen mental entfernt haben. Es scheint, als sei die Zeit für die anderen stehen geblieben. Zudem sind die Immigranten so sehr auf die neue Welt und ihre schnelle berufliche und soziale Anpassung konzentriert, dass das Zurückgelassene zwangsläufig im Alltagsgeschehen ausgeblendet wird. Nach drei bis vier Jahren kann man sich schon eingelebt haben und für sich ein neues Lebensgefühl entdecken.

Das frühere „German Hotel" in Puhoi

Heutzutage ist es möglich, die circa 22.000 trennenden Kilometer zwischen Neuseeland und Europa innerhalb von rund 30 Stunden (mit Zwischenaufenthalt in Bangkok, Singapur, Los Angeles, Seoul oder anderswo) zu überwinden – ein Katzensprung quasi! Anders war es für europäische Siedler vor 150 Jahren. Da kamen schnell einmal 120 Tage Reisezeit zusammen und an eine Rückkehr war nicht mehr zu denken. Wohl denen, die gemeinsam mit Verwandten und Bekannten in einer Gruppe, also einer Solidargemeinschaft auswanderten, in der man sich gegenseitig half und die die Sicherheit einer Familie bot.

Interessant ist nun, dass die Suche nach den eigenen Wurzeln frühestens in der dritten, eher aber in der vierten oder fünften Generation beginnt. In etlichen Familien, denen wir begegneten, seien es Familien mit englischem, holländischem, deutschem oder französischem Ursprung, wurden in den letzten zehn bis zwanzig Jahren zunehmend Familien-Chroniken angefertigt. Solche Chroniken werden auch in Auftrag gegeben, gedruckt und im örtlichen Buchhandel vertrieben. In jeder größeren Ortschaft gibt es zudem ein kleines Museum; wir würden eher von einer „Heimatstube" sprechen. Dort wird liebevoll „alles Alte" – ob nun ein Kochtopf, Briefe oder Familienfotografien – gesammelt. Individuelle Spuren werden zusammengetragen, die wiederum in Chroniken festgehalten werden können. Freigiebig wurden uns Kopien etlicher dieser Chroniken ausgehändigt, deren Auswertung zu einem eigenen Buch über das Schicksal von Auswanderern führen könnte.

Stellvertretend für viele andere Familien aus dem deutschsprachigen Raum soll auf die gut recherchierte und dokumentierte Geschichte einer großen Gruppe Egerländer Auswanderer eingegangen werden. Ein eigenes Museum in Puhoi auf der Nordinsel hält die Siedlertraditionen bis heute wach, und es gibt eine Reihe offizieller Kontakte in die „Ursprungsheimat". Im Egerland-Museum Marktredwitz findet man eigene Tafeln zu den Auswanderern, die nach Puhoi gegangen sind.

Von Böhmen nach Neuseeland

Im Jahre 1863 kam eine Gruppe von 82 Egerländern in der heutigen Ortschaft Puhoi an. Sie stammten aus verschiedenen Gemeinden und Weilern circa 100 Kilometer südwestlich von Prag, vor allem aus Mantau, Chotieschau, Lossin, Rothaujezd, Zwug, Lititz und Stich. Diese Orte gehörten zum Verwaltungsbezirk Mies, Kreis Pilsen.
1863 war das Königreich Böhmen eine Provinz im nördlichen Teil des Österreichischen Reiches. Und so kam es, dass die Egerländer Siedler je nach Zuordnung zu dieser Provinz oder zu Österreich als „Böhmen" oder als „Österreicher" geführt wurden. Sie sprachen eine deutsche Mundart, später „Egerländisch" genannt – in Anlehnung an die Stadt Eger in Nordböhmen. In der Schule und als Amtssprache wurde allerdings Hochdeutsch gesprochen.

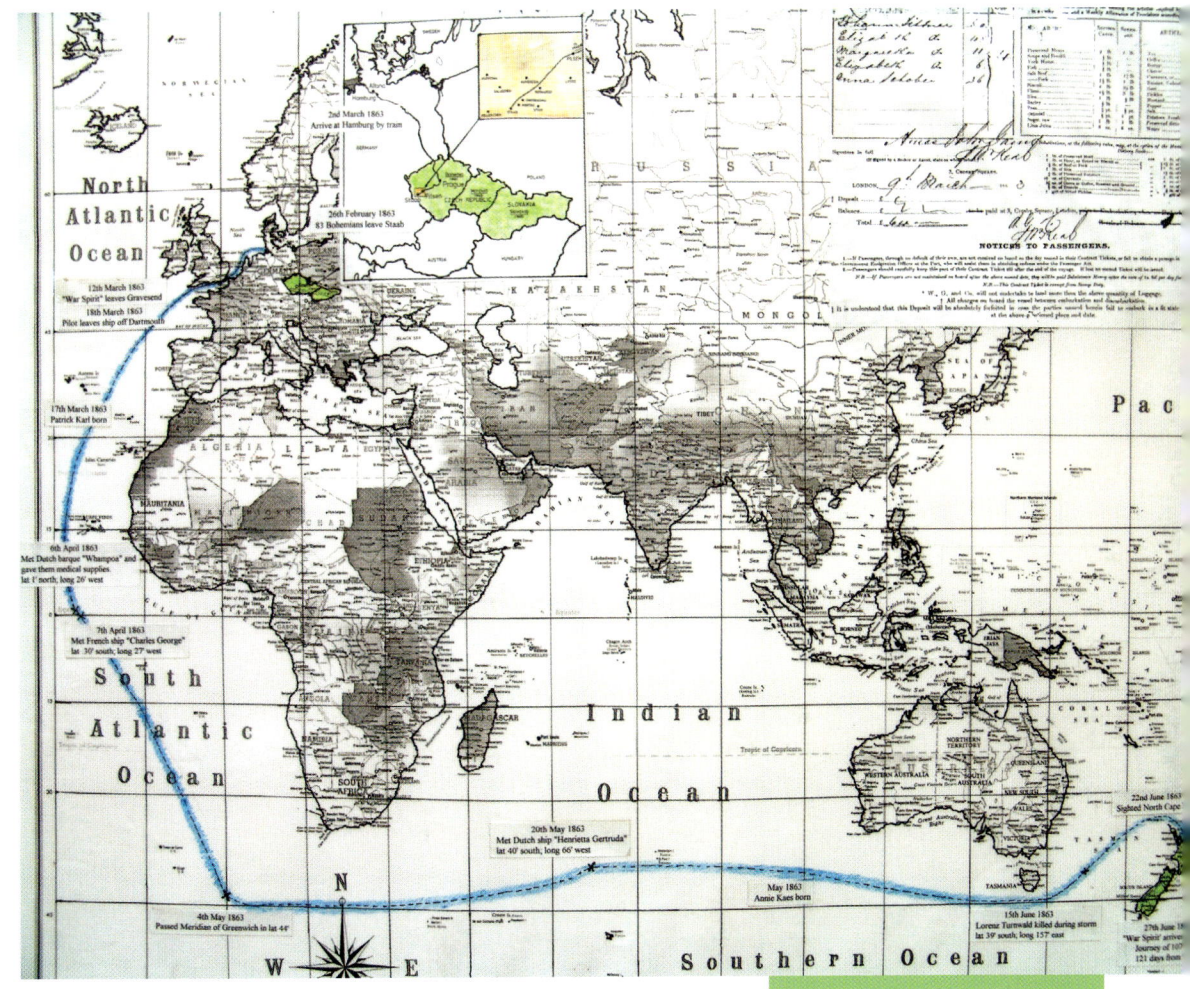

Mitte des 19. Jahrhunderts wanderten sehr viele Deutsche aus und
suchten anderswo bewirtschaftbares Land, das sie in Besitz nehmen
konnten. In der Heimat lebten sie mehrheitlich am Rande des Exis-
tenzminimums. Bei den Männern kam die Angst hinzu, zum Wehr-
dienst eingezogen zu werden. Zusätzlich gab es speziell bei den Böhmen Ängste aufgrund der zunehmenden Nationalitätenstreitigkeiten
in der k.u.k.-Monarchie in der zweiten Hälfte des 19. Jahrhunderts.

Der österreichische Armeeoffizier Martin Krippner hörte von seinem Schwager Pynson Longdill, der nach Auckland ausgewandert war, dass Neuseeland arbeitswilligen Europäern hervorragende Ansiedlungsmöglichkeiten böte. Longdill wollte ihm mit all seinen guten Beziehungen helfen. Krippner sollte sich nach Beendigung seiner Militärzeit für diesen großen Schritt entscheiden. Er kam schließlich 1859 mit seiner Frau, den Kindern, seinem Bruder sowie den Familien Pankratz und Scheidler und Frau Elisabeth Turnwald nach Auckland und ließ sich später in Orewa nieder. Krippner kaufte 40 Kilometer nördlich von Auckland Land und versuchte sich als Landwirt. Er kam jedoch mit dem unfruchtbaren Boden nicht zurecht und wandte sich an die Kolonialbehörde mit der Bitte um mehr Land, um eine größere böhmische Einwanderersiedlung gründen zu können. Er erhielt die Zusage und warb nun brieflich in seiner alten Heimat um Ausreiseinteressierte.

Das Angebot der neuseeländischen Provinzregierung, Einwanderer nur die Überfahrt, nicht aber den Grund und Boden als Vorausbedingung bezahlen zu lassen, bot Gelegenheit zur Immigration ganzer Gruppen. Michael Krippner, Martins Bruder, arrangierte dann die Einreise von 83 Egerländern, die sich zum größten Teil aus den Heimatgemeinden kannten. Es kamen Alte und Junge – drei Generationen, also ein guter Altersquerschnitt. Sie waren Bauern und Handwerker wie zum Beispiel Schmiede, Tischler und Schuhmacher.

Die Reise begann am 26. Februar 1863 um Mitternacht am Staaber Bahnhof, von wo aus es zunächst nach Prag ging. Aus den Ortschaften waren viele Leute gekommen, um Abschied zu nehmen – in dem Wissen, dass sie die Abreisenden wohl nie wiedersehen würden. Die Auswanderer wiederum gingen zum Teil davon aus, dass sie, wenn sie es in der neuen Heimat zu etwas gebracht haben würden, irgendwann nach Böhmen zurückkehren könnten. Die Emigranten erhielten

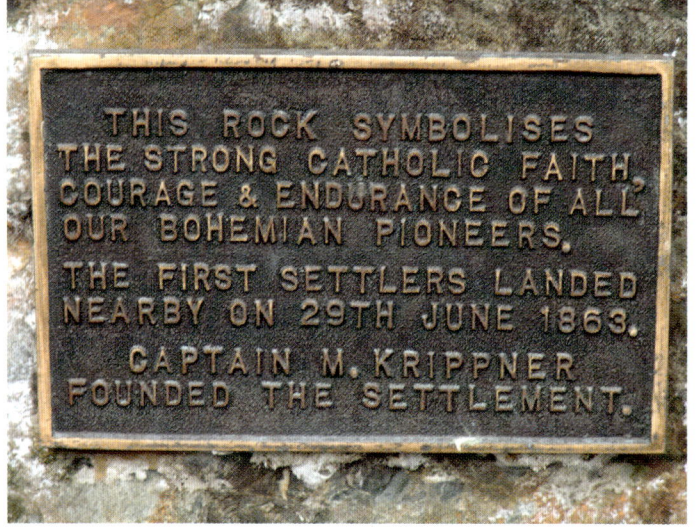

Mit dieser Tafel wird in Puhoi an die böhmischen Einwanderer und an den Gründer des Ortes, Martin Krippner erinnert

in Prag eine Audienz beim Erzbischof der Stadt, Kardinal Schwarzenberg. Seine Ratschläge sollten einen dauerhaften Einfluss auf ihr Leben haben: „Sie reisen zwar in ein fremdes Land, aber Sie müssen ihm dennoch von ganzem Herzen Treue schwören, gute, rechtschaffene Bürger zu werden. Unsere katholische Kirche ist dort fest etabliert. Bleiben Sie treue Soldaten des Kreuzes. Bewahren Sie die Tugenden der Egerländer, und so werden Sie stets festen Boden unter den Füßen haben."

Mit dieser Ermahnung griff der Erzbischof anscheinend auf die Charakterisierung von Vinzenz Prökl (1804-1887) zurück, der – später oft zitiert – im Jahre 1845 schrieb:

„Der Egerländer liebt eine einfache Lebensweise, er ist aufrichtig, redlich, arbeitsam, sparsam und gottesfürchtig; er lebt mit seiner Nachbarschaft im guten Einverständnisse, er hält das Wort, das er gibt; seine Kost ist einfach und nahrhaft, sein gewöhnlicher Trunk Säuerling, und wo dieser nicht zu finden, Wasser; der wohlhabende Bauer trinkt Abends gewöhnlich Bier. Branntwein wird verabscheut, und nur zu gewissen Zeiten wird von den Weibern ein versüßter getrunken. Munterkeit und untermischter Witz sind vorherrschende Eigenschaften des Egerländers; man trifft unter ihnen aufgeklärte Männer, überhaupt aber tüchtige Landwirthe."

Die Aussiedler reisten dann mit dem Zug nach Hamburg-Altona und setzten von dort nach England über. In Gravesend gingen sie an Bord des Schiffes „War Spirit", ein 1.241-Tonner unter dem Kommando des Kapitäns J. R. Lückes.

Die 106 Tage während Überfahrt begann am 12. März 1863 und verlief überwiegend ruhig. Allerdings löste sich in der unruhigen

Tasman-See ein Teil der Ladung und erdrückte einen Mitreisenden, Lorenz Turnwald, Vater von fünf kleinen Kindern.

In Auckland, der zur damaligen Zeit bedeutendsten Stadt Neuseelands, verbrachten die Neuankömmlinge nur einige Tage. Die Stadt muss sie schockiert haben. Auch wenn sie in Böhmen nicht viel herumgekommen waren, kannten sie doch größtenteils Pilsen, Eger und andere alte Städte mit ihrer Kultur und hatten zumindest Bilder von Prag gesehen. Auckland muss ihnen mit den vielen armseligen Hütten wie eine rauhe Grenzstadt erschienen sein.

Ein Kutter brachte sie von Auckland an die Mündung des Puhoi River (in der Maori-Sprache: der „langsame Fluss"), der heute auch unter dem Namen Wenderholm bekannt ist. Der Maori-Häuptling des Gebietes, Te Hemera Tauhia, hatte einige Männer mit Kanus warten lassen, um die Neuankömmlinge die sechs Kilometer flussaufwärts zu ihrer endgültigen Anlegestelle zu bringen.

Wieder waren die Siedler schockiert: Sie begegneten Menschen, die sie überhaupt nicht einordnen konnten, fuhren in dunkler Nacht und bei winterlicher Kälte an tiefdunklen Wäldern mit riesigen Bäumen vorbei und fanden am sumpfigen Zielort keine Häuser vor, sondern nur zwei große, aber sehr einfache Hütten aus Nikau-Palmzweigen, die nach Maori-Art gebaut waren. Das war in der Nacht des 29. Juni 1863. Eine Frau soll später gesagt haben: „Wenn ich übers Meer hätte gehen können, wäre ich heimgegangen."

Eine landwirtschaftliche Nutzung des sumpfigen Hügellandes mit dem fast undurchdringlichen Busch war anfangs nicht möglich. Die ersten Siedler ernährten sich von wilden Pflanzen, vom Fischfang und von der Jagd und waren auf die Maori angewiesen. Mehrfach sandten diese mit Früchten und Gemüse beladene Kanus und verhinderten so, dass jemand verhungerte. Der Häuptling Te Hemera erhielt deshalb von den Siedlern den Titel „Puhois bester Freund". Diese Rahmenbedingungen sowie der große Zusammenhalt aller und ihr unbeirrbares Vertrauen auf ihr Schicksal ließen sie überleben.

In der Folgezeit wurde das von der Provinzialregierung zugesprochene Land aufgeteilt und gemeinsam gerodet. Zusammen errichtete man feste Wohnhäuser. Der Busch wurde die erste Lebensgrundlage der Siedler. Das gerodete Holz wurde zu Hausbaumaterial zugeschnitten oder zu Zaunpfählen, Eisenbahnschwellen, Dachschindeln, Feuerholz

Fünf Generationen einer böhmischen Auswandererfamilie

und Vielem anderen mehr verarbeitet. Das nicht für den Eigenbedarf benötigte Holz brachte man an die Mündung des Puhoi River, wo es von Dampfschiffen abgeholt wurde. Kauri-Stämme und Uferholz wurden flussabwärts verschifft, ausgehöhlt, zu Flößen zusammengebunden und nach Auckland gezogen und dort verkauft.

Martin Krippner gelang es, weitere Egerländer Auswanderer zu gewinnen; er erhielt für jeden neuen Siedler eine Prämie von der Provinzialregierung. So trafen in den Jahren 1866, 1872 und 1876 weitere Immigranten-Gruppen in Puhoi ein.

Interessant sind die wenigen erhaltenen Zeitdokumente, zu denen auch ein ausführlicher Brief gehört. Die erste Auswanderer-Generation stand noch in Briefkontakt mit den Zurückgelassenen, zumeist den Eltern. Im Museum in Puhoi ist ein Brief vom 5. Juli 1872, also neun Jahre nach der ersten Auswanderungswelle nach Puhoi, von einem Vater aus dem Egerland an seinen Sohn in Puhoi erhalten54. Er gibt nicht nur Aufschluss über die Gemütslage, sondern auch über die damalige Lebenssituation in Böhmen. Und er zeugt von der Innigkeit und hohen Briefkultur auch sogenannter „einfacher" Leute, die uns im E-Mail-Zeitalter verloren gegangen zu sein scheinen. Trotz des Bedauerns der Trennung erweist der Vater dem Sohn Ehre und befürwortet dessen Schritt.

Gott beschütze Dich, geliebter Sohn!

Am 16. Juni erreichte uns Dein langer Brief, worüber wir uns sehr freuten. Ich hätte gern früher geantwortet, dann dachte ich aber, es wäre das Beste, noch etwas zu warten, damit ich Dir noch ein paar Einzelheiten zur nächsten Ernte mitteilen kann. Dieses Jahr läuft es Gott sei Dank besser als im vergangenen.
Wir hatten bisher schönes Wetter, wenig Regen. Der Weizen und der Roggen, den wir gesät haben, ist wunderbar gewachsen und bald reif für die Ernte. Wir haben auch eine ganze Menge Heu gemacht. Es wird genug sein, um uns über die nächsten 12 Monate zu bringen. Gerade jetzt fängt es an zu regnen, aber wir hoffen und beten zu Gott, dass es noch ein paar schöne Tage geben wird, wenn der Weizen so weit ist, damit wir ihn ohne Verlust ernten können.

Lieber Vincent, Ende Mai bis Anfang Juni hatten wir hier in Böhmen eine große Überschwemmung. Das ganze Tal zwischen Karlsbad und Prag war von Wasser überflutet. An manchen Stellen bis zu vier Meilen breit. Die Überflutung verursachte viel Schaden, eine große Anzahl Häuser wurde zerstört, viele Tiere wurden von der starken Strömung fortgespült, und was das Schlimmste ist, etwa ein Dutzend Menschen verloren ihr Leben. Jetzt, wo das Wasser zurückgegangen ist, ist alles mit gelblichem Schlamm bedeckt.

Lieber Vincent, wir lesen Deinen Brief immer wieder und sind sehr froh, erstens, weil Du recht zufrieden und glücklich zu sein scheinst in Deiner neuen Umgebung, und zweitens, weil Du so gute Neuigkeiten von Deinen Schwestern und deren Familien mitgeteilt hast. Lieb, wirklich sehr lieb von Dir, dass Du sie besucht hast. Wir sind froh zu hören, dass Ihr es schön miteinander hattet. Grüße sie herzlich. Ach, wie sehr würden Deine alte Mutter und ich uns freuen, wenn wir auch einmal zu Besuch sein könnten. Wie schön wäre es doch für uns, noch einmal alle zusammen zu sein, wenn auch nur für kurze Zeit. Aber da das nicht möglich sein wird, wollen wir dafür beten und auch für alle anderen, dass wir wenigstens im Geist beisammen sein können.
Es gibt nicht eine Stunde, mein lieber Sohn, in der ich nicht an Dich und Deine Schwestern denken muss. Möge Gott Euch weiterhin auf Eurem Weg führen und vor Übel bewahren.

Johann hat aus Wien geschrieben, dass er auch einen Brief von Dir bekommen hat. Er war sehr froh, von Dir zu hören, aber irgendwie hat er aufgegeben, daran zu glauben, dass Ihr Euch einmal wiedersehen werdet.

Lieber Vincent, wir erfreuen uns alle guter Gesundheit, sogar Deiner alten Mutter geht es so gut wie früher. Seit Deine Schwester sich um den Haushalt kümmert, hat Mutter mehr Ruhe und wir hoffen, sie wird noch viele Jahre bei uns bleiben.

Lieber Vincent, wie Du bereits aus Johanns Brief weißt, ist Georg jetzt Soldat. Er kam zum 6. Bataillon der Gebirgsjäger. Wäre Georg nicht eingezogen worden, hätten wir alle Böhmen verlassen können, um bei Euch zu leben, aber jetzt geht das nicht mehr.
Viele Deiner alten Freunde möchten ihre Heimat am liebsten auch ver-

lassen und in Dein neues Land kommen. Welche, die sehr bemüht sind wegzugehen, sind Anton Schischka aus Rothaujezd, zwei Söhne von Herrn Schollum. Aus Lititz Adalbert Bussdinger, Dorothea Katzer Balzer und noch ein paar andere junge Mädchen.

Sie haben bereits ihre entsprechenden Dokumente nach London geschickt, bis jetzt haben sie aber noch nicht die entsprechenden Papiere bekommen.

Unser Gemeindepfarrer hat sich sehr gefreut, von Dir zu hören, und grüßt herzlich zurück. Er spricht ja Englisch, und Du kannst ihm direkt und auch auf Englisch schreiben, wenn Dir das lieber ist.

Sammlung von Gegenständen und Schriften der Vorfahren im einzigen Pub von Puhoi

Es gibt noch viele andere Leute, die mich gebeten haben, Dich zu grüßen und Dir alles Gute zu wünschen. Dazu gehören auch Dein früherer Lehrer und seine Frau, dann Herr Wenzlik, Dein Großvater und Frau Vieten Baba. Ihr Sohn, der auch Vincent heißt, wird dieses Jahr mit dem Studium fertig. Auch Josef und seine Frau haben mich gebeten, Dir beste Grüße auszurichten.

Vor einiger Zeit bekamen wir von Johann, der jetzt als Dienstbote in Auherzen arbeitet, einen Brief, den wir am 20. April beantworteten, und hoffen nun, dass diese unsere Antwort ihn gut und sicher erreichte.

Dein letzter Brief enthielt eine Zeichnung, zu der wir Dir wirklich gratulieren. Bitte übermittele unseren herzlichen Dank an Deinen Schwager und an Deine Schwestern für den freundlichen Empfang, den sie Dir bereiteten. Möge Gott sie schützen für ihre Freundlichkeit. Bitte sage Herrn Christoph, dem Ehemann von Margarete, unseren besonderen Dank, denn er hat sich wie ein Vater um Dich gekümmert und sorgt für Dich als wärest Du sein Sohn.

Nun, lieber Sohn, habe ich Dir alles erzählt, was Dich interessieren könnte, und ich hoffe und bete zu Gott, dass er diesen Brief über Land und Meer führt, sodass Du ihn in nicht allzu ferner Zeit bei bester Gesundheit erhältst.

Bitte schreibe gleich, wenn Du diesen Brief bekommst, weil wir alle, und insbesondere Dein alter Vater und die Mutter, neugierig sind, wie es Dir geht.

Möge unser Gott Dich auf all Deinen Wegen beschützen und Dich begleiten bei all Deinen Unternehmungen. Wir werden auch weiterhin jeden Tag für Dich beten und hoffen, auch Du schließt uns täglich in Deine Gebete ein. Und so werden wir verbunden sein im Geiste.

In der Hoffnung, bald wieder einen Deiner netten Briefe zu erhalten, empfehlen wir Dich Gott. Der Segen Gottes sei mit Dir.

Dein Dich liebender Vater Caspar Plescher

1869 erteilte die Provinzialregierung die Genehmigung, im Distrikt mit Straßen- und Brückenbauarbeiten zu beginnen. Für die Siedler war diese Arbeit eine bedeutende Einkommensquelle. Während die Frauen in der Landwirtschaft arbeiteten, waren die Männer nun vorwiegend im Straßenbau tätig. So konnte Geld gespart, die alten Hütten durch Pfahl- und Massivbauten ersetzt und Nutzvieh angeschafft werden. Und aus dem Erlös der nach Auckland verschifften Produkte wurden zusätzlich wichtige Geräte gekauft.

1881 wurden das Schulhaus, das Pfarrhaus mit der noch heute existierenden Kirche, das Postamt sowie zwei Hotels und Geschäfte gebaut. Das erste Hotel hieß damals übrigens „German Hotel".

1883 waren über 1.000 Hektar Land kultiviert. Zur Jahrhundertwende war Puhoi eine blühende Gemeinde mit einem Rathaus, das übrigens noch heute diese Funktion innehat, und Hotels, die für zahlreiche Zusammenkünfte mit Musik und Tanz genutzt wurden. Obwohl viele Siedler recht weit vom Ortskern entfernt wohnten, entwickelte sich an den Sonntagen ein ausgeprägtes Gemeinschaftleben, und es wurden Sprache und Traditionen der alten Heimat bewahrt und gepflegt.

Die erste Generation von Siedlern konnte sich noch relativ isoliert entwickeln. Die fehlenden Verkehrswege, die Sprachprobleme und die riesigen ökonomischen Schwierigkeiten zu Anfang verhinderten engere Kontakte zur übrigen Bevölkerung. Mit der weiteren günstigen Entwicklung und dem Aussterben der ersten Siedlergeneration wurde es jedoch immer unumgänglicher, auch in Puhoi Englisch als Umgangssprache anzuerkennen. Allerdings galten die Puhoi-Siedler noch lange als „die Deutschen", die einerseits ob ihres Fleißes bewundert, andererseits aber auch politisch beargwöhnt wurden. Das zeigte sich sowohl im Ersten als auch im Zweiten Weltkrieg sowie in der Nachkriegszeit ab 1945 deutlich, obwohl mehrere Einwohner von Puhoi tapfer an der Seite der Neuseeländer gekämpft hatten.

Die Kirche St Peter and St Paul in Puhoi; davor eine Einwohnerin in Egerländer Tracht

Puhoi heute

Es gibt zwar die German-Bohemian Heritage Society, das Ortsmuseum und einen unregelmäßigen Kulturaustausch, belebt anlässlich der 100-Jahresfeier am 29. Juni 1963. Dennoch fühlen sich die Einwohner von Puhoi als waschechte Neuseeländer, die auf ihr museales Dorf stolz sind, dieses touristisch geschickt vermarkten und sich ihrer fernen Einwanderer-Traditionen bewusst sind. Als wir in den Ort einfuhren und vor der Kirche Halt machten, kam sogleich eine kleine, ältere Frau in Egerländer Tracht über die Straße und stellte sich als Nicht-Puhoianerin mit britischen Wurzeln vor. Man konnte jedoch gegen ein kleines Entgelt ein sehr schönes Foto von ihr machen. Die Tracht stimmte bis ins Detail – bis hin zu den genoppten Strümpfen. Schon Johann Wolfgang von Goethe hob hervor: „Es ist ein wackeres, abgeschlossenes Völkchen. Ich habe die Egerländer wegen ihrer beibehaltenen Kleidertracht, die ich in früheren Jahren wahrnahm, liebgewonnen."

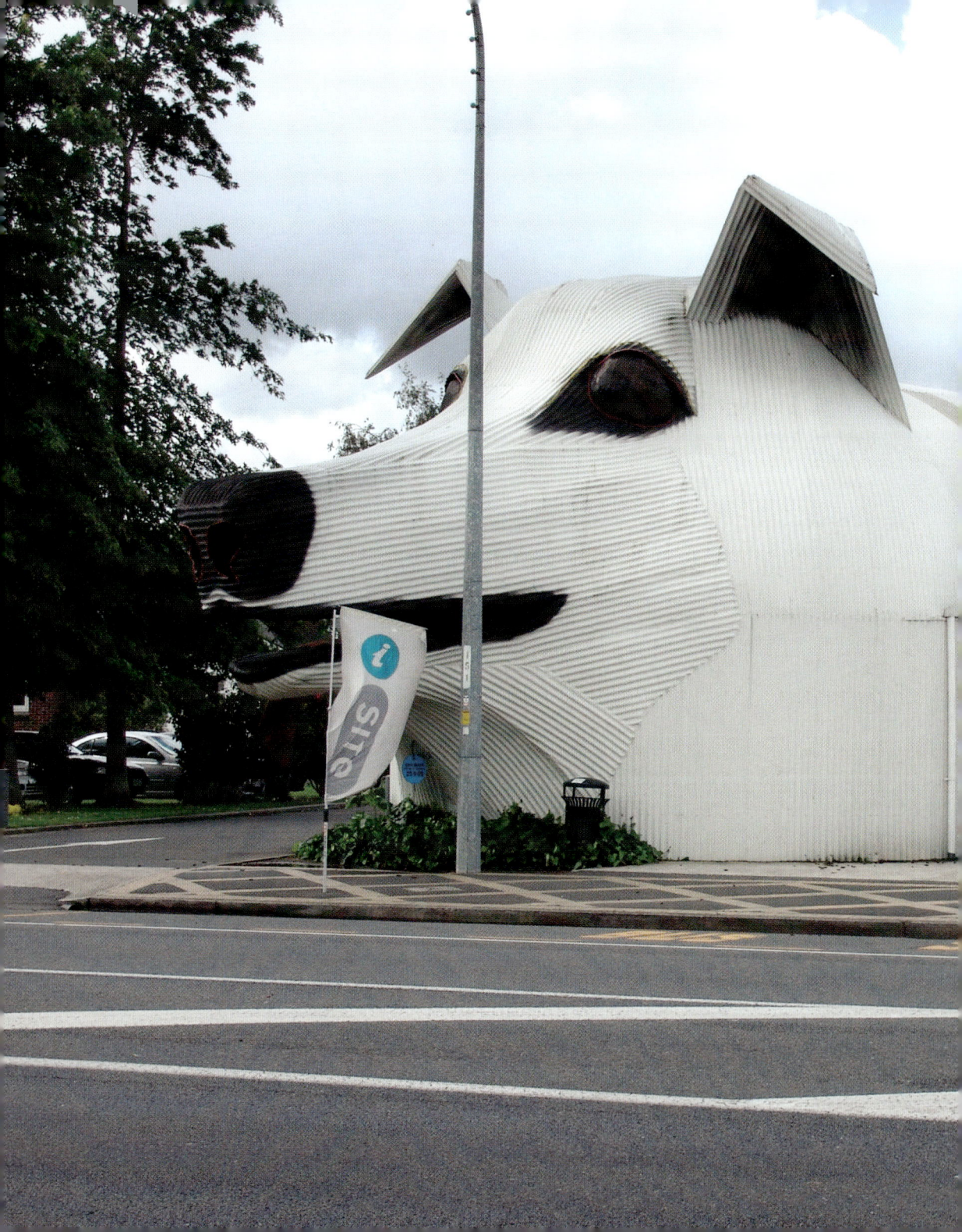

Kapitel 9

Neuseeländische
Kreativität

Ungewöhnliche Gebäude sind in Neuseeland gar nicht so außergewöhnlich

Neuseeländische
Kreativität

Erfinder

Die Kiwis sind seit jeher bekannt für ihren Einfallsreichtum, die schnelle Umsetzung ihrer Konzepte und auch für allerlei skurrile Ideen. Es könnten nun seitenweise Aufzählungen international genutzter Erfindungen aus Vergangenheit und Gegenwart folgen – wir wollen uns jedoch auf einige ausgewählte für die verschiedensten Lebensbereiche beschränken.

Da gibt es verschiedene Flugzeuge aus der Pionierzeit des Fliegens und die Erfindung eines Luftschiffes, das allerdings nie gebaut wurde.

Das schnellste Motorrad der Welt stammt ebenso aus Neuseeland wie das Hamilton-Jetboot. Inzwischen wurden auch interessante Turbo-Amphibienfahrzeuge wie ein amphibisches *Quadski* – die Kreuzung eines Quads mit einem Jetski-Fahrzeug – entwickelt.

Das gefrorene Fleisch ist eine Erfindung der Kiwis. In diesem Zusammenhang sei auch die Weiterentwicklung von Tiefkühlsystemen genannt. Die Tiefkühlschrank-Saugpumpe stammt ebenfalls aus Neuseeland.

Ein Bambusfahrrad mit vertikalem Pedalantrieb, Stangenschaltung und Rücktritt-Felgenbremse wurde Anfang des 20. Jahrhunderts gebaut und erwies sich als technisch gute Lösung, wurde aber kein „Renner".

Richard William Pearse (1877 – 1953), Flugpionier, der schon vor den Brüdern Wright den Motorflug erprobte, und Erfinder des Bambusfahrrades

Neuseeland baut seismisch isolierte Gebäude und entwickelte ein Erdbeben-Stoßdämpfersystem für große Gebäude.

Natürlich wurden Erfindungen in der Forst- und Landwirtschaft gemacht; gegenwärtig ist das Land bei Biotech-Patenten unter den führenden Nationen.

Hier wurde der erste für Tiere undurchlässige Zaun entwickelt, und auch der elektrische Zaun stammt aus Neuseeland.

Die elektrische Benzinpumpe wurde in diesem Land erfunden, ebenso der Briefmarkenautomat, die moderne Gaskochplatte „SimmerMat", der Gehstockstabilisator „Unifoot", die „Munro Hollowing Tools" (spezielle Aushöhlwerkzeuge) und vieles andere mehr.

Besonders findig sind die Kiwis natürlich auch im Bereich Sport und Spiel: Das Bungee-Jumping stammt von hier – genauso wie *Canyon Swing*, *Zorbing* und *GolfCross*, eine neue Sportart mit einem ovalen Golfball und kleinen Rugby-Toren – um nur einige Beispiele zu nennen. Schließlich stammt auch das Strategie- und Legespiel *Tantrix* aus Neuseeland.

Eine Neuseeländische Erfindung: das Jetboot. Foto: Shotover Canyon in Otago

Die Erdhügelhäuser der Hobbits

Spätestens seit der Verfilmung des Romans „Der Herr der Ringe" in Neuseeland sind die kleinen Wesen namens Hobbits und auch deren seltsame Erdbehausungen mit den runden Fenstern weltweit bekannt.

Die Verfilmung in Neuseeland brachte dem Land mindestens drei nachhaltige Vorteile:
• Der Film konnte vor einer weltweit einmaligen Naturkulisse gedreht werden, die dem Roman in idealer Weise entgegenkam und die Zu-

schauer neugierig auf dieses Land machte. In der Folge kurbelte das auch tatsächlich den (Fan-)Tourismus an.

- Die neuseeländische Filmindustrie erhielt einen enormen Auftrieb und erweiterte ihre zukünftigen Exportmöglichkeiten.
- Der Film fuhr als Publikumsrenner einen beachtlichen Gewinn ein.

Und „nebenbei" stieg das Interesse an Erdhäusern, neue Diskussionen um ein naturintegriertes Bauen wurden entfacht – genau so, wie es Friedensreich Hundertwasser angestrebt hatte.

Eine nachgebaute Hobbithöhle als Kinderspielplatz

Interessant ist es, nach dem Ursprung dieser Erdhügelhäuser zu suchen, denn das führt uns wieder zu Friedensreich Hundertwasser, dem bekannten Wiener Architekten, der die letzten zwei Jahrzehnte seines Lebens nahe Kawakawa auf der neuseeländischen Nordinsel verbrachte. Er lebte im wahrsten Sinne des Wortes ein natürliches Dasein mit vielen architektonischen Experimenten des naturintegrierten Wohnens. So propagierte er lange Zeit das Leben in und unter der Erde mit optimalem Wohnklima und einem minimalen Verbrauch natürlicher Ressourcen. Insbesondere in seinen letzten Lebensjahren warb er als „Philosoph und Arzt der kranken Architektur" für die Umsetzung seiner Ideen. Erdwohnungen, so betonte er immer wieder, können aus natürlichen Baustoffen bestehen. Sie versiegeln den Boden nicht, verbrauchen wenig Energie und geben den Bewohnern ein Gefühl der Sicherheit und des Einsseins mit der Natur.

Die eigentlichen Wurzeln dieser Häuser aber liegen bei den Mandan-Indianern in North Dakota (USA). Dort war das Bauprinzip früherer Jahrhunderte sehr einfach und beständig: In einer tiefen Grube wurde ein Gewölbegerüst aus Holz errichtet und dann mit Zweigen und Erde bedeckt. Ein Eingangstunnel führte in das Innere der rund 15 Meter breiten Erdhügelhäuser.

Mitten in der fast unberührten neuseeländischen Natur fallen die Hobbit-Häuser kaum auf; sie scheinen einfach hierher zu gehören.

Wir müssen aber gar nicht so weit reisen, um Erdhügelhäuser zu besichtigen. In Donaueschingen, einer Kreisstadt zwischen Bodensee und Schwarzwald, steht eine Öko-Siedlung des Architekten Gerd Hansen. Er baute mit seiner Firma Archy Nova schon 1992 das erste

Erdhügelhaus in Deutschland. Inzwischen gibt es 16 solcher Bauten im Land.

Interessant sind die gesammelten Erfahrungen des Projektes in Donaueschingen. Im Jahre 1992 wurde dort ein gesamtstädtisches Klimakonzept verabschiedet. In diesem Zusammenhang wurde das Projekt „Erdhügelhäuser" ins Leben gerufen, das vom Wirtschaftsministerium Baden-Württemberg gefördert wurde. Zwischen 1992 und

Von Hobbit-Architektur inspiriert? Erdhügelhaus von Friedensreich Hundertwasser: Hotel „Rogner Bad Blumau" in der Oststeiermark

1993 entstanden in der Ökosiedlung „Auf der Staig" neun Erdhügelhäuser. Das Ziel dieses Projektes war es, Prinzipien des ökologischen Bauens zu erproben und die Zumutbarkeit für die neuen Hauseigentümer sowie deren Wohnzufriedenheit zu testen. Die Erdhügelhäuser sind kompromisslose Beispiele für ein Bauen im Einklang mit der Natur. Die Häuser passen sich in die Natur ein, versiegeln den Boden nicht, verbrauchen extrem wenig Energie und bestehen aus natürlichen, gesunden Baustoffen. Der Aushub wird für die Bedachung und gleichzeitig als Basis für die Dachbegrünung verwendet. Diese Häuser sind klimagerecht gebaut. Die Erdschicht sorgt im Winter für Wärme und im Sommer für Kühle. Die isolierende Wirkung von Erde und Pflanzen führt zu einer starken Heizenergie-Einsparung und Minimierung des Wasserverbrauchs. Die Begrünung der gesamten Dachflächen und der Zwischenbereiche von Haus zu Haus dient zum einen der Wiederherstellung verschiedener Bodenfunktionen wie zum Beispiel der Speicherfähigkeit von Regenwasser. Dieses wird zeitversetzt an das Grundwasser abgegeben und nicht den Abwasseranlagen zugeführt. Andererseits garantiert das Grasdach das ganze Jahr über ein angenehmes Raumklima; es bindet außerdem Staubpartikel und Luftschadstoffe.

Auch in der Schweiz werden von der Peter Vetsch AG in Dietikon sehr originelle Erdhäuser gebaut.

Ein weiteres Haus des Hotel-komplexes in Bad Blumau

Die neuseeländischen Erdhügelhaus-Experimente von Friedensreich Hundertwasser führten schließlich zu seinem größten bewohnbaren Kunstwerk: dem Wellnesshotel Rogner Bad Blumau in der Steiermark (Österreich), das zwischen 1993 und 1997 entstand – außergewöhnlich und in hohem Einklang mit der Natur. Die nachfolgenden, 2007 aufgenommenen Bilder zeigen die Möglichkeiten des naturintegrierten Bauens – bezogen auf große und kleine, auf ober-, eben- und untererdige Bauten. So ist zum Beispiel das vierstöckige Ziegelhaus mit Tiefgarage und durchgehendem Grasdach freistehend. Die „Augenschlitzhäuser" hingegen sind in Erdhügel „hinein"-gebaut, und die vier Waldhofhäuser, die für Frischvermählte freigehalten werden, sind unterirdisch mit einem bewachsenen Lichthof angelegt.

In Bielawa im polnischen Verwaltungsbezirk Niederschlesien wird im Rahmen der ökologischen Stadtentwicklung auf einem 30 Hektar großen Gebiet um den Stausee Sudety die fantastische Mythenwelt „Mittelerde" aus Tolkins Roman nachempfunden. Neben etlichen Romanmotiven werden auch Erdhäuser und Naturdachhäuser gebaut und deren Nutzung wissenschaftlich begleitet. Nach der Fertigstellung wird mit jährlich mindestens 200.000 Besuchern gerechnet.

So fügen sich einzelne Mosaikteilchen zusammen. Wahrscheinlich werden in der zweiten Hälfte unseres Jahrhunderts in großen wie in kleinen Wohnsiedlungen bedeutend mehr ökologische Bauten – und somit auch Erdhaussiedlungen im Rahmen von Mischbebauungen – selbstverständlich sein. Die neuseeländische Darstellung des Romans „Der Herr der Ringe" verbindet somit einen Ausflug in eine Märchenwelt mit einem prophetischen Blick, bestärkt durch den „Naturarchitekten" Hundertwasser.

Neuseeland – so fern und doch so nah. Auch bei diesem Thema kann man sehen, wie eng die Zusammenhänge und Parallelen zwischen Neuseeland und Europa sind.

Und noch eine Verbindung ist interessant: Durch die Verfilmung des Romans „Der Herr der Ringe" ist vielen Deutschen der Name des Autors, John Ronald Reuel Tolkien, ein Begriff geworden. Tolkien wurde zwar 1892 in Südafrika geboren, jedoch stammte seine Familie väterlicherseits aus Sachsen und trug vor der Auswanderung, die allerdings schon im 18. Jahrhundert erfolgte, den Namen Tollkiehn, was so viel wie „tollkühn" bedeutet. So schließt sich hier ein Kreis: Tolkien kehrt – zumindest geistig – über Neuseeland nach Deutschland heim.

Die Sprache der Kiwis

Wo genau ist jetzt eigentlich Mainland?

Wer in Neuseeland auf der Nordinsel lebt, ist für die anderen Kiwis ein „North Islander". Das sind zwei Drittel aller Einwohner. Die größere Südinsel ist viel dünner besiedelt, und diejenigen, die hier zuhause sind, nennt man „South Islander". Ganz gleich, von wo die Neuseeländer auch kommen, ihre Insel ist in jedem Fall das „Mainland". Wo *Mainland* ist, scheint demnach eine Frage des Standpunktes zu sein.

Die Bewohner der vielen kleinen Inseln werden etwas salopp als „Pig Islander" bezeichnet, zumindest von den Bewohnern der beiden großen Inseln. Möglicherweise geht der Ausdruck „Pig Island" auf die Vielzahl an Wildschweinen zurück, die auf den entlegenen kleinen Inseln zu finden sind und diese zu Jägerparadiesen machen.

Die großmäuligen Aussis (ausgesprochen: „Ossis" – gemeint sind aber die Australier) verwenden *Pig Islander* gelegentlich herablassend für alle Neuseeländer.

Nicht zu vergessen ist natürlich Stewart Island, das *Mainland* der *Stewart Islander*.

Enzedder oder was?

Dass „Enzedder" (von NZ, der Abkürzung für „New Zealand") ebenso wie „Kiwi" die Bezeichnung für die Einwohner Neuseelands ist, wissen Sie sicher schon. Aber wussten Sie auch – Humor muss sein – dass der

Kreativität und Humor gehören in Neuseeland oft zusammen: Oben: Zeitungsleser-Skulptur Unten: Zweitverwertung einer Toilette als Briefkasten und Blumentopf

Durchschnitts-Enzedder, einer mit Häuschen, Frau und zwei Kindern, den wir als Mittelklasse-Kiwi bezeichnen würden, auch „Joe Bloggs" oder „Joe Paki Paki from Opunaki" genannt wird?

Als Fremder sollte man übrigens sehr zurückhaltend sein mit derlei Insider-Vokabular, denn richtig in Gefahr bringen kann man sich, wenn man zum Beispiel in einem mehrheitlich von Maori bewohnten Ort die Bezeichnung „Hori" verwendet, wobei es sich um einen sehr negativ besetzten Ausdruck der Pakeha, also der Weißen, für die Ureinwohner Neuseelands handelt. Schlimm kann es auch kommen, wenn man das von den Australiern gelegentlich für deren Ureinwohner benutzte „Bong" in den Mund nimmt und damit einen Maori meint.

Oben: Skulptur eines im Gras Versunkenen
Unten: Öffentliche gemeinschaftliche Kunstaktion: an einem Gitter aufgehängte Schuhe. Eine spezielle Kunstform in Neuseeland, die gern auch mit Büstenhaltern und anderen aufhängbaren Dingen praktiziert wird

Wie überall auf der Welt werden auch in Neuseeland in einer Art Rangfolge die vielen Zugewanderten aus allen Regionen der Erde in abfälliger Weise tituliert. Die ursprünglich aus Dalmatien eingewanderten Baumfäller und Gumdigger, deren Nachfahren heute häufig Weinbauern sind wie ihre Ahnen, sind beispielsweise die „Dallies".
Die Maori grenzen sich wiederum als stolze Erstbesiedler ab, sogar gegenüber den immer noch zuziehenden Polynesiern bzw. den von den Cook-Inseln Kommenden. Dabei sind sie schließlich selbst einst von dort gekommen. Wie auch immer, diese Einwanderer sind für die Maori die „Coconuts".
Die vielen Touristen aus aller Herren Länder dürfen natürlich auch nicht ausgelassen werden, und so müssen sie damit rechnen, abfällig als „Pom", „Pommie" oder „Tommie" tituliert zu werden, wenn sie aus Großbritannien kommen.
Es gibt aber auch noch die „Wogs", das sind die Dunkelhäutigen bzw. Farbigen, die „Chinks" – die Chinesen, die „Frogs" sind die Franzosen und die Italiener heißen „Ities". „Choppers", was eigentlich „Zähne" bedeutet, ist hinter vorgehaltener Hand das Wort für die malaysischen Studenten an den neuseeländischen Universitäten.

Die Kiwis kann man am besten mit *laid back* charakterisieren, eine oft gebrauchte Redewendung, die so viel bedeutet wie „zurückgelehnt", „entspannt", „unaufgeregt", „langsam". Sehr oft hört man im Alltag Leute „no worries" sagen („kein Problem" bzw. „kein Grund zur Sorge"). „Cheers" bezeichnet sehr viel – von „Danke" über „Hallo", „Macht nichts" bis hin zu „Auf Wiedersehen".

Autokennzeichen und das Zuhause – Spiegel der Individualität

Autokennzeichen sind bei den Kiwis oft Ausdruck der Individualität, Originalität und Unverkennbarkeit. Ein Auto erhält nur einmal ein Kennzeichen und das behält es bis zum Tag der Verschrottung. Für ganz Neuseeland gibt es dafür übrigens nur eine einzige Behörde.

In Deutschland befindet sich jemand, der den Vornamen „Ute" trägt, in bester historischer Gesellschaft, denn so hieß die Mutter von Kriemhild – überliefert durch das Nibelungenlied. Letzteres kennt kaum ein Neuseeländer, und es würde natürlich beim Nennen des Namens „Ute" keinem Kiwi in den Sinn kommen. „Ute" steht in Neuseeland für einen sehr beliebten und zugleich praktischen Fahrzeugtyp: das „utility vehicle" – ein Pickup. Wer kann, versucht in sein Autokennzeichen irgendwie „LUV UTE" einzubauen. Gemeint ist also nicht die Freundin oder Frau, sondern eine Auto-Ikone.

Bei der Wahl eines Nummernschildes kennt die Kreativität keine Grenzen, und mit etwas Übung versteht man schließlich die witzigen Gedanken und Informationen des Besitzers. Liest man beispielsweise „RUL 84 T", so bedeutet das: „Are you late for tea?" („Kommst Du zu spät zum Abendessen?"). „EZ 2 GET" bedeutet: „Easy to get" („Leicht zu haben").

Einfacher zu deuten sind die Kennzeichen auf den Abbildungen. Genauso viel Wert auf Individualität und Originalität wie bei den Autokennzeichen legen viele Kiwis auf dem Land bei der Gestaltung ihrer Häuser, Gärten und Zäune.

Weihnachten am Ende der Welt – andere Länder, andere Sitten

Nicht nur, dass es in Neuseeland sommerlich warm ist, wenn hierzulande dicker Nebel die Sonne nicht durchkommen lässt und es schließlich mit ersten Schneeflocken auf Weihnachten zugeht, alles ist irgendwie anders:

- Die Sonne steht mittags im Norden; sie zieht also sozusagen von „rechts nach links".
- Der sichtbare Sternenhimmel ist anders. Der Große Wagen steht auf dem Kopf und das markanteste Sternbild in Südrichtung ist das Kreuz des Südens.
- Die Kiwis fahren auf der linken Straßenseite, und auf dem Bürgersteig oder auf der Rolltreppe im Kaufhaus kommen uns, die wir uns rechts halten, alle Leute irritiert entgegen.
- Die meisten Pflanzenarten sind endemisch, d.h. es gibt sie nur in Neuseeland.
- Fährt man nach Norden, gelangt man nicht in kältere Gebiete, sondern in die Subtropen.
- Das Wasser im Waschbecken oder in der Dusche läuft wegen der hier entgegengesetzt wirkenden Corioliskraft „andersherum" ab, also im Uhrzeigersinn.

Wie sollte es da anders sein: auch die Advents- und Weihnachtszeit erlebt man hier nicht so, wie wir das kennen.

Wohltuend ist die Tatsache, dass das weihnachtliche Dekorieren der Schaufenster erst viel später als bei uns beginnt, nämlich tatsächlich erst Ende November. Dann aber geht es ziemlich flott und lustig auf Weihnachten zu im Land der Kiwis. Alle Firmen, Vereine und Clubs organisieren Christmas Parties, die in den meisten Fällen thematisch gestaltet werden und eine offensichtliche Nähe zu unseren Faschingsfeiern nicht verleugnen können: Die Belegschaft erscheint im entsprechenden Kostüm als Indianer oder Cowboy, oder man erlebt eine Seeräuberparty. Es herrschen ja hochsommerliche Temperaturen, Neuseeland liegt im Südpazifik, wo Wasser und eben alles Maritime allgegenwärtig sind. Irgendwoher aus einem Restaurant am Hafen hört man Trommeln, die mit fantastischer Perfektion geschlagen werden, scheinbare Inselbewohner aus Samoa nehmen Einwanderer-Fräulein im Outfit des beginnenden 20. Jahrhunderts in Empfang, und die ausgelassene, ausgesprochen fröhliche Stimmung steckt an.

Gelegentlich werden anlässlich der Weihnachtsfeiern auch große Schiffe angemietet, die beim Entlangschippern an den Küsten eine unüberhörbare Geräuschkulisse bieten.

Da die Betriebsfeier auch gern am Strand ausgerichtet wird, sind barfüßige Nikoläuse in knallender Sonne (es ist ja Sommer und dementsprechend lange hell) keine Seltenheit.

Die Tageszeitungen informieren übrigens im Vorfeld dieses alljährlichen Ereignisses regelmäßig über sinnvolle Vorkehrungen und Überlegungen, damit die Freude nicht getrübt wird. So brachte beispielsweise der Weekend Herald vom 20./21. November 2004 einen halbseitigen Beitrag, der auf vermeidbare Pannen hinwies, Erinnerungen an vergleichbare Feiern aus den vergangenen Jahren wachrief und schließlich eine Checkliste präsentierte, deren Beachtung eine gelungene Party garantieren sollte.

Die Hinweise für eine erfolgreiche Fete begannen mit der rechtzeitigen Planung (möglicherweise bereits im Juli) durch ein Festkomitee. Der Autor des Artikels begründete die thematische Gestaltung und damit das Verkleidungsritual ganz einfach: Es reguliere die Statusfragen innerhalb eines Unternehmens, und das Selbstwertgefühl der Angestellten steige bzw. gleiche sich so aus, dass die Atmosphäre dem für neuseeländische Bürger unwahrscheinlich wichtigen Streben nach Gleichheit gerecht werde. Allerdings sei die Kommission angehalten, darauf zu achten, dass die Kostümierung im Rahmen bleibe. „Das Letzte, was Sie wollen", schrieb der Autor, „ist eine Klage wegen Verletzung der Menschenrechte oder wegen sexueller Belästigung." Einmal habe Vodafone das Motto „One Night in Bangkok" gehabt und prompt sei es zu unkontrollierten Strip-Einlagen gekommen, was dann zu eben diesem Resultat geführt habe. Außerdem wurde auch an eine Strandparty erinnert, die ein paar Jahre zuvor dramatisch geendet hatte, als ein Angestellter durch ein plötzlich entfachtes Feuer zu Tode gekommen war.

Einen weiteren wichtigen Aspekt gelte es zu beachten in einem Land, das zwar Weihnachten feiert, jedoch ein Schmelztiegel von Menschen aus aller Herren Länder ist: bei der Gestaltung der Feier sollte das Festliche stärker betont werden als das Weihnachtliche. Dies betrifft besonders international oder multikulturell zusammengesetzte Firmen. Sollte man sich für eine eher traditionelle, also im ursprünglichen Sinne von Weihnachten ausgerichtete Veranstaltung entscheiden, dann könne man durchaus einen Austausch von Geschenkpäckchen organisieren. In diesem Falle müsse der Geschenkwert jedoch genau festgelegt werden und ebenso die Art der Geschenke, denn nichts wäre schlimmer als Überraschungspräsente, die die Kollegen aufgrund deren Religionszugehörigkeit, Rasse oder Sexualität diskriminieren oder beleidigen könnten.

Vodafone ist bekannt für ausgesprochen flippige Partys, obwohl als Resultat der bereits angesprochenen Klagen besonders der weiblichen Belegschaftsmitglieder nach dem „One Night in Bangkok"-Desaster doch einige konventionellere Feiern stattgefunden haben. Einmal hieß das Motto „Boogie Wonderland trifft Alice in Wonderland". Verschiedene Bereiche mit unterschiedlichen Musikrichtungen ließen Rock-, Jazz- oder Blues-Fans ihren bevorzugten Platz finden.

Zu den Tipps, die der New Zealand Herald für die garantiert gelungene Party veröffentlichte, gehörten unter anderem die folgenden:

- Planen Sie Ihr Budget so früh wie möglich.
- Prüfen Sie die Gesundheits- und Sicherheitsrisiken. Bei Strandpartys empfiehlt es sich, Verantwortliche zu benennen, die darauf achten, dass angetrunkene Belegschaftsmitglieder nicht baden gehen.
- Reden Sie mit Ihren Mitarbeitern, sodass alle wissen, wie sie sich zu verhalten haben. Jeder trägt die Verantwortung für sich selbst.
- Es ist keine schlechte Idee, den Alkoholkonsum auf Bier und Wein zu beschränken. Alkoholfreie Getränke sollten dagegen in großer Vielfalt angeboten werden.
- Organisieren Sie ein Unterhaltungsprogramm, das möglichst Vielen gerecht wird.

Neuseeländisches Weihnachtsdessert mit „hard sauce" (unten Mitte) für Pudding und als Teil von Törtchen (oben links)

- Bei Barbecues am Strand sollten Feuerverantwortliche festgelegt werden. Außerdem sollten Löschutensilien zur Hand sein.
- Organisieren Sie Taxis für die Heimfahrt, damit kein Alkoholisierter selbst fährt.

Hoffen wir also, dass immer alle Ratschläge befolgt werden, damit die Christmas Party ein voller Erfolg wird und hinterher alle zufrieden sind.

Die Weihnachtsfeiern sind das eine charakteristische Adventsereignis in Neuseeland, ein anderes sind die allerorts stattfindenden Santa Parades – großartige, lange vorbereitete Umzüge durch Städte und Gemeinden, die die ansässigen Vereine, Betriebe und alle möglichen Organisationen mitgestalten und damit natürlich auch Werbung in eigener Sache machen. Bereits lange vorher künden riesige Transparente, die quer über Straßen und Plätze gespannt sind, oder Werbetafeln an allen Ecken von dem bevorstehenden Ereignis.

Die großen Handelsketten wie Farmers und The Warehouse sponsern prächtige Festwagen, von denen aus pausbäckige Engel Wasser ins Publikum spritzen, Konfetti werfen und zentnerweise Bonbons verteilen. Cheerleader-Gruppen führen ihre schwungvollen Darbietungen vor, skandieren dabei die unterschiedlichsten Werbesprüche und sorgen genauso für eine ausgelassene Rosenmontagsstimmung wie die Blaskapellen mit ihren flotten Rhythmen. Zwischen chinesischen Drachentänzern und schottischen Dudelsackbläsern, die im Wechsel Weihnachtslieder und Hochlandweisen ihrer Urheimat zu Gehör bringen, entdeckten wir während eines Aufenthaltes in Auckland sogar eine Basler Guggemusik-Band.

So stellt also jeder Ort das zur Schau, was er zu bieten hat, und alle sind glücklich, wenn an diesem Tag die Sonne scheint und sich der Sommer von seiner schönsten Seite zeigt.

Als Krönung einer solchen Parade thront meist ein Nikolaus auf einem prachtvollen Schlitten und weist mit seinem Gefolge, mit Hirten und Schafen, der Heiligen Familie und einer Engelsschar auf die Weihnachtsbotschaft hin. Die Betonung des christlichen Charakters einer Santa Parade ist von Ort zu Ort verschieden und hängt von der ethnischen Zusammensetzung einer Gemeinde ab. In einem Land, das einem Schmelztiegel der Völker gleicht, ist die bunte Vielfalt der Religionen, das Mit- und Nebeneinander unterschiedlicher Auffassungen, Sitten und Bräuche für alle Normalität.

Phutukawa, der neuseeländische „Weihnachtsbaum"

Wenn es in Neuseeland Weihnachten wird, blühen die prächtigen Pohutukawabäume strahlend rot. Ein herrlicher Anblick und das Signal dafür, dass die großen Ferien bald beginnen. Und dann warten die Kinder wie überall auf der Welt, wo Weihnachten gefeiert wird, auf die Geschenke. Die bringt aber nicht der Weihnachtsmann oder das Christkind am 24. Dezember, sondern ein lustiger Kerl, vielleicht ein mit roten Schwimmshorts bekleideter Geselle mit weißem Vollbart, der auf dem Surfbrett oder mit Wasserskiern daherkommt, in der Nacht zum 25. Dezember.

Wie in allen angelsächsischen Ländern findet die Bescherung am Morgen des ersten Weihnachtstages statt. In den Häusern werden bunt geschmückte, meist mit Plastikkugeln geputzte Christbäume aufgestellt, unter die später die Geschenke gelegt werden.

Am Abend des 24. Dezember kann man beobachten, wie die Kinder ihre Socken am Kamin aufhängen und Milch und Kekse davorstellen. Ob das für Father Christmas oder für das Christkind sein soll? Jedenfalls wird den Kindern erzählt, dass der Weihnachtsmann oder das Christkind durch den Schornstein kommt, die Geschenke vor dem Kamin verteilt, sich Kekse und Milch schmecken lässt, um dann wieder durch den Schornstein zu verschwinden.

Früh am Morgen werden die Geschenke ausgepackt. Bei uns ist es dann übrigens erst der Abend davor, da Neuseeland uns zu der Zeit ja 12 Stunden voraus ist. Außer Spielsachen, Büchern und anderen Geschenken, die Kinder auch hierzulande bekommen, gibt es in Neuseeland auch die crackers. Das sind kleine Päckchen, die aussehen wie große Bonbons. Darin sind immer kleine Spielsachen versteckt.

Viele Familien besuchen am Morgen des ersten Weihnachtstages die Kirche. Nach dem Kirchgang folgt aber statt eines üppigen Festmahls mit Truthahn, Gänsebraten, Blaukraut und Knödeln ein fröhliches Barbecue auf der Terrasse oder im Garten. Und solange der Grill noch nicht richtig heiß ist, tollen die Kinder durch den blühenden Garten, und für den Hausherrn, der in der Regel für das Grillen verantwortlich ist, gibt es erst einmal ein kühles Bierchen. Die Mütter kümmern sich normalerweise um Beilagen, Salate und Gemüse. Schließlich kommt das Fleisch auf den Grill, meist ein paar Sorten: Lamm, Rind oder Huhn, auch Würstchen erfreuen sich großer Beliebtheit. Und hinterher lassen sich alle die frischen Erdbeeren schmecken. Genau wie bei uns werben die Metzger schon lange vor den Feiertagen um Vorbestellungen, damit auch alles wunschgemäß zum Fest zur Stelle ist.

Am zweiten Weihnachtstag, dem „Boxing Day", packen nicht etwa die Bediensteten der Herrschaft ihre Geschenke aus – was ursprünglich einmal die Bedeutung dieses Tages war – nein, ganz Neuseeland packt den Picknickkorb, um an der jeweils nächstgelegenen Meeresküste ein nationales Grillfest mit anschließender sportlicher Betätigung wie Cricket oder Bowling zu veranstalten.

Die Kinder sind glücklich, und das nicht nur wegen der Weihnachtsgeschenke, sondern weil die Sommerferien endlich da sind.

Neuseeländische Literatur: Alte Legenden und moderne Mythen

Zu den Ideen und Vorstellungen, die unmittelbar mit Neuseeland verbunden werden, gehört nicht unbedingt die Literatur – sofern man von Drehbüchern absieht, die bedingt durch den „Herr der Ringe"-Zyklus und einige andere international erfolgreiche Kino-Produktionen sicherlich nicht nur für viele Film-Fans eine unmittelbare Assoziation zur neuseeländischen Landschaft bilden. Dabei würden die hiesigen Schriftsteller durchaus eine größere Aufmerksamkeit verdienen; schließlich hat das „Land der langen weißen Wolke" auch literarisch einiges zu bieten. Im Folgenden soll dazu nur eine kurze Einführung gegeben werden – wie immer in diesem Buch ohne Anspruch auf Vollständigkeit und absolute Objektivität.

Den Anfang der neuseeländischen Literatur bildeten die Erzählungen und Lieder der Maori. Uralte Göttersagen und Legenden über die Gründungsväter wurden über Jahrhunderte hinweg mündlich weitergegeben. Dazu kommen verschiedene Formen von Liedern und Gesängen – zu erwähnen ist insbesondere die Lyrik-Tradition des *Waiata*, das unterschiedliche Arten von Liebesliedern umfasst. In der Zeit vor der europäischen Besiedlung gab es in jedem Dorf einen speziellen Platz oder ein mitunter eigens dafür errichtetes Haus, das so genannte *Whare tapere*, in dem nicht nur Feste gefeiert und Spiele veranstaltet, sondern auch rituelle Aufführungen dargeboten wurden, die das Erzählen von Geschichten, Gesang, Musik und Tanz umfassten. Die christlichen Missionare aus Europa, die zu Beginn des 19. Jahrhunderts nach Neuseeland kamen, waren die Ersten, die eine Schriftform der maorischen Sprache entwickelten und sich daran machten, die überlieferten Texte und Erzählungen niederzuschreiben. Bis heute wird die von Maori verfasste Literatur hauptsächlich in englischer Sprache abgefasst; in den vergangenen Jahrzehnten gibt es aber auch zunehmend Veröffentlichungen auf Maori.

Die neu entstehende europäisch-neuseeländische Kultur fand ihre populärste Ausprägung zunächst im Theater: Ab Mitte des 19. Jahrhunderts wurden in vielen Orten Theater errichtet, auf deren Spielplänen meist Komödien standen. Bei den auftretenden Ensembles handelte es sich zunächst vorwiegend um aus Australien kommende, umherziehende Theatergruppen. Nachdem das Aufkommen des Kinos diesem „Theater-Tourismus" einen Dämpfer verpasst hatte, wurden ab den 1920er Jahren in vielen Städten Laientheatergruppen gegründet. Erst in den folgenden Jahrzehnten kam es zu einer Institutionalisierung und Professionalisierung, insbesondere infolge der öffentlichen Förderung nach Ende des Zweiten Weltkriegs.

Die von den europäischen Einwanderern verfasste Literatur orientierte sich thematisch und stilistisch zunächst an der des englischen Mutterlandes. Die Entstehung einer eigenen englisch-neuseeländischen Literatur sollte parallel zur Entwicklung einer eigenen neuseeländischen Geschichte und Identität einige Jahrzehnte in Anspruch nehmen. Nach dem Ende des Ersten Weltkriegs bestand die literarische Produktion vor allem aus Romanen, die sich mit der Kolonialgeschichte auseinandersetzten. Erst mit der Unabhängigkeit von Großbritannien 1931 wurde die Literatur zunehmend zum Mittel der kritischen Auseinandersetzung mit der neuseeländischen Gesellschaft. Ein in seiner Symbolkraft wichtiges Datum auf dem Weg zur geistig-kulturellen Eigenständigkeit des neuseeländischen Staates stellte auch das hundertjährige Jubiläum der Staatsgründung 1940 dar. Die mit diesen historischen Daten verbundene Herausbildung eines neuseeländischen Nationalgefühls bewirkte auch bei den Kulturschaffenden eine Abwendung vom ursprünglichen Heimatland, die Entwicklung typisch neuseeländischer Themen und eigener literarischer Stilmittel.

Katherine Mansfield

Die erste Schriftstellerin von Weltrang, die Neuseeland hervorgebracht hat, war Katherine Mansfield (1888 – 1923). Mit ihrem relativ schmalen Œuvre gilt sie als eine der Wegbereiterinnen der modernen englischen Short Story, auch wenn ihre in schlichtem, zurückhaltendem Stil verfassten Erzählungen eher Impressionen und Charakterstudien als Geschichten sind. Obwohl sie von 1908 bis zu ihrem Lebensende in Europa, vor allem in England und Frankreich lebte, werfen zumindest einige ihrer Kurzgeschichten einen Blick auf die neuseeländische Gesellschaft ihrer Jugend. Prägend für ihr literarisches Schaffen waren im Übrigen persönliche Schicksalsschläge wie der Tod ihres im Ersten Weltkrieg gefallenen Bruders, ihre Fehlgeburt und ihre Tuberkulose-Erkrankung, an der sie mit nur 34 Jahren starb.

Zu den ersten und wichtigsten Vertretern einer eigenständigen eng-lisch-neuseeländischen Literatur zählt Frank Sargeson (1903 – 1982), der maßgeblich dazu beigetragen hat, dass die *Short Story* bis in die 1970er Jahre in Neuseeland die vorherrschende literarische Gattung war. Neben den typischen Kurzgeschichten, die in sparsamer, mit Mundart-Elementen versetzter Sprache das Leben der neuseeländi-schen Arbeiterklasse schildern, gehören zu seinen Werken auch einige tragikomische Mittelklasse-Romane sowie Theaterstücke.

Janet Frame in jüngeren Jahren
(Foto: www.janetframe.org.nz)

Als bedeutendste neuseeländische Schrift-stellerin überhaupt gilt Janet Frame (1924 – 2004). Ihr Werk, das Romane, Kurzge-schichten und Gedichte umfasst, wurde mit zahlreichen Preisen und Ehrungen bedacht – zudem war sie zweimal für den Literatur-Nobelpreis nominiert. Prägend für ihr literarisches Schaffen waren trau-matische Ereignisse in ihrer Jugend, un-ter anderem die Ertrinkungstode zweier ihrer Geschwister und eine irrtümliche Schizophrenie-Diagnose, deretwegen sie acht Jahre in psychiatrischen Anstalten verbrachte. Ein anderer Einfluss war die Religiosität ihrer den Urchristen (Chr-stadelphians) angehörenden Mutter. Ihre Geschichten unterscheiden sich vom li-terarischen Realismus, der seit der Nach-kriegszeit in Neuseeland vorherrscht (und den auch Sargeson pflegte), durch magisch-realistische Elemente und behan-deln oft das Schicksal von Außenseitern, die sich gegenüber einer konformistischen, spießbürgerlichen, materialistischen Ge-sellschaft behaupten müssen. Janet Frames in drei Bänden herausgegebene Autobio-graphie wurde 1990 von der neuseeländi-schen Regisseurin Jane Campion, bekannt geworden durch den Film „Das Piano", unter dem Titel „An Angel at My Table" („Ein Engel an meiner Tafel") verfilmt.

Zu Neuseelands bedeutendsten Autoren gehört auch Maurice Gee (*1931). Bekannt wurde er mit Familien- und Gesellschafts-Geschichten über das Leben in Neuseeland und das Leben im Allgemeinen, in dem die Entfernung zum Abgrund für die Protagonisten nie weit ist. Der literarische Durchbruch gelang Gee mit seiner in den Jahren 1978 bis 1983 erschienenen Roman-Trilogie „Plumb", „Meg" und „Sole Survivor". Sie beschreibt das Leben in Neuseeland über drei Generationen und gilt als Meisterwerk. Gees Œuvre, das neben Romanen Kurzgeschichten wie auch teils phantastische Kinder- und Jugendbücher umfasst, wurde mit zahlreichen Preisen ausgezeichnet; eine Reihe seiner Werke wurde für den Film adaptiert.

Als bedeutende Autoren maorischer Abstammung sind insbesondere Patricia Grace, Witi Ihimaera und Keri Hulme zu nennen. Mit ihren zu Maori-Themen beziehungsweise aus Maori-Perspektive geschriebenen Werken zählen sie zu den Schlüsselfiguren der in den 1970er Jahren eingesetzten „Maori-Renaissance" in der neuseeländischen Literatur.

Witi Ihimaera gilt vielen als bedeutendster maorischer Schriftsteller

Patricia Grace (*1937) trat bisher als Autorin von Kurzgeschichten, Romanen und Kinder-Büchern in Erscheinung. Ihr 1975 herausgebrachter Short-Story-Band „Waiariki" war die erste von einem maorischen Autor veröffentlichte Kurzgeschichtensammlung überhaupt.

Witi Ihimaera (*1944), maorischer und englischer Abstammung, wird oft als bedeutendster lebender maorischer Schriftsteller bezeichnet. Das bekannteste Werk unter seinen zahlreichen Kurzgeschichten und Romanen ist der 1987 veröffentlichte Roman „The Whale Rider", dessen Verfilmung der jugendlichen Hauptdarstellerin im Jahr 2004 eine Oscar-Nominierung einbrachte.

Keri Hulme (*1947), die englisch-schottisch-maorischer Herkunft ist, veröffentlichte Gedichte, Kurzgeschichten und den Roman „The Bone People" (deutsch „Unter dem Tagmond"), eine mit Maori-Mythologie unterlegte Geschichte über das schwierige, von Liebe, traumatischen Ereignissen und Gewalt geprägte Verhältnis zwischen drei Protagonisten mit jeweils eigenen Problemen, für den sie 1985 den Booker Prize erhielt. Neben der Mythologie der Maori gibt es in den Werken Hulmes auch Anklänge an die Mythologien ihrer nordischen und keltischen Vorfahren.

Heretaunga Pat Baker

Zu den zur „Maori-Renaissance" gezählten Autoren gehört auch Heretaunga Pat Baker (1920 – 1988). Der Sohn eines Stammeshäuptlings verfasste nur zwei Romane, die sich mit der älteren und jüngeren maorischen Geschichte auseinandersetzen. „Behind The Tattooed Face", 1975 veröffentlicht (deutsch 2000 als „Die letzte Prophezeiung"), ein auf alten Legenden beruhendes Gesellschaftsdrama, gilt als erster aus einem Maori-Blickwinkel geschriebener Roman über die maorische Geschichte. Die durch den Film „Once Were Warriors" bekannt gewordene maorische Schauspielerin und Produzentin Rena Owen arbeitet derzeit an einer Film-Adaptation. Bakers 1990 veröffentlichter, zweiter Roman „The Strongest God" behandelt den Umbruch der Maori-Gesellschaft nach der Ankunft der englischen Siedler.

Der von Maoris und Engländern abstammende Alan Duff (*1950), dessen Romane sich mit dem heutigen Leben und den sozialen Problemen der neuseeländischen Ureinwohner befassen, erlangte gleich mit seinem 1990 erschienenen Debüt-Roman „Once Were Warriors" große Anerkennung und Berühmtheit. Er wurde mit dem Best First Book Award des P.E.N. ausgezeichnet und 1994 verfilmt (deutscher Titel „Die letzte Kriegerin"). Die 1996 veröffentlichte Fortsetzung „What Becomes of the Broken Hearted?" gilt als Duffs bisher stärkster und komplexester Roman. Seine Verfilmung im Jahr 1999, an der Alan Duff nicht nur als Drehbuchautor, sondern auch als Produzent mitwirkte, konnte allerdings bei Weitem nicht an den Erfolg des Vorgängers anknüpfen.

Weitere nennenswerte neuseeländische Schriftsteller:

Bill Pearson (1922 – 2002) veröffentlichte Essays und literaturkritische Abhandlungen; zu seinen bedeutendsten Schriften gehören Darstellungen der Stellung der Maori im neuseeländischen Literaturschaffen. Außerdem verfasste er Kurzgeschichten und 1963 den Roman „Coal Flat", der einen kritischen Querschnitt der neuseeländischen Gesellschaft und ihres Anpassungsdrucks zeichnet und als bedeutendster neuseeländischer Roman seiner Zeit galt.

Als gleichrangig in seiner Bedeutung als literarisch-realistische Darstellung der zeitgenössischen neuseeländischen Gesellschaft gilt nur der 1948 erschienene Roman „The Cunninghams" von David Ballantyne (1924 – 1986): In nahezu dokumentarischer Weise wird darin anhand des Schicksals einer Familie das Leben der neuseeländischen Arbeiterklasse beschrieben. Von den übrigen Romanen und Kurzgeschichten des Autors werden einige andere ebenfalls zu den bedeutendsten Werken der neuseeländischen Literatur gezählt, darunter der Roman „Sydney Bridge Upside Down" von 1968, eine mit Traum-Elementen versetzte Geschichte über das Heranwachsen. Tragischerweise blieb dem Autor Zeit seines Lebens die seinem Werk gebührende allgemeine Würdigung und Bekanntheit versagt, obwohl beide Romane heute schon fast zu den Klassikern der neuseeländischen Literatur gezählt werden.

Philip Temple (*1939), geboren im englischen Yorkshire und mit 18 Jahren nach Neuseeland eingewandert, machte sich mit Romanen und Sachbüchern zu den Themen Bergsteigen und Naturerkundung sowie mit Kinderbüchern einen Namen. Als seine bedeutendsten literarischen Werke gelten der 1981 erschienene Roman „Beak of the Moon" sowie dessen 1993 erschienene Fortsetzung „Dark of the Moon". In der Tradition von Romanen wie „Der Wind in den Weiden" („Wind in the Willows") und „Unten am Fluss" („Watership Down") stehen in dieser „Kea-Saga" die Erlebnisse und Abenteuer einer Gemeinschaft von Bergpapageien als Allegorie für die menschliche Gesellschaft.

Philip Temple

Auch zu Deutschland hat der Autor übrigens einen Bezug: Seine bei zwei längeren Aufenthalten in Berlin gewonnenen Impressionen flossen in den 1999 veröffentlichten Roman „To Each His Own" (deutsch 2006 „Jedem das Seine") ein, eine in Berlin spielende Liebesgeschichte und zugleich eine Auseinandersetzung mit der jüngeren Geschichte.

Der ebenfalls aus Yorkshire stammende, im Alter von 24 Jahren nach Neuseeland immigrierte Craig Harrison (*1942) setzt sich in seinen Werken vor allem mit Maori-Themen auseinander. Bekannt wurde er allerdings insbesondere durch den 1982 erschienenen Science-Fiction-Weltuntergangs-Roman „The Quiet Earth", der 1985 verfilmt wurde (deutscher Titel „Quiet Earth – Das letzte Experiment"). Neben Romanen und Kurzgeschichten verfasste er auch einen Comic-Roman sowie zwei Theaterstücke.

Chad Taylor hat den Status eines Kultautors

Lloyd Jones (*1955) portraitiert in seinen Genre-Normen und –Regeln unterlaufenden Kurzgeschichten und Romanen das normale Mittelklasse-Leben, indem er Realismus mitunter auf absurd-phantastische Elemente, schwarzen Humor und parodistische Satire treffen lässt. Bekannt wurde er unter anderem durch seinen 1993 veröffentlichten halbfiktionalen Reisebericht „Biografi: An Albanian Quest", der von der Reise eines neuseeländischen Journalisten durch das post-kommunistische Albanien auf der Suche nach dem angeblichen Doppelgänger des Diktators Enver Hoxha erzählt.

Chad Taylor (*1964) ist Autor von Kurzgeschichten, Romanen und Drehbüchern. Häufig stehen gesellschaftliche Außenseiter im Mittelpunkt seiner Geschichten, die um die Themen ‚Identität' und ‚Vergänglichkeit und veränderliche Realitäten in der modernen Großstadt' kreisen. Die Schreibweise des Autors, die szenische Anordnung und die starke Visualisierung der Handlung sind sehr an die Sprache des Films angelehnt – die Stilmittel aus Kriminalhandlung und phantastischen Elementen erinnern an den Film noir. Bei den beschriebenen Ereignissen handelt es sich mitunter um städtische Mythen, moderne Märchen, die längst zum Allgemeingut geworden sind. So bleibt etwa in der 1994 erschienenen Novelle „Pack of Lies" (deutsch „Lügenspiele", 1999) für den Leser bis zuletzt unklar, was wahr oder erlogen ist – inklusive der Frage, ob die Erzählerin wirklich eine Frau ist. Taylors 1994 erschienener Roman „Heaven", die Geschichte über das Verhältnis zwischen einem Architekten und einem Transvestiten, der in einem Strip-Club arbeitet und von Visionen von zukünftigen gewaltsamen Ereignissen heimgesucht wird, wurde 1998 verfilmt (europäischer Titel „The Paradise").

Colin McCahon (1919 – 1987) gilt als der bedeutendste neuseeländische bildende Künstler des 20. Jahrhunderts. Er benutzte internationale Stilrichtungen wie z.B. den Kubismus in neuseeländischem Kontext. In späteren Werken setzte er sich für die Protestbewegung der Maori ein (Zeichnung von Alan Mollison)

Kapitel 10

Abschließende
Gedanken

Abschließende
Gedanken

Zum Abschluss unseres geistigen Spazierganges über die Inseln, durch die Geschichte, die Kultur, die Realitäten und Visionen dieses einmaligen Landes überkommen uns Sehnsucht und der Wunsch nach weiteren Besuchen. Interessanterweise ging es fast allen Neuseelandreisenden, die wir im Laufe der Jahre kennen gelernt haben, ebenfalls so. Die tiefen Erinnerungen und Sehnsüchte verlieren sich kaum in den Jahren des Abstandes. Drei uns vorliegende Briefe können das belegen und all diejenigen, die schon einmal an eine Neuseelandreise gedacht haben, ermutigen, die Koffer zu packen. Die abschließenden Bilder bekräftigen die in den Briefen deutlich werdenden Gefühle und Sympathien.

Dr. Kai Kochmann (Berlin, 23. September 2007)

Wenn ich an Neuseeland denke, denke ich an...

Ein fast wolkenfreier Blick auf Neuseeland von einem Satelliten aus

Katharina, meine damalige Freundin, fragte mich Anfang November 1994, ob ich mit ihr „ein paar Tage vor Weihnachten in den Sommer fliegen möchte" – es sei aber eine Überraschung. Ich solle nur bis spätestens zum 10. Dezember einen Koffer gepackt haben, hieß es, den Rest würde sie übernehmen. Der glückliche Umstand ihrer damaligen Position bei United Airlines gab mir Gewissheit, dass zumindest die Kosten für den Flug keine Rolle spielen würden. Ich ahnte noch nicht, dass sich diese Gewissheit bald in größte Dankbarkeit wandeln sollte: Katharina stand am Morgen des 10. Dezember mit Flugtickets nach Auckland vor mir. Abflug in vier Stunden aus Frankfurt...

Beschauliches Auckland: Blick auf das Zentrum vom Mount Eden / Maungawhau („Berg des Whau-Baums"), einem Aschekegel und städtischem Vorort

Neuseeland entzieht sich für mich einer einfachen Assoziation. Das Land habe ich zum ersten Mal im Dezember 1994 betreten – nach einer Westbound-Route mit United Airlines und Stopps in Washington und Los Angeles. Die fantastischen Erinnerungen an diese Reise sind bereits mit ihrem Zustandekommen verbunden und der einmaligen Glückseligkeit, diese Reise auch noch geschenkt bekommen zu haben.

Nach nicht gerade kurzen 26 Stunden waren wir dort. Wir empfanden nach dem Einchecken ins Hotel den milden Wind des Spätfrühlingstages am Flughafen von Auckland bereits als Einladung zu einem ersten, mehrstündigen Stadtspaziergang. Ortszeit 17:00 Uhr, also rush hour. Aber Auckland kannte dieses Wort nicht, hatten wir den Eindruck.

Wenn ich an Neuseeland denke, denke ich an eine rush hour, aber ohne rush, ohne Hektik und Lärm. Ich sehe uns auf einem Hügel, auf einer Wiese mitten in Auckland sitzen, zwischen Paradiesvogelblumen und Hortensien. Gelegentlich fahren Autos und Busse am roundabout vorbei. Aber in großer Gelassenheit und ohne zu drängeln.

Am zweiten Tag mieten wir uns ein Auto. Dank der gelassenen und entspannten Straßensituation in der Stadt war die sonst nervlich aufreibende Umstellung auf den Linksverkehr eine Sache von wenigen Minuten und völlig unproblematisch. So spontan und unvorbereitet wie die Reise begann, fuhren wir spontan und unvorbereitet einfach los. Lake Taupo war das erste Ziel. Als guter Deutscher plant man ja auch das Ungeplante trotzdem zumindest gedanklich einmal durch und denkt: „220 Kilometer? Das ist ja gut zu machen und auch ein realistisches Ziel für den ersten Tag..." Doch machten wir diese Kilometer-Rechnung ohne die neuseeländische Gastfreundschaft.

Wenn ich an Neuseeland denke, denke ich daran, wie eine Frau Robinson in Ngaruawahia, einem Ort auf halber Strecke zum Lake Taupo, unseren ambitionierten Plan der „Weiterfahrt in einem Tag" zur Strecke brachte.
Woher? Wohin? Aus Deutschland und gerade erst gestern hier gelandet? Und nun gleich in den Süden der Nordinsel „runterdonnern"? Das ginge nicht. Nun erst einmal Ruhe reinbringen in das junge deutsche Paar und einladen die beiden. Sie hätte ein Haus in Coromandel. Dort dürften wir gerne ein paar Tage wohnen. Wie? Insgesamt nur 14 Tage hier in ihrem Land? Ob das denn reiche? Nun aber eben mitkommen, sie führe mal mit dem Wagen voran. Es wären nur 48 Meilen. Ein Klacks.
Aber ein schöner Klacks. Wir fuhren von einer Landschaft, die sich noch sehr wie Süddeutschland anfühlte, innerhalb von 50 Meilen in eine Landschaft, die nun eher an Südengland erinnerte.

Wenn ich an Neuseeland denke, denke ich an das Beatles-Lied „The long and winding road". Sich windende Straßen mit Blick auf Felsenküsten, Hügel, kleine Ortschaften – und irgendwo blitzt immer das Meer hervor. Auf den lieblichen Hügeln dann aber Palmen, unter denen sich Schafe sonnten. Das war es wieder, was uns Neuseeland so einzigartig und komplex erscheinen ließ: Schafe unter Palmen. Das kommt nicht einmal in der Bibel vor.
Wir blieben zwei Nächte bei der guten Frau. Wir genossen die sehr angenehme, unaufdringliche Gastfreundschaft und ein einfaches, viktorianisch eingerichtetes Gästezimmer. Und morgens das wunderbare English Breakfast und Earl Grey with Homemade Cookies, die uns die Wirtin gegen 7:30 Uhr auf einem wohl gebrauchten Tablett servierte, nachdem sie diskret an die Tür geklopft hatte: „Breakfast is being served in half 'n hour." So dürfen Tage beginnen.

Wenn ich an Neuseeland denke, denke ich an ausgedehnte Spaziergänge. Die reine, klare Luft. Das Licht, bei dem praktisch jedes Foto gelingt und man immer frisch aussieht. Die unendliche Schönheit der Natur. Diese Lieblichkeit und Sanftheit. Ich sehe noch das Schild in

Cathedral Cove auf der Halbinsel Coromandel

Coromandel vor mir, beim Blick auf die offene See und die Mercury Islands: „Hier landete dann und dann Capt. James Cook mit seinem Schiff soundso." So, also hier war er auch. Das Gefühl historischer Bedeutsamkeit. Aber Cook ist lange her und nun weit weg. Trotzdem hatte er sicher nicht bereut, hier zu landen.

Wir fuhren dann weiter und entschlossen uns, weniger Kilometer zu fahren und stattdessen lieber länger zu verweilen, wo es uns gefiel. Damit hatten wir zugleich beschlossen, uns auf die Nordinsel zu beschränken. Nun aber doch zum Lake Taupo, den See hatte uns auch Frau Robinson empfohlen. Dort fanden wir ein kleines Häuschen zur Miete für drei Tage. Nicht direkt am Wasser, sondern etwas höher gelegen, circa 500 Meter vom See entfernt.

Wenn ich an Neuseeland denke, denke ich an den ersten neuseeländischen Wein meines Lebens: Sauvignon Blanc, Marlborough, NZ. Seitdem einer meiner absoluten, großen Weißwein-Favoriten. Wir tran-

We did not inherit the earth from our ancestors, We borrowed it from our children

Neuseeländische Impressionen

411

Der Geysir Prince of Wales im Thermalfeld von Rotorua

ken ihn bei Kerzenlicht und aßen dazu einfachen Cheddar Cheese und Cracker – erworben in einem gegenüberliegenden Grocery Store – auf der Terrasse des angemieteten Hauses.

Sicher gibt es irgendwo auch ein First Class Hotel auf dieser Insel. Aber Neuseeland entzieht sich für mich nicht nur einer einfachen Assoziation. Neuseeland entzieht sich gänzlich allen Verlockungen, denen ich auf anderen Reisen sonst gern und durchaus vorsätzlich erliege. Insofern hat Neuseeland etwas Kathartisches, etwas Reinigendes, Klärendes.

Wir fuhren dann weiter über das unvermeidliche Rotorua, das wir das nächste Mal sicher vermeiden werden, da zu touristisch. Von dort dann in den restlichen acht Tagen spontan in verschiedene Richtungen und Orte der Nordinsel.

Wenn ich an Neuseeland denke, denke ich an die atemberaubende, stetig wechselnde Landschaft, die wechselnde Fauna und Flora in einer Vielseitigkeit, wie ich es noch nie und nirgendwo erlebt habe. Inner-

*Die Marlborough Sounds ent-
standen durch Überflutung von
Tälern*

halb von wenigen Meilen änderte sich die Landschaft, als hätten wir
eine Zeitreise angetreten. Von den Hügeln, die an die Scottish High-
lands erinnern, über eine Vulkanlandschaft mit Schwefeldampf im Innern der Insel zu den Traumstränden der Bay of Islands – Neuseeland
entzieht sich im Grunde jeder Beschreibung, aber niemals völlig meiner Erinnerung.

Markus Fischer (Sisseln/Schweiz, 9. Juli 2008)

Wenn ich an Neuseeland denke, denke ich an...
...Stille! An mein Mietauto gelehnt beobachte ich die Welt unter mir:
Das Wasser rollt ans Ufer, Gischt schießt unterschiedlich hoch oder
verläuft sich auf den flacheren Teilen der Erhebungen und Hügelzüge.
Kein Laut kommt hoch zu mir, einzig ein paar Seevögel unterbrechen
die Ruhe ab und an. Die Sonne auf ihrem unaufhörlichen Weg taucht
die Umgebung langsam in eine abendliche Stimmung. Ein paar Schafe

grasen in der Nähe, erblicken mich kurz, lassen sich aber nicht weiter beirren. Ein Schauder durchrinnt mich. Die unzähligen vollen Filmrollen in meinem Gepäck sind im Moment unwichtig, die visuellen Eindrücke prägen sich auch an diesem Tag tief in mein Gedächtnis ein und sind bis heute allgegenwärtig.

Drei Monate lang durfte ich das „Land der langen weißen Wolke" kennen lernen. Und stehe nun zum Schluss in den Marlborough Sounds. Im Kopf eine Fülle von Momentaufnahmen, die darauf warten, verarbeitet zu werden.

Tongariro – Taranaki – Maori. Begegne ich in irgendeinem Zusammenhang diesen Wörtern, so werden unmittelbar Erinnerungen wach: Fotos und Filmsequenzen von einer eindrücklichen Reise Mitte der 1980er Jahre erscheinen, als ob ich erst gestern zurückgekehrt wäre.

Wenn ich an Neuseeland denke, denke ich weit zurück. Als Student hatte ich die Gelegenheit, Neuseeland mit all seinen unglaublich reichhaltigen und vielseitigen Facetten kennen zu lernen. Ohne auch nur im mindesten zu erahnen, auf welche Art und Weise mich die gesam-

Blick auf die „Südalpen" genannte Gebirgskette der neuseeländischen Südinsel

melten Eindrücke seither begleiten sollten, folgte ich dem Angebot, an einem Vulkanologie-Kongress teilzunehmen, welcher anlässlich des 100-jährigen Ausbruchs des Mt. Tarawera in Neuseeland stattfand.
Während einiger Exkursionen, auch auf eigene Faust, teils alleine, teils gemeinsam mit anderen, konnte ich die Nord- und die Südinsel bereisen.
Was die Maori Aotearoa nennen, ist ein Inselstaat im südlichen Pazifik, wo die Natur eine wahre Weltminiatur geschaffen hat. Seit Jahrmillionen von anderen Landmassen getrennt, hat sich hier eine urtümliche Flora und Fauna gebildet, die sich zum größten Teil nirgendwo anders auf unserer Erde finden lässt. Die geologisch junge Geschichte ist allgegenwärtig und beeinflusst unter anderem die Nordinsel mit ihren aktiven Vulkanen und geothermischen Aktivitäten – zu sehen beispielsweise beim beschwerlichen Aufstieg zum Gipfel des Mt.

Ngauruhoe oder bei den faszinierenden Emerald Lakes im Tongariro-Massiv.

Aus ist es mit der Stille, wenn die zahlreichen Geysire und heißen Quellen ihre andauernden Aktivitäten unter Beweis stellen. Eindrücklich, was im Innern unseres Planeten vor sich gehen muss. Klein stehe ich daneben, machtlos, schweigend. Der Champagne Pool im Thermalgebiet Wai-O-Tapu blubbert und hinterlässt nicht nur mit seinem Farbenspiel unvergessliche Momente.

Sei es die zerstörerische Wut, welche von Vulkanen ausgehen kann, sei es die fruchtbare Erde, welche sich schon kurz nach einem Vulkanausbruch zu bilden beginnt, Vulkane haben uns Menschen schon immer fasziniert. Auch mich. Vielleicht auch deshalb, weil uns die Natur auf ihre eigene Art immer wieder an die herrschenden Kräfteverhältnisse erinnert.

Die Vulkanzone der Nordinsel mit ihrem sich stets wandelnden Farbenspiel, den kargen Böden und den sonderbaren Wasserfarben ist längst nicht das einzig Faszinierende an Neuseeland. Auf engstem Raum findet sich (fast) alles, als ob Neuseeland eine Zusammenfassung der Erde darstellt!

Wenn ich an Neuseeland denke, denke ich an die wunderschöne Natur. Romantische Strände konkurrieren mit schroffen Berghängen, Regenwaldgebiete mit fruchtbaren Ebenen; die idyllischen Schären begeistern den Segelsportler ebenso wie die schneebedeckten Hänge den Wintersportler. Es lohnt sich aber auch, das wahre Neuseeland zu Fuß zu erkunden. Zu idyllisch ist es, auf einem der unzähligen Tracks Flora und Fauna zu beobachten oder in den Karstgebieten der Südinsel zu wandern.

Großstädte existieren ebenso wie verträumte kleine Weiler, in welchen die Zeit weit zuvor stehen geblieben zu sein scheint und an vergangene Aktivitäten wie den Kohlebergbau erinnert wird.

Wenn ich an Neuseeland denke, denke ich natürlich auch an die sprichwörtliche Gastfreundschaft der Neuseeländer. Ob einheimische Maori oder zugewanderte Europäer, für eine spontane Einladung zu einem kalten Getränk sowie einem kleinen Schwatz auf einem Schaukelstuhl ist immer genügend Zeit.

Während ich zum wiederholten Male ein Buch über Neuseeland betrachte, genieße ich eine Kiwi-Frucht und schaue ab und zu aus dem Fenster. Auf den grünen Wiesen grasen neben Kühen auch Schafe. Still zieht die Sonne ihre Kreise und verschwindet hinter dem nächsten Hügel. Immer wieder überkommen mich Erinnerungen an Neuseeland – es ist so lange her und doch stets präsent.

Michael und Margit Hutner (Kronburg, 5. Oktober 2008)

Wenn wir an Neuseeland denken, denken wir an...
das Jahresende 2007. Im Dezember 2007 erfüllten wir uns den lang gehegten Wunsch: Gemeinsam mit unserer 9-jährigen Tochter Alena gingen wir auf Weltreise. Die Grundlage dafür wurde durch das Verteilen der unternehmerischen Verantwortung auf mehrere Schultern in den letzten Jahren geschaffen.
Drei Monate ohne Arbeit zu sein war für uns vorher schwer vorstellbar, denn wir sind beide Viel- und Gernearbeiter. Wir hatten uns vorgenommen, Langeweile zu empfinden, die Erfahrung zu machen, einfach nur zu sein. In der Hoffnung, dies zu erleben hatten wir für Neuseeland sechs Wochen eingeplant. Und wir haben es geschafft. Alle Verbindungen in die „alte, vertraute Welt" wurden gekappt. Wir waren per E-Mail nicht erreichbar und unsere Handys waren aus. Es gab eine extra eingerichtete Notfall-Adresse, die unsere Stellvertreter kannten. Zum Glück war es nicht notwendig, uns anzurufen. Und: Meine Frau und ich haben uns in der Reisezeit nur einmal beruflich ausgetauscht. Uns wurde bewusst, wie wenig man braucht um glücklich zu sein. Nur wir Drei, die 6 Wochen in Neuseeland, auf kleinstem Raum im Wohnmobil, wenig Geschirr, kaum Spielsachen für Alena. Wir genügten uns, brauchten niemanden von außen. Noch nie hatten wir so viel Zeit füreinander. In den 3 Monaten war es nur zweimal notwendig, Bedürfnisse und Erwartungen und Verhaltensansprüche gegenseitig zu klären, was andere als Streit bezeichnen würden. Durch die Enge des Raums gab es kein Entfliehen und es dauerte keine 24 Stunden um wieder komplett im Lot zu sein.

Wenn wir an Neuseeland denken, denken wir an...
ein zeitweiliges Leben ohne Verantwortung: Kaum Pflichten zu haben, nur für sich selbst verantwortlich sein, und nicht wie sonst für die Auslastung des Teams, für Kunden, für das, dass alles klappt ... Dadurch entstand ein enormes Gefühl von Freiheit und Leichtigkeit. Für die

eigene Nahrung zu sorgen war ein Vergnügen; nur Alenas tägliche Hausaufgaben waren eine gewisse Herausforderung.

Neuseeland hat unsere Erwartungen übertroffen. Die sechs Wochen werden unvergessen bleiben. Wir hatten genügend Zeit und Muße, unseren Gedanken nachzuhängen. Morgens nach dem Aufstehen Joggen, ein besonderer Genuss, an den herrlichen Sandstränden entlang zu laufen oder über sanfte Hügel mit weidenden Schafen. Es gab Wochen, da haben wir drei oder vier Stopps an Golfplätzen eingelegt, um ein paar Stunden auf den meist einfachen, ruhigen Anlagen zu spielen. Beeindruckende Ausblicke mal aufs Meer, mal auf Berge, Seen oder Gletscher... Unvergessliche Panoramen haben sich in unsere Erinnerungen eingeprägt. Schwimmen, ein bisschen Kultur, viel Natur und Erlebnisse mit Tieren, die wir bisher nur aus dem Zoo oder vom Fernsehen kannten. Wichtig für uns war auch, Tage ohne Programm zu haben, nicht auf die Uhr schauen zu müssen. Lesen, Hörbücher während der Fahrt, Latte Macciato kochen und in der Sonne liegen. Wir sind mit den Rädern durch Weinberge gefahren und haben edle Tropfen bei den Winzern genossen.

Nord- wie Südinsel hatten ihre Reize, wir würden keines unser

Ziele von der Reiseroute nehmen. Inzwischen ist in uns der Wunsch gekeimt, einen Teil Neuseelands mit dem Fahrrad zu erkunden. Der Radatlas steht schon im Bücherregal und wartet auf seinen Einsatz.

Kapitel 11

Neuseeland
im Überblick

Der Silberfarn ist ein National-symbol des Landes

Neuseeland
im Überblick

Neuseeland auf einen Blick

Hier können Sie sich einen Überblick über die wichtigsten Kennzeichen Neuseelands verschaffen. Damit Sie die Daten besser einordnen und vergleichen können, setzen wir die analogen Daten von Australien und Deutschland daneben. Sie fußen vor allem auf OECD-Statistiken der Jahre 2006 - 2010 und einer IFW-Erhebung des Jahres 2010.

Kennzeichen	Neuseeland	Australien	Deutschland
Geschichte - Gründung	1907	1901	962
Politik - Status	Formale Abhängigkeit von GB bis 1931	Formale Abhängigkeit von GB bis 1931	Einheitlicher Staat seit 1871
- Zugehörigkeit	Commonwealth	Commonwealth	EU seit 1957
Geographie - Gesamtfläche (km²)	268.680	7.686.850	357.021
- Küste (km)	15.134	25.760	2.389
- Höchster Berg	Mount Cook	Mt. Kosciuszko	Zugspitze
- dto. (m)	3.764	2.229	2.962

Kennzeichen	Neuseeland	Australien	Deutschland
Demographie			
- Hauptstadt	Wellington	Canberra	Berlin
- Bevölkerung (2010)	4.369.000	22.150.000	82.200.000
- dto. je km²	15	2	230
- Urbanisierung	86,06 %	86,03 %	88,91 %
- Alter Ø	33,90	36,90	42,60
- Anteil > 65 Jahre	11,80 %	13,10	19,50
- Bevölkerungs- Wachstum	0,99 %	0,85	-0,02
- Geburtsrate je 1000 Einwohner	13,76	12,26	8,33
- Sterberate je 1000 Einwohner	7,53	7,51	10,62
- Verhältnis Männer/Frauen	0,99	0,99	0,96
- Säuglingssterblichkeit je 1000 Neugeborenen	4,80	4,63	4,12
- Lebenserwartung Männer (J)	77,52	75,10	75,81
- Lebenserwartung Frauen (J)	81,93	81,50	81,96
Gesundheit			
- Ärzte je 1000 Einwohner	2,17	2,51	3,73
- HIV-Infizierte je 1000 Einwohner	0,42	0,77	0,56
Kriminalität			
- Gefängnisinsassen je 1000 Einwohner	1,69	1,19	0,97
Bildung			
- Analphabeten (Bevölkerung über 14 Jahre)	1,00	1,00	0,70
Amtssprache	Englisch, Maori, Gebärdensprache	Englisch	Deutsch
Überwiegende Religionsgruppe	Christen	Christen	Christen

Kennzeichen	Neuseeland	Australien	Deutschland
Wirtschaft (2010)			
- BIP ($) je Einwohner	31.589,00	54.869,00	40.631,00
- Wirtschaftswachstum (%)	2,80	4,00	2,80
- Anteil Landwirtschaft/BIP (%)	4,10	4,00	0,90
- Anteil Industrie/BIP	27,10	27,50	29,40
- Anteil Dienstleistungen/BIP	68,80	68,50	69,70
- Inflationsrate (%)	2,40	2,65	1,70
- Arbeitslosigkeit (%)	6,00	5,19	7,73
- Staatsausgaben (% des BIP)	39,67	43,78	48,11
- Staatsverschuldung (% / BIP)	27,00	21,90	72,10
- Staatsverschuldung ($) je Einwohner	5.373	4.888	18.726
- Anteil Auslandsverschuldung am BIP (%)	42,99	57,33	128,66
- Export je Einwohner	6.223	6.278	14.474
- Erdölverbrauch (Barrel pro Jahr pro Einwohner	14,18	16,43	11,89
Kommunikation			
- Telefonanschlüsse je 1000 Einwohner	485,75	553,29	670,09
- Mobiltelefone je 1000 Einwohner	675,38	765,39	842,49
- Rundfunkgeräte je 1000 Einwohner	976,40	1.949,26	947,20
- Fernsehgeräte je 1000 Einwohner	552,48	790,56	742,74
- Computer je 1000 Einwohner	551,99	676,57	602,94
- Internetnutzer je 1000 Einwohner	635,40	590,70	678,71
Transport			
- Eisenbahnlinien (km)	4.226	51.017	47,476
- Befestigte Straßen (km)	60.473	344.777	690.122
- PKW je 1000 Einwohner	520,34	526,55	573,03
- Schiffe über 1000 BRT	13	53	394
Militär			
- Verteidigungsausgaben (in % des BIP)	1,16	3,02	1,40

Wichtige geschichtliche Ereignisse – von Anfang an

Vor rund 85 Millionen Jahren begann sich Neuseeland vom australischen Festland, das seinerseits zum Superkontinent Gondwana gehörte, zu lösen. Damit war die Herausbildung einer einzigartigen Flora und Fauna verbunden.

Etwa Ende des 13. Jahrhunderts: Die ersten polynesischen Einwanderer besiedeln die beiden Hauptinseln. Sie kommen auf Doppelrumpf-Segelbooten, die bis zu 100 Menschen transportieren können, oder auf sehr langen Kanus und leben von Fischfang, Jagd und Ackerbau.

14. Jahrhundert: Letzte große Einwanderungswelle („Great Fleet"). Mitte des Jahrhunderts bildet sich auch auf der Nordinsel eine Maori-Kultur heraus.

13.12.1642: Der Holländer Abel Janszoon Tasman entdeckt bei der Suche nach dem kürzesten Seeweg von Südostasien nach Südamerika die Südinsel. Er geht dabei von der fälschlichen Annahme aus, dass es sich bei diesem Land um einen weiteren Kontinent handele. Wegen der feindlichen Haltung der Maori gegenüber den Neuankömmlingen verläßt er Neuseeland ohne weitere Erkundungen. In seinen Aufzeichnungen bezeichnet er das entdeckte Land als „Staaten Landt". Ein Jahr später wird es ihm zu Ehren in Holland nach seiner Heimatprovinz „Nieuw Zeeland" genannt. Holland zeigt danach aber kein weiteres Interesse an diesem weit entfernten Land. Heute mehren sich die Vermutungen, dass auch schon vor Tasman Schiffe Neuseeland gesichtet hätten, vermutlich spanische[1].

Abel Tasman bei der Ankunft in der „Murderers Bay"

7.10.1769: Der Engländer James Cook betritt als erster Europäer bei seiner ersten Pazifikfahrt neuseeländischen Boden. Sein Schiff „Endeavour" geht in der Poverty Bay an der Ostküste der Nordinsel vor Anker. Er hat bei den Maori mehr Glück, da er einen tahitianischen Dolmetscher an Bord hat. James Cook nimmt das „Nieuw Zeeland" für die britische Krone in Besitz. 1777 unternimmt er eine weitere Südseefahrt und beschreibt Neuseeland detailliert, wobei er gleichzeitig für eine Besiedlung durch Engländer wirbt. An Bord ist auch der Deutsche Georg Forster, der später eine berühmte Schilderung dieser Reise verfasst. Da Frankreich ebenfalls Interesse an Neuseeland zeigt, forciert Großbritannien die Inbesitznahme des Landes und wirbt für die Besiedlung.

1777: Beginn der Besiedlung der Nordinsel durch britische Robben- und Walfänger, Händler und Farmer. Es entsteht die erste europäische Siedlung in der „Bay of Islands"; später wird sie unter dem Namen Russell vorübergehend die erste Hauptstadt Neuseelands[2].

Erste Auseinandersetzungen zwischen den weißen Siedlern und den Maori um Acker- und Weideland. Zu dieser Zeit leben auf den beiden Hauptinseln circa 100.000 Maori.

1814: Erste englische Missionsstation in Paihia. Die ersten Missionare werden vom Gouverneur von Neusüdwales, Australien, zu Friedensrichtern und Vertretern der politischen Interessen der englischen Krone berufen.

1818 – Anfang der 1830er Jahre:

Die von den Engländern eingeführten Gewehre, die bei den Ureinwohner schnell zur gefragten Handelsware werden, führen in den sogenannten „Musketen-Kriegen" zwischen verschiedenen Maori-Stämmen auf beiden Inseln, die ab 1821 eskalieren, zu Zehntausenden von Toten. Tausende weitere werden versklavt oder fliehen aus ihren Siedlungsgebieten. Von den Europäern eingeschleppte Seuchen tragen ihrerseits zur starken Dezimierung der neuseeländischen Urbevölkerung bei.

Captain James Cook, portraitiert von Sir Nathaniel Dance-Holland um 1775

1833: Nachdem die Auseinandersetzungen um Landbesitz zwischen den weißen Siedlern und den Maori seit ersten schweren Unruhen in Taranaki und Wanganui im Jahr 1819 immer mehr zugenommen haben, schickt die britische Krone ihren Gesandten James Busby nach Neuseeland, um die Ausschreitungen der Europäer gegen die Maori offiziell zu untersuchen.

1837: Großbritannien schickt William Hobson nach Neuseeland, der die Maori zu Verhandlungen mit der Königin bewegen soll.

1839: Die neuseeländische Nordinsel wird der britischen Kolonialadministration in Australien unterstellt. Neugründung der „New Zealand Company" in London zur Erschließung von Land und Gründung von Siedlungen in Neuseeland, die bereits 1825 – 1826 existiert hatte und zwischenzeitig durch verschiedene andere Gesellschaften ersetzt worden war.

6.2.1840: Unterzeichnung des Vertrages von Waitangi durch 46 Maori-Häuptlinge und die britische Regierung, vertreten durch Lieutenant-Governor William Hobson in Waitangi in der Bay of Islands. Die Maori erkennen kraft Vertrag die Oberherrschaft Großbritanniens an und verpflichten sich, Land ausschließlich an die Krone oder deren Vertreter zu verkaufen. Dafür garantiert diese ihnen das „Recht auf uneingeschränkte, exklusive und ungestörte Nutzung ihres Grundeigentums, ihrer Wälder, Fischgründe und anderer Ressourcen" sowie alle Rechte und Privilegien britischer Staatsbürger. Allerdings halten sich viele weiße Siedler nicht an den Vertrag. Nachdem in den darauf folgenden Monaten mehrere hundert Maori-Häuptlinge den Vertrag anerkannt haben, erklärt Großbritannien Neuseeland zur eigenständigen Kronkolonie. William Hobson wird Gouverneur.

Captain William Hobson, der 1940 von der Queen zum ersten Gouverneur von Neuseeland ernannt wurde, auf einem Portrait von James Ingram McDonald 1913

1843 – 1846: Dispute um Land führen zu verschiedenen gewaltsamen Auseinandersetzungen zwischen der stark angewachsenen Gruppe der europäischen Siedler und den sich betrogen fühlenden Ureinwohnern. Die Konflikte kulminieren im „Northern War" 1845/ 1846 und fordern insbesondere auf Seiten der Maori viele Opfer.

1850 – 1880: Die Zahl der europäischen Siedler in Neuseeland steigt von 100.00 auf 300.000 gegenüber etwa 46.000 Maori.

1853: Neuseeland erhält das Fundament einer eigenen Verfassung („Constitution Act").

1856: Großbritannien gewährt den sechs neuseeländischen Provinzen nahezu volle Selbstverwaltung. Erster Chef der Zentralregierung in Auckland wird Henry Sewell. Die weiße Bevölkerung umfasst zu diesem Zeitpunkt bereits circa 100.000 Menschen gegenüber etwa 55.000 Maori.

1860 – 1868: Auf der dünn besiedelten Südinsel werden bei Otago Goldadern entdeckt. Der Goldrausch lockt zahlreiche Einwanderer aus aller Welt an, insbesondere von den versiegenden Goldfeldern in Kanada, den USA und Australien. Es entsteht eine breite Infrastruktur mit Handel, Banken, Hotels und Gold verarbeitendem Gewerbe.

1860 – 1872: Zunehmende blutige Auseinandersetzungen zwischen Pakeha und Maori. Die meisten Stämme haben sich unter dem gewählten Maori-König Taawhiao zusammengeschlossen. Die weißen Siedler siegen schließlich aufgrund überlegener Waffen. Zu dieser Zeit kommt es auch schon zunehmend zu Mischehen zwischen Weißen und Maori und dadurch zu einer zusätzlichen Form der Landnahme.

1865: Im „Native Rights Act" werden offiziell den Maori die gleichen Rechte wie den europäischen Siedlern zuerkannt, die ihnen bereits im 1840 unterzeichneten Vertrag von Waitangi zugesichert worden waren.

1867: „Maori Representation Act": Die Maori erhalten das Recht, vier Abgeordnete im neuseeländischen Parlament zu stellen. Anders als bei den europäischen Siedlern ist das Wahlrecht der Maori nicht an Landbesitz gebunden. In der Folge wird diese Regelung zweimal um jeweils fünf Jahre und 1876 schließlich auf unbestimmte Zeit verlängert, nachdem sich das Vorhaben, gemeinschaftlichen Besitz der Maori in individuellen Landbesitz umzuwandeln, als nicht sehr erfolgreich erwiesen hatten.

1882: Auf einem Segelschiff mit einer durch eine Dampfmaschine betriebenen Kühlanlage gelangt zum ersten Mal tiefgefrorenes Lamm- und Rindfleisch von Neuseeland nach Großbritannien.

1889: In Dunedin, an der Ostküste der Südinsel, wird die erste Universität Neuseelands gegründet.

1893: Neuseeland führt als erstes Land der Welt das aktive Frauenwahlrecht ein.

1898: Die gesetzliche Altersversorgung wird in Neuseeland eingeführt.

1901: Neuseeland annektiert die Cook- und andere pazifische Inseln.

1907: Neuseeland erhält den Status eines britischen Dominions und damit de facto die staatliche Unabhängigkeit.

1914-18: Neuseeland nimmt gemeinsam mit Australien als „Australian and New Zealand Army Corps" (ANZAC) unter britischem Oberbefehl am Ersten Weltkrieg teil.

25.4.1915: Landung der ANZAC-Truppen auf der türkischen Insel Gallipoli. Seit diesem Tag wird am 25. April jeden Jahres in beiden Ländern der Gefallenen gedacht (ANZAC-Day).

1919: Neuseeland erhält das Völkerbundmandat über die ehemalige deutsche Kolonie Westsamoa sowie über Nauru. Das Mandat über Nauru geht allerdings in fünfjährigem Wechsel an Neuseeland, Großbritannien und Australien.

1931: Neuseeland erhält formal die volle Unabhängigkeit von Großbritannien.

Die türkische Halbinsel Gallipoli an den Dardanellen

1935: Die Regierung um Michael Joseph Savage führt neue Sozialgesetze ein, zum Beispiel die 40-Stunden-Woche. Ferner bemüht sie sich um die Angleichung des Lebensstandards der Maori an den der Weißen.

1938: Verabschiedung des „Social Security Act". Die umfassenden und für damalige Verhältnisse international vorbildlichen Sozialleistungen werden aus einem allgemeinen Fonds bestritten. Dazu gehören die Alters-, Invaliden-, Witwen-, Waisen-, Arbeitslosen-, Kriegsbeschädigten- und Kriegshinterbliebenen-Renten sowie das Kindergeld.

1939-1945: Teilnahme mit Freiwilligen-Corps, unter anderem auch mit einem Maori-Bataillon, auf englischer Seite am Zweiten Weltkrieg, schwerpunktmäßig in Europa und im Pazifik.

1945: Neuseeland ist Gründungsmitglied der UNO.

25.11.1947: Neuseeland nimmt das „Westminsterstatut" an und wird damit endgültig ein souveräner Staat innerhalb des British Commonwealth of Nations.

1948: Großbritannien übergibt die Tokelau-Inselgruppe an Neuseeland.

1952: Neuseeland wird Mitglied im ANZUS-Pakt (Australia, New Zealand, United States).

1954: Neuseeland ist Gründungsmitglied der SEATO (South East Asian Treaty Organization).

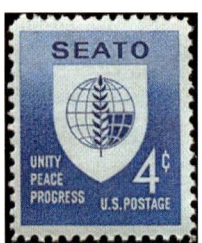

Neuseeland ist Gründungsmitglied der Handelsorganisation SEATO (US-Briefmarke)

1959: Abschaffung der nach 1945 eingeführten allgemeinen Wehrpflicht.

1964: Eröffnung der deutschen Botschaft in der neuseeländischen Hauptstadt Wellington.

1965: Unterstützung der USA im Vietnamkrieg mit einem Kontingent von 400 Soldaten. Neuseeland kommt damit seiner Verpflichtung aus dem ANZUS-Pakt nach.

1975: Die Gültigkeit des „Treaty of Waitangi Act" wird durch die Etablierung des „Waitangi-Tribunals" bekräftigt. Infolgedessen müssen Entschädigungen für das den Maori geraubte Land gezahlt werden.

1981: Die Maori gründen eine eigene Partei: *Manu Motuhake*. Zu dieser Zeit gibt es in Neuseeland bereits 3,7 Millionen Einwohner, darunter 400.000 Maori, 100.000 Polynesier und weitere, vor allem indische und chinesische Minderheiten.

1982: Vereinbarung zwischen Neuseeland und Australien über „Close Economic Relations" (CER). Beide Länder bilden eine Wirtschaftszone.

1984: Die neue *Labour Party* unter David Lange beschließt harte Wirtschaftsreformen, die dem Land langfristig aus der Krise helfen sollen, welche durch den EU-Beitritt Großbritanniens ausgelöst wurde. Finanzminister Roger Douglas setzt diese konsequent um.

Neuseeland unterzeichnet gemeinsam mit weiteren sieben Mitgliedsstaaten des Südpazifikforums den „Vertrag über die atomwaffenfreie Zone im Südpazifik" („Treaty of Rarotonga").

1985: Das Greenpeace-Schiff „Rainbow Warrior" wird vom französischen Geheimdienst im Hafen von Auckland gesprengt.

1987: Das Parlament erklärt Neuseeland offiziell zur nuklearwaffenfreien Zone.

Maori wird neben Englisch als zweite offizielle Landessprache zugelassen und Unterrichtsfach an den Schulen.

Die Nationalparks werden erweitert. Zu dieser Zeit steht in Neuseeland bereits rund ein Drittel der Landesfläche unter Naturschutz.

Der „Treaty of Waitangi" erhält vorrangigen Gesetzesstatus. Damit kann künftig auch kein Land mehr an Staatsunternehmen übergeben werden, wenn Maori-Ansprüche darauf bestehen.

Schon in den 1970er Jahren gab es in Neuseeland Kundgebungen für einen nuklearwaffenfreien Pazifik (Workshop, Nambassa Festival 1978)

1993: Einführung des *Mixed-Member Proportional Voting* (MMP), des Verhältniswahlrechts nach deutschem Vorbild.

1994: Der Premierminister Jim Bolger setzt sich vor dem Parlament für die Umwandlung Neuseelands von einer parlamentarischen Monarchie in eine Republik ein. Seitdem werden solche Forderungen jährlich laut, aber es kam bislang zu keiner Volksbefragung bzw. parlamentarischen Abstimmung[3].

1995: Der Premierminister und die Maori-Königin unterzeichnen einen Vertrag zur Rückgabe von Land an die Maori und zu finanziellen Entschädigungen in Höhe von einer Milliarde Neuseeländische Dollar innerhalb von zehn Jahren an die Maori. Königin Elizabeth II. unterzeichnet in Wellington persönlich das vom neuseeländischen Parlament gebilligte Gesetz hinsichtlich der Entschädigungsleistungen an die Maori.

1997: Die bisherige Verkehrsministerin Jenny Shipley übernimmt als erste Frau das höchste Regierungsamt Neuseelands.

1999: Helen Clark wird die zweite Premierministerin in der Geschichte Neuseelands.

2001: Die neuseeländische Regierung beschließt, alle 30 Kampfflugzeuge außer Betrieb zu nehmen, eine der beiden Luftwaffenbasen zu schließen und die Luftwaffe auf Transportmaschinen zu beschränken.

2003: Der frühere Ministerpräsident David Lange erhält in Stockholm den Alternativen Nobelpreis für seinen beharrlichen Kampf für eine Welt ohne Atomwaffen.

2004: Das „Foreshore and Seabed Law" – ein Gesetz, das Küstenlinie und Meeresboden zum Staatseigentum erklärt, wird verabschiedet. Als Reaktion darauf wird die *Maori Party* gegründet, die sich für die Sicherung der traditionellen Rechte der Maori.

2005: Der frühere Ministerpräsident David Lange stirbt im August. Wiederwahl von Premierministerin Helen Clark.

2006: Nach 40 Jahren Regentschaft stirbt die Maori-Königin Te Arikinui Te Atairangikaahu; ihr ältester Sohn Te Arikinui Tuheitia Paki wird während der Beisetzungszeremonien zum neuen Maori-König ernannt.

2008: Die Mitte-Links-Koalition unter Helen Clark wird bei der Wahl im November von einer Koalition unter Führung der *National Party* abgelöst. Neuer Premierminister wird John Key.

2009: Am 2. Oktober 2009 findet am Geburtstag Gandhis, dem von der UNO erklärten "Internationalen Tag der Gewaltfreiheit", der erste weltweite Marsch für Frieden und Gewaltfreiheit in Neuseeland statt.

Er endet am 2. Januar 2010 in den Gebirgsketten der Anden im Punta de Vacas Park (Argentinien). Wie schon so oft in der Geschichte geht Neuseeland beim Einsatz für fortschrittliche Ideen auch hier mit gutem Beispiel voran.

2010 / 11: Eine Erdbebenserie erschüttert die Canterbury-Region.

Die Baptistenkirche an der Oxford Terrace in Christchurch nach dem Beben 2010. Die Stützmaßnahmen halfen nicht: Beim erneuten Beben 2011 brach das Gebäude zusammen

Anhang

In Neuseeland leben etwa 30 Millionen Schafe (2009), die Schafschur ist also nicht selten zu beobachten

Anhang

Anmerkungen

1 Die Spanier hielten ihre Entdeckungen streng geheim.

2 Paihia und Russell waren die wichtigsten Orte dieser Region. Von hier aus begann die Besiedlung durch die europäischen Einwanderer. Wegen seiner lockeren Sitten und der vielen Bars war Russell auch als „Höllenloch des Südpazifiks" verrufen. Insbesondere die Walfänger gehörten zu den „rauen Burschen".

3 Neuseeland hat bis heute als einer von wenigen Staaten keine geschriebene Verfassung. Es könnte theoretisch sogar siebentes australisches Bundesland werden; Australien hat diese Möglichkeit in seiner Verfassung benannt.

4 Die führenden Länder sind Norwegen (43.350,00 $), die Schweiz (39.880,00 $), die USA (37.610,00 $) und Japan (34.510,00 $).

5 Auch bei anderen grundsätzlichen gesellschaftlichen Veränderungen steigt regelmäßig die Selbstmordrate.

6 In: M. King: New Zealanders at War.

7 vgl. M. King (s.o.)

8 Man sagte den Kiwis nach, sie seien die Preußen des Pazifiks, und meinte damit ihre militärische Strenge und preußischen Tugenden – was auch immer darunter verstanden wurde.

9 Baron Bernhard Cyril Freyberg of Wellington and of Munstead (1889-1963). Er war ein schlachterfahrener Befehlshaber, 27 Mal verwundet, und befehligte 1943 die alliierten Verbände auf Kreta. Unter den etwa 35.500 Soldaten befanden sich auch 7.500 Mann der 2. neuseeländischen Division.

Freyberg spielte ferner eine wichtige – allerdings heute nicht unumstrittene –militärische Rolle bei der Bombardierung des Klosters Monte Cassino im Februar 1944. Ein Sohn Freybergs war Oberleutnant der Artillerie und nahm ebenfalls an der alliierten Einnahme Italiens teil.

10 Mururoa, oder eigentlich Moruroa bedeutet in der Sprache der Maohi, der Ureinwohner Französisch-Polynesiens, „großes Geheimnis". Frankreich hatte 30 Jahre lang in aller Verschwiegenheit das gleichnamige Südseeatoll für Atomtests genutzt, von 1966 bis 1974 mit 46 Nuklearsprengkörpern und von 1975 bis 1996 für weitere 147 unterirdische Tests.

11 Der Tuamotu-Archipel ist die Inselgruppe mit der weltweit größten Ausdehnung. Die Inseln bilden eine Kette, die sich von Mataiva im Norden bis Temoe im äußersten Südosten über mehr als 2.000 Kilometer erstreckt. Der Archipel bedeckt mehr als zwei Millionen Quadratkilometer, die Landfläche aller Inseln zusammen beträgt dagegen nur 850 Quadratkilometer.

12 Die nördlichsten Weinanbaugebiete von gewisser Bedeutung liegen dagegen mit einer Anbaufläche von 1.200 Hektar im Süden Englands und sind in den letzten 15 Jahren um über 200 Prozent gewachsen. England war im Mittelalter ein führendes Weinanbauland. Wahrschein-

lich haben die Römer um 40 v. Chr. den Wein eingeführt. Ferner gibt es – allerdings viel kleinere – Weinanbaugebiete auf Gotland/Schweden.

13 Neutron als elektrisch neutraler Partner des Protons. Sir James Chadwick entdeckte später das von Rutherford erwähnte Neutron und erhielt dafür 1935 den Nobelpreis für Physik.

14 Übrigens bezwang auch der Sohn von Sherpa Tenzing Norgay, Jamling Tenzing Norgay, im Jahre 1996 den Mount Everest und führte das IMAX-Team an, das den weltbekannten Everest-Film drehte.

15 Die nachfolgenden Zitate sind verschiedenen Büchern von und über Hundertwasser sowie verschiedenen neuseeländischen Zeitungsberichten entnommen.

16 Hervorhebung durch die Autoren.

17 Die meisten Leute, mit denen wir über Friedensreich Hundertwasser sprachen, verwendeten den in Neuseeland leichter über die Lippen gehenden Namen „Frederick".

18 In Neuseeland wird statt des sonst verbreiteten „Bungee" oft die Schreibweise „Bungy" benutzt. Der neuseeländische Slang-Ausdruck für „elastisches Band" wurde vom Neuseeländer A.J. Hackett, der diese Extrem-Sportart in den 1980er Jahren entwickelte und weltweit populär machte, für die von seinem Unternehmen betriebenen Sprung-Angebote etabliert.

19 Laien verwechseln oft Rugby und American Football. Die einzige Gemeinsamkeit ist das Spielgerät – ein eiförmiger Lederball. Ursprünglich benutzte man eine Schweinsblase als Ball. Da dieser aber nicht gerollt, sondern meist in den Händen getragen wird, kam man auf die typische Form.

20 Beim Rugby gibt es nur sehr selten ernsthafte Verletzungen und das Spiel ist auch nicht körperlich schwer. Jeder Spieler lernt, sich richtig zu verhalten und technisch sauber und vorsichtig zu spielen. Es gibt keine schlagenden Bewegungen wie beim Hand- und Fußball, und Beine stellen, Schläge oder das Angehen des Kopfes sind streng verboten und werden entsprechend geahndet. So braucht Rugby im Gegensatz zum American Football auch keine schwere Rüstung und Schoner. Die seit einigen Jahren erlaubte Schulterpolsterung ist eher ein psychologischer als ein körperlicher Schutz. Die Spiele werden vorzugsweise auf weichem Rasen und nicht im Winter ausgetragen – weitere Einschränkungen von Verletzungsmöglichkeiten.

21 Neuseeland baut keine eigenen Autos und die Importe aus Japan sind relativ preisgünstig.

22 Zur Zeit der Drucklegung des Buches entsprach das etwa 184.000 Euro.

23 Zitat eines Neuseeländers: „Australien war eine Strafkolonie; das sieht man heute noch an vielen Alltagserscheinungen und an der größeren Aggressivität. Wir hingegen gingen aus vor allem jüngeren Siedlern, die freiwillig und mit Visionen hierher kamen, hervor..."

24 Australien gilt in seiner Außenpolitik als USA-hörig. Die Neuseeländer sind hingegen auf ihre politische Unabhängigkeit stolz und verweisen auf die erfolgreichen Bemühungen unter dem Premierminister David Lange, Neuseeland zu einer atomwaffenfreien Zone zu machen und sich für die weltweite Friedenspolitik einzusetzen; oder auf die Premierministerin Helen Clark, die 2004 dem starken Druck der USA, Englands und Australiens widerstand, neuseeländische Truppen in den Irak zu entsenden.

25 Er räumte ebenfalls mit der Mär auf, dass die Bezeichnung „Aotearoa" für Neuseeland als „Land der langen weißen Wolke" nicht von den Maori stamme, sondern aus einem in einem Schulbuch-Journal veröffentlichten Artikel eines Pakeha.

26 Familie: Araucariaceae – immergrüne Bäume, die nur in der südlichen Hemisphäre wachsen

Gattung: Agathis – 20 Arten sehr großer Bäume, die im Südwesten des Pazifik vorkommen

Art: Australis – Vorkommen nur in Neuseeland

27 „Aufsitzerpflanzen", die auf anderen Pflanzen wachsen

28 Dalmatien gehörte seit 1815 zur k. u. k. Monarchie und dalmatische Einwanderer wurden als Österreicher registriert. Vor allem die enormen Reblausschäden in den dalmatischen Weinbaugebieten um 1870, die Einführung der österreichischen Wehrpflicht sowie die allgemeine Armut auf dem Lande veranlassten zumeist junge Männer, ihre Heimat zu verlassen.

29 Ein Acre entspricht knapp 4.047 Quadratmetern beziehungsweise 0,4 Hektar.

30 „Piki" steht für Größe und bezieht sich auf einen Onkel namens Tonga, der „Big Man" oder „Piki Meine" genannt wurde.

31 Te Puea war Ratgeberin von Mahuta, dem dritten Maori-König; Cousine und Ratgeberin von Te Rata, Tante und Ratgeberin von König Koroki und schließlich Großtante und Ratgeberin von Piki, als diese 1966 Königin wurde.

32 Bewegung für das Maori-Königtum

33 www.willischnitzler.de/neuseeland/neuseeland3_bericht11.htm; Hervorhebungen im Zitat durch die Autoren.

34 Neueren DNA-Analysen fossiler Adler-Knochen zufolge ist der nächste Verwandte des Riesenadlers Harpagornis einer der kleinsten Adler der Welt. Gemeint ist der „Little Eagle", der in Australien und Neuguinea vorkommt und nur ein Kilogramm wiegt. Analysen der Erbsubstanzen legen außerdem nahe, dass der gemeinsame Vorfahre beider Arten vor rund einer Million Jahre lebte. Das Größenwachstum des Harpagornis in dieser Zeitspanne bis zu seiner Vernichtung von Menschenhand ist evolutionär betrachtet enorm.

35 Australier sollen im 19. Jahrhundert aus Mitleid mit den armen Holzfällern auf der Nordinsel das Possum eingeführt und in den Wäldern ausgesetzt haben. Sie wollten den Holzfällern und Gum-Diggern zu einem zusätzlichen Geschäft als Felltierjäger verhelfen.

36 Der folgende Abschnitt stützt sich auf:

Walter, H.; Breckle, S.-W. (Hrsg.): Ökologie der Erde. Band 2: Spezielle Ökologie der tropischen und der subtropischen Zonen außerhalb Euro-Nordasiens. G. Fischer Verlag, Stuttgart 1984.

37 Steineiben

38 eine Kiefernart

39 Fletcher Challenge wurde im Jahr 2001 in drei Unternehmen aufgeteilt: Fletcher Challenge Forests (später umbenannt in Tenon), Fletcher Building (einschließlich Fletcher Construction) und Rubicon (New Zealand).

40 Pottwale sind Weltmeister im Tauchen. Sie können sich bis zu zwei Stunden unter Wasser aufhalten. Der Pottwal ist der größte Zahnwal und das größte Raubtier der Welt. Seine Lieblingsspeisen sind Thunfische, Tintenfische sowie Haie bis zu einer Größe von drei Metern. Männliche Pottwale erreichen eine Länge von 15 bis 20 Metern, weibliche eine Länge von 10 bis 15 Metern. Erwachsene Pottwale kommen auf ein Gewicht von 35 bis 55 Tonnen. Die Lebenserwartung liegt bei etwa 50 Jahren. Der einzige Feind dieser grandiosen Geschöpfe der Natur ist der Mensch.

41 Zur Unterscheidung: Kraken verfügen über acht Arme, Kalmare dagegen über zehn.

42 Die Redewendung „Seemannsgarn spinnen" hat folgende Wurzeln: In früheren Zeiten mussten die Matrosen der Segelschiffe bei Flaute sehr dünnes Kabelgarn für die Bekleidung

der Taue und Trossen drehen. Da das eine furchtbar langweilige Arbeit war, sang man dazu und erzählte sich unglaubliche Geschichten über Schatzinseln, Piraten, den Klabautermann, riesige Kraken, Geisterschiffe, aggressive Wale und vieles andere mehr. Bei jedem Nacherzählen auf dem Schiff oder im Hafen wurden die Geschichten mehr und mehr übertrieben.

43 Der Name „Nautilus" stammt von einem Kopffüßer, der seine Schale benutzen kann wie ein U-Boot seine Tauchtanks.

44 Die Bezeichnung „Krake" kommt übrigens aus dem Norwegischen.

45 Kalmare sind wie Kraken, Tiefseevampire, Sepien sowie der altertümliche Nautilus und ausgestorbene Gruppen wie Ammoniten und Belemniten Kopffüßer. Die Kopffüßer existieren schon seit rund 500 Millionen Jahren. Fossil sind allein 30-40.000 Ammonitenarten bekannt, heute gibt es rund 750 bis 1.000 Arten.

46 Wenn von „Deutschen" gesprochen wird, dann geschieht das stets mit dem Wissen, dass Deutschland zu Beginn des 19. Jahrhunderts ein sehr heterogenes Gebiet mit den größeren Staaten Preußen und Österreich, mit acht Fürsten- und Herzogtümern und rund 300 kleineren Verbünden war. Erst 1871 wurde das Deutsche Reich gegründet (ohne Österreich). Die Arbeits- und Lebensbedingungen waren in den einzelnen Regionen sehr unterschiedlich und das schlägt sich auch in den Auswanderungszahlen und -motiven nieder.

47 Bis heute sind es sogar rund 11 Millionen Deutsche.

48 Aufgrund der Fortschritte in der Medizin, besserer Hygiene, der Zunahme von Bildung und der höheren Produktivität in der Landwirtschaft kam es auf dem Gebiet des späteren Deutschen Reiches zu einer wahren Bevölkerungsexplosion: 1816 lebten dort knapp 25 Millionen Menschen, 1852 bereits rund 36 Millionen, 1871 waren es 41 Millionen und 1915 gar 68 Millionen Menschen.

49 Die amerikanische und die französische Revolution stellten die Grundlagen des Absolutismus in Frage und weckten die Sehnsucht nach Selbstbestimmung und äußerer Freiheit.

50 Die Siedler waren nicht selten durch kriegerische Verbände und Räuberbanden bedroht. So mussten zum Beispiel die Migranten sowohl in Südrussland als auch in Ungarn mit Überfällen rechnen. Aus diesem Grund sank unter anderem an der Wolga in den ersten zehn Jahren der Besiedlung die Einwohnerzahl um 7.000 Personen. Kirgisische und baschkirische Nomaden überfielen im 18. Jahrhundert die Dörfer und verkauften die Siedler in Buchara (damals ein islamischer Staat im heutigen Usbekistan) auf dem Sklavenmarkt oder töteten sie. In den Jahren 1777 und 1784 konnte die russische Regierung zwar einen Teil der Gefangenen wieder freikaufen, aber Flusspiraten, Räuberbanden sowie Tataren und Kosaken blieben eine ständige Gefahr. Serbische Banden und Türken bedrohten dagegen die Schwabendörfer in Ungarn.

51 Die Reisekosten waren etwa vier Mal so hoch wie nach Nordamerika. Oft investierten Auswanderer ihre gesamten finanziellen Mittel, um überhaupt die Reise bezahlen zu können.

52 Zu Beginn des I. Weltkrieges besetzte Neuseeland West-Samoa und erhielt 1920 das Völkerbundmandat für das Gebiet. 1946 wurde es neuseeländisches Treuhandgebiet.

53 Die großen Verluste der neuseeländischen Truppen in der Schlacht von Gallipoli gegen die Türken, auf deren Seite das Deutsche Reich stand, verstärkten die Ressentiments noch.

54 Dieser Brief war seitens des Museums ins Englische übersetzt worden und wurde von uns wieder rückübersetzt.

Quellen

Literatur und Film

Akstinat, S.: Akstinats faszinierende Fakten. Humboldt, Baden-Baden 2006.
Albert, Alexandra: Ein Schuljahr in Neuseeland. MANA-Verlag, Berlin 2003.
Albig, J.-U.: Die Endeckung des Nichts. GeoEpoche Nr. 24.
Alves, Dora: The Maori and The Crown. Greenwood Press, London 1999.
Anarchy in New Zealand – 1982. Freedom, Vol 43, No. 17, 1982.
Antes, P. u. Morries, P.: Briefwechsel zum Verhältnis von Muslimen zu Juden (auf Wunsch der Autoren H/H.). Hannover/Wellington 2006.
Anton (BR): Jahreswirtschaftsbericht Neuseeland 2010. Deutsche Botschaft, Wellington Juni 2010
Australien und Ozeanien. F.A. Brockhaus Verlag, Leipzig 1979.
Axtell, R. E.: Gestures: the do'taboos of body language around the world. Wiley, New York 1998.

Bade, James N. (Hrsg.): Eine Welt für sich. Deutschsprachige Siedler und Reisende in Neuseeland im 19. Jahrhundert. Edition Temmen, Bremen 1998.
Bain, C. et al: Neuseeland. Lonely Planet / Mairdumont (Dt. Ausgabe), Ostfildern 2007
Barnitzke, H. et.al: Die Welt in Rekorden. Das große Buch der Superlative. Verlag Wolfgang Kunth, München 2004.
Baron, S. u. Eisen, J.: People Power. How to make the government listen to You, for a change. PT Chevalier, Auckland 2004.
Bartels, K.: Schönster Spuk der Meere. Welt am Sonntag, 21. August 2005.
Bassett, J. et.al: The Story of New Zealand. Reed Publishing (NZ) Ltd., Auckland 2002.
Baudis, Sandra: Interkulturelle Missverständnisse und deren Folgen zwischen den Maori und den Briten während und nach der Kolonisation. Diplomarbeit, Magdeburg/Stendal 2000.
Bell, D.: new to new zealand. Reed Publishing (NZ), Auckland 2001.
Benitz, A.; Förger, W.: Neuseelandsüchtig. MANA-Verlag, Berlin 2006.
Berger, M.: Neuseelands Wirtschaftsreform seit 1984. Pro Universitate, Sinzheim 2000.
Bildung auf einen Blick. OECD-Indikatoren 2002. OECD, Paris 2002.
Bohemia to Puhoi. Puhoi-Museum, Puhoi 2000.
Bönisch-Brednich, Brigitte: Auswandern – Destination Neuseeland. MANA-Verlag, Berlin 2003.
Boothby, D. u. Kelly, S.: Live & Work in Australia & New Zealand. Vacation Work, Oxford 2002.
Borgfeldt, T. et.al: New Zealand Yesterday. Reader's Digest (NZ), Auckland 2001.
Brednich, Rolf Wilhelm: Neuseeland macht Spaß. MANA-Verlag, Berlin 2003.
Brown, Michael u. Spoelstra, Aleida: The figs and the vines. Gumdigging in Kaipara. Academy Press Ltd, Dargaville 1997.
Bundesstelle für Auslandsinformationen: Neuseeland. Wirtschaftsentwicklung 1998/99. Köln 2000.
Bundesstelle für Auslandsinformationen: Neuseeland. Wirtschaftsentwicklung 2000. Köln 2001.
Bundesstelle für Auslandsinformationen: Neuseeland. Wirtschaftsentwicklung 2001. Köln 2002.
Bundesstelle für Auslandsinformationen: Neuseeland. Wirtschaftsentwicklung 2002. Köln 2003.
Bundesstelle für Auslandsinformationen: Neuseeland. Wirtschaftsentwicklung 2005/6. Köln 2006.
Bundesstelle für Auslandsinformationen: Neuseeland. Wirtschaftsentwicklung 2007. Köln 2007.

Cattaneo, M.; Trifoni, J.: Monumente der erde. Das Kultur- und Naturerbe der Unesco. White Star S.p.A, Vercelli 2006

Choudry, A.: Neuseeland: Unfreiwillige Laborratten für immer in Markt-Mausefalle gefangen. ZNet, 23.04.2002: www.zmag.de/artikel/Neuseeland-Unfreiwillige-Laborratten-noch-immer-in-Markt-Mausefalle-gefangen.

Clements, Dave: The Story of the Haka. The Haka Book Limited, Hamilton 1998.

Corrigan, H. et.al: Neuseeland. Dorling Kindersley Limited, London 2004.

Crystal, David: Die Cambridge Enzyklopädie der Sprache. Verlag Parkland, Köln 1998.

Daley, Claudia; Lutterjohann, Martin: Neuseeland Slang, das andere Englisch. Kauderwelsch Band 45. REISE KNOW-HOW Verlag, Bielefeld 2002.

Dalmatian Cultural Society: The Figs and the Wines. Gumdigging in Kaipara. Kaipara o.J.

Das Neuseelandbuch. NZ Visitor Publications Ltd, Nelson 2003.

Dauerstädt, M.: Modell Neuseeland? Electronic ed., Bonn 1997. http://library.fes.de/fulltext/id/00039toc.html.

Day, D.: Tolkiens Welt. Die mythologischen Quellen der Ringe. Klett-Cotta, Stuttgart 2003.

Democracy Ranking 2010. Zeugnis für die Demokratie. Focus 05/11 v. 31.2.2011

Der Fischer Weltalmanach 2006. Fischer Taschenbuch Verlag, Frankfurt a.M. 2005.

Destructive Deluge. A pictorial coverage of February floods 2004. Westmount School / Manawatu Campus, Palmerston North 2004.

Diamond, J.T. u. Hayward, B.W.: Kauri Timber Days. Gordon Ell, Bush Press, Auckland 2002.

Doing Business 2011-Report der Weltbank zum Geschäftsklima

Douglas, R.: Toward Prosperity. David Bateman, Auckland 1987.

Douglas, R.: Unfinished Business. Random House NZ Ltd., Auckland 1994.

Douglas, R.: Completing the circle. Seascape Press, Auckland 2003.

Ederer, G.: Das Reformparadies – Was wir von Neuseeland lernen müssen (Video). Chancen für Alle. Initiative Neue Soziale Marktwirtschaft, Köln 2002.

Eichinger, N.: Kolossale Calamares. Neuseeländische Fischer ziehen Rekord-Tintenfisch an Bord. Süddeutsche Zeitung, 23. Februar 2007.

Ell, Gordon: Das Kauri Museum. Matakohe 1999.

Engels, Chr. 1000 Heilige Orte. Die Lebensliste für eine spirituelle Weltreise. h.f.ullmann publishing / Tandem Verlag, Potsdam 2010

Enzyklopädie der Welt. Asien, Australien, Ozeanien (New World Edition). Falk Verlag, Ostfildern 2002.

Falls, Allen: Neuseeland. Paradies mit Hindernissen – Tagebuch eines Kiwipflückers. Conbook Medien, Meerbusch 2010

Fischer, J.: Neuseeland. DuMont Reiseverlag, Köln 2003.

Flagge, I.: Friedrich Hundertwasser. Ein Sonntagsarchitekt. Gebaute Träume und Sehnsüchte. Die Galerie, Frankfurt a.M. 2005.

Formhals, K.; Schleenbäcker, K.; Voigt, A.: Erdhügelhäuser-Ökosiedlung „Auf der Staig". Fachhochschule für Technik, Stuttgart 1993.

Fox, D. T.: Born to be Queen. Mana Magazine, Issue No. 50, Auckland 2003.

Frank, T. (Hrsg.): Neuseeland. Polyglott Apa Guide. Langenscheidt KG, Berlin/München 2000.

Frankfurter Allgemeien Zeitung, 23. August 2008: Neuseeland - das weibliche Ende der Welt. www.faz.net/artikel/C30176/neuseeland-das-weibliche-ende-der-welt-30049288.html

Frenz, Lothar: Die Alien-Attacke. GEO 02/2004.

Fritz, K.A.: Weisheiten der Völker. Parkland Verlag, Köln 2003.

Frotscher, S.: 5.000 Zeichen und Symbole der Welt. Haupt Verlag, Bern/Stuttgart/Wien 2006.

Gebauer, B.; Huy, S.: Neuseeland. Vista Point Verlag, Köln 2004.

Gerstl, A.: Jüdische Spuren in Neuseeland. DAVID, Jüdische Kulturzeitschrift, Heft Nr. 64, April 2005. www.david.juden.at/kulturzeitschrift/61-65/64-Gerstl.htm.

Gilling, B. u. O'Malley, V.: Der Vertrag von Waitangi in der neuseeländischen Geschichte. In: Jäcksch, Hartmut (Hrsg.): Maori und Gesellschaft. MANA-Verlag, Berlin 2000.

Google Alert (googlealerts-noreply): 2007-2008 (diverse).

Grey, George: Polynesian Mythology and Ancient Traditional History. Kessinger Publishing LLC, 2004.

Guter, J.: Das große Lexikon der Völker. Komet Verlag, Köln 2006.

Harper, L. et.al: Neuseeland. Stefan Loose Travel Handbücher, Berlin 2002.

Hartmann, E.M. u. Seitz, K.: Bildung unter Globalisierungsdruck – Trends der Bildungsreform in Nord und Süd. Epiz, Entwicklungspädagogisches Informationszentrum, www.epiz.de/klassenzimmer/orientierungsraum/orient8.html.

Hayward, B.W.: Kauri gum and the gumdiggers. Gordon Ell, Bush Press, Auckland 2003.

Hempshell, M.: Living and Working in New Zealand. Survival Books Limited, London 2003.

Hinz, V.: Auswanderer. Einfach nur noch weg. Stern, 14. Juli 2004.

Hinze, P. et.al: Neuseeland. Nelles Verlag, München 2001.

Hobbs, M.: Kiwi Tucker for the soul. Bascands, Christchurch 2000.

Hofmeister, B. u. Lutz, W.: Australien & Neuseeland. Harenberg Verlag, Dortmund 2001.

Hughe, Robert: The Fatal Shore. A History of the Transportation of Convicts to Australia 1787-1868. Harvill Press, London 1987.

Hundertwasser, Friedensreich: Verschimmelungsmanifest gegen den Rationalismus in der Architektur. Rede in der Abtei Seckau am 4. Juli 1958, Ergänzungen 1959 und 1964.

Hundertwasser, Friedensreich: Die Fensterdiktatur und das Fensterrecht. Hundertwasser-Haus Wien, 22. Januar 1990: www.kunsthauswien.com/deutsch/fenster.htm.

Human Development Index 2010. In: 2010 Human Development Report. UNO, 4.11.2010

Hundertwasser, Friedensreich: Es gibt keine Mißstände der Natur. Es gibt nur Mißstände des Menschen. Hundertwasser-Haus Wien, Mai 1990:

Hüttermann, A.: Bikulturalismus nach 150 Jahren weißer Vorherrschaft? Geographische Rundschau 42, Heft 3 (1990) S. 126-134.

.

Ihimaera, Witi: Aroha. Maori-Geschichten aus dem Jadeland. Edition Isele, Eggingen 1999.

Ihimaera, Witi: Zauberhaftes Neuseeland. Reed Publishing (NZ), Auckland 2001.

Ihimaera, Witi: Whalerider. Rowohlt Taschenbuch Verlag, Reinbek bei Hamburg 2003.

IFW, Weltbank: 2010 Prognosen (Länder)

Jahn, K.: Puhoi – Egerländer Auswanderer nach Neuseeland im 19. Jahrhundert. Egerland-Museum Marktredwitz, Egerland Kulturhaus Stiftung, Mai 2003. ww.egerlandmuseum.de/seiten/thema_mon_archiv/puhoi_05_03.htm.

Jäcksch, Hartmut (Hrsg.): Maori und Gesellschaft. MANA-Verlag, Berlin 2000.

Kahukura. In: Grey, G.: Polynesian Mythology. Whitcombe and Tombs, Christchurch 1976 (Reprint).

Kawharu, J. H. (Hrsg.): The Island Broken in Two Halves. Pennsylvania State University Press, Pennsylvania 1999.

King, M: New Zealanders at War. Penguin Books (NZ) Ltd, Auckland 2003.

King, M.: Maori. A Photografic and Social History. Reed Publishing (NZ) Ltd, Auckland 2003.

King, M.: The Penguin History of New Zealand. Penguin Books, Auckland 2003.

Kirkwood, Carmen: Te Arikinui and the Millenium of Waikato. Turongo House, Ngaruawahia 2001.

Kiwiland. Kiwiland NZ, 10. November 2004.

Klier, F.: Gelobtes Neuseeland. Fluchten bis ans Ende der Welt. Aufbau Verlagsgruppe, Berlin 2006.

Kölle, I.: Wir haben einen Traum wahrgemacht. Deutsche Auswanderer in Neuseeland. SWR2 Wissen, 7. Juni 2005.

Köthe, R.: Entdecker und ihre Reisen. Tessloff Verlag, Nürnberg 2006.

Kworkquark.net/zeitliste/wissensdurst2.html-35k-12.Sept.2005.

Küng, H.; Kuschel, K.-J.: Wissenschaft und Weltethos. Piper, München 2001.

Küng, H.: Spurensuche. Die Weltreligionen auf dem Weg. Piper, München 2005.

Latussek, R. H.: Blättchen, wechsle Dich (Speerbaum). Welt am Sonntag Nr. 32 v. 09.08.2009

Lennane, B.: Hundertwasser in New Zealand. Island of lost desire (Video). Joram Harel Management, Wien 1990.

Lernen für das Leben. Erste Ergebnisse der internationalen Schulleistungsstudie PISA 2000. OECD, Paris 2001.

Leue, H.: Erlebtes Neuseeland. Bruckmann Verlag, München 2002.

Lieser, K.: Maori in Neuseeland. Praxis Geographie 4/2004.

Lockyer, John: A history of New Zealand. Reed Books, Auckland 2002.

Lockyer, John: How Parliament works in New Zealand. Reed, Auckland 2004.

Maier, Achim: Was ist eigentlich Rugby? Rugby-Verband Rheinland-Pfalz, 2004.

Mana Magazine, Jahrgänge 2002 bis Juni-Juli 2008.

Mayer-Tasch, P. C. (Hrsg.): Meer ohne Fische? Profit und Welternährung. Campus, Frankfurt 2007.

McGee, C.: Reforms in New Zealand Teacher Education. Vortrag auf der Australian Education Association Conference, Queensland 1997.

McGibbon, Ian: Besuche der deutschen Kriegsmarine in Neuseeland. In: Bade, James N. (Hrsg.): Eine Welt für sich. Deutschsprachige Siedler und Reisende in Neuseeland im 19. Jahrhundert. Edition Temmen, Bremen 1998.

McLay, M.: Timber Jack. Resources, Technology and Change in New Zealand's Kauri Timber Industry. New House Publishers Ltd., Auckland 1997.

McLean, Gavin: The Governors - New Zealand's Governors and Governors-General, Otago University Press, Dunedin, New Zealand, 2006.

Memories of Old Wanganui. Vol. 2. Hanton & Andersen Limited, Wanganui 1996.

Menter, Ulrich: Ozeanien – Kult und Visionen. Prestel Verlag, München u.a. 2003.

Mit Haut und Haaren. Misereor-Lehrerforum 37, Mai 2000.

Mooney, K.: From the Heart of Europe to the Land of the Southern Cross. Puhoi Historical Society, Puhoi 1963.

Moore, M.: Fighting for New Zealand. New Zealand in the 21st Century. MMSC Ltd, Wellington 2000.

Müller, Martin: Neuseeland entdecken & erleben. Mairs Geografischer Verlag, München 1998.

Müller, M.: Das schönste Ende. In: Abenteuer und Reisen, 25. Jahrgang, 9/2005.

Nasson, Bill: Das britische Empire. Ein Weltreich unterm Union Jack. Magnus Verlag, Essen 2007

Neuseeland. GEOspecial Nr. 4, August 1999.

Neuseeland. Merian 8/49, August 1996.

Neuseeland. Angriff der Klon-Krieger. TV-Dokumentation, SWR, 21. März 2004.

Neuseeland Landleben. NZ Visitor Publications Ltd, Nelson 2004.
NeuseelandNews, Jahrgänge 2005 bis Juni/Juli 2008.
Neuseeland Stadtleben. NZ Visitor Publications Ltd, Nelson 2004.
New Zealand Embassy Newsletter 2008-2011
New Zealand Families Today. Ministry of Social Development, Wellington 2004.
New Zealand in Profile. Statistics New Zealand 2010. Wellington, Juni 2010
New Zealand official yearbook 2004. David Bateman, Auckland 2004.
New Zealand official yearbook 2006. David Bateman, Auckland 2006.
Northland Community Plan. Northland Regional Council, 2004.

Orwin, Joanna: Kauri. Witness to a Nation's History. New Holland Publishers, Auckland 2004.
Ott, Jessica: Kompendium der deutsch-australischen und deutsch-neuseeländischen Beziehungen. Deutsches Übersee-Institut, Übersee-Dokumentation, Hamburg 2003.

Palenski, Ron: Kiwi Milestones. New Zealand's population through the millions. Hodder Moa Beckett Publishers Ltd, Auckland 2004.
Palmer, G.; Palmer, M.: Bridled Power. New Zealand's Constitution and Government. Oxford University Press, Oxford u.a. 2004.
Payer, Margarete. Internationale Kommunikationskulturen (2. Gesten; 3. Funktion der Sprache; 4. Nonverbale Kommunikation). Fassungen vom 12. 10. 2000 und 6. 11. 2000: www.payer.de/kommkulturen/kultur042.htm.
Petz, Ingo: Kiwi Paradise. Reise in ein verdammt gelassenes Land. Knaur Taschenbuch Verlag, München 2010
Pilkington, D.; Robinson, P.: Manawatu & Wanganui. Whitcoulls Ltd., Christchurch 2002.
Polyglott Apa Guide: Neuseeland. Polyglott, München 2005.
Prökl, Vinzenz: Eger und das Egerland historisch, statistisch und topographisch dargestellt. Falkenau 1877 (2. Auflage).
Puckey, Wiliam, Gilbert: Religion (Neuseeland). Books LCC (German Series) 2010
Literatur / NZ

Ratusny, Armin: Entwaldung und Aufforstung in Neuseeland. Selbstverlag des Faches Geographie der Universität Passau, Passau 2000.
Regler, Marc: Erfahrungsbericht: Anglistik – Neuseeland – WS 2003/2004.
Rekordpreis für seltene Vogelfeder bei Auktion. Mittelbayerische Zeitung v. 23.06.2010
Restany, P.: Die Macht der Kunst. Hundertwasser, der Maler-König mit den fünf Häuten. Taschen Verlag, Köln u.a. 2001.
Rhodes, W.: New Zealand Memories. Issue 50, 10. November 2004.
Rice, Geoffrey W. (Hrsg.): The Oxford History of New Zealand. Oxford University Press, Oxford 2002.
Richter, Anke: Land der langen weißen Wolke. In: Journal für die Frau 3/2005.
Richter, Anke: Was scheren mich die Schafe? Unter Neuseeland. Eine Verwandlung. Kiepenheuer & Witsch, Köln 2011
Robinson, Roger u. Wattie, Nelson (Hrsg.): The Oxford Companion to New Zealand Literature. Oxford University Press, Melbourne, Oxford, Auckland, New York 1998.
Rohden, T. von: Alternative Wohnformen haben Konjunktur. In: Süddeutsche Zeitung, 7. Juni 2006.
Rüegsegger, Walter: Schnelle Katamarane, neues Format .- und viele Fragezeichen. Neue Zürcher Zeitung, Nr. 78 vom 2.4.2011
Russell Museum: Besucherunterlagen.
Ryan, T. u. Parham, B.: The colonial New Zealand wars. Grantham House, Wellington 2002.

Schacht, R.: Ein Lineal soll Fischbabys schützen. In: Welt am Sonntag Nr. 33, 19. August 2007.

Schmied, E. u. Schmied, W.: Hundertwassers Paradiese. Das verborgene Leben des Friedrich Stowasser. Knesebeck Verlag, München 2003.

Schmidt, P.: Deutsche Auswanderer. ZDF, 31. Juli 2005.

Schönborn, Anja: Ein Jahr in Neuseeland. Reise in den Alltag. Herder, Freiburg i.Br. 2009

Schultz, Patricia: 1000 Places To See Before You Die. h.f.ullmann, Potsdam 2003

Schulz, L.: Get rid of your student loan now. Your guide to New Zealand student loans. Random House New Zealand, Auckland 2002.

Schurian, W. (Hrsg.): Hundertwasser. Schöne Wege. Gedanken über Kunst und Leben. Schriften 1943 – 1999. Langen Müller Verlag, München 2004.

science.ORF.at/APA/Reuters.

Scott, M.: High Noon auf der Weide. In: Neuseeland. GEOspecial Nr. 4, August 1999.

SGI Sustainable Governance Indicators 2011. Bertelsmann-Stiftung, Gütersloh 2011

Shepard, W.: Muslims in New Zealand. Journal of Muslim Minority Affairs, 16:2 (1996).

Sinclair, Keith: A History of New Zealand. Penguin Books, Auckland 1988.

Singer, Christine: Zur Sonderstellung der deutschen Minderheit in Chile. Deutsche Auswanderer zwischen Mythos und Realität (Magisterarbeit). http://kops.ub.uni-konstanz.de/handle/urn:nbn:de:bsz:352-opus-2044.

Smith, D. W.: The great eruption of Mt Tarawera. Rotorua Printers Ltd., Rotorua 2002.

Sonntagsblatt (Steiermark) Nr. 32, 12. August 2007.

Spedding, J. M.: The story of Endeavour. Russel Museum, Russel 1987.

Spoonley, P. et.al: Work & Working in Twenty-first Century New Zealand. Dunmore Press, Palmerston North 2004.

Sport. Über 200 Sportarten. Regeln, Technik, Taktik. Dorling Kinserley, London/a. a. O. 2009

Stafford, D. M.: Tangata Whenua. The world of Maori. Reed Publishing (NZ), Auckland 1997 und 2004.

Stähle, Hans – Jörg; Ziegler, Patrick: Kooperation International. Neuseeland. Kooperationsprogramme; Bildungslandschaft; Ministerien…; Forschungslandschaft; Forschung und Bildung; Initiativen und Programme; Bi- und multilaterale Kooperation; Deutsche Kooperationsprogramme; Politische Zielsetzungen für F&E. IB Internationales Büro des BMBF beim DLR e.V. Bonn

Statistics New Zealand 2010. Statistics New Zealand Information Centre, Wellington 2011-04-10

Statistik des Auslandes . Länderbericht; Neuseeland. Statistisches Bundesamt, Wiesbaden, 1986; 1988.

Stevenson, A.: Trekking in Neuseeland. National Geographic, Frederking & Thaler, München 2006.

Stewart, G. C.: The Tangiwai Desaster. A Christmas Eve Tragedy. Grantham House Publishing, Wellington 2003.

Stieff, B.: Hundertwasser für Kinder. Träume ernten. Prestel Verlag, München u.a. 2007.

Summerset: Where the living is easy. Taupo 2004 (Hausdruck).

Süddeutsche Zeitung, 26. Mai 2006.

Tangata, Tangata. Maori-Geschichten. Edition Isele, Eggingen 1999.

Tätowierungen und Hautmalereien. Misereor-Lehrerforum 37, Mai 2000.

Tawhiao – King or Prophet. Turongo House / Mai Systems Ltd, Huntly 2000.

The Dalmatian Cultural Society Archive & Museum: Besucherunterlagen.

The Kauri Museum: Besucherunterlagen, private Führung mit Informationen, Archivbilder.

The Kauri Museum (Video). Matakohe 2003.

The New Zealand Retirement Guide 2003/2004. Full Moon Publishing, Auckland 2003.
Theroux, P.: Das schönste Ende der Welt. In: Passagen. Hapag-Lloyd Kreuzfahrten, Hamburg 2005.

Walter, H.; Breckle, S.-W. (Hrsg.): Ökologie der Erde. Band 2: Spezielle Ökologie der tropischen und der subtropischen Zonen außerhalb Euro-Nordasiens. G. Fischer Verlag, Stuttgart 1984.
Walter, H. u. Breckle, S.-W. (Hrsg.): Ökologie der Erde. Band 4: Spezielle Ökologie der gemäßigten und arktischen Zonen außerhalb Euro-Nordasiens. G. Fischer Verlag, Stuttgart 1991.
Wälterlin, U.: Kamerateams lauern auf Schlammlawine. In: Standard International, 7. März 2007.
Warne, K.: Blaue Oasen. Neuseeland zeigt, dass es auch anders geht. In: National Geographic, April 2007.
Watson, J.: A History of Transport and New Zealand Society. Ministry of Transport. GP Publications, Wellington 1996.
Weaver, S.: Teenage boys talk. 50 New Zealand teenagers talk about their lives. Random House NZ, Glenfield / Auckland 2001.
Weaver, S.: Teenage girls talk. 52 New Zealand teenage girls talk about their lives. Random House NZ, Glenfield / Auckland 2002.
Welch, D.: People. Profiles from the pages of the New Zealand Listener. Random House NZ, Auckland 2004.
Welt am Sonntag, 14. Mai 2006.
Wepa, M. E.: Symbols of the Maori World. Dudfield, Auckland 1999.
Wepa, M. E.: Great Mysteries of the Maori World. Auckland Museum, Auckland o.J.
Westerlund, D. u. Svanberg, I.: Islam Outside the Arab World. Curzon Press, Richmond 1999.
Williams, J.: Puhoi, the Bohemian Settlement. In: Bade, James N.: The German Connection. New Zealand and German-speaking Europe in the Nineteenth Century. Oxford University Press, Oxford 1993.
Wimmer, M.: Der Geist der Ferne. Sehnsuchtsziel: Neuseeland. In: Geosaison, November 2006.
Wright, M.: Reed Illustrated History of New Zealand. Reed Publishing (NZ) Ltd, Auckland 2004.
Wurzelwerk, Artikel 3 und 11 / 2002: www.wurzelwerk.at.
Wylie, C.: School Self-Management in New Zealand – How can it make a real difference? NZCER, Wellington 1998.

Ziegert, Susanne: Wie die Maulwürfe. Welt am Sonntag 29/05, S. IM 1.

Internet

Deutschland:
Auswanderung:
kops.ub.uni-konstanz.de/handle/urn:nbn:de:bsz:352-opus-2044
Bildung:
old.wissensschule.de/schulmanagement_mckinsey_bildet.php3
Einwanderung und Integration:
www.heimat-in-deutschland.de
Ökologische Siedlungen:
www.oekosiedlungen.de

Erdhäuser:
www.erdhaus.ch/web/
www.solarc-erdhuegelhaus.de

Edmund Hillary:
www.mundologia.de/philosophie/grusswort_von_sir_edmund_hillary/

Friedensreich Hundertwasser:
www.kunsthauswien.com/de/museum

Großbritannien: Monarchie:
www.royal.gov.uk/history/hanover/html

Internationale Rankings:
www.weforum.org/issues/global-gender-gap
www.visionofhumanity.org/info-center/global-peace-index-2011/

Kauri:
www.kauri-museum.com

Längster Ortsname der Welt:
www.curiosum.org/archiv/2004/12/07/

Maori:
Allgemeines:
www.br-online.de/bayern2/radiowissen/maori-neuseeland-kiwi-ID1264590487808.xml
www.maori.org.nz
Landrechte:
www.gfbv.de/pressemit.php?id=78&stayInsideTree=1
Waitangi-Tribunal:
www.waitangi-tribunal.govt.nz/

Natur und Umweltschutz:
Biodiversität/ Neobiota (eingeführte Tiere und Pfanzen):
briancross.suite101.com/new-zealands-biosecurity-and-the-threat-from-foreign-pests-a307270
lucy-brake.suite101.com/preventing-the-introduction-of-invasive-species-a121772
alansorum.suite101.com/biosecurity-fears-over-boat-hulls-a74638
www.biosecurity.net.nz/
Erdbeben:
www.scilogs.de/wblogs/blog/mente-et-malleo/erdbeben/2011-03-04/christchurch-erdbeben-bodenverfl-ssigung (Wissenslog von Gunnar Ries)
Natur- und Umweltschutz:
www.nabu.de/m07/m07_03/04612.html
www.neuseelandportal.org/ueber-uns/tinahartung/umweltschutz-neuseeland-was-steckt-hinter-dem-green-globe-label.html
Naturschutzgebiete Neuseelands:
www.weltkulturerbe-online.info/neuseeland/welterbe-neuseeland.htm

Neuseeland:
Allgemeines:
www.auswaertiges-amt.de/www/de/laenderinfos/laender/

www.muz-online.de/ozeanien/neuseeland.html
www.neuseelandreise.de
www.newzealand.com/de/facts/
www.nzs.com/site-profile/visitorinfo.co.nz/
www.stats.govt.nz (*Statistics New Zealand*)
www.welt-in-zahlen.de
www.kooperation-international.de/neuseeland/themes/international/fub/laender/
felix-reid.suite101.de/erstaunliche-fakten-aus-und-ueber-neuseeland-a54907
Gesellschaft:
www.newzealand.com/travel/de/about-nz/culture/culture-the-people.cfm
www.national.org.nz/About/history.aspx
Landwirtschaft:
www.fedfarm.org.nz
www.newfarm.org/features/0303/newzealand_subsidies.shtml
Reiseberichte:
www.willischnitzler.de/reiseberichte/reiseberichte-ozeanien.html
Währung:
de.wikipedia.org/wiki/Neuseeland-Dollar
Wirtschaft:
www.indexmundi.com/de/neuseeland/wirtschaft_profil.html

Sport:
Cricket:
hindi-film.myblog.de/hindi-film/art/6936929/Cricket-Regeln
Rugby:
www.allblacks.com
www.rugby-journal.de

Stephen Tindall:
www.angelassociation.co.nz/index.php/membership/life-members/319-sir-stephen-tindall

Teilchenphysik (Ernest Rutherford):
www.physik.uzh.ch/lectures/MC2008/cd/exercises/kworkquark/de/zeitleiste/wissensdurst2.html

Bildnachweis

Heyse: 33, 62, 68, 71, 72, 73, 74, 79, 83, 85, 90, 91, 119, 122, 122, 123, 145, 149, 150, 152, 154, 154, 156, 157, 158, 161, 161, 172, 173, 173, 173, 173, 173, 174, 189, 194, 194, 196, 204, 206, 249, 300, , 334, 339, 349, 354,, 369, 371, 372, 373, 374, 377, 379, 380, 385, 386, 387, 388, 389, 389, 410, 411, 422; Georg Ludwig: 14, 94 (www.georgludwig.co.nz); Ingo Petz, Brand eins: 30; Alexandra Albert: 43; Robbie Crowder: 84; Alexander Turnbull Library/Ron Palenski: 56, 103; Alexander Turnbull Library: 54, 55, 66, 96, 97, 125, 239, 263, 285, 364; Kauri Museum Matakohe: 188, 190, 191, 192, 195, 199, 200, 201; Kerikeri Highschool, 41; Rotorua Museum of the Art and History: 92; Christian Wüstenberg: 76, 368; New Zealand Sports Hall of Fame: 104; Rotorua Museum of the Art and History: 105; Stephen Tindall: 109; SprachCafe: 143; LinwoodCollege: 147; Dalmatinisches Museum: 181; Ron Halliday: 193; Museum of NZ Te Papa Tongarewa Wellington:

Register

2012

Die
Neuseeland Reise

Das Neuseeland-Jahresmagazin vom Spezialisten

Ab Oktober 2012
am Kiosk und im
Buchhandel !

www.die-neuseelandreise.de

9,80€ TMC 2012

Outdoor Fun!
Neuseeländer erfinden
gerne mal neue Abenteuer-
sportarten - die verrück-
testen Trends an den
schönsten Orten, S. 34

Maori Kunst
10 Begegnungen mit Neu-
seelands Ureinwohnern
und ihrer Kunst - eine
Reise zu Mythen und
Legenden, S. 12

„In City" Auckland
Jack Harte stellt die
schönsten Ecken und
aufregensten Aktivitäten
in der Multikulti-Stadt
vor, S. 55

Paradies am Ende der Welt
Schwimmen mit Delfinen & Robben an Neuseelands Küste S.84